Kohlhammer

Der Autor

Gunzelin Schmid Noerr, Jg. 1947, wurde 1977 in Philosophie promoviert. 1978 baute er an der Stadt- und Universitätsbibliothek Frankfurt a. M. das Max-Horkheimer-Archiv auf und leitete es bis 1995. In dieser Zeit edierte er, zusammen mit Alfred Schmidt, die „Gesammelten Schriften und Briefe" Max Horkheimers in 19 Bänden (Frankfurt a. M. 1985–1996). 1991 wurde er mit der Arbeit über „Das Eingedenken der Natur im Subjekt. Zur Dialektik von Vernunft und Natur in der Kritischen Theorie Horkheimers, Adornos und Marcuses" (Darmstadt 1990) an der Universität Frankfurt a. M. habilitiert. 1992–2001 übernahm er verschiedene Vertretungsprofessuren für Soziologie und Philosophie an den Universitäten Frankfurt a. M. und Dortmund sowie an der Hochschule Darmstadt. 2002–2015 war er Professor für Sozialphilosophie, Sozialethik und Anthropologie am Fachbereich Sozialwesen der Hochschule Niederrhein, Mönchengladbach.

Schwerpunkte seiner Forschungen und Publikation sind neben der Kritischen Theorie der Gesellschaft u. a. Ethik (insbesondere Angewandte Ethik der Sozialen Arbeit), Kulturtheorie sowie das Verhältnis von Philosophie und Psychoanalyse.

Weitere Buchpublikationen: Sinnlichkeit und Herrschaft. Zur Konzeptualisierung der inneren Natur bei Hegel und Freud, Meisenheim/Glan, 1980. – Gesten aus Begriffen. Konstellationen der Kritischen Theorie, Frankfurt a. M. 1990. – Kultur und Unkultur (Hrsg.), Mönchengladbach 2005. – Geschichte der Ethik. Leipzig 2006. – Geflüchtete Menschen. Ankommen in der Kommune. Theoretische Beiträge und Berichte aus der Praxis (Hrsg. mit Waltraud Meints-Stender), Opladen, Berlin und Toronto 2017.

Gunzelin Schmid Noerr

Ethik in der Sozialen Arbeit

2., erweiterte und überarbeitete Auflage

Verlag W. Kohlhammer

Dieses Werk einschließlich aller seiner Teile ist urheberrechtlich geschützt. Jede Verwendung außerhalb der engen Grenzen des Urheberrechts ist ohne Zustimmung des Verlags unzulässig und strafbar. Das gilt insbesondere für Vervielfältigungen, Übersetzungen, Mikroverfilmungen und für die Einspeicherung und Verarbeitung in elektronischen Systemen.

Die Wiedergabe von Warenbezeichnungen, Handelsnamen und sonstigen Kennzeichen in diesem Buch berechtigt nicht zu der Annahme, dass diese von jedermann frei benutzt werden dürfen. Vielmehr kann es sich auch dann um eingetragene Warenzeichen oder sonstige geschützte Kennzeichen handeln, wenn sie nicht eigens als solche gekennzeichnet sind.

2., erweiterte und überarbeitete Auflage 2018

Alle Rechte vorbehalten
© W. Kohlhammer GmbH, Stuttgart
Gesamtherstellung: W. Kohlhammer GmbH, Stuttgart

Print:
ISBN 978-3-17-034438-9

E-Book-Formate:
pdf: ISBN 978-3-17-034439-6
epub: ISBN 978-3-17-034440-2
mobi: ISBN 978-3-17-034441-9

Für den Inhalt abgedruckter oder verlinkter Websites ist ausschließlich der jeweilige Betreiber verantwortlich. Die W. Kohlhammer GmbH hat keinen Einfluss auf die verknüpften Seiten und übernimmt hierfür keinerlei Haftung.

Vorwort zur Reihe

Mit dem so genannten „Bologna-Prozess" galt es neu auszutarieren, welches Wissen Studierende der Sozialen Arbeit benötigen, um trotz erheblich verkürzter Ausbildungszeiten auch weiterhin „berufliche Handlungsfähigkeit" zu erlangen. Die Ergebnisse dieses nicht ganz schmerzfreien Abstimmungs- und Anpassungsprozesses lassen sich heute allerorten in volumigen Handbüchern nachlesen, in denen die neu entwickelten Module detailliert nach Lernzielen, Lehrinhalten, Lehrmethoden und Prüfungsformen beschrieben sind. Eine diskursive Selbstvergewisserung dieses Ausmaßes und dieser Präzision hat es vor Bologna allenfalls im Ausnahmefall gegeben.

Für Studierende bedeutet die Beschränkung der akademischen Grundausbildung auf sechs Semester, eine annähernd gleich große Stofffülle in deutlich verringerter Lernzeit bewältigen zu müssen. Die Erwartungen an das selbstständige Lernen und Vertiefen des Stoffs in den eigenen vier Wänden sind deshalb deutlich gestiegen. Bologna hat das eigene Arbeitszimmer als Lernort gewissermaßen rekultiviert.

Die Idee zu der Reihe, in der das vorliegende Buch erscheint, ist vor dem Hintergrund dieser bildungspolitisch veränderten Rahmenbedingungen entstanden. Die nach und nach erscheinenden Bände sollen in kompakter Form nicht nur unabdingbares Grundwissen für das Studium der Sozialen Arbeit bereitstellen, sondern sich durch ihre Leserfreundlichkeit auch für das Selbststudium Studierender besonders eignen. Die Autor/innen der Reihe verpflichten sich diesem Ziel auf unterschiedliche Weise: durch die lernzielorientierte Begründung der ausgewählten Inhalte, durch die Begrenzung der Stoffmenge auf ein überschaubares Volumen, durch die Verständlichkeit ihrer Sprache, durch Anschaulichkeit und gezielte Theorie-Praxis-Verknüpfungen, nicht zuletzt aber auch durch lese(r)freundliche Gestaltungselemente wie Schaubilder, Unterlegungen und andere Elemente.

Prof. Dr. Rudolf Bieker, Köln

Zu diesem Buch

Jedes zwischenmenschliche Handeln hat einen moralischen Anteil. Denn in ihm drückt sich eine bestimmte Beziehung zur sozialen Mitwelt aus, ein bestimmtes Maß an Wahrnehmung und Achtung Anderer, an Berücksichtigung ihrer Interessen und ihres Wohlergehens, an Schuldigkeit und an Fürsorge. Das Maß des in dieser Hinsicht Wünschenswerten wird als moralischer Wert bezeichnet, die Orientierungsleitlinie des entsprechenden Handelns als moralische Norm. Wenn wir uns über moralische Fragen Klarheit verschaffen, Situationen erklären, Handlungen verstehen und bewerten, betreiben wir Ethik. In diesem Sinn ist Ethik die Reflexion der Moral. Ethische Fragen haben es einerseits mit dem zu tun, was mit guten Gründen erstrebenswert ist, andererseits mit dem normativ Verpflichtenden.

In der Sozialen Arbeit spielt die Ethik vor allem deshalb eine wichtige Rolle, weil Entscheidungen, die Sozialarbeiterinnen treffen, stark in die Lebensführung ihrer Klienten eingreifen können. Wie die professionsethische Verpflichtung des Arztes den Patienten davor schützen soll, dass der Arzt die Grenze ihrer körperlichen Integrität mehr als unbedingt notwendig und nur zu seinem Wohl verletzt, unterliegt auch die Soziale Arbeit der ethischen Verpflichtung, Schaden zu vermeiden und Gutes zu tun. Aber diese Verpflichtung gilt allgemein, nicht nur in der Sozialen Arbeit, und insofern gibt es auch nur *eine* umfassende Ethik und keine „Ethik der Sozialen Arbeit" im Sinne eines Systems spezieller Werte und Normen. Wohl aber kann die ethische Orientierung in der Sozialen Arbeit andere Formen annehmen als in anderen Lebensbereichen und Berufstätigkeiten. Deshalb lautet der Titel dieses Buches „Ethik in der Sozialen Arbeit".

Moralische Vorstellungen werden im Alltag zwar häufig verwendet – wir finden Handlungen richtig oder falsch, akzeptabel oder unakzeptabel, empörend oder bewundernswert usw. –, aber selten als solche thematisiert. Wir verwenden sie eher intuitiv als begrifflich. Wir beurteilen Handlungen oder Zustände als ungerecht oder menschenunwürdig, aber was Gerechtigkeit oder Menschenwürde an sich sind, wissen wir im Alltag kaum zu sagen. Wir verhalten uns ähnlich wie ein Maurer, der eine Wand hochzieht und dabei, ohne Wasserwaage und Metermaß zu benutzen, nur „über den Daumen peilt".

Das zentrale Thema der Ethik ist das moralisch Gute. Was aber ist das Gute (und das Schlechte) in der Sozialen Arbeit? Endgültig vorbei sind die Zeiten, in denen die Soziale Arbeit an sich als gut, richtig, gerecht oder verdienstvoll angesehen wurde. Deshalb ist heute zu fragen und zu beantworten, ob und wie die Soziale Arbeit in ihrer Alltagspraxis ethischen Maßstäben gerecht wird.

Um diese Frage in konkreten Zusammenhängen überhaupt formulieren zu können, ist es einerseits notwendig, sich über zentrale Begriffe der allgemeinen Ethik zu verständigen: Was ist Moral? Was sind moralische Werte und Normen? Was ist Menschenwürde? usw. Andererseits diese Begriffe auf die Praxis der Sozialen Arbeit zu beziehen. Die ethische Reflexion lebt von der persönlichen Motivation und Bereitschaft der Einzelnen, das zunächst Selbstverständliche, Gewohnte und Alltägliche auf seine Geltung hin zu befragen. Aber sie ist auch nicht nur etwas Persönliches, sondern baut auf Argumenten und Prinzipien auf, die im geschichtlichen Verlauf entwickelt wurden. Philosophiegeschichtliche Rückgriffe müssen jedoch nicht unbedingt in ausdrücklicher Form erfolgen, und so tauchen auch im vorliegenden Buch, das der Einführung in die Thematik dient, Darstellungen von Ansichten oder Theorien aus der Geschichte der Ethik nur ausnahmsweise auf. Im Vordergrund stehen vielmehr konkrete ethische Problemstellungen.

Der Praxisbezug der theoretischen Überlegungen soll auch durch Passagen aus Interviews deutlich werden. Diese wurden von Teilnehmerinnen und Teilnehmern meiner Hochschul-Seminare über die ethischen Grundlagen der Sozialen Arbeit im Laufe der letzten Jahre mit professionellen Praktikern durchgeführt. Sofern es sich dabei um unveröffentlichte Transkriptionen dieser Interviews handelt, werden diese nicht bibliographisch nachgewiesen. Die Interviewauszüge sind selbstverständlich hinsichtlich der Personen und Orte anonymisiert. Die Interviews werden nicht jeweils als ganze interpretiert, vielmehr dienen die Auszüge nur als praxisnahe Illustrationen der theoretischen Fragestellungen. Den Studierenden, die die Interviews durchgeführt haben, und den Praktikern, die die Interviews gegeben haben, danke ich hiermit.

Das Verständnis der Darlegungen soll dadurch erleichtert werden, dass jedem Kapitel eine kurze Vorschau vorangestellt wird, durch die die Leserinnen und Leser erfahren können, was sie inhaltlich erwartet. Längere Begriffserläuterungen oder historische Hintergrundinformationen sind in separaten Textfeldern untergebracht. Am Ende eines jeden Kapitels befindet sich unter der Zwischenüberschrift „Gut zu wissen – gut zu merken" eine knappe Zusammenfassung.

Auf eine einheitliche Verwendung der männlichen oder weiblichen Form bei der Bezeichnung von Personengruppen wird in diesem Buch verzichtet. Aus stilistischen Gründen konnte ich mich zu einer andauernden Berücksichtigung beider Geschlechter mittels Verdoppelungen oder künstlicher Wortzusammensetzungen nicht durchringen. Die Verwendung von geschlechtssignifikanten Ausdrücken wie „Sozialpädagogin", „Sozialarbeiter" und anderen ist der jeweiligen Fallgeschichte angepasst. Sofern dabei, ausdrücklich oder darin mit enthalten, allgemeine Aussagen über die Soziale Arbeit gemacht werden, ist das jeweils andere Geschlecht mit gemeint.

Mönchengladbach, September 2012 *Gunzelin Schmid Noerr*

Für die zweite Auflage wurden inhaltliche und formale Fehler korrigiert. Außerdem wurden zum Zweck der besseren Benutzbarkeit des Buches ein Personen- und ein Sachregister hinzugefügt.

Frankfurt am Main, April 2018 *Gunzelin Schmid Noerr*

Inhalt

Vorwort zur Reihe 5

Zu diesem Buch 7

1 Soziale Arbeit ohne „Sandalen" 13
   1.1 Vier geläufige, aber fragwürdige Ansichten über das
       Verhältnis von Sozialer Arbeit und Moralität 13
   1.2 Ethische Reflexion in der Sozialen Arbeit 19

2 Wozu Ethik in der Sozialen Arbeit? 22
   2.1 Ein Fall aus der Bewährungshilfe: Moralische
       Verpflichtungen und Verletzungen 22
   2.2 Verankerung der Moral in Persönlichkeit und Kultur 26
   2.3 Von der moralischen Orientierung zur ethischen Reflexion .. 28
   2.4 Welchen Nutzen hat die Ethik in der Sozialen Arbeit? 29

3 Was ist Ethik? 34
   3.1 Herkunft und Bedeutung des Ausdrucks „Ethik" 34
   3.2 Moralische Werte und Normen 37
   3.3 Verschiedene Reflexionsweisen der Moral 38
   3.4 Das ethisch Gute 40

4 Was ist Moral? 44
   4.1 Moral in der Alltagskommunikation 44
   4.2 Ungenauigkeiten und Schwächen der moralischen
       Grammatik 48
   4.3 Moralische Regeln im Unterschied zu anderen
       sozialen Regeln 51
   4.4 Muss jeder selbst wissen, was moralisch richtig ist? 54

5 Deskriptive und normative Ethik – Individualethik und
Sozialethik – Strebensethik und Sollensethik 58
   5.1 Aus einem Interview mit einer Praktikerin der
       Sozialen Arbeit 58
   5.2 Deskriptiv-explanatorische und normative Ethik 60
   5.3 Individualethik und Sozialethik 63
   5.4 Strebensethik und Sollensethik 64

6 Was ist warum moralisch gut? Grundmodelle der Sollensethik 70
   6.1 Asymmetrie der Macht und deren ethische Begrenzung 70
   6.2 Ethischer Egoismus: Kontraktualismus 72
   6.3 Folgenethik: Utilitarismus 75
   6.4 Gesinnungsethik (1): Deontologische Ethik 77

	6.5	Gesinnungsethik (2): Mitleidsethik	80
	6.6	Verantwortungsethik	83
7	**Professionsethik der Sozialen Arbeit**		**87**
	7.1	Der geschichtliche Ursprung der Berufsethik	87
	7.2	Professionalisierung der Sozialen Arbeit: Vom beruflichen Ethos zur Professionsethik	89
	7.3	Vom Doppelmandat zum Tripelmandat der Sozialen Arbeit	93
	7.4	Formen der Professionsethik	95
	7.5	Die Berufsfeldstruktur der Sozialen Arbeit	96
	7.6	Vier Bereiche der Professionsethik	100
8	**Zur Entwicklung der moralischen Kultur**		**103**
	8.1	Vom Partikularismus zum Universalismus in der Moral	103
	8.2	Soziale Hilfe in archaischen Gesellschaften	106
	8.3	Soziale Hilfe in hochkulturellen Gesellschaften	108
	8.4	Soziale Hilfe in der modernen Gesellschaft	110
	8.5	Drei Wurzeln der sozialen Kultur heute	111
	8.6	Universelle und partikulare Orientierungen: Minimal- und Maximalmoral	114
9	**Wie lernt man Moral?**		**120**
	9.1	Ein Schritt moralischen Lernens	120
	9.2	Mittel und Wege des moralischen Lernens	125
	9.3	Neuronale Grundlagen des moralischen Lernens	128
	9.4	Stufen der moralischen Entwicklung des Individuums	130
10	**Moralskeptische Perspektiven**		**135**
	10.1	Moralfallen	135
	10.2	Moralische Täuschung und Selbsttäuschung	138
	10.3	Moral zwischen Bindung und Selbstbehauptung, Fürsorge und Kampf	142
11	**Moral und Gewalt**		**146**
	11.1	Wie aus Opfern Täter werden	146
	11.2	Tätermoral	152
	11.3	Erosion der moralischen Bindekräfte	156
12	**Individuelle und institutionelle Verantwortung**		**159**
	12.1	Strukturmerkmale der Verantwortung	159
	12.2	Kausale und fürsorgende Verantwortung	163
	12.3	Korporative und kooperative Verantwortung	165
	12.4	Institutionsethik als kollektive Reflexion	169
13	**Was ist Menschenwürde?**		**172**
	13.1	Menschenwürde als sollensethischer Terminalwert	172

	13.2 Die Achtung der Menschenwürde im Selbstverständnis von Praktikerinnen	177
	13.3 Zur Geschichte des Begriffs der Menschenwürde	180
	13.4 Dimensionen der Menschenwürde heute	184
	13.5 Das Menschenwürdegebot im Alltag der Sozialen Arbeit	189
14	Für einen besser gelingenden Alltag	192
	14.1 Vier mögliche Bedeutungen des „gelingenden Lebens"	192
	14.2 Eine strebensethische Beratung	196
	14.3 Eine Minimaltheorie des gelingenden Lebens	199
Literatur		207
Personenregister		213
Sachregister		216

1 SOZIALE ARBEIT OHNE „SANDALEN"

Was Sie in diesem Kapitel lernen können

Hat das, was Sozialarbeiterinnen tun, in sich einen besonderen moralischen Wert, oder ist Soziale Arbeit heute in moralischer Hinsicht ein Beruf wie jeder andere? Darüber gehen die Ansichten in der Öffentlichkeit wie auch bei Studierenden und Praktikern der Sozialen Arbeit auseinander. In diesem Kapitel wird gezeigt, dass diese geläufigen Ansichten die eigentliche Aufgabe einer ethischen Reflexion zumeist verfehlen, und worin alternativ dazu die Aufgabe der Ethik besteht.

1.1 Vier geläufige, aber fragwürdige Ansichten über das Verhältnis von Sozialer Arbeit und Moralität

Alle zwei Jahre treffen sich Sozialarbeiter aus aller Welt zu Konferenzen, die von den drei Dachverbänden „International Federation of Social Workers", „International Association of Schools of Social Work" und „International Council on Social Welfare" organisiert werden. Als eine dieser Weltkonferenzen mit mehr als tausend Fachteilnehmerinnen vor einiger Zeit in Deutschland abgehalten wurde, brachte ein Nachrichtenmagazin darüber einen Artikel mit dem Titel „Die Sandalen des Guten. Ortstermin: In München tüfteln Sozialarbeiter an der Veredelung des Menschen". Warum die Sandalen im Titel?

In dem Bericht wurden viele Vorträge und Workshops zum Elend dieser Welt aufgeführt. Dabei ging es u. a. um Hilfe für die Opfer von Naturkatastrophen und Vergewaltigungen, für HIV-Patienten, Drogenabhängige, Menschen mit Sprachbarrieren und emotionalen Störungen. Thema waren auch Möglichkeiten der Konfliktlösung in Kriegs- und Bürgerkriegsgebieten und bei Vertreibungen: Tibet, Kongo, Naher Osten. „Sozialarbeiter", hieß es in dem Bericht, „gehen in die Ecken der Welt, in die sonst niemand will, sie sind unentbehrlich, werden lausig bezahlt, sie bringen die Dinge in Ordnung, die unser schönes Erste-Welt-Leben in der Dritten Welt hinterlässt, und man möchte ihnen Glück wünschen, aber dann sieht man die Sandalen. Viele Konferenzteilnehmer tragen Sandalen. Sandalen sind die Besohlung des Weltgewissens" (Gutsch 2006, 72).

Na und?, mag sich die Leserin und der Leser denken, sagt denn das Schuhwerk etwas über die Qualität der jeweiligen Sozialen Arbeit aus? Aber die „Sandalen" sind ja symbolisch zu verstehen. Ihre Bedeutung erschließt sich im Kontrast zu den Schuhen der Politiker und Militärs: „Es ist nur leider so, dass man mehr an die Jungs in den harten polierten Schuhen glaubt. Man glaubt eher an Sicherheitskonferenzen, [...] an schnelle Eingreiftruppen." Währenddessen laufen die Konferenzteilnehmer , von einem Raum in den nächsten, von einem Weltproblem zum anderen. Kinderarmut, sexuelle Gewalt, Drogen, Rassismus.

Es hört nie auf. [...] Der Mensch ist schlecht, dunkel und verloren. Man kann aber auch sagen, dass es glücklicherweise ein paar Leute gibt, die daran arbeiten, ihn besser zu machen" (ebd.). Im Allgemeinen lassen sich die Menschen, dieser Darstellung zufolge, allenfalls mit Zwang und Gewalt zur Vernunft bringen. Angesichts dessen erscheinen die Sozialarbeiter und Sozialpädagogen, die von einer heilen Welt träumen, als hoffnungslos naive Möchtegern-Weltverbesserer.

Dieses Bild ist zweifellos eine Karikatur. Aber sie entspricht einer teilweise immer noch verbreiteten Vorstellung davon, was für eigenartig moralselige Menschen doch Sozialarbeiter seien. Vertreten wird diese Ansicht von Leuten, die offenbar davon überzeugt sind, dass das Leben ein Kampf ist, in dem man sich keine Schwächen erlauben darf. Solche Schwächen werden für sie durch den „Sozialarbeiter" verkörpert. Demnach muss man sich eine weiche, „sozialarbeiterische" Einstellung verbieten, wenn man in dieser harten Welt bestehen will.

Zwei weitere Beispiele für dieses Bild von Sozialer Arbeit: Als im September 2001 kurz nach den Anschlägen auf das New Yorker World Trade Center in Deutschland einige Politiker und Publizisten in Deutschland vor einer kriegerischen Reaktion darauf warnten, ja überhaupt ein Verstehen (nicht ein Entschuldigen!) der politischen, sozialen, kulturellen, psychischen und geschichtlichen Hintergründe des Terrorismus einforderten, da wurde dies in der *Frankfurter Allgemeinen Zeitung* als „deutscher Sozialarbeitermodus" verspottet, dem zufolge man angeblich nur „geeignete Jugendhilfe-Maßnahmen zur Resozialisierung" der Terroristen durchzuführen habe (Gaschke 2001, 2).

Auf der anderen Seite, und gleichsam spiegelbildlich dazu, beschwören auch deutsche Terroristen selbst das Kontrastbild des Sozialarbeiters, um sich diesem gegenüber zu profilieren. Nachdem RAF-Mitglieder der so genannten dritten Generation einen US-Soldaten erschossen hatten, um mit Hilfe seines Dienstausweises innerhalb eines zugangskontrollierten militärischen Areals eine Autobombe zünden zu können, sahen sie sich der Kritik von ehemaligen Sympathisanten ausgesetzt und verkündeten trotzig: „Wir haben nicht diesen verklärten, sozialarbeiterischen Blick" (zit. in: Bönisch; Sontheimer 2007, 68).

Ist Moral insgesamt, wie ein bekannter Liedermacher einmal in der *Frankfurter Rundschau* provokatorisch schrieb, nur etwas für die „weiblich-süß-weiche Kinder-Küchen-und Kirchen-Welt", während in der „männlich-herb-rauen Berufswelt" Eigennutz, Ellbogen, ja Betrug die wichtigsten Tugenden sind? Produziert „die Moral das Kanonenfutter fürs Kapital", während „das Kapital unermüdlich Anlässe für die moralische Schadensabwicklung" (Kiesewetter 2007) bietet – wofür dann offenbar die Soziale Arbeit zuständig ist?

Gegenüber der spöttisch-abschätzigen Bewertung eines angeblich vorhandenen sozialarbeiterischen Moralismus kann man aber auch darauf beharren, dass es (wie der „Sandalen"-Autor sich am Ende zu sagen erlaubte) doch immerhin erfreulich ist, dass Menschen sich für andere einsetzen. Tun denn Sozialarbeiterinnen nicht tatsächlich „Gutes" in dem Sinn, dass sie anderen Menschen bei ernsthafter Gefährdung ihrer Lebensqualität beistehen? Leisten sie nicht Hilfe bei sozialen Problemlagen, denen die Betroffenen sonst weitgehend schutzlos ausgeliefert wären? Sind nicht soziale Benachteiligung, Gewalt und Gewalterfahrung, Sucht, Krankheit, Wohnungs- oder Arbeitslosigkeit als Problembereiche, mit denen es die Soziale Arbeit zu tun hat, auf selbstverständliche Weise das „Schlechte", durch das die Soziale Arbeit selbst als etwas „Gutes" ausgewiesen ist?

Wenn man derartiges von anderen Menschen im Alltagsleben berichten kann, zum Beispiel von einer Zahnärztin, die einmal in der Woche, an ihrem freien Nachmittag, in einem kirchlichen Gemeinderaum auf eigene Kosten nicht krankenversicherte Wohnsitzlose behandelt (vgl. Billerbeck 2001), oder von einer anderen, die ehrenamtlich in einem Hospiz Sterbende betreut, oder von einer weiteren, die Kindern von in Vollzeit arbeitenden Eltern nachmittags bei den Hausaufgaben hilft, oder schließlich von den vielen, die Geld in einer für sie spürbaren Höhe an Bedürftige spenden, dann bewerten wir im Alltag solche Einstellungen, Handlungen oder Menschen als moralisch sehr achtbar. Wenn nun Sozialarbeiter Ähnliches von Berufs wegen tun, dann besteht der Unterschied, so könnte man zunächst einmal sagen, weniger im Resultat als in dem „Von-Berufs-Wegen". Ist also Soziale Arbeit allein auf Grund ihrer Zielsetzung und ihrer Ergebnisse ebenso moralisch achtbar?

In den vergangenen Jahrhunderten vor der staatlichen Institutionalisierung der Sozialen Arbeit war die Fürsorge für Arme, Kranke, Verletzte, Behinderte, Wohnsitzlose, Bettler, Aussätzige, Ausgestoßene davor abhängig gewesen, ob sich Andere von diesen Schicksalen rühren und Barmherzigkeit walten ließen. Auch die öffentliche Armenpflege wurde von ehrenamtlich Tätigen besorgt, bis dann – in Deutschland etwa seit 1910 – eigens dafür eingestellte und kommunal bezahlte Bedienstete sich der Menschen in besonderen Notlagen anzunehmen begannen. Dabei ist aber fast nur noch Historikern bekannt, dass mit den in der zweiten Hälfte des 19. Jahrhunderts, zur Zeit der Industriellen Revolution, eingeführten Absicherungen gegen Krankheit, Armut und Arbeitslosigkeit in erster Linie der politische Zweck verfolgt wurde, die öffentliche Ordnung zu sichern und mögliche soziale Unruhen einzudämmen.

Im allgemeinen Bewusstsein geblieben ist dagegen das persönliche Engagement der Pioniere der Sozialen Arbeit und ihrer Mitarbeiter für die damaligen Modernisierungsverlierer, die verwahrlosten Jugendlichen, die Landflüchtigen, die Armen und Kranken. So zehrt der moralische Ruf der heutigen professionellen Sozialen Arbeit teilweise immer noch von ihrer privaten und kirchlichen Vorgeschichte. Man sieht diese Profession als eine „moralische" (Pantucek/Vyslouzil 1999) an.

Bisher war von zwei Sichtweisen auf die Soziale Arbeit die Rede:

a) von einer, in der die angebliche Naivität eines moralischen Einspruchs gegenüber den Übeln der Welt belächelt wird, und
b) von einer anderen, in der die fürsorgende und emanzipatorische Tätigkeit der Sozialen Arbeit von sich aus als Grund ihrer moralischen Wertschätzung gilt.

Beide aber sind offensichtlich unzureichend und erfassen nicht die spezifisch moralische Dimension der Sozialen Arbeit: die erste, weil sie Moralität mit unaufgeklärter Naivität gleichsetzt, die zweite, weil sie den Unterschied zwischen der

Moral des alltäglichen Handelns und der des professionellen sozialarbeiterischen Handelns vernachlässigt. Wenn überhaupt Moral keine bloße Illusion ist, kann sie nicht in Realitätsangepasstheit aufgehen, aber ebenso wenig auf Realitätssinn verzichten. Und dieser Realitätssinn besteht im Rahmen der professionellen Sozialen Arbeit nicht nur in Alltagserfahrung, sondern lässt sich theoretisch und methodisch absichern.

Über die tatsächlich in der Bevölkerung heute am meisten verbreiteten Einschätzungen der Sozialen Arbeit gibt eine Umfrage Auskunft, die vom Deutschen Berufsverband für Soziale Arbeit in Auftrag gegeben wurde. Erkundet werden sollten „Stellenwert und Funktionen der Sozialen Arbeit im Bewusstsein der Bevölkerung in Deutschland" (DBSH 1998). Hier kommt

c) eine weitere Meinung über den Wert der Sozialen Arbeit zum Vorschein, der besonders stark an der sozialen Problemlösung orientiert ist.

Die Ergebnisse dieser Umfrage beziehen sich nicht schlicht und einfach auf „die deutsche Bevölkerung", vielmehr wird zwischen vier Bevölkerungsgruppen bzw. sozialen Milieus mit unterschiedlichen Werthaltungen unterschieden: zwischen einem „konservativen" und einem „progressiven" sowie zwischen einem konsummaterialistisch „außengerichteten" und einem postmaterialistisch-idealistisch „innengerichteten" Milieu. Dabei zeigt sich, dass eher progressiv eingestellte und innengerichtete Bevölkerungsteile die Soziale Arbeit vor allem deshalb wertschätzen, weil sie sie als Beitrag zur Lösung drängender gesellschaftlicher Probleme ansehen, während in konservativen und außengerichteten Milieus eher der individuelle Bezug von Hilfeangeboten in prekären Lebenssituationen gewürdigt wird. Hier wird deutlich, wie sich die jeweils eigenen Werthaltungen der Bevölkerung in der Bewertung der Sozialen Arbeit wiederfinden.

Immer noch wird der Hilfeaspekt der Sozialen Arbeit hoch geschätzt, aber noch wichtiger wird offenbar die Ansicht, dass die Soziale Arbeit für die Allgemeinheit nützlich ist, weil sie dabei hilft, soziale Konflikte und deren Folgen wie zum Beispiel Kriminalität zu vermeiden und die Folgen des wirtschaftlichen Konkurrenzkampfes in der Gesellschaft zu mildern. Daraus lässt sich der Schluss ziehen, „dass Soziale Arbeit ihre Erfolge und ihre gesellschaftliche Funktion über moralische und ethische Ansprüche hinaus gegenüber der Gesellschaft deutlicher machen muss als bisher" (DBSH 1998, 5). Diese Funktion des Nutzens der sozialen Konfliktentschärfung wird der Sozialen Arbeit, der Umfrage zufolge, im gleichen Maße (nämlich nach der Ansicht von fast zwei Dritteln der Befragten) zugeschrieben wie einer „starken Wirtschaft".

Der im Prinzip anerkannte moralische Wert der Sozialen Arbeit wird nach Ansicht von etwa einem Drittel bis der Hälfte der Befragten (vor allem aus dem konservativ-konsummaterialistischen Milieu) dadurch gemindert, dass es nach ihrer Ansicht unter den Hilfeempfängern allzu viele „Simulanten und Faulpelze" gebe (in diesem Sinn unterschied man im 19. Jahrhundert zwischen denjenigen Notleidenden, die der Hilfe für „würdig", und denen, die ihrer für „unwürdig" erachtet wurden). „Beachtenswert ist, dass Soziale Arbeit häufig von denen kritischer gesehen wird, die selbst eher in die Lage kommen könnten, entsprechende Dienstleistungen in Anspruch zu nehmen" (DBSH 1998, 9). Dahinter stecken offenbar Motive der Wahrung von Selbstwertgefühlen und der Abgrenzung nach „unten". Zugleich erkennen zwei Drittel der Befragten an, dass Sozialarbeiter wichtige Ansprechpartner für sozial Schwache und Ausgegrenzte seien und dass der Einsatz für deren Sache bewundernswert sei. Prägend für die Wertschätzung der Sozialen Arbeit ist dabei aber weniger die von ihr geleistete individuelle Hilfe als vielmehr ihr präventiver Nutzen für den sozialen Frieden.

Gegenüber den spöttisch abwertenden wie auch den moralisch aufwertenden Ansichten über Soziale Arbeit scheint heute also eher ein nüchterner Blick auf den gesellschaftlichen Nutzen verbreitet zu sein, wie er sich in der entsprechenden dritten Sichtweise ausdrückt. Kann man diesen Nutzen immerhin noch als eine Art sozialethischer Rechtfertigung der Sozialen Arbeit verstehen, so wird demgegenüber in einer vierten Ansicht das Moralische an der Sozialen Arbeit eher in den Hintergrund gedrängt. Es handelt sich dabei um den Blick der professionell Tätigen beziehungsweise derer, die diese Profession ergreifen wollen. In deren Auffassung geht es

d) vorwiegend um das Interesse am „Sozialen", dem man sich stärker als etwa zum Technischen oder Ökonomischen hingezogen fühlt.

Mit diesem Bild von Sozialer Arbeit sind keine emanzipatorisch-politischen Ansprüche verbunden. Das unterscheidet sie von den beiden erstgenannten Bildern, in denen immer noch Motive der „68er"-Zeit nachzuleben scheinen. Schon ein flüchtiger Blick auf die angehenden angeblichen Gutmenschen zeigt: Sozialarbeiterinnen (Studierende wie Praktikerinnen) tragen heute längst keine lila Latzhosen oder Strickkleider mehr, und Rauschebärte oder Sandalen sind in dieser Berufsgruppe nicht häufiger anzutreffen als bei Förstern, Fotografen oder Fond-Managern. Auch ist das Ziel, für das „Gute" in der Welt einzutreten, indem man das „Schlechte" zu verstehen und zu bessern versucht, bei heutigen Studierenden der Sozialen Arbeit kein maßgeblicher Grund für die Berufswahl. An erster Stelle wird stattdessen der viel schlichtere, aber auch umfassendere Wunsch geäußert, unmittelbar mit Menschen (statt in der Industrie oder im Handel) alltagsnah zu arbeiten, und dafür nimmt man auch eine tatsächlich oft lausige Bezahlung (wie es im „Sandalen"-Artikel heißt) in Kauf.

In ihrem Studium eignen sich Sozialarbeiterinnen und Sozialarbeiter unterschiedliches fachliches Wissen an. Dazu gehören pädagogische, psychologische, soziologische, medizinische, ökonomische und andere Kenntnisse, aus denen die Sozialarbeitswissenschaft, die diese unterschiedlichen Ansätze integriert, die Möglichkeit und Wirksamkeit sozialarbeiterischer Interventionen ableitet. Die gesellschaftlichen Rahmenbedingungen, Rechtfertigungen und Zielsetzungen dieses Handelns werden durch weitere Theorien erschlossen, vor allem durch rechtliches Wissen, Politische Theorie und Organisationslehre. Nach dem Ende des Studiums teilen sich dann üblicherweise die Wege. Während die einen ihren methodischen Zugang, angepasst an ihr besonderes Arbeitsfeld, mehr oder weniger auf eine bestimmte Bezugswissenschaft (zum Beispiel Psychologie oder Recht) einengen, verzichten die anderen weitestgehend auf theoretische Orientierungen und verlassen sich vor allem auf ihr berufspraktisches Erfahrungswissen. Gleichermaßen in beiden Fällen scheint das, was Sozialarbeiterinnen und Sozialarbeiter tun, auf vielfache Weise festgelegt zu sein. Für jeweils bestimmte Fälle gibt es entsprechende Gesetze und Vorschriften, bewährte Vorgehensweisen und Strategien, eingeübte Verhaltensmuster, Routinen und ein Wissen um typische Verläufe, an denen sie sich orientieren können. Für das berufliche Handeln sind solche verlässlichen Regeln tatsächlich ebenso nützlich wie unerlässlich. Für Ethik und Moral scheint freilich in diesem Bild von Sozialer Arbeit kaum Platz oder Bedarf zu bestehen.

Fassen wir die bisher wiedergegebenen Ansichten zum Verhältnis von Sozialer Arbeit und Ethik noch einmal zusammen. Zu unterscheiden ist eine Außenansicht und eine Innenansicht der Sozialen Arbeit. Nach der Außenansicht ist die Soziale Arbeit eine „moralische Profession". Je nachdem nun, welche Rolle man der Moral in der Gesellschaft zuerkennt,

a) grenzt man sich gegen die moralische Naivität der Sozialarbeiterinnen ab oder
b) man erkennt ihre moralische Motivation an.
c) In einer dritten, zahlenmäßig inzwischen wohl überwiegenden Ansicht gesteht man der sozialen Arbeit weniger einen moralischen Auftrag als eine soziale Nützlichkeit durch die Entschärfung möglicher Konfliktpotenziale zu.
d) Auch in der Innenansicht der Studierenden der Sozialen Arbeit scheint die Moral eine eher geringere Rolle zu spielen. Hier gilt die Soziale Arbeit in erster Linie als Aufgabe der Kompensation lebenspraktischer Defizite. Man eignet sich die Verfahrensweisen seines künftigen Jobs an, der durch die verschiedensten Vorschriften und Gesetze vielfach geregelt ist, man orientiert sich in seinen Methoden an praktischen Erfahrungen und (eher weniger) an wissenschaftlichen Erkenntnissen und man grenzt sich als professionelle Kraft von eventuell moralisch motivierten Ehrenamtlichen ab.

Jedoch haben alle diese vier Positionen jeweils spezifische Schwächen, die es notwendig machen, weiter zu fragen.

a) Ist es in jedem Fall naiv, dass eine nachhaltige Verbesserung individueller oder sozialer Miseren bei einer Veränderung moralischer Einstellungen anzusetzen hat? Kann es nicht ebenso naiv sein, hier vordergründig auf Macht, Gewalt und Zwang zu vertrauen?
b) Ist es ein besonderes moralisches Verdienst, das als bezahlten Beruf zu leisten, was andere moralisch verdienstvoll in altruistischer Einstellung tun? Auch ist auf moralische Absichten nicht viel zu geben, denn der Wert des konkreten Handelns erweist sich erst in der Verwirklichung der Absichten und in ihren Folgen.
c) Welche moralischen Wertschätzungen liegen dem Ziel der sozialen Reibungslosigkeit zugrunde? Kann es nicht unter Umständen moralisch gerade erforderlich sein, Konfliktpotenziale zu stärken?
d) Welchen Wertvorstellungen und moralischen Normen folgt die Soziale Arbeit, wenn sie bestimmte Verhältnisse als defizitär und andere als erstrebenswert anzieht? Ist ein Begriff wie der der Hilfe rein technisch-funktional zu begreifen, wenn man bedenkt, dass Helfen auch dazu benutzt werden

kann, über den Hilfeempfänger Macht auszuüben und ihn in Abhängigkeit zu halten?

Diese Art kritischer Nachfragen nach den jeweils vorausgesetzten Vorstellungen von Moral ist nun genau die, die die ethische Reflexion der Profession Sozialer Arbeit ausmachen. Wichtig zu sehen ist hier, dass die Ethik keineswegs von vorn herein vom Wert und von der Richtigkeit einer Moral ausgeht. Während sie in den Fällen (a), (c) und (d) die moralische Dimension gegenüber ihrer Vernachlässigung zu verteidigen sucht, stellt sie sie im Fall (b) eher in Frage. Es gibt viele ‚Moralen' und viele ‚Nicht-Moralen', die sich alle mit dem Anschein der Selbstverständlichkeit umgeben, während es die Aufgabe der Ethik ist, nach ihrer Berechtigung zu fragen.

1.2 Ethische Reflexion in der Sozialen Arbeit

Für eine Professionsethik der Sozialen Arbeit ist die Tatsache, dass durch Soziale Arbeit Menschen in professionell bestimmten Notlagen geholfen werden soll, noch keineswegs eine ausreichende ethische Grundlage. Vielmehr werden in ethischen Überlegungen zur Sozialen Arbeit Fragen der folgenden Art zu erörtern sein: Wird das Hilfemotiv durch andersartige Motive oder Folgen des Handelns eventuell zunichte gemacht? Wie verhält es sich mit dem „moralischen und ethischen Anspruch" an die Soziale Arbeit und ihrer tatsächlichen Wirkung? Wie lässt sich dies auf den unterschiedlichen Ebenen des individuellen Handelns, der institutionellen Kooperationen und der gesellschaftlich-strukturellen Ebene konkretisieren? Wieweit haben die Entscheidungen, die in der Sozialen Arbeit täglich zu treffen sind – jenseits aller moralistisch-illusionsbehafteten „Sandalen des Guten" –, ein ethisches Gewicht? Welche Rolle spielen ethische Werthaltungen in der Sozialen Arbeit angesichts ihrer heute verbindlichen wissenschaftlichen (psychologischen, juristischen, soziologischen, medizinischen, ökonomischen usw.) Fundierung? Gibt es berufsethische Normen, die die Handlungsmöglichkeiten der sozialarbeiterisch Tätigen gleichsam mit Leitplanken und Stoppschildern begrenzen? Wie ist der von der Allgemeinheit finanzierte Aufwand der Sozialen Arbeit zugunsten der Betroffenen sozialethisch zu rechtfertigen?

Dabei ist im Sinne der zitierten Umfrage davon auszugehen, dass die Beziehung von Sozialer Arbeit und Ethik heute keine mehr ist, die sich von selbst versteht.

> Soziale Arbeit ist weder moralisch naiv noch gleichsam automatisch moralisch wirksam. Ebenso wenig ist ihr ethischer Wert auf die Entschärfung sozialer Konflikte zu reduzieren, und schließlich ist sie auch keine moralfreie Sozialtechnik. Die Aufgabe der Ethik ist es nicht, das Gute bloß zu verkünden, sondern vielmehr zu prüfen, ob das Gute wirklich gut ist und unter welchen Bedingungen es seine Qualität verlieren kann.

In der Praxis der Sozialen Arbeit wird der Einsatzpunkt ethischer Überlegungen besonders in solchen Situationen deutlich, in denen alternative Entscheidungen gleichermaßen richtig und falsch erscheinen können. Das hat dann vielleicht zur Folge, dass, wie auch immer man sich entscheidet, ein ungutes Gefühl zurückbleibt. Solche Konfliktsituationen machen deutlich, dass in jeder professionellen Handlungssituation auch persönliche Ansichten und Abwägungen ins Spiel kommen. In jeder Entscheidung, in jeder Handlung drückt sich auch eine bestimmte Grundhaltung, eine Einstellung zum Gegenüber, eine Vorstellung vom Sinn des eigenen Tuns aus. Hierbei geht es nicht allein um die Frage, welche fachlichen Regeln zu befolgen sind, sondern um die eigentlich ethische Frage der persönlichen Verantwortlichkeit des Tuns. Verantwortlichkeit ist gefordert, weil die Soziale Arbeit in nahezu allen ihren Anteilen in das Leben der Betroffenen eingreift.

Dabei geht es nicht darum, bestimmte Lösungsmöglichkeiten solcher Konfliktsituationen als die einzig legitimen vorzuführen. Vielmehr kann eine Einführung in die Professionsethik sinnvollerweise nur das Ziel verfolgen, die Leserinnen und Leser zu einer eigenen ethisch begründeten Urteilsbildung anzuregen und damit deren (immer schon vorausgesetzte) ethische Kompetenz zu erweitern und zu stärken.

Wenn man die Grundidee der Sozialen Arbeit nicht allein als professionelle Lebenshilfe, sondern als Hilfe zur *Selbsthilfe* bezeichnen kann, dann gilt dies nicht weniger für eine Auseinandersetzung mit der Ethik der Sozialen Arbeit. Auch zu ethischem Wissen und Können kann einem nicht eigentlich von außen verholfen werden, denn das würde dem immanenten Sinn der Ethik, der moralischen Selbstbestimmung und Mündigkeit, zuwiderlaufen. Was Ethiktheorien (und dieses Buch über Ethik) stattdessen leisten sollten, ist gleichsam eine Hilfe zur Selbsthilfe, nämlich eine Hilfestellung zur Entwicklung einer ethischen *Selbstorientierung*. Diese ist eine notwendige Bedingung für ethisches Handeln, wenn auch keine hinreichende. Eine ethische Haltung, in der die zunächst kognitiven Orientierungen dauerhaft verinnerlicht sind, bedarf darüber hinaus der praktischen Einübung, der Bildung von Gewohnheiten.

Die ethische Selbstbesinnung lebt von der persönlichen Motivation und Bereitschaft der Einzelnen, das zunächst Selbstverständliche, Gewohnte und Alltägliche auf seine Geltung hin zu befragen. Aber sie ist auch nicht nur etwas Persönliches, sondern kann als ethische Reflexion aus einem ein über einen langen Zeitraum gewachsenen Arsenal von Prinzipien und Argumenten schöpfen. Auf dieses begriffliche Instrumentarium muss auch eine Ethik der Sozialen Arbeit zurückgreifen, will sie nicht gleichsam das Rad neu erfinden. Diese Rückgriffe müssen jedoch nicht unbedingt in ausdrücklicher Form erfolgen, und so tauchen auch im vorliegenden Buch, das der Einführung in die Thematik dient, Darstellungen von Theorien oder Theoremen aus der Geschichte der philosophischen Ethik nur ausnahmsweise auf. Im Vordergrund stehen vielmehr konkrete ethische Problemstellungen aus der sozialarbeiterischen Praxis. Die jeweils geeigneten Formen ethischer Reflexion sind auf diese Problemstellungen nicht einfach „anzuwenden", sondern diesen auch immer wieder neu anzupassen.

🔍 *Gut zu wissen – gut zu merken*

Die Profession der Sozialen Arbeit ist von vornherein weder gegenüber den gesellschaftlich bestimmenden Kräften naiv noch moralisch gerechtfertigt, noch besteht ihr moralischer Wert in ihrer Funktion der sozialen Beruhigung. Auf der anderen Seite ist sie auch nicht moralisch neutral, sondern sie ist grundlegenden Werten des modernen Verständnisses von Individualität und Sozialität verpflichtet. Die Aufgabe der Ethik besteht in der nachhaltigen Prüfung unserer Gefühle und Meinungen über das Richtige und Gute in der Sozialen Arbeit. Ethische Reflexion wirkt, wie Soziale Arbeit, sinnvoll nur als „Hilfe zur Selbsthilfe".

📖 *Literaturempfehlung*

Kuhrau-Neumärker, Dorothea (2005): „War das o. k.?" Moralische Konflikte im Alltag Sozialer Arbeit. Einführung in die Berufsethik. Münster u. a.: Waxmann.

2 WOZU ETHIK IN DER SOZIALEN ARBEIT?

Was Sie in diesem Kapitel lernen können

An einem ausführlicheren Beispiel lernen Sie die Vielfalt moralischer Bezüge im sozialarbeiterischen Handeln kennen. Es wird untersucht, wie es zu verstehen ist, dass wir Moral einerseits als etwas Individuell-Persönliches, andererseits als etwas Sozial-Verbindliches ansehen. Sodann wird gezeigt, wie die ethische Reflexion der Moral bei der lebensgeschichtlich erworbenen Moral ansetzt, um sie auf ihre guten Gründe hin transparent zu machen. Dies gilt auch für eine Sozialarbeitsethik. Worin aber besteht ihr Nutzen, wenn sie sich nicht den jeweils gegebenen Vorstellungen von Nützlichkeit unterwirft?

2.1 Ein Fall aus der Bewährungshilfe: Moralische Verpflichtungen und Verletzungen

Die 18-jährige Jennifer Mertens hat reichlich das genossen, was man üblicherweise eine „schwere Kindheit" nennt. Diese war geprägt durch den Alkoholismus des Vaters sowie diverse Krankheiten der Mutter und überschattet von häuslicher Gewalt. Als Jennifer mit ihrem Freund in der S-Bahn unterwegs ist, legen sich beide mit einem zwölfjährigen Schüler an. Sie bedrohen und schlagen ihn, dann rauben sie ihm sein Taschengeld und seine teure Lederjacke.

Die Polizei hat die beiden Täter auf Grund von Zeugenaussagen bald ermittelt. Jennifer wird wegen Körperverletzung in Tateinheit mit Raub zu einer sechsmonatigen Freiheitsstrafe verurteilt, die zur Bewährung ausgesetzt wird. An den Geschädigten muss sie ein Schmerzensgeld zahlen. Dazu erhält sie die Auflagen, den Kontakt zu ihrer Bewährungshelferin zu halten und sich um einen Psychotherapieplatz zu bemühen.

Bei der nun anlaufenden Bewährungshilfe zeigt sich Jennifer wenig kooperativ. Sie gibt zu verstehen, dass sie keinerlei Unterstützung nötig habe und wolle. Zwar kommt sie zu den vereinbarten Terminen mit der Bewährungshelferin, aber es entsteht keine vertrauensvolle Beziehung. Dies ändert sich jedoch nach einigen Wochen, als Jennifer, die bislang noch bei den Eltern wohnte, um Unterstützung bei einer Wohnungssuche bittet. Sie war im Streit von zu Hause ausgezogen und ist nun wohnungslos.

Die Bewährungshelferin hilft Jennifer dabei, einen Antrag auf Kostenübernahme der Unterkunft zu stellen. Diese wird ihr in Verbindung mit einer Regelung über ambulant betreutes Wohnen gewährt. Auf Grund der erfolgreichen Bemühungen der Bewährungshelferin bei der Wohnungsbeschaffung verändert sich das Betreuungsverhältnis deutlich zum Besseren. Die Gespräche über die alltäglichen Probleme Jennifers und ihre weitere Lebensplanung werden intensiver, die Atmosphäre ist fast vertrauensvoll.

Dann aber, nach wenigen Wochen, erfolgt ein Rückschlag: Jennifer kommt mehrmals nicht zu vereinbarten Terminen, sie verringert den Kontakt zur Helferin beim ambulant betreuten Wohnen. Hinweise auf die Folgen dieser Nichteinhaltung der gerichtlichen Auflagen gehen ins Leere. Schließlich zerreißt das gesamte Hilfenetz, bestehend aus betreutem Wohnen, Bewährungshilfe und Jugendamt. Der zuständige Richter hat nun zu entscheiden, wie es mit Jennifer weitergeht.

Eine Studierende der Sozialen Arbeit berichtet diese Fallgeschichte in einer Seminarveranstaltung, in der es um die Reflexion der Erfahrungen im Praxissemester geht. Der Bericht bezieht sich, wie ersichtlich, auf ein Praktikum bei der Bewährungshilfe, einem Fachbereich im Ambulanten Sozialen Dienst der Justiz. In der Seminardiskussion über solche Fallgeschichten geht es vor allem darum, die verschiedenen Aspekte der jeweiligen eigenen beruflichen Rolle zu reflektieren.

Im Zusammenhang der vorliegenden Einführung in die Berufsethik der Sozialen Arbeit soll jedoch von vielen der hier möglichen Nachfragen zum Beispiel rechtlicher oder psychologischer Art abgesehen werden. Vielmehr beschränken wir uns auf ethische Aspekte. Wir suchen einen ersten Zugang zu der Frage, wozu Ethik in der Sozialen Arbeit gebraucht wird, wo die Orte ihres Einsatzes sind. Dazu tragen wir zunächst diejenigen ethischen Anteile zusammen, die die Fallgeschichte aufweist. Die Seminardiskussion über den Fall bringt eine Vielzahl von ihnen an den Tag, und mehr als die einzelnen Teilnehmer zunächst vermutet haben:

- Da ist zunächst die Verletzung elementarer moralischer Regeln der Achtung, die Jennifer gegenüber dem Opfer ihrer Tat begangen hat. Zwar handelt es sich hier vorrangig um rechtliche Regeln, die als gesetzliche Bestimmungen im Strafgesetzbuch festgeschrieben sind, aber die Regeln, die körperliche Unversehrtheit und das persönliche Eigentum eines Anderen zu achten, sind zugleich auch moralische. Es sind universale, in allen Kulturen geltende Regeln des friedlichen Zusammenlebens und der Rücksichtnahme.
- Das wird auch am Ziel der Bewährungshilfe deutlich. Diese soll nicht nur kurzfristig darauf hinwirken, dass die Probandin die Bewährungszeit ohne erneute Straftat verbringt, sondern sie soll die Betroffene auch möglichst nachhaltig in einer straffreien Lebensführung unterstützen und ihre soziale Integration fördern. Eine auf Dauer straffreie Lebensführung setzt aber voraus, dass die Regeln des sozialen Zusammenlebens genügend verinnerlicht werden und damit als moralische Einstellungen gefestigt sind.
- In der Sicht des Opfers der Straftat dient die Strafverfolgung dem Bedürfnis nach Ausgleich des Schadens und Wiederherstellung von Gerechtigkeit. Das Opfer hat einen moralischen Anspruch darauf, dass anerkannt wird, dass ihm Schaden zugefügt wurde. Dabei geht es um die Bewältigung nicht nur physischer, sondern auch psychischer Gewalt, also nicht nur um materielle, sondern auch um psychosoziale Gerechtigkeit.

- In einem umfassenderen und langfristigen Sinn ist aber auch Jennifer ein Opfer, nämlich eines von psychosozial destruktiven Familienverhältnissen, auf Grund derer sie in ihrer kindlichen und jugendlichen Entwicklungsmöglichkeit benachteiligt wurde. Schon der Raub kann möglicherweise als – untauglicher – Versuch der Wiederherstellung von sozialer Gerechtigkeit verstanden werden, als Versuch endlich nicht mehr Opfer zu sein, ihr Geschick selbst in die Hand zu nehmen.
- Indem die Bewährungshilfe darauf abzielt, Jennifer vor einem verhängnisvollen Kreislauf von Strafsanktion, sozialer Ausgrenzung und erneuten Straftaten zu bewahren, versucht sie, auf eine sinnvolle und nachhaltige Weise zum Abbau jener sozialen Ungerechtigkeit und zum Schutz der Gesellschaft vor den Folgen abweichenden Verhaltens beizutragen.
- Die Bewährungshelferin versucht – was ihr allerdings nicht von Anfang an und nur vorübergehend gelingt –, ein Vertrauensverhältnis mit Jennifer herzustellen. Vertrauen ist eine Bedingung dafür, dass überhaupt eine pädagogische Einwirkung stattfinden kann. Aber Vertrauen hat nicht nur ein solches Mittel zum Zweck, sondern darüber hinaus auch Ausdruck und Folge des moralischen Wertes der intersubjektiven Anerkennung. Indem die Bewährungshelferin sich als „Vertraute" anbietet und ihrerseits der Probandin Vertrauen entgegenbringt, antizipiert sie neben ihrer professionellen Kontrollfunktion eine „normale" Beziehungsform der moralischen Achtung.
- Diese Anerkennung lässt sich auf Dauer nur als wechselseitige verwirklichen. Der Bereitschaft zur Hilfeleistung muss die Bereitschaft entsprechen, sich helfen zu lassen. Als die letztere (aus Gründen, die wir nicht erfahren) nachlässt, bleibt der Bewährungshelferin offenbar nichts anderes übrig als moralisch an Jennifer zu appellieren, das gegebene Versprechen einzuhalten. Dem moralischen Versprechen entspricht auf juristischer Ebene die Auflage. Wird sie nicht erfüllt, so droht die Sanktion der ursprünglich verhängten, aber ausgesetzten Strafe.
- Zwei hauptsächliche Mittel und Wege stehen der Bewährungshelferin zur Verfügung, um bei Jennifer soziale Konformität zu erzeugen: Kontrolle und Hilfe. Während die Kontrollmaßnahmen eine äußere Überprüfung des Verhaltens darstellen, zielen die Hilfemaßnahmen kurzfristig auf eine Verbesserung der Lebensbedingungen und langfristig auf eine innere Umstrukturierung der Verhaltensmöglichkeiten und -bereitschaften. Aber diese beiden Mittel schließen sich weitgehend aus. Wo Zwang vorherrscht, kann kein Vertrauen entstehen, und wenn Vertrauen entsteht, wirkt Zwang kontraproduktiv.
- Um diesen Widerspruch wenigstens ein Stück weit zu entschärfen, muss die Bewährungshelferin versuchen, eine moralische Grundnorm des Sprechens möglichst zu befolgen, nämlich die, wahrhaftig zu kommunizieren, „mit offenen Karten zu spielen". Wenn sie von vornherein möglichst klarmachen kann, welche der Gesprächsinhalte sie vertraulich behandeln, und zugleich, unter welchen Verpflichtungen der Informationsweitergabe sie arbeitet, dann kann im Sanktionsfall das Gefühl des Vertrauensbruches vielleicht vermieden werden.

- Die Bewährungshelferin hat bei allen Gesetzen und Vorschriften, die ihr Handeln bestimmen, einen großen Spielraum bei der Frage, wie weit und in welchem Sinne sie sich für die ihr anvertraute Probandin engagiert. Zwar hat diese einen rechtlichen Anspruch auf umfassende Beratung, aber dieser Anspruch ist nicht derart objektiv festgelegt, dass seine Erfüllung ganz unabhängig vom Wohlwollen und von der Einsatzbereitschaft der Bewährungshelferin wäre. Sofern diese sich über das Vorgeschriebene hinaus für die Probandin einsetzt, realisiert sie damit die moralischen Werte der Zuwendung und Fürsorge.
- Die Beziehung von Bewährungshelferin und Probandin ist in ihrer Struktur grundsätzlich asymmetrisch. In einem Zwangskontext wie dem der Bewährungshilfe ist es schwierig, die richtige Balance zwischen Distanz und Nähe zu finden und zu halten. Vom Geschick der Bewährungshelferin im Umgang mit der Probandin, von ihrer fachlichen und sozialen Kompetenz, von ihrer Beurteilung möglicher Fortschritte und von ihrer Informationsweitergabe hängt teilweise das Schicksal der Probandin ab. Sie kann ihre Macht zum Besseren, aber auch zum Schlechteren gebrauchen. Deshalb unterliegt der Gebrauch der Macht ethischen Kriterien.

Die Fallgeschichte der Jennifer Mertens kann in gewisser Weise als typisch für die Soziale Arbeit angesehen werden, auch wenn der Zwangs- und Kontrollaspekt in der Bewährungshilfe ein deutlich größeres Gewicht hat als sonst in der Sozialen Arbeit. Aber zum Beispiel auch die Unterstützung durch eine Flexible Erziehungshilfe, auch die Hausaufgabenhilfe bei der Nachmittagsbetreuung von Kindern enthalten, neben der helfenden Zuwendung, immer auch ein Stück Kontrolle oder Zwang. Hier wie dort ist die Kontrolle, ethisch betrachtet, aber vor allem Mittel zum Zweck, und dieser Zweck liegt in der fördernden Begleitung der Klienten und der Verbesserung ihrer Lebenschancen.

Wir können die Vielzahl von ethisch relevanten Aspekten der vorliegenden Fallgeschichte zu einigen wenigen Bereichen zusammenfassen. Es geht

1. um das Verhalten der Klientin,
2. um das Verhalten der Sozialarbeiterin,
3. um die institutionellen Bedingungen der Klientenbeziehung und
4. um die gesellschaftlichen Rahmenbedingungen.

zu (1) *Die Klientin und ihre psychosoziale Problemlage*: Die Klientin hat zunächst durch ihr Verhalten andere geschädigt, wurde aber auch selbst geschädigt, das heißt sie ist Täterin, aber auch hilfebedürftiges Opfer. Praktisch geht es nicht zuletzt um die Weiterentwicklung der Moralvorstellung und des moralischen Handelns der Klientin.

zu (2) *Die Anforderung an die Bewährungshelferin*: Sie steht bei ihrer Arbeit unter der berufsethischen Regel, die ihr zukommende Macht nicht zu missbrauchen, sondern zum Wohl aller Betroffenen auszuüben, in erster Linie aber ihrer Klientin zu helfen.

zu (3) *Die institutionellen Bedingungen*: Die Begegnungen von Bewährungshelferin und Probandin sind durch die institutionellen Regeln der Justiz und der

Bewährungshilfe geprägt. Die durch diesen Rahmen vorgegebenen Mittel und Ziele können und müssen auf ihre ethische Legitimität hin geprüft werden. Insbesondere müssen die Mittel der Kontrolle und der Hilfe, die sich in ihrer Wirkung teilweise behindern, ausbalanciert werden, wobei der Aufbau eines Vertrauensverhältnisses für nachhaltige Hilfe unabdingbar ist.

zu (4) *Der Anspruch der Gesellschaft auf Schutz vor den Folgen kriminellen Verhaltens:* Der geschädigte Schüler hat ein Recht darauf, als Opfer anerkannt zu werden, und die Gesellschaft insgesamt ein Interesse an schadloser Öffentlichkeit.

In diesen vier Bereichen sind ethische Fragen jeweils dort bedeutsam, wo der Bestand des menschlichen Lebens und Zusammenlebens betroffen ist. Während die Justiz dazu dient, mit Blick auf die einzelne Tat durch Strafe und Strafandrohung Gesetzeskonformität zu erzwingen, geht der ethische und sozialarbeiterische Blick darüber hinaus auf den Lebenszusammenhang der Täterin als Klientin, um ihr, und indirekt dadurch auch der Gesellschaft, zu einem geordneten Leben zu verhelfen.

Noch weiter verallgemeinert, können wir sagen, dass Moral und Ethik dann ins Spiel kommen, wenn es darum geht, berechtigte von unberechtigten Interessen zu unterscheiden, die Verwirklichung der als unberechtigt erkannten Interessen innerlich zu hemmen und die eigenen als berechtigt anerkannten Bedürfnisse mit denen anderer Menschen auszubalancieren. Dies gilt für das alltägliche Zusammenleben, aber auch für die Sozialarbeiterin, die durch ihr professionelles Handeln auf das Wohlergehen ihrer Klienten und anderer Betroffener positiv oder negativ Einfluss nimmt. Eben dadurch haben ihre Handlungen unvermeidlich auch eine ethische Bedeutung. Die ethische Reflexion dient dann dazu, in ihrem Handeln die Verantwortung für die davon Betroffenen zur Geltung zu bringen.

2.2 Verankerung der Moral in Persönlichkeit und Kultur

Wie soll es nun aber mit Jennifer weitergehen? Wie weit soll ihr die Bewährungshelferin „nachlaufen"? Ist es nicht für alle hilfreicher, dass uneinsichtige Klienten in bestimmten Fällen einen deutlichen „Schuss vor den Bug" erfahren? Die Diskussionen mit Studierenden über ethische Probleme in der Sozialen Arbeit weisen in der Regel einige Eigentümlichkeiten auf, die dazu beitragen können, die Funktion der Ethik für die Soziale Arbeit weiter zu erläutern.

- Die Studierenden haben in den meisten Fällen eine ausgeprägte Auffassung vom „ethisch richtigen" Handeln, auch wenn sie fachlich über das jeweilige Arbeitsfeld zunächst noch wenig Bescheid wissen.
- Die Auffassungen lassen sich bis zu einem gewissen Grad durch Gründe und Argumente kritisieren oder verteidigen. Jenseits dessen liegen Grundanschauungen oder persönliche Identitäten, die kaum noch rational zur Disposition gestellt werden (können).
- Die moralischen Auffassungen können inhaltlich in der Gruppe der Diskutanten sehr weit auseinandergehen. Diese Unterschiede betreffen aber eher die

Frage, wie bestimmte Grundwerte umgesetzt werden sollen, als die Grundwerte und letzten Handlungsziele selbst wie zum Beispiel den Schutz des Lebens und die Achtung der Persönlichkeit.

Damit rücken die folgenden Besonderheiten des ethischen Wissens und Handelns in den Blick:

- Das Wissen um das „Gute" an einer Handlung ist weitgehend in der jeweiligen Persönlichkeit verwurzelt, so dass man es nicht eigentlich, wie etwa rechtliches oder ökonomisches Wissen, lernen kann. Vielmehr handelt es sich um ein „praktisches Wissen", das vor allem durch die Teilnahme an einem sozialen Lebenszusammenhang erworben und verinnerlicht wird.
- Dennoch können wir unser eigenes moralisches Handeln oder das anderer Menschen problematisieren, an Kriterien messen, mit Argumenten begründen und rechtfertigen.
- Indem Lebenszusammenhänge unterschiedlich strukturiert sind, unterschiedliche Traditionen, Bedürfnisse und Überzeugungen zusammenwirken, kommt es auch zu unterschiedlichen ethischen Bewertungen. Hinter unterschiedlichen Bewertungen von Handlungen können aber gleiche Grundwerte stehen. Die Unterschiede beziehen sich dann auf die Auslegung der Grundwerte auf verschiedene Lebenssituationen hin.

Dies ist näher zu erläutern: Die genannten Merkmale des ethischen Wissens hängen eng zusammen. Um über ethische Probleme nachzudenken, müssen wir normalerweise nichts über ethische Theorien wissen. Stattdessen gehen wir immer schon von einem Vorverständnis des moralisch richtigen Handelns aus, das uns mehr oder weniger selbstverständlich ist. Dieses haben wir im Laufe unseres Lebens erworben, es ist ein Teil unserer Persönlichkeit, durch die wir uns von Anderen unterscheiden, aber zugleich auch ein Teil unserer Kultur, der wir angehören und die wir mit Anderen gemeinsam haben. Moralische Einstellungen werden insbesondere während der Kindheit und Jugend ausgebildet. In dieser Phase lernen wir, zwischen „gut" und „böse" zu unterscheiden, indem wir das übernehmen, was uns Eltern und andere Autoritäten und Vorbilder vorgeben. Dieser Prozess verläuft nie konfliktfrei, vielmehr als lang andauernde Auseinandersetzung um die Durchsetzung von individuellen Bedürfnissen und sozialen Regeln. Typischerweise in der Adoleszenz stellen wir die so errungenen Überzeugungen wieder in Frage, machen sie uns ausdrücklich zu eigen oder verwerfen sie. Wir finden zunehmend zu unserer eigenen, „persönlichen" Moralüberzeugung.

Daraus resultieren die Unterschiede und die Gemeinsamkeiten zwischen den moralischen Einstellungen der Menschen. Einerseits gibt es *Unterschiede* zwischen den großen und kleineren Kulturkreisen, Milieus und Subkulturen, Geschlechtern und Generationen, also zwischen den verschiedenen Kollektiven, denen die Individuen angehören. Teilweise geht es aber auch um Unterschiede zwischen den verschiedenen individuellen Wertsetzungen. Das jeweils eigene Selbst- und Weltverständnis schlägt sich auch in der persönlichen Auffassung vom moralisch Richtigen nieder. Andererseits haben wir es mit *Gemeinsamkei-*

ten der individuellen Wert- und Normvorstellungen zu tun, und eben diese gemeinsamen Werte und Normen bilden den Kern einer Kultur. Und darüber hinaus gibt es auch kulturübergreifende Gemeinsamkeiten, die in den universellen Lebensbedingungen und -bedürfnissen der Menschen wurzeln.

Die unterschiedlichen moralischen Auffassungen beziehen sich zumeist weniger auf die Bejahung oder Verneinung ethischer Grundsätze als auf die Art und Weise ihrer Anwendung. Kaum jemand bestreitet zum Beispiel, dass Freiheit, Gleichheit, Solidarität, Gerechtigkeit, Verantwortlichkeit, Fürsorge, Toleranz, Menschenwürde, Respekt, Rücksichtnahme zentrale zu bejahende moralische Werte darstellen. Uneinigkeit besteht aber darüber, was unter Gerechtigkeit, Würde usw. im Einzelfall inhaltlich zu verstehen ist und welches Gewicht man den verschiedenen Werten beimessen sollte, wenn sie im besonderen Fall miteinander konkurrieren. Eine daraus oft gezogene Folgerung lautet, dass jeder für sich selbst entscheiden müsse, welchen moralischen Orientierungen er folgen wolle. Das Problem dabei ist jedoch, dass Moral dann nicht mehr *auch* als soziale Regelung, sondern *nur noch* als individueller Lebensentwurf verstanden wird. Das stimmt dann aber nicht mehr mit unserer ebenfalls tief sitzenden Überzeugung von der zwischenmenschlichen Verbindlichkeit und Notwendigkeit der Moral überein.

2.3 Von der moralischen Orientierung zur ethischen Reflexion

Deshalb bleibt die ethische Reflexion bei den kulturellen oder persönlichen Unterschieden der moralischen Gefühle und Ansichten nicht stehen, sondern befragt sie auf ihre Gründe und Gegengründe hin. Sie kann dabei an den Prozess der persönlichen moralischen Entwicklung anknüpfen, der von der Orientierung an Autoritätspersonen hin zu einer eigenen Gewissensbildung, zur Einbeziehung von vernünftigen Erwägungen im Austausch mit Anderen und zur Einsicht wechselseitiger Anerkennung führt. In den unwillkürlich wirkenden moralischen Einstellungen und Gefühlen sind immer auch Wertungen, Überzeugungen, Situationsdeutungen enthalten, die jeweils überprüfbar sind. In diesem Sinne können auch Gefühle richtig oder falsch, angemessen oder unangemessen sein. Ob zum Beispiel eine Empörung über Ungerechtigkeit angemessen ist, kann davon abhängen, ob eine dabei vorausgesetzte Annahme über Benachteiligung zutrifft oder nicht.

Dies gilt nun entsprechend auch für die Reflexion ethischer Probleme in der Sozialen Arbeit. Sozialarbeiter bringen immer schon moralische Gefühle, Ansichten und Urteile, aber auch ethische Kompetenz mit. An dieser alltäglich wirksamen Moral orientieren sie sich in zunächst selbstverständlicher Weise auch in ihrer Profession. Und hier setzt subjektiv auch die Beschäftigung mit der beruflichen Ethik an. Ethische Reflexion ist dann nicht die Anwendung eines Systems von ethischen Normen auf eine davon unabhängige Praxis, sondern zunächst einmal Aufklärung (und Selbstaufklärung) über die jeweils schon praktisch wirksamen moralischen Gefühle und Meinungen in einem nicht alltagspraktischen, sondern berufsspezifischen Zusammenhang. Es geht nicht um eine Anleitung zu einem bestimmten Handeln, das als moralisch einzig richtiges qualifiziert wird, sondern um die ethische Sensibilisierung der Wahrnehmung und Kommunikation und um eine entsprechend umsichtige Urteilsbildung. Diese bezieht sich idealer Weise auf alle moralischen Verhältnisse, wie sie oben am Fall Jennifer Mertens erläutert wurden: das Verhalten der Klientin, das Verhalten der Sozialarbeiterin sowie die gesellschaftlichen und institutionellen Rahmenbedingungen.

Gerade im Berufsfeld der Sozialen Arbeit, in dem Hilfe und Machtausübung sich oft auf eine kaum noch durchschaubare Weise miteinander vermischen, ist es wichtig, die eigenen Überzeugungen gegebenenfalls einer kritischen Überprüfung zu unterziehen. Es genügt nicht, sich einfach vom moralischen „gesunden Menschenverstand" leiten zu lassen, ebenso wenig, wie dies in fachlichen Fragen der Psychologie, Pädagogik oder Medizin genügt.

2.4 Welchen Nutzen hat die Ethik in der Sozialen Arbeit?

Das heißt aber nicht, dass die Ethik eine in Spezialfelder aufteilbare Disziplin wäre – hier Ethik der Medizin, da Ethik der Technik, dort Ethik der Sozialen Arbeit usw. Vielmehr ist das ethisch Gute in den unterschiedlichen Lebensbereichen und Handlungsfeldern letztlich ein und dasselbe. Die Überschrift dieses Kapitels lautet denn auch nicht „Wozu Ethik der Sozialen Arbeit", sondern „Wozu Ethik *in* der Sozialen Arbeit". Und das „Wozu" sollte nicht derart missverstanden werden, als gehe es darum, die Ethik den Zwecken der Profession unterzuordnen. Vielmehr ist umgekehrt zu fragen, ob mögliche professionelle Handlungen ethischen Kriterien entsprechen und damit nicht nur fachlich, sondern auch ethisch als zulässig oder nicht zulässig erscheinen. Beispielsweise könnte das Abhören von Telefongesprächen einer Klientin wie Jennifer erweisen, ob ihre Auskünfte gegenüber der Bewährungshelferin wahr sind oder nicht, was wiederum ermöglichen würde, den Sinn weiterer Interventionen besser einschätzen zu können. Dies wäre jedoch eine krasse Verletzung elementarer Persönlichkeitsrechte. Die ethische (wie auch die rechtliche) Reflexion verweise auf die Unverhältnismäßigkeit und damit auf die Unzulässigkeit einer solchen Handlungsoption.

Die Antwort auf die Frage „Wozu Ethik in der Sozialen Arbeit?" kann also nicht darin bestehen, die Ethik den fachlichen Gesichtspunkten bruchlos einzuordnen, sondern vielmehr darin, sie diesen als Rahmenbedingungen vor- oder überzuordnen. Mittel und Zwecke des fachlichen Handelns sollen ethisch nach übergreifenden Maßstäben zum Beispiel der Menschlichkeit und Menschenwürde reflektiert werden. Das fachlich unmittelbar Nützliche wird einer weiteren Prüfung hinsichtlich seiner Zuträglichkeit für die wohlverstandenen Interessen aller Betroffenen unterzogen.

Zum Verständnis dieser Unterscheidung zwischen den verschiedenen Ebenen des Nutzens mag eine Analogie dienen: Auf die Frage „Wozu sollen diese Tabletten nützen?" könnte eine Antwort lauten: „Sie helfen gegen Schmerzen." Damit könnte die Klärung ihr Ende haben. Man könnte aber auch das Nützliche weiter prüfen und fragen: „Sind die Tabletten in diesem Fall das richtige Mittel?" „Sind sie langfristig unbedenklich?" „Führt ihre Einnahme dazu, dass die eigentliche Ursache der Schmerzen unbehandelt bleibt?" Damit würde sich die Frage nach dem Nutzen nicht vordergründig beschränken lassen, sondern weitergehende Bedingungen und Folgen des Handelns thematisieren.

Dies können wir auf die Soziale Arbeit übertragen. Das unterschiedliche fachliche Wissen nützt in der Sozialen Arbeit dazu, vorhandene Mittel effektiv und effizient einzusetzen, Ansprüchen der Ämter, Einrichtungen oder Klienten nachzukommen, die gesetzlichen Vorgaben zu berücksichtigen, die Handlungsmöglichkeiten auszuschöpfen usw. Aber die damit verbundenen Mittel und Wege, Methoden und Ziele können ihrerseits auf höherrangige Ziele der individuellen Förderlichkeit und sozialen Verträglichkeit hin bewertet werden: Wozu ist es gut, in bestimmter Weise ökonomisch effizient zu sein? Hat eine bestimmte rechtliche Regelung inhumane Folgen? Ist es ethisch gerechtfertigt, in das individuelle Wertesystem eines Klienten einzugreifen? Inwieweit soll in einem bestimmten Fall den herrschenden sozialen Normen gefolgt werden? Welchen individuellen oder gesellschaftlichen Nutzen (oder auch Schaden) hat eine sozialarbeiterische Intervention tatsächlich, welchen Nutzen sollte oder könnte sie haben?

Die Ethik nützt also nicht dazu, bestimmte vorgegebene Ziele reibungsloser zu erreichen, sondern dazu, diese Ziele selbst sowie das Verhältnis von Zielen und Mitteln, die zu ihrer Erreichung eingesetzt werden, zu überdenken. Man kann die Idee der Ethik mit den Worten des Arztes, Theologen und Philosophen Albert Schweitzer (1875–1965) auch so umschreiben: „Die primäre Aufgabe der Ethik ist es, Unruhe zu wecken gegen die Gedankenlosigkeit, die sich als Sachlichkeit ausgibt." Schweitzer wendet sich mit diesem Satz nicht gegen Sachlichkeit an sich, die eine wichtige Kompetenz des modernen Berufsmenschen darstellt: Man lässt sich nicht von seinen Gefühlen überwältigen, man erledigt ordentlich seine Aufgaben. Aber Sachlichkeit kann auch zu einem leeren Schematismus werden, der das eigene Nachfragen und Nachdenken still stellt. Sachlichkeit kann dann im Extremfall auch zur Rechtfertigung von moralischer Barbarei dienen. Dem soll die Ethik, wenn wir Schweitzer folgen wollen, entgegenwirken.

Zum „Wozu" des ethischen Wissens gehört wesentlich auch der Bezug auf eine entsprechende Praxis. Ethisches Wissen ist kein Selbstzweck, sondern beinhaltet auch die Entscheidung, nach ethisch vernünftigen Kriterien zu handeln. Vernünftig sind Kriterien dann, wenn sie gute Gründe für das jeweilige Handeln darstellen. Um hier den Begründer der systematischen Ethik, den antiken Philosophen Aristoteles (384–322 v. Chr.) zu zitieren: „Wir philosophieren nämlich nicht, um zu erfahren, was ethische Werthaftigkeit sei, sondern um wertvolle Menschen zu werden" (Aristoteles um 330 v. Chr., 36). Aristoteles meint damit, dass das Ziel der Ethik in unserer menschlichen Seinsweise selbst enthalten ist. Es geht ihm darum, welches die dem Menschen – nicht in dieser oder jener Berufsrolle, sondern dem Menschen *als Menschen* – eigentümliche Leistung und Möglichkeit der Vervollkommnung ist, und dazu soll die Ethik dienen.

Aristoteles ordnet das ethische Wissen dem ethischen Handeln unter. Aber auch dieses ist für Aristoteles kein Zweck an sich, sondern dient der Gewöhnung an ethische Grundhaltungen, die wiederum der Selbstverwirklichung oder Steigerung der „Werthaftigkeit" des Menschen dienen sollen. Für heutige Ohren dürfte allerdings die Rede von „wertvollen Menschen" eher gefährlich klingen, beinhaltet sie doch die Vorstellung, dass es dann auch „wert*lose* Menschen" gebe, ja sogar, wie die Nazis meinten, ein „lebensunwertes Leben". Von dieser Perversion menschlicher Möglichkeiten konnte Aristoteles noch nichts ahnen. Nach dem moralischen Verständnis der kulturellen Moderne, dem sich am Ende auch die Institution der Sozialen Arbeit verdankt, ist jeder Mensch „wertvoll", er hat, wie man heute sagt, eine „Menschenwürde". Das schließt aber nicht aus, dass das moralische Bewusstsein verschiedene Grade an Deutlichkeit haben kann, und dass mit zunehmender Klarheit – darum geht es Aristoteles vor allem – die ethische Begrifflichkeit nicht bloße Begrifflichkeit bleiben kann, sondern nach Umsetzung in Handeln drängt.

Diese praktische Ausrichtung des Wissens ist nichts exklusiv Ethisches. Auch die Politik und die Ökonomik sind Formen von Handlungswissen, weshalb Aristoteles – er unterschied noch nicht zwischen Philosophie und Wissenschaften – diese drei Bereiche unter dem Begriff „praktische Philosophie' zusammenfasst. Die Politik hat es mit der Ordnung des Staates zu tun, die Ökonomik mit der Ordnung der Hausgemeinschaft und die Ethik mit der Ordnung des Individuums. Diesen drei Formen des praktischen Wissens stellt Aristoteles die „theoretische Philosophie" gegenüber, in der Wissensgebiete wie Metaphysik (die Lehre von den Urprinzipien alles Seienden), Logik, Mathematik und Naturwissenschaften enthalten sind.

Weiterhin grenzt er die „praktische Philosophie", bei der es um die Frage nach dem richtigen zwischenmenschlichen *Handeln* („Praxis") geht, noch einmal grundsätzlich ab vom technischen Wissen um das richtige, sachgemäße *Herstellen* („Poiesis"). Beim Herstellungswissen hat Aristoteles das Wissen und Können der Ärzte, Handwerker, Künstler, Redner oder Rechtskundigen im Blick. Diese stellen etwas her, um damit anderen Zwecken zu dienen. Der Arzt behandelt den Kranken, *damit* dieser gesund wird, der Baumeister baut ein Haus, *damit* man darin wohnen kann. Solches Herstellen erfordert ein Know-how und kann somit besser oder schlechter gelingen. Gesundheit oder Wohnen sind aber selbst kein Herstellen (Poiesis), sondern sind Lebensweisen (Praxis), und als solche haben sie ihren Sinn und Zweck in sich selbst. Auch sie können besser oder schlechter erfolgen, aber ihr Gutes ist kein technisches, sondern ein ethisches.

Die Aristotelische Entgegensetzung zwischen „Praxis" und „Poiesis" ist für die Ethik bis heute folgenreich. So unterscheidet beispielsweise der sehr einflussreiche zeitgenössische Sozialphilosoph Jürgen Habermas (geb. 1929) zwischen zwei Ausrichtungen der Vernunft, nämlich zwischen „Interaktion" und „Arbeit" bzw. „kommunikativer Rationalität", die auf zwischenmenschliche Verständigung zielt, und „instrumenteller Rationalität", deren Wesen in der Verfügung über Natur oder Subjekte liegt (vgl. Habermas 1981, 30). Unter diesem Aspekt ist die Ethik als Bemühung um richtige „Praxis" beziehungsweise eine Steigerung der „kommunikativen Rationalität" zu verstehen. Sie hat diejenigen Kriterien zu benennen, die dem allgegenwärtigen Verfügungswissen, der „Poiesis" bzw. „instrumentellen Rationalität" (für die auch Menschen zu bloßen Objekten werden) Grenzen setzen. Die von Habermas und Anderen vertretene „Diskursethik" entfaltet ethische Geltungsansprüche im Ausgang von den Bedingungen eines „Diskurses", das heißt eines kommunikativen Austauschs von Argumenten oder guten Gründen mit dem Ziel der Verständigung.

Zwischen Poiesis und Praxis (nach Aristoteles) oder auch instrumenteller und kommunikativer Rationalität (nach Habermas) besteht eine Rangfolge, insofern die Objekte um der Lebensweise willen hergestellt bzw. manipuliert werden, nicht aber die Lebensweise um der Objekte willen gewählt wird. Man lässt sich um der Gesundheit willen ärztlich behandeln, nicht aber um dem Arzt zu nützen. Das technische Wissen (wie etwas zu machen ist) ist um des ethischen Wissens (wie zu leben ist) willen da, nicht umgekehrt.

Auch die Soziale Arbeit besteht grundsätzlich aus beidem, aus instrumentellem Handeln (als Anwendung fachlichen Wissens) und kommunikativem Handeln (als Verständigung über eine Lebensweise). Und auch hier besteht ein Vorrang der „Interaktion" gegenüber der „Arbeit". Soziale „Arbeit" ist weniger, wie der Name suggerieren mag, das Herstellen eines Produkts (der wieder funktionierende Mensch) als vielmehr Praxis im Sinn von Verständigungshandeln und Interaktion. Alles fachliche Wissen (darüber, welche rechtlichen und finanziellen Ansprüche auf Hilfe bestehen, welche Diagnosen eine Weiterleitung an welche externen Fachleute verlangen, welche Maßnahmen am meisten Erfolg versprechen usw.) sind der Frage nach einem besser gelingenden Leben untergeordnet.

Dies verlangt von den Sozialarbeitern – oder genauer: Sozial-„Praktikern" – zuallererst ein reflektiertes Sich-Einlassen auf eine in sich selbst zum Problem gewordene Lebensweise. Die Formen der Problemstellung und die Möglichkeiten der Problembewältigung hängen aufs Engste mit gesellschaftlichen Verwerfungen wie auch mit den kulturellen Wert- und Normvorstellungen zusammen. Ihre „Techniken" und Methoden sind von ihren ethisch zu rechtfertigenden Zielen nicht abzulösen, so dass ein interner Zusammenhang von Ethik und Sozialer Arbeit besteht. In Anlehnung an Aristoteles könnte man sagen: Wir reflektieren nicht über das Wozu der Sozialen Arbeit, um zu erfahren, was ihre ethischen Grundlagen sind, sondern um die Klienten in ihrer Lebensführungskompetenz besser zu unterstützen.

Ethik ist Reflexion der bestehenden moralischen Praxis und auch des Ziels einer moralisch „richtigen" Praxis. Bei den bisherigen Erörterungen habe ich ein vages Vorverständnis von Ethik und Moral vorausgesetzt, wie es im alltäglichen Sprachgebrauch vorhanden ist. Ich habe beide Begriffe fast unterschiedslos gebraucht, ohne zu erklären, was darunter zu verstehen ist. Dies ist im Folgenden, zusammen mit weiteren begrifflichen Bestimmungen, nachzuholen.

Gut zu wissen – gut zu merken

Die Moral ist sowohl in den einzelnen Individuen als auch in der Kultur verankert. Daraus ergeben sich einerseits Unterschiede, andererseits Gemeinsamkeiten zwischen moralischen Einstellungen. Der Spielraum der Unterschiede ist durch transkulturell übergreifende moralische Normen begrenzt. In der Sozialen Arbeit hat sich als Teil unserer Kultur ein überindividuell geltender Bestand an moralischen Werten und Normen eingespielt. Die Ethik in der Sozialen Arbeit hat nicht die Aufgabe, diese Werte und Normen bloß anzuwenden und damit vorgegebene Ziele reibungsloser erreichbar zu machen. Ihr Nutzen ist vielmehr indirekt: Sie stellt eine Reflexion des angenommenen Nutzens der Sozialen Arbeit unter den Kriterien der individuellen Förderlichkeit und sozialen Verträglichkeit dar.

Literaturempfehlung

Gruber, Hans-Günter (2005): Ethisch denken und handeln. Grundzüge einer Ethik der Sozialen Arbeit. Stuttgart: Lucius & Lucius.

Lob-Hüdepohl, Andreas/Lesch, Walter (Hrsg.) (2007): Ethik Sozialer Arbeit. Ein Handbuch. Paderborn: Schöningh.

Pantucek, Peter/Vyslouzil, Monika (Hrsg.) (1999): Die moralische Profession. Menschenrechte und Ethik in der Sozialarbeit. St. Pölten: sozaktiv.

Schneider, Johann (2001): Gut und Böse – Falsch und Richtig. Zur Ethik und Moral der Sozialen Berufe. Frankfurt a. M.: Fachhochschulverlag.

3 WAS IST ETHIK?

Was Sie in diesem Kapitel lernen können

Der Begriff der Ethik wird hinsichtlich seiner Herkunft und Bedeutung erklärt. Es geht um die Frage des personal gelingenden und sozial zuträglichen Lebens. Zentrale ethische Begriffe sind die des Wertes und der Norm. Wichtig ist hier zu erkennen, dass es sich dabei um ethische Rekonstruktionen von nicht durchgängig bewussten moralischen Einstellungen handelt. Die Ethik als Theorie ist eine Reflexionsweise der Moral, aber nicht die einzig mögliche. Ihr Gegenstand ist das moralisch Gute, das nicht die einzige Form des Guten ist.

3.1 Herkunft und Bedeutung des Ausdrucks „Ethik"

Die Grundfrage der Ethik ist: Wie sollen wir leben? Damit ist nicht nur gemeint, wie wir mit diesen oder jenen alltäglichen Möglichkeiten und Schwierigkeiten, Freuden und Leiden, Hoffnungen und Ängsten umgehen sollten, sondern welche allgemeinen, vernünftigen Kriterien es für die damit zusammenhängenden Entscheidungen gibt. Diese Grundfrage lässt sich weiterhin in zwei Teilfragen aufgliedern, nämlich in die nach dem *persönlichen* Wohlergehen und die nach dem richtigen Verhalten gegenüber *Anderen*. Ethik ist demnach die Theorie einerseits des *personell Zuträglichen und Zweckmäßigen*, andererseits des *sozial Verpflichtenden und Notwendigen*.

Wie bereits am Ende des vorigen Kapitels erwähnt, geht die Bezeichnung „Ethik" als Teilbereich der „praktischen Philosophie" auf Aristoteles zurück. Der Ausdruck „Ethik" ist von dem altgriechischen Eigenschaftswort „ethikós" („ethisch") abgeleitet, und zwar in der Zusammensetzung „ethiké epistéme" („ethisches Wissen"). Diese Wortform mit der Endung „-ik" findet sich auch in anderen Fremdwörtern wieder, so bedeutet „Physik" die Wissenschaft von der Physis (Natur) oder „Anglistik" die Wissenschaft von der englischen Sprache und Kultur. Das zu „ethikós" gehörende Hauptwort ist „Ethos", das mehrere Bedeutungen hat: „Wohnsitz", „Gewohnheit", „Sitte", „Brauch", „Charakter", „Tugend", „Gesinnung", „Denkweise".

Man kann die vielfachen Bedeutungen von „Ethos" logisch ordnen, und zwar zum einen danach, ob sie wertneutral beschreibend („Gewohnheit") oder positiv wertend sind („Tugend"), zum anderen, ob sie sich auf eine soziale Gemeinschaft („Sitte") oder auf ein Individuum („Denkweise") beziehen. Beide Unterscheidungen lassen sich zu einem Schema ergänzen (vgl. Tab. 1).

Tab. 1: Logische Ordnung der vielfachen Bedeutungen von „Ethos"

	wertneutral beschreibend	positiv wertend
sozial	Üblichkeit, Brauch	Sitte, Sittlichkeit
individuell	Gewohnheit, Denkweise	Charakter, Tugend

Diese Mehrdeutigkeit ist nicht eine Folge sprachlicher Nachlässigkeit, sondern hat ihren Grund in der Sache selbst. Sie entspricht der realen Verflochtenheit des Individuellen und Sozialen sowie der beschreibbaren Lebensformen und der in ihnen sich entwickelnden Wertungen. Diese Dimensionen spiegeln sich auch in verschiedenen Bereichen der Ethik wieder, die sich entsprechend mit sozialen oder individuellen Wertungen befasst bzw. diese in einer Haltung wissenschaftlicher Distanz beschreibt und erklärt oder selbst mit rationalen Gründen Werte vertritt.

Für das Verständnis der ethischen Dimension ist es aufschlussreich, sich zu vergegenwärtigen, wie es im 4. Jahrhundert v. Chr. zu dieser damals ganz neuartigen Wissenschaft der „Ethik" gekommen ist. Aristoteles lehrte und schrieb in einer krisenhaften geschichtlichen Situation, in der überlieferte Orientierungen immer mehr in einen Strudel der Unsicherheit gezogen wurden. Schon bei seinen philosophischen Vorgängern hatte sich die Überzeugung durchgesetzt, dass der Mensch sich bei seinen Handlungen nicht mehr ausschließlich nach den Traditionen, sondern nach seiner Vernunft zu richten habe. Aristoteles zog die Konsequenz aus dieser Annahme und führte aus, dass das Handeln der Menschen grundsätzlich einer vernünftigen Reflexion zugänglich ist. Dabei ging es ihm letztlich um eine rationale Bewertung von Gewohnheiten und Gesinnungen, um eine Analyse der Tugenden und Glücksmöglichkeiten. Er wollte zeigen, wie man gut und richtig handeln soll, und zwar sowohl im individuellen als auch im sozialen und öffentlich-politischen Leben. In diesem Sinn kann man auch heute noch – bei allen tiefgreifenden Veränderungen im Lauf von fast zweieinhalb Jahrtausenden – die Bedeutung von „Ethik" verstehen: als eine durch Orientierungsunsicherheiten angestoßene *Suche nach einer vernünftig begründeten Antwort auf die Frage, wie richtig zu leben sei.*

Etwa 300 Jahre nach Aristoteles übersetzte der römische Politiker und Philosoph Cicero (106–43 v. Chr.) das griechische Wort „Ethik" mittels des Ausdrucks „philosophia moralis" („Philosophie der Moral") ins Lateinische. Das zum Eigenschaftswort „moralis" gehörende Hauptwort „mos" (Mehrzahl: „mores"), von dem unser Fremdwort „Moral" abgeleitet ist, ist weitgehend bedeutungsgleich mit dem griechischen „ethos". Ebenso wie dieses bedeutet „mos" also „Sitte", „Brauch", darüber hinaus aber auch „Wille", „Willensstärke" (in diesem letzteren Sinne spricht man zum Beispiel von der „Moral der Truppe"). „Ethos" wie auch „Moral" bezeichnen eine verlässliche Regelung der wechselseitigen Verhaltensweisen derjenigen, die eine gemeinsame Lebensform teilen. Diese Regelung beruht auf den von den Einzelnen verinnerlichten Maßstäben des Verhaltens, durch die sie an die Gemeinschaft gebunden sind.

Während von der Antike bis zur frühen Neuzeit die Fragen nach der Gerechtigkeit und nach dem Glück in einem sehr engen Zusammenhang gesehen wurden – wahrhaftes Glück galt entweder als letztlich gleichbedeutend mit ethischer Tugend oder als deren Folge –, löst sich diese Verbindung im 18. Jahrhundert, also zu Beginn der Moderne, auf. Mit der zunehmenden Differenzierung der Lebensformen kommt es nicht nur zu unterschiedlichen Glücksvorstellungen, sondern auch zu gegensätzlichen Moralkonzepten. In dem Maße, in dem die Begründung der Moral von der Autorität der Religion abgekoppelt wird und die Glücksvorstellungen pluralistisch und individuell werden, hat es die Moralphilosophie vor allem mit der gerechten Schlichtung von Wert- und Interessenkonflikten zu tun. Was gerecht und moralisch richtig ist, darf sich, nach moderner Auffassung, nicht daran bemessen, ob es glücksfördernd ist oder nicht. Getrennt davon wird weiterhin nach den Bedingungen eines glücklichen oder gelingenden Lebens gefragt. Beide Ansätze sind auch für die Soziale Arbeit höchst bedeutsam.

„Ethos" bezeichnet, wie auch „Moral", ein bestimmtes überliefertes Verhalten, Empfinden und Denken des Menschen, das mit seiner jeweiligen Lebensweise zu tun hat. Demgegenüber steht der Ausdruck „Ethik" nicht für diese Sache selbst, sondern für das *Wissen* von dieser Sache, die Wissenschaft vom Ethos. Dies sind zwei deutlich unterschiedene begriffliche Ebenen. Die Begriffe „Moral" und „Ethik" sind also keineswegs, wie oft in der Alltagssprache gebraucht, gleichbedeutend, sondern verhalten sich zueinander wie Sprache (Kommunikation über Sachverhalte) und Metasprache (Kommunikation über Kommunikation) oder wie Praxis und Theorie. Die „Ethik" oder „Moralphilosophie" befasst sich mit der Analyse der Moral.

Dagegen ist das Eigenschaftswort „ethisch" nicht eindeutig zuzuordnen. Es kann sich entweder auf die Theorie des Ethos beziehen (so sprechen wir beispielsweise von der „ethischen Begründung" einer Entscheidung) oder aber auf das Ethos selbst (so ist beispielsweise bei Aristoteles von „ethischen Tugenden" die Rede). Die Ausdrücke „ethisch" und „moralisch" bedeuten nur dann dasselbe, wenn „ethisch" sich auf das „Ethos" bezieht, nicht aber dann, wenn „ethisch" sich auf die Theorieebene „Ethik" bezieht.

Wenn jemand den Verdacht hegt, die Vorschläge der Ethik zum „gelingenden Leben" seien nach fast zweieinhalb tausend Jahren doch wohl restlos veraltet, dann könnte man diesem mit einer entsprechenden zeitgemäßen Umformulierung entgegenkommen. Geeignete Ausdrücke sind dafür im Rahmen der Sozialen Arbeit zum Beispiel die Begriffe „Empowerment", „Ressourcenorientierung" oder „Life-Coaching". „Empowerment" bezeichnet ein Konzept sozialarbeiterischen Handelns, durch das die Fixierung auf Defizite und Bedürftigkeiten aufgelöst werden soll, um stattdessen an die Stärken und Fähigkeiten von Klienten anzuknüpfen. Dabei bleibt aber unbestimmt, um welche Stärken und Fähigkeiten es sich handelt und zu welchen Zwecken sie entwickelt werden sollen. Dass es sich um sozial produktive Kräfte und Ideen handelt, wird stillschweigend vorausgesetzt. So ist der Empowerment-Ansatz eigentlich auf eine ethische Konkretisierung seiner Zielvorstellungen angewiesen. Entsprechendes gilt auch für die anderen genannten Ansätze.

Ethik ist also das Nachdenken, die Reflexion, die Wissenschaft oder die Philosophie des Ethos bzw. der Moral. Ihr Ziel ist die rationale Abwägung und Bewertung des Moralischen. Es geht ihr weniger um ein „Sein" als ein „Sollen". Sie forscht nach allgemeinen, grundlegenden Prinzipien, aus denen sich besondere moralische Urteile begründen lassen, und untersucht die Anwendung dieser Prinzipien auf mögliche komplexe Fälle. Solche Prinzipien sind nicht etwa dadurch zu widerlegen, dass man beobachtet, dass sie im Alltag immer wieder verletzt werden, sondern allenfalls dadurch, dass man ihre Sinnlosigkeit aufzeigt. Insofern unterscheidet sich die Ethik von den Beobachtungs- und Erklärungswissenschaften und ähnelt mit ihrer normativen Perspektive der Rechtswissenschaft. Nur dass es sich bei moralischen „Gesetzen" nicht, wie beim Recht, um formelle Übereinkünfte, sondern um informelle, kulturell eingebettete Regeln handelt, die zum Teil individuell unterschiedlich gewichtet werden.

3.2 Moralische Werte und Normen

Die wichtigsten Begriffe, die man mit Moral oft in Verbindung bringt, sind „Werte" und „Normen". Diese Begriffe gehören der theoretischen Ebene der Ethik an und geben nicht unbedingt die moralische Erfahrung wieder. Moralische *Werte* sind theoretisch rekonstruierbare Hintergrundvorstellungen darüber, was für eine Person zu einem gelungenen Leben gehört oder woran eine vernünftig eingerichtete Gesellschaft zu bemessen ist. Zum Beispiel spielt in der Sozialen Arbeit der Grundwert der Selbstbestimmung eine große Rolle. Demgegenüber sind *Normen* handlungsleitende Anweisungen, die dazu dienen, Werte zu realisieren oder gegenüber anderen Zielsetzungen zu schützen. Um in den Sozialen Arbeit den Wert der Selbstbestimmung zu realisieren, gibt es beispielsweise die Handlungsregel, die Voraussetzungen für Selbstbestimmung so weit wie möglich zu verstärken und die Willensäußerungen des Klienten soweit wie zuträglich zu achten. Diese moralischen Grundnormen werden dann im professionellen Handeln durch fachliche Normen und methodische Regeln konkretisiert, zum Beispiel durch die des Datenschutzes oder der pädagogischen Förderung.

Werte wirken *attraktiv*, insofern sie die allgemeine Richtung und das letzte Ziel einer Handlung bestimmen. Demgegenüber wirken Normen teils *präskriptiv*, indem sie als *Gebot* ein Handeln vorschreiben, teils *restriktiv*, indem sie als *Verbot* ein Handeln ausschließen. Dabei gibt es nicht immer eine eindeutige Zuordnung von Werten und Normen. Ein und derselbe Wert kann durch verschiedene Normen abgestützt werden und ein und dieselbe Norm kann der Verwirklichung verschiedener Werte dienen. So kann der Wert pädagogische „Selbständigkeit" durch die Befolgung einer Norm entweder der gezielten Anleitung oder des experimentellen Suchen-Lassens verwirklicht werden. Und die Norm, ein Kind vor Gefährdungen zu schützen, kann sowohl der Verwirklichung seiner „Selbständigkeit" als auch seiner „Geborgenheit" dienen.

Im Alltagsleben sind moralische Normen und Werte nicht unmittelbar gegenwärtig. Stattdessen sind uns an den unterschiedlichen sozialen Orten die jeweils besonderen Regeln bewusst, die bestimmen, was in bestimmten Situationen zu tun und zu lassen ist. In der Familie gelten andere Verhaltensregeln als am Arbeitsplatz oder in der politischen Öffentlichkeit. Wenn Werte und Normen ausdrücklich thematisiert werden, bedeutet dies meistens, den normalen Fluss der Kommunikation zu unterbrechen. Dass sie ansonsten im Hintergrund bleiben, ist für Kommunikation eher ein Vorteil als ein Nachteil, insofern dadurch eine gemeinsame Orientierung der Beteiligten angenommen wird und ihre Handlungen aneinander anschließen können. So ist Gerechtigkeit ein Wert, von dem wir in unterschiedlichen Situationen durchaus unterschiedliche Vorstellungen und Empfindungen haben können, ohne dass wir sagen könnten müssten, was „Gerechtigkeit" eigentlich ist. Dennoch können wir in einer konkreten Situation mit anderen darüber einig sein, ob es in ihr „gerecht" zugeht oder nicht. Ein anderes Beispiel für die nicht ausdrücklich formulierten moralischen Normen ist das Tötungsverbot. Es ist nicht eine bewusst erlernte und dann präsente Regel, die wir dann auf geeignete Situationen anwenden, sondern eher so etwas wie ein Tabu, das normalerweise als gefühlsmäßige Hemmung vor der Übertretung einer Grenze wirkt. Was jedoch normalerweise als moralisches Tabu wirkt, kann unter anderen Bedingungen außer Kraft gesetzt werden. So zeigt das Verhalten in Kriegen, dass das Tötungsverbot durch Werte von Autorität und Gehorsam oder einfach das Bestreben, nicht ‚aus der Reihe zu tanzen', aufgehoben werden kann. Gerade weil moralische Entscheidungen normalerweise ‚Bauchentscheidungen' sind (vgl. Gigerenzer 2008), obliegt es der Ethik, sich nicht mit dem Verweis auf individuelle Gefühle oder soziale Üblichkeiten zufrieden zu geben, sondern der Wirkungsweise, der Berechtigung oder der Fragwürdigkeit der Moral auf den Grund zu kommen. Moralische Orientierungen bilden keine systematische und hierarchische Ordnung, sondern können sich in bestimmten Situationen widersprechen und zu Konflikten führen. Hier hat die Ethik die Aufgabe der Aufklärung und Schlichtung. Dies gilt nicht nur für die lebensweltlichen Wirkungsweisen der Moral, sondern auch für institutionelle moralische Bezüge. So spielt der Begriff der Menschenwürde nicht nur im Grundgesetz eine zwar tragende, aber doch weitgehend unklare Rolle, sondern gilt auch als einer der Grundwerte der Sozialen Arbeit. Was aber ist eigentlich Menschenwürde und wie sollte sie in der Sozialen Arbeit berücksichtigt werden? Dies zu klären ist eine der Aufgaben der Professionsethik.

3.3 Verschiedene Reflexionsweisen der Moral

Die Ethik als explizite, bewusste Betrachtung und Formulierung moralischer Fragen tritt nicht nur in professionellen Formen von Ethik-Kommissionen, wissenschaftlichen Erklärungen oder philosophischen Analysen auf. Auch praktische Klugheitsregeln, Sprichwörter, Weisheitslehren, Fabeln, religiöse oder profane Gleichnisse, Erzählungen, Romane, Filme tragen oft zur ethischen Reflexion bei, indem sie Anlass geben, über moralische Fragen nachzudenken. Bei der Unterscheidung von Moral (als verinnerlichter Verhaltensorientierung) und Ethik (als gedanklicher Reflexion des Verhaltens) gibt es keine scharfe Grenze, sondern eher ein Kontinuum, ein Übergangsfeld. Schematisch lassen sich drei Stufen der Reflexion von Moral unterscheiden:

1. Wenn wir in einem konkreten Fall nicht nur gewohnheitsmäßig moralisch handeln, sondern über die Richtigkeit einer solchen Handlung nachdenken, können wir uns die Regeln, die wir befolgen oder befolgen sollten, bewusstmachen. Gemeint sind hier *Regeln begrenzter Reichweite*, zum Beispiel „Man sollte, um glücklich zu leben, auf seine Gesundheit achten" oder „Man sollte die Arbeit, für die man bezahlt wird, ordentlich erledigen". Im Bewusstsein einer solchen Regel begrenzter Reichweite wird man überlegen, ob man eine bestimmte Handlungsweise verändern will, ob man mit seiner Arbeit den berechtigten Erwartungen von Auftraggebern entspricht oder nicht. In diesem Sinn bilden Individuen oder Gruppen jeweils eine *partikulare Ethik* aus (zu denen auch Professionsethiken gehören). Diese bestehen aus persönlichen oder gruppenspezifischen Ausprägungen der von der Personen verinnerlichten und in Interaktionsstrukturen abgelagerten Werte und Normen.
2. Auf einer zweiten Stufe können wir uns diejenigen *allgemeinen* moralischen Regeln verdeutlichen, die für unsere oder eine andere Kultur oder gar für die Menschheit insgesamt verbindlich erscheinen. Dazu gibt es eine Reihe kultureller Hilfen, so zum Beispiel in der jüdisch-christlichen religiösen Tradition die Zehn Gebote, die vielen Menschen noch heute als erstes einfallen, wenn man sie nach ethischen Grundsätzen fragt. Auch Höflichkeitsregeln, Heldengeschichten, Märchen, Sprichwörter, Gleichnisse haben ihre „Moral" und stehen, indem sie diese ausdrücklich formulieren, an der Schwelle zu einer kulturellen Ethik. (Vor mehr als 200 Jahren bezeichnete Friedrich Schiller das Theater als „moralische Anstalt". Heute hat diese Funktion vor allem das Massenmedium Fernsehen übernommen, gerade dort, wo moralisch Fragwürdiges oder Unmoralisches vorgeführt wird.) Das Sprichwort „Was du nicht willst, dass man dir tu', das füg' auch keinem andern zu" ist der Ausdruck eines lebensweltlichen Grundsatzes, der nicht nur auf eine konkrete Gemeinschaft begrenzt ist, sondern *universell gültig* sein soll. Er wird auch als die „Goldene Regel" bezeichnet, die eine einleuchtende moralische Grundregel der Wechselseitigkeit darstellt und in ähnlicher Form seit Jahrtausenden in vielen Kulturen formuliert worden ist.
3. Auf der dritten Stufe der Abstraktion, der eigentlichen Ebene der Ethik als *Moraltheorie*, bewegen wir uns dann, wenn wir uns mit der Beschreibung, Analyse, Rechtfertigung oder Kritik der Moral und des Moralbewusstseins befassen. So können wir beispielsweise nach den Wurzeln, der Berechtigung und den Grenzen der Goldenen Regel forschen und zum Beispiel kritische Rückfragen stellen: Wird bei der Goldenen Regel nicht zu Unrecht vorausgesetzt, dass alle Menschen dieselben Vorlieben und Abneigungen haben? Auf dieser Ebene geht es um Erkenntnis und Prüfung der sozialen Moral, die die Einzelnen zur Berücksichtigung der berechtigten Interessen Anderer verpflichtet. Diese soziale Moral beruht auf dem Prinzip der wechselseitigen Anerkennung von Ansprüchen auf Respekt und Achtung. Und ähnlich können wir auch nach universellen Bedingungen des gelingenden Lebens und des Glücks

fragen. Dabei geht es um die Frage, welche Werte des gelingenden oder glücklichen Lebens jenseits individueller oder kultureller Besonderheiten intersubjektiv gültig sind. Die Ethik sucht also nach einem allgemeinen Maßstab für ein gelingendes Leben von Einzelnen, Gruppen oder der Menschheit überhaupt.

Systematisch nachgedacht wird über Werte und Normen erst auf dieser dritten Stufe. Kritische Fragen nach der Wirksamkeit oder Stimmigkeit von Moral finden wir auch bereits auf den beiden Stufen zuvor. In allen diesen Fällen geht es um Reflexion im Sinn einer mehr oder weniger begründeten Stellungnahme zu Moralfragen.

3.4 Das ethisch Gute

Das, wonach die Ethik fragt, wurde in der philosophischen Tradition „das Gute" genannt. Das ethisch „Gute" ist der Oberbegriff für Werte und Prinzipien wie „Wohlergehen", „Selbstbestimmung", „Fürsorge", „Gerechtigkeit", „Respekt", „Verantwortung". Die ethische Bedeutung solcher Werte wird klarer, wenn wir zwischen einem *technisch* Guten, einem *eudaimonistisch* Guten und einem *ethisch* Guten unterscheiden (vgl. Spaemann 1982, 11 ff.; Tugendhat 1993, 49 ff.; Höffe 2007, 22 ff.).

1. *Das technisch Gute.* Wir schreiben die Eigenschaft „gut" Dingen, Handlungen oder Menschen zu, sofern sie tauglich oder nützlich sind, um jeweils in Rede stehende Absichten zu verwirklichen oder Ziele zu erreichen. Ein guter Sessel ist einer, in dem man bequem sitzen kann, eine gute Investition ist eine Geldanlage, die sich auf lange Sicht auszahlt, ein guter Sozialarbeiter ist einer, der seine Aufgaben nach professionellen Standards erledigt. Hierbei geht es nicht um die Bewertung der Absichten und Ziele, sondern ausschließlich um die der Mittel in Relation zu den als gegeben vorausgesetzten Zwecken. Ein gutes Messer ist dann gut, wenn es gut in der Hand liegt und man mit ihm ohne Mühe schneiden kann, und es bleibt auch dann ein gutes Messer, wenn sich jemand damit in den Finger schneidet oder einen anderen damit ersticht. In seinem Drama „Woyzeck" lässt der Autor, Georg Büchner, den Gerichtsdiener angesichts von Maries Leiche, die zahlreiche Messerstiche aufweist, feststellen: „Ein guter Mord, ein echter Mord, ein schöner Mord, so schön als man ihn nur verlangen kann, wir haben schon lange so keinen gehabt" (Büchner 1837, 39). Für den Büchner'schen Gerichtsdiener ist ein „guter Mord" einer, den man sofort als solchen erkennt, der nicht mit einem Suizid oder einem Unfall verwechselt werden kann, und der in der Reihe der Morde klar konturiert ist.

Die Eigenschaft, gut zu sein, ist in diesem Sinne, genau genommen, nicht die eines Ereignisses, eines Dings oder einer Person, sondern bezieht sich auf deren Verhältnis zu einem vorausgesetzten Zweck. Es geht um die Ökonomie von Effektivität (Tun wir die richtigen Dinge?) und Effizienz (Tun wir die Dinge richtig?). Stillschweigend machen wir bei dieser Verwendung von

„gut" weitere Zusätze, nämlich dass etwas gut für jemanden oder etwas anderes ist, dass das dabei angenommene Ziel auch bejaht oder verfolgt wird und dass Mittel und Ziel in einem angemessenen Verhältnis stehen. So ist es gut, wenn ein Sozialarbeiter einem betreut wohnenden Jugendlichen bei der Verselbständigung hilft, weil zu einem gelingenden Leben ein möglichst hohes Maß an Selbständigkeit gehört. Es ist gut, ihn bei der Suche nach einer eigenen Wohnung zu unterstützen. Wenn aber die äußeren oder inneren Voraussetzungen eines selbst bestimmten Wohnens noch nicht vorhanden sind, ist auch die Beschaffung der Wohnung nicht gut. Man kann das so bezeichnete Gute als ein im weitesten Sinne *technisch Gutes* bezeichnen, das sich auch auf taktische, strategische, instrumentelle oder funktionale Bewertungen beziehen kann.

2. *Das eudaimonistisch Gute.* Aber wie schon am Ende des zweiten Kapitels bemerkt wurde, kann man auch den Zweck eines Dings, die Absicht einer Handlung oder die Funktion eines Menschen sowie das jeweilige Verhältnis von Mitteln und Zwecken als Ganzes bewerten. Damit eröffnet sich ein anderer Bereich jenseits des technisch Guten. Bewerten kann man etwas immer nur im Lichte von etwas anderem. Wir können ein Ziel oder ein Mittel-Zweck-Verhältnis nur im Lichte eines anderen, höherrangigen Ziels bewerten. Um das Beispiel mit den Schmerztabletten noch einmal aufzugreifen: Das Ziel, einen Schmerz zu lindern, kann ungut sein, wenn damit die Suche nach der Ursache des Schmerzes verdrängt wird. Ebenso kann diese Suche ungut sein, wenn dadurch die Linderung des Schmerzes verhindert wird. Die Bewertung der Einnahme des Schmerzmittels erfolgt entweder unter dem Kriterium seiner technischen Güte oder unter dem des nachhaltigen Wohlergehens oder unter beiden Kriterien. Das Gut-Sein, das nicht das eines Dings oder einer Handlung, sondern eines nachhaltigen Handlungsziels ist, kann das *eudaimonistisch Gute* genannt (abgeleitet von der altgriechischen Bezeichnung „eudaimmonia" für „Glück", „Wohlergehen"). Es geht hier nicht mehr um ein „für etwas gut", sondern um ein in einem weiteren Sinn „für jemanden gut", wobei dieser nicht nur eine Person, sondern auch eine Institution oder irgendeine andere soziale Einheit sein kann. Das eudaimonistisch Gute ist das nachhaltig für das Wohlergehen Zuträgliche.

Das jeweils eigene Wohlergehen ist ein natürliches und in sich berechtigtes Ziel allen menschlichen Strebens. Der gerechtfertigte Nutzen und das Wohlergehen anderer Menschen sind Inhalte positiver moralischer Gefühle und die nächstliegenden Kriterien moralischer Entscheidungen. Dennoch beschränken sich die Fragen der Ethik nicht auf die nach dem Wohlergehen aller Betroffenen, was man schon daran erkennen kann, dass das Wohlergehen des Einen nicht mit dem Wohlergehen des Anderen zusammenfallen muss. In einem solchen Konkurrenzverhältnis der Glücksansprüche müssen wir weiterfragen – nach dem Wert des jeweiligen Wohlergehens und des gerechten Ausgleichs der Ansprüche.

3. *Das ethisch Gute.* Während das technisch und das eidaimonistisch Gute das ist, was *uns* nützt und wonach wir streben (Gegensatz: „schlecht"), ist das ethisch Gute das, was uns soziale Anerkennung bringt, weil wir *Anderen* da-

mit nützen (Gegensatz: „böse"). Auf meinen subjektiven Nutzen bezogen ist ein Essen dann „gut", wenn es mir schmeckt und bekommt, oder ein Werkzeug dann, wenn ich es gebrauchen kann. Dagegen ist eine „gute" Tat im moralischen Sinn gut für den, um dessentwillen ich sie begehe. So ist es moralisch „gut", einem Menschen, der mich darum bittet, zu helfen oder auf einen Schwachen Rücksicht zu nehmen. Weiterhin kann nicht nur ein bestimmter Anderer, sondern auch eine Gruppe von Menschen oder die menschliche Gesellschaft betroffen sein. Schon wenn ich es mit zwei Anderen zu tun habe, kann das moralisch Gute nicht mehr aus dem Nutzen der Betroffenen abgeleitet werden. Denn der Nutzen des Anderen kann der Schaden des Dritten sein. Bei einem dann notwendigen Abwägen hat man nicht mehr nur einen bestimmen, sondern auch einen ‚verallgemeinerten Anderen' im Blick. „Gut" zu handeln bedeutet dann, so zu handeln, dass es einer vernünftigen Ordnung zwischen möglichen Betroffenen entspricht. Beispielhaft dafür ist die moralische Norm der „Gerechtigkeit". Ich handele „gerecht", wenn jeder Betroffene von mir das erhält, das ihm nach einem allgemeinen (unpersönlich formulierten) Kriterium zusteht, zum Beispiel: Jeder bekommt gleich viel, oder: Jeder bekommt so viel, wie er braucht, oder: Jeder bekommt so viel, wie er nach seiner Leistung verdient.

Das ethisch Gute hängt nicht von der Voraussetzung subjektiver Zielsetzungen ab, sondern ist bedingungslos gut. Denn wenn wir mit Gründen über die Berechtigung von Interessen und Glücksansprüchen oder ihre Rangfolge entscheiden wollen, können wir uns, ohne uns logisch im Kreis zu drehen, nicht wiederum auf Glücksansprüche beziehen. Wie auch immer man zum Beispiel das Kriterium der Gerechtigkeit im besonderen Fall inhaltlich konkretisiert, gilt es doch immer unabhängig von subjektiven Voraussetzungen und Zwecken. Eine Entscheidung ist nur dann gerecht, wenn sie unter Absehung der konkreten betroffenen Personen nach allgemein geltenden Regeln erfolgt.

Das Ziel, unter dessen Blickwinkel etwas technisch gut ist, kann erstrebt werden, muss es aber nicht. Anders verhält es sich beim ethisch Guten. Wenn wir zu jemandem sagen: „Du wirst nur dann gut Gitarre spielen, wenn du öfters übst", und er antwortet, „ich habe diese Zeit nicht, und mir genügt es so, wie ich spiele", dann müssen wir diese Entscheidung hinnehmen. Wenn wir aber zu einem Sozialarbeiter sagen: „Du verletzt in deiner Arbeit wichtige Standards der Professionalität", und er würde antworten: „Ich weiß, aber mir genügt es so", dann würden wir uns über die in Kauf genommene Verletzung des berechtigten Anspruchs der Klienten empören, fachlich richtig und fair behandelt zu werden. Die Geltung des mit diesem Gefühl verbundenen moralischen Urteils hängt nicht davon ab, ob die Gesellschaft das gutheißt oder ob der Kunde mir dafür dankbar sein wird, ob ich finde, dass er seine Kinder gut behandelt oder ob ich selbst gesund bin, Zeit habe oder freundlich gestimmt bin. Sondern das moralische Urteil soll an und für sich gelten.

Das ethisch Gute bezieht sich auf den Menschen als Mitglied der Gemeinschaft, als Kooperationspartner (vgl. Tugendhat 1993, 56). Kooperation ist eine für das menschliche Leben zentrale Notwendigkeit, und die Fähigkeit dazu hängt vom Erlernen moralischer Normen ab. Das moralische Sollen ist unabhängig von den subjektiven Zielen des Handelnden, aber durchaus abhängig von den Lebensbedingungen in der Gemeinschaft, in der das Sollen mit Belohnung und Strafe verbunden ist. Diese Sanktionen müssen nicht wie der Tadel oder die soziale Empörung äußerlicher Art sein, sie funktionieren in der Regel auch über die inneren, psychischen Mechanismen des Gewissens, also des Über-Ichs und des Ideal-Ichs. Ethisch gut zu handeln bedeutet, einer gemeinsamen normativen Ordnung verpflichtet zu sein. Noch diejenigen, die die moralische Gemeinschaft durch ihre Untaten zutiefst verletzt haben, versuchen in der Regel, sich dabei durch Berufung auf ethische Grundsätze scheinbar zu legitimieren.

Gut zu wissen – gut zu merken

Die zwei Grundfragen der Ethik sind einerseits die nach dem personell Zuträglichen und Zweckmäßigen, andererseits die nach dem sozial Verpflichtenden und Notwendigen. Diese beiden Dimensionen des Individuellen und des Sozialen können wiederum in wertender und in wertneutraler Perspektive untersucht werden. Dabei stößt man auf Hintergrundüberzeugungen des Wünschenswerten (der Werte) und der notwendigen Schutzmechanismen (der Normen). Diese können in der ethischen Reflexion der Moral in unterschiedlichen Stufen der Verallgemeinerung zu Bewusstsein gebracht werden. Dementsprechende Handlungen werden als „ethisch gut" bezeichnet – ein Gutes, das vom technisch Guten und eudaimonistisch Guten abzugrenzen ist. Das ethisch Gute bezieht sich auf den Willen, der moralischen Gemeinschaft sich wechselseitig als Personen Anerkennender anzugehören.

Literaturempfehlung

Anzenbacher, Arno (1992): Einführung in die Ethik. Düsseldorf: Patmos.
Höffe, Otfried (Hrsg.) (1998): Lesebuch zur Ethik. Philosophische Texte von der Antike bis zur Gegenwart. München: Beck.
Horster, Detlef (2009): Grundwissen Philosophie: Ethik. Stuttgart: Reclam.
Schweppenhäuser, Gerhard (2023): Grundbegriffe der Ethik zur Einführung. Hamburg: Junius.

4 WAS IST MORAL?

Was Sie in diesem Kapitel lernen können

Sie erfahren, wie Moral – vor allen ethischen Bestimmungen – mit der alltäglichen Kommunikation verbunden ist, wie sie als eine Art Metasprache fungiert, in der der Beziehungsaspekt sozialer Regeln und Erwartungen geregelt wird. Die Regeln dieser Moralsprache bilden eine Grammatik des Verhaltens. Wie die Sprachgrammatik ist auch die Moralgrammatik den Individuen nicht notwendig bewusst. Es werden allerdings auch deutliche Unterschiede zwischen beiden Regelungsarten genannt, die dem Vergleich mit der Sprachgrammatik Grenzen setzen. Moralische Regeln fungieren als bloße Faustregeln. Ihre Verbindlichkeit unterscheidet sich von der der rechtlichen Regelungen, aber auch von bloß konventionellen Bewertungen. Abschließend geht es um die Frage, wie der Widerspruch zwischen dem sozial-verbindlichen und dem individuell-willkürlichen Aspekt der Moral aufzulösen ist.

4.1 Moral in der Alltagskommunikation

Bei einer Handlung die Bedürfnisse der davon Betroffenen als maßgeblichen Grund dafür anzusehen, etwas zu tun oder zu unterlassen, bedeutet, einen moralischen Standpunkt einzunehmen. Wie moralische Praxis sich ‚anfühlt', wissen wir intuitiv auf Grund unserer Lebenserfahrung. Zum Beispiel fühlen wir uns ungerecht behandelt oder empören uns über die Äußerungen oder Handlungen Anderer, die uns benachteiligen. Oder wir empfinden Schuld oder Scham, wenn wir andere gekränkt haben oder ihre eigentlich berechtigten Ansprüche missachtet haben. Was bedeuten diese moralischen Gefühle für die, die sie empfinden, und für die, die sie betreffen? Was ist Moral?

> Eine Betreuerin einer Kindergruppe versucht, dem kleinen Joschi die Hose anzuziehen, was nicht leicht ist, da das Kind nicht aufhört, mit den Beinen zu strampeln. Als die Betreuerin ihn ungeduldig ermahnt, endlich stillzuhalten, faucht der Junge zurück: „Ich bin doch nicht dein Diener!"

Man könnte dies durchaus als moralische Kommunikation ansehen, wenn auch als eine missglückte. Man spürt auf Anhieb, dass dieser Vorwurf gegenüber der Betreuerin „schief" ist. Das Kind hat offenbar schon sehr früh eine Regel gelernt, sich alltagsmoralisch auszudrücken, aber ihm unterläuft ein Anwendungsfehler. Es ist empört über eine scheinbar ungerechtfertigte Zumutung, wie wenn beispielsweise die Betreuerin Joschi bei einem Ausflug der Kindergruppe zugemutet hätte, den schweren Rucksack mit dem Proviant für alle allein zu tragen. – Von einem anderen Vorfall einer missglückten moralischen Kommunikation ist in einer Pressemitteilung der Frankfurter Polizei vom 19.10.2008 die Rede:

> „Am vergangenen Samstag, gegen 14.45 Uhr, befand sich eine 22 Jahre alte Frau zu Fuß auf dem Rückweg von einem Einkauf. Im Bereich der Hausener Obergasse wurde sie unvermittelt von einem Unbekannten angesprochen und gleich darauf am Arm gepackt und festgehalten. Der Unbekannte drohte der Frau ‚ihr den Hals umzudrehen', wenn sie nicht unverzüglich ihren Rucksack öffnen würde. Dermaßen eingeschüchtert öffnete die Frau ihren Rucksack und zeigte dem Täter den Inhalt. Als dieser beim Nachsehen keine Wertgegenstände finden konnte, verlangte er noch von seinem Opfer, sich zu entschuldigen. Danach durfte die junge Frau gehen."

Das Verlangen des Täters, das Opfer solle sich dafür, dass es nichts Wertvolles abzugeben habe, entschuldigen, wirkt, bei aller Brutalität der Drohung, auch komisch, weil der Täter, vielleicht durch Alkoholkonsum vernebelt, die Bedeutung sprachlicher Wendungen und moralischer Regeln durcheinanderbringt. Eine Bitte um Entschuldigung kann man dann erwarten, wenn man etwas, das einem als „moralisches Recht" zusteht (zum Beispiel nicht angerempelt zu werden), nicht bekommen hat. Der Räuber aber hat kein moralisches Recht auf das Eigentum seines Opfers. Wir bemerken die Abweichung, indem wir sein Verhalten an unserem intuitiven Wissen darüber messen, wie der Ausdruck „sich entschuldigen" normalerweise gebraucht wird.

Vor dem Hintergrund der missglückten Interaktionen wird erkennbar, wie wir im Alltag Moral erfahren, nämlich als einen möglichen „Beziehungsaspekt" (Watzlawick 1969, 53 ff.) von Kommunikationsverläufen, die von den Adressaten als sinnvoll verstanden und inhaltlich beantwortet werden können. Dabei werden, wie bei jeder lebendigen Kommunikation, nicht nur Wörter verwendet, sondern auch Blicke und Gesten. Der richtige Gebrauch eines Ausdrucks wie „sich entschuldigen" hat nicht nur eine sprachliche Bedeutung, sondern ist zugleich eingebettet in den typischen Ablauf einer sozialen Interaktion. Auf diese Weise werden alltägliche Ansichten von Anspruch und Leistung, Dankbarkeit und Enttäuschung, Achtung und Verachtung, Vorwurf und Verzeihung ausgetauscht.

Ein letztes Beispiel, wiederum aus dem Kriminellen-Milieu, diesmal aber ein Beispiel einer fast schon gelungenen moralischen Kommunikation. Am 4.1.2006 war im *Kölner Stadt-Anzeiger* zu lesen:

> „In der Nacht zum Freitag waren unbekannte Täter in ein Bürohaus in der Hülchrather Straße [...] eingestiegen. In dem Gebäude sind verschiedene Firmen untergebracht. Nahezu alle Räume in dem fünfstöckigen Haus haben die Einbrecher durchsucht. Sie entwendeten Labtops, Computer und Bargeld in einer Gesamthöhe von mehr als 30 000 Euro. Nur eine Mietpartei des Bürohauses verschonten die Täter: die Frauenrechtsorganisation Medica Mondiale. (Die Organisation klärt über die Lage von Frauen und Mädchen in Kriegs- und Krisengebieten auf, [...] enga-

giert sich für vergewaltigte und traumatisierte Opfer.) Zwar untersuchten sie auch hier elf Zimmer, entnahmen die Geldkassette aus der Schreibtischschublade im Sekretariat und brachen sie auf – doch die Scheine nahmen sie nicht mit, kritzelten stattdessen mit einem Kugelschreiber ‚Moral' auf die oberste Note. – In der Kasse fehlte kein Cent, die Einbrecher hatten 100 Euro einfach liegen gelassen. Die Polizei steht vor einem Rätsel."

Dass auch Kriminelle moralische Gefühle haben, ist tatsächlich der Normalfall, nur die wenigsten haben hier ein vollständiges Defizit; ungewöhnlich ist aber doch, dass die Einbrecher das schon in ihrer Hand befindliche Geld zurückließen und offenbar Unterschiede zwischen ihren Opfern hinsichtlich deren moralischer Ansprüche auf Rücksichtnahme machten. Normalerweise mobilisieren Kriminelle alle möglichen Mechanismen der Verharmlosung und Rechtfertigung, um ihre Tat vor sich und anderen zumindest als verzeihlich erscheinen zu lassen. Das Besondere dieses Falls ist wohl das Durchbrechen des devianten Egozentrismus – eine Haltung, die, in weiter gesteigerter Form, zum Robin-Hood-Syndrom würde. Allerdings überzeugt Robin Hood, das phantasierte Urbild des moralischen Gesetzesbrechers, nur in einer klaren Schwarz-Weiß-Umwelt von bösen Inkludierten und guten Exkludierten, wie sie in Wirklichkeit kaum vorkommt.

> **Was ist Moral?**
>
> Eine allgemeine und umfassende Formel für Moral könnte etwa lauten: Die Moral ist ein kulturell verankertes Geflecht von Handlungsorientierungen, die das Wohl der Einzelnen und der Gemeinschaft in einer Balance halten (kulturell-zivilisatorischer Aspekt). Diese Orientierungen werden durch positiv oder negativ bewertende Kommunikation vermittelt (sozialer Aspekt) und im Selbst durch Gefühle von Selbstachtung, Fürsorge, Achtung und Wertschätzung bzw. Scham, Schuld und Empörung repräsentiert (psychischer Aspekt). Eine moralische Einstellung einzunehmen bedeutet, die Bedürfnisse Anderer angemessen – oder auch über das Maß des Erwartbaren hinaus – zu berücksichtigen.

Kinder und Heranwachsende übernehmen von ihren Umgebungen intuitiv, wie wo normalerweise gesprochen und gehandelt wird. Man spricht und handelt jeweils verschieden zuhause und auf der Straße, mit Lehrern im Klassenzimmer und auf dem Pausenhof, im Chat-Room und im Kaufhaus, mit Erwachsenen oder Kindern, innerhalb der Familie oder außerhalb. An den verschiedenen sozialen Orten stehen unterschiedliche Ziele im Vordergrund. So geht es zum Beispiel im Sportverein um körperliche Betätigung und Leistung oder beim kulturellen Event um Unterhaltung. Die dort jeweils geltenden Regeln bestimmen die *Art und Weise, wie* die gemeinsam verfolgten und zugleich individuell motivierten Ziele verwirklicht werden können. Dabei gibt es hinsichtlich der Art und Weise der Regelbefolgung, der ‚Haltung' der Akteure, individuelle Spielräume. Diese werden durch moralische Normen begrenzt. So zieht die Norm der „Fairness" dem Leistungswettkampf im Sportverein einerseits Grenzen, andererseits ermöglicht sie ihn auch. Moralische Normen setzen Maßstäbe, nach denen sich die Teilnehmer an der jeweiligen Kooperation zu richten haben. Werden diese Maßstäbe verletzt, dann erfolgen negative Sanktionen von der Ermahnung bis zur Bestrafung oder zum Ausschluss.

Entsprechend den sozialen Regeln, die an den verschiedenen sozialen Orten und in verschiedenen Personengruppen gelten, unterscheiden sich teilweise auch die dort geltenden moralischen Regeln. Die Moral stellt eine Art Grammatik und Vokabular der sozialen Beziehungen dar, die, ähnlich den Dialekten einer Sprache, je nach sozialem Ort abgewandelt gebraucht werden. Wie die Grammatik der Sprache werden auch die moralischen Regeln kaum unmittelbar thematisch gelernt, sondern vielmehr als „Beziehungsaspekte" der jeweiligen Regeln, die an bestimmten sozialen Orten gelten, mittelbar eingeübt. Und wie die sprachliche Grammatik funktioniert auch die Beziehungsgrammatik der Moral weitgehend unbewusst, so dass die Beteiligten sie zwar in den unterschiedlichsten Situationen anwenden, nicht aber erklären können. Man „hört" es, wenn ein Satz falsch formuliert ist, ohne immer genau angeben zu können, warum, und ebenso „fühlt" man moralische Regelverstöße, ohne die zugrundeliegende Regel benennen zu können.

Bewusste Überlegungen beeinflussen weniger Entscheidungen, als dass sie dazu dienen, gefühlsmäßig getroffene Entscheidungen nachträglich zu rechtfertigen. Die moralischen Regeln werden zumeist erst dann thematisch, wenn es bei der Regelbefolgung oder -auslegung zu Konflikten kommt. Solche Konflikte sind aber auch ein normaler Bestandteil der Sozialisation. Erst so entsteht ein Norm- und Wertbewusstsein, das es dann den Heranwachsenden ermöglicht, gegebenenfalls die bestehenden sozialen Regeln in Frage zu stellen und sich auf Alternativen zu verständigen. Dabei müssen sie sich nicht nur mit den moralischen Zumutungen ihrer Umwelt, sondern auch mit ihren eigenen Interaktionsformen kritisch auseinandersetzen, denn die von ihnen infrage gestellten Werte und Normen haben sich längst in ihren emotionalen und kognitiven Persönlichkeitsstrukturen niedergeschlagen.

> Die Moral funktioniert als teils unbewusster, teils bewusster, keineswegs immer verwirklichter Anspruch sozialer Gemeinschaften an die Individuen oder der Individuen an sich selbst, die eigenen Interessen in Einklang mit den Interessen anderer zu bringen. Dabei kann man zwei Anteile von sozialen Erwartungen unterscheiden: das „moralisch Korrekte" und das „moralisch Wertvolle". Moralisch korrekt ist eine Einstellung oder Handlung, durch die einem Anderen so viel an Achtung, Fürsorge etc. entgegengebracht wird, wie den moralischen Normen entsprechend als angemessen gilt. Moralisch wertvoll ist eine Einstellung oder Handlung, wenn das Geleistete über das normativ Erwartbare und über den bloßen Interessenausgleich hinausgeht, um so zum Erhalt einer guten Gemeinschaft beizutragen.

Diese „Interessen anderer" können Ansprüche sein, die unmittelbar an uns gerichtet werden, oder auch in verallgemeinerter Form verinnerlicht werden, ohne dass ein konkreter Anderer etwas einfordert. Moralisch motiviert, gibt man zum Beispiel Anderen von dem, was einem gehört, nicht nur dann ab, wenn man von ihnen etwas zurückerwarten kann oder bei Dritten dadurch an Ansehen gewinnt, sondern auch, weil es innerlich befriedigen kann, freigiebig zu sein. Dieses Gefühl der moralischen Zufriedenheit ist weniger der Ausdruck eines hinter dem Altruismus versteckten Egoismus als ein Zeichen der Verinnerlichung des moralischen Anspruchs.

Man ist dann auch deshalb zufrieden, weil man sich im altruistischen Handeln nicht nur mit sich identisch, sondern auch mit anderen in Gemeinschaft fühlen kann. Der moralische Anspruch verbindet sich mit dem fundamentalen Bedürfnis nach sozialer Zugehörigkeit und bewirkt auf diese Weise, dass sich die meisten Menschen im Alltag einfach besser fühlen, wenn sie andere nicht übervorteilen und ihnen darüber hinaus gelegentlich auch noch Gutes tun. Wer sich dem verweigert, schließt sich selbst von dieser Gemeinschaft aus und kann dabei erfahren, „wie anstrengend es ist, böse zu sein" (Brecht 1942, 850). Dies gilt freilich nicht uneingeschränkt. Unter der Bedingung, dass die Gemeinschaft nachdrücklich etwas verlangt, was im Allgemeinen als böse gilt, nun aber als gut ausgegeben wird, ist es ebenso anstrengend, gut zu sein.

4.2 Ungenauigkeiten und Schwächen der moralischen Grammatik

Selbst wenn man die moralische Grammatik im Laufe der familialen und nachfamilialen Sozialisation hinreichend gut gelernt hat, kommt man immer wieder in Situationen, in denen auch das Sich-Bewusst-Machen von moralischen Regeln zu keinen eindeutig befriedigenden Lösungen führt. Denn im Unterschied zur sprachlichen Grammatik stellt die moralische Verhaltensgrammatik kein vollständiges und in sich widerspruchsfreies System dar. Zwar gibt es auch für die sprachgrammatischen Regeln manche Ausnahmen, aber bei der moralischen Grammatik gelten Regeln und Ausnahmen gleichsam nebeneinander.

> In einer Wohngruppe für Jugendliche gilt die soziale Regel, dass die Bewohner keine Drogen mitbringen oder konsumieren dürfen. Wer dagegen verstößt, muss die Wohngruppe verlassen. Diese Regel ist allen bekannt, sie haben sich beim Einzug schriftlich damit einverstanden erklärt. Eines Tages wird bei dem 16-jährigen Janek ein Päckchen „Speed" (ein Pulver mit der Droge Amphetamin) gefunden. Die Betreuerinnen müssen entscheiden, was nun zu tun ist. Vor längerer Zeit mussten sie in einem anderen Fall schon einmal eine Verweisung veranlassen. Ihre Autorität und Glaubwürdigkeit gegenüber den anderen Jugendlichen hängen auch davon ab, ob sie die Regel konsequent anwenden. Trotzdem entschließen sie sich, bei Janek eine Ausnahme davon zu machen, da sie befürchten, dass eine Verweisung ihn in seiner Entwicklung stark gefährden könnte.

Die Ausnahme ist hier kein klar zu bezeichnender Sonderfall wie die Beugung unregelmäßiger Verben gegenüber den regelmäßigen, sondern eine durch besondere Umstände nahegelegte Einschränkung der Regel. Nach wie vor soll die Sanktion gelten, nach wie vor sollen sich die Sozialarbeiterinnen glaubwürdig verhalten, aber der moralische Maßstab der Gerechtigkeit wird durch andere Rücksichten relativiert.

Moralische Regeln geben im Alltag nur ungefähr die Richtung an, in die eine Entscheidung zu suchen und zu handeln ist. „Gerechtigkeit" ist dafür ein gutes Beispiel. Wir haben eine Ahnung davon, was es heißt, angesichts zweier sich widerstreitender Interessen sich gerecht zu verhalten, nämlich beiden nach dem Maß ihrer Berechtigung und Dringlichkeit so weit wie möglich zu entsprechen, und das, ohne eigene Interessen, Vorlieben oder Abneigungen ins Spiel zu bringen. Was aber, über eine solche Intuition hinaus, im Fall von Janeks Drogenkonsum gerechterweise zu tun ist, welche Relevanz die einzelnen Umstände dabei haben, lässt sich nur schwer miteinander verrechnen. So könnten sowohl Befürworter wie Gegner einer Verweisung Janeks für sich in Anspruch nehmen, „gerecht" entschieden zu haben.

Nur allzu leicht geraten moralische Regeln mit anderen moralischen Regeln in Konflikt. Werden die widerstreitenden Ansprüche als annähernd gleich stark empfunden, dann spricht man von einem moralischen Dilemma.

> Christina Hahn ist seit neun Jahren Mitarbeiterin in einem Jugendamt. In einem studentischen Interview zur Frage, was sie in ihrem Arbeitsalltag als belastend empfindet und was sich diesbezüglich in den letzten Jahren verändert hat, berichtet sie:
>
> „Also es gab bei uns im Team sehr viele Wechsel, Stellen waren zeitweise sehr lange unbesetzt. Ich und meine anderen Kollegen, die noch da waren, waren dann halt sehr überlastet, weil wir ja irgendwie die verbliebenen Dinge im Bezirk abdecken mussten. Ich würde auch sagen, wir kriegen halt immer mehr Druck von oben, hab ich so das Gefühl, es wird immer mehr an den Finanzen genagelt. Und es wird immer mehr gesagt, wir vermitteln zu viele und zu teure Maßnahmen. Wir machen das ja nicht nur so irgendwie, überlegen uns im Team genau, was das Richtige in der Situation grade ist für die Klienten, aber da gibt's auch den Druck zu sparen. Das hat sich schon verändert. Also vor fünf Jahren war das eigentlich noch ganz wenig das Thema, das ist jetzt erst so – ja also in den letzten zwei Jahren ist das aufgetreten, dass halt immer wieder gesagt wird, wir müssen gucken, und Geld ist keins mehr da, und weniger Steuereinnahmen, und was weiß ich."

Christina Hahn fühlt sich mehrfach belastet, zum einen durch die angespannte Personalsituation, zum anderen durch den Druck, an den Maßnahmen für ihre Klienten zu sparen. Sie befindet sich in einem Dilemma zwischen den Ansprüchen des Amtes auf sparsame Ressourcenverwendung und den Ansprüchen der Klienten auf eine gute Versorgung. Dieses Dilemma spielt sich gleichsam unter der Oberfläche ihrer Arbeit ab. Denn sie tut ja weiter ordentlich ihre Arbeit für die Behörde wie für die Klienten. Aber sie kann nicht beides zugleich erfüllen: in

Loyalität ihrem Arbeitgeber gegenüber weniger Geld ausgeben und in Solidarität mit den Klienten die angemessene und nötige Hilfe veranlassen. Deshalb fühlt sie sich unwohl über das „Wie" ihrer Arbeit.

Moralische Wertungen sind letztlich auf Handlungen bezogen und bemessen diese daran, ob sie die legitimen Interessen der von den Handlungen Betroffenen respektieren; legitim sind diese Interessen, insofern sie Ausdruck des Strebens nach einem gelingenden Leben sind, ohne dieses Interesse bei Anderen zu missachten. In diesem Sinn sind moralische Anforderungen solche, die die Person als sozialen Partner betreffen. Die Verletzung dieser Ansprüche kann, muss aber nicht durch äußere Sanktionen beantwortet werden. Mögliche äußere Sanktionen bestehen in einem kommunikativen Entzug der Achtung, mögliche innere Sanktionen bestehen in Selbstvorwürfen. Man hat dann ein „schlechtes" Gewissen, hat Gefühle der Schuld oder Scham. Was aber haben moralische Gefühle mit den vom eigenen Handeln betroffenen Anderen zu tun? Warum resultiert in diesen Fällen aus der äußeren Nicht-Achtung Anderer die innere Nicht-Achtung des Selbst?

Der Grund dafür liegt letztlich im dialogischen Charakter der menschlichen Existenz: Wir bauen unsere persönliche Identität dadurch auf, dass wir Andere in ihrer Identität anerkennen und zugleich von Anderen anerkannt werden. Das setzt die Fähigkeit zu einem virtuellen Rollentausch voraus. Wir stellen uns vor, wie wir reagieren würden, wenn wir von eben der Art von Handlungen betroffen wären, die wir im Begriff sind auszuführen. Oder wir stellen uns vor, wie wir uns fühlen, wenn andere uns ihre Betroffenheit vorhalten würden. Wer sich nicht in die Lage eines Anderen versetzen kann, wird auch nicht ein Gefühl für moralische Angemessenheit entwickeln können. Und wer dies gelernt hat, wird seine moralische Einstellung auf die Dauer auch nicht auf diejenigen beschränken, die seine persönliche Loyalität, Solidarität oder Sympathie haben, sondern eine Haltung entwickeln, die allen möglichen Betroffenen zugutekommt.

Die Stärke der moralischen Motivation, ihre Verwurzelung in der Identifizierung mit der Gruppe, erweist sich aber zugleich auch als ihre Schwäche, und zwar dann, wenn die als Gewissenseinsprüche erlebten moralischen Anforderungen in einen Widerspruch mit den manifesten Ansprüchen der Gemeinschaft geraten. Eine solche Situation wird im weiteren Verlauf des Interviews mit der Jugendamtsmitarbeiterin Christina Hahn erkennbar:

> „Der Druck, das hing mit der neuen Leitung zusammen. [...] Es gab Vorwürfe von oben, dass Zuweisungen unsachgemäß wären, dass Maßnahmen nicht effizient genug wären. Die Stimmung im Team, die war nicht mehr so wie früher, so gut. Das Team ist eigentlich gespalten heute, einige fahren jetzt eher die harte Linie. [...] Die Klienten sind manchmal ein Fass ohne Boden. Und irgendwo ist es auch mein Interesse, dass der Laden weiter läuft. Mein Bedarf nach Ärger ist auch begrenzt."

Wie wird sich die Sozialarbeiterin angesichts des von ihr empfundenen Dilemmas verhalten? Deutlich zu spüren ist in ihren Äußerungen der soziale Druck, dem sie sich ausgesetzt sieht. Dem professionellen Doppelmandat der Sozialen

Arbeit zufolge müsste sie die unterschiedlichen Ansprüche in eine Balance bringen, was in beiden Fällen auch eine Entsolidarisierung bedeuten kann. Und noch ein weiterer Gesichtspunkt kommt für die Sozialarbeiterin ins Spiel, nämlich ihr eigener Status im Jugendamt. Es sieht zumindest so aus, als gäbe dies zuletzt den Ausschlag. Die Sozialarbeiterin arrangiert sich um ihrer selbst willen mit den Sparauflagen. Dass die Balance auch unter den veränderten Bedingungen für sie immer noch gewahrt bleibt, macht sie sich durch die Einschätzung plausibel, dass die Klienten „manchmal ein Fass ohne Boden" seien.

In der subjektiven Wahrnehmung der Sozialarbeiterin wiegt die Loyalität gegenüber dem Amt letztlich schwerer als die gegenüber den Klienten. Ausschlaggebend für die moralische Bewertung und Entscheidung wäre dann ein gravierender außermoralischer Faktor, nämlich die soziale Zugehörigkeit. Der Psychologe Gerd Gigerenzer (2008, 193 f.) hat solche grundlegenden sozialen Faustregeln bezeichnet, nämlich: „Tanz nicht aus der Reihe" und „Wenn es eine Vorgabe gibt, weiche nicht davon ab". Das heißt, was von den Einzelnen als moralisch notwendig, zumutbar oder vernachlässigbar angesehen wird, hängt in sehr hohem Maße davon ab, was als üblich gilt und gefordert wird. Solche Vorgaben ersparen den Einzelnen Entscheidungen, die ja auch mit erheblichen Risiken verbunden sein können, wobei als der schlimmste Nachteil angesehen wird, die Einbindung in die jeweils vorrangige Gemeinschaft zu verlieren. Dieser soziale Mechanismus kann ebenso zu moralischem wie zu unmoralischem Handeln führen. Das wirft die Frage auf: Ist Moral doch nichts anderes als eine soziale Konvention?

4.3 Moralische Regeln im Unterschied zu anderen sozialen Regeln

Moralische Werte und Normen sind in den Vollzug des Alltagslebens mit seinen Selbstverständlichkeiten und Regeln eingebettet und in ihrer Wirksamkeit in Entscheidungssituationen stark von diesen abhängig. Dennoch gibt es einen Unterschied zwischen moralischen und nicht moralischen Regeln, der intuitiv deutlich wahrnehmbar ist, selbst dann, wenn in beiden Fällen dieselben sprachlichen Ausdrücke verwendet werden. So können sich Ausdrücke wie „verboten" oder „falsch", „gut" oder „richtig" u. a., die in der Sprache der Moral vorkommen, auch auf eine Verwaltungsverordnung oder eine bloße Üblichkeit beziehen, wie man ein Antragsformular auszufüllen oder auf einen Klientenwunsch zu reagieren hat. Es gibt einige bedeutsame Unterscheidungsmerkmale zwischen moralischen und außermoralischen Bewertungen und Normierungen (zum Beispiel solchen des Rechts, der Mode, der Kunst, der Konventionen, des Spiels), wobei keine von ihnen alleine zur Bestimmung von Moral hinreicht:

- *Moralische Regeln wirken informell.* Sie sind in kulturelle Menschen- und Weltbilder eingebettet und wirken als Handlungsorientierungen im Hintergrund. Zwar lassen auch sie sich formalisieren, zum Beispiel in Gestalt eines „Leitbildes" einer sozialen Einrichtung, aber ihre Geltung hängt letztlich nicht von dieser Formalisierung ab. Dadurch unterscheiden sie sich von rechtlichen Regeln, die deshalb gelten, weil sie von einer dazu befugten Instanz festgesetzt wurden, von der sie auch wieder verändert werden können. Die Frage, ob es rechtens ist, wenn ein Sozialarbeiter, der als Zeuge in einem Gerichtsverfahren gegen seinen Klienten geladen ist, auf seine Schweigepflicht beruft, ist dadurch zu beantworten, dass man prüft, ob die konkreten Umstände unter die entsprechenden rechtlichen Bestimmungen fallen oder nicht. Dagegen ist die moralische Bewertung unabhängig von der Tatsache der Gesetzesförmigkeit oder -widrigkeit. Denn im Extremfall könnte das entsprechende Gesetz selbst moralwidrig sein. Die moralische Bewertung bezieht sich letztlich auf Grundwerte, von denen auch die Rechtmäßigkeit des Rechts abhängt.

- *Ein Teil der moralischen Regeln wird durch rechtliche Regeln abgesichert.* Viele moralische Regeln (wie zum Beispiel die der Rücksichtnahme auf Schwächere) werden nicht durch Rechtsvorschriften abgedeckt, und viele rechtliche Regelungen (wie zum Beispiel wie Beschäftigte versicherungspflichtig sind) haben nichts Moralisches an sich. Es gibt aber eine Schnittmenge zwischen beiden Bereichen, die diejenigen moralisch verankerten Regeln umfasst, deren Einhalten als besonders dringlich erscheint. Moralisch korrekt zu handeln, bedeutet, diesen Regeln auch ohne drohende Sanktionen zu folgen, moralisch wertvoll zu handeln bedeutet, mit seinen Leistungen für Andere im Sinne einer guten Gemeinschaft über die mit den Regeln verbundenen Erwartungen hinauszugehen. Rechtliche Regeln sind durch äußere Sanktionen abgesichert, die, soweit möglich, von der staatlichen Gewalt durchgesetzt werden. Demgegenüber sind die sozialen Sanktionen bei Verletzung der moralischen Regeln nicht ihrerseits geregelt, sondern hängen von den Empfindlichkeiten und Interessen des sozialen Umfeldes ab. Wer solche Regeln verletzt, kann zurechtgewiesen oder sozial ausgeschlossen werden. Darüber hinaus ist die Wirksamkeit der Moral auf eine Verinnerlichung durch die Handelnden angewiesen. Der innere Zwang äußert sich dann bei einer Verletzung gegebenenfalls als schlechtes Gewissen.

- *Moralische Regeln schränken die Freiheit des Einzelnen ein, um diejenigen zu schützen, die von seinen Handlungen negativ betroffen sind.* Bei den außermoralischen Regeln des Üblichen, der Gewohnheiten, der Moden, der Arbeit oder des Spiels beziehen sich Werturteile auf Normen, die diesen Systemen immanent sind: Jemand kleidet sich schlecht gemessen an dem, was modisch erwartet wird, jemand spielt schlecht Tennis gemessen an dem, was als sportlicher Leistungsstandard gilt usw. Von ihrem Fehlverhalten sind Andere als Teilnehmer an der jeweiligen Interaktion nicht existenziell betroffen. Wenn ein Spieler des eigenen Sportvereins schlecht spielt, ist das für die Zuschauer betrüblich, jedoch ein Geschehen, das innerhalb der sozialen Regeln möglich und erwartbar ist. Wenn ein Spieler jedoch absichtlich schlecht spielt, weil er bestochen wurde, ist die Empörung über ihn moralischer Art. Wäre dem entsprechend ein Sozialarbeiter, der zum Beispiel seine Klienten schlecht berät, moralisch zu verurteilen? Nein, wenn es sich um einen Mangel an Geschicklichkeit handelt, jedoch ja, wenn es sich um eine vermeidbare Nachlässigkeit

Moralische Regeln im Unterschied zu anderen sozialen Regeln 53

handelt. Sich durch Fortbildung auf dem aktuellen Wissensstand zu halten, ist eine anerkannte professionsethische Pflicht. Sie schränkt die Freiheit des Sozialarbeiters insofern ein, als er nicht zugleich etwas anderes tun kann. Moralische Pflichten können auch gegen die eigenen Interessen gehen.

- *Moralische Regeln gelten unbedingt.* Sie stellen dann, wenn die berechtigten Interessen anderer verletzt werden, keine Vorschläge oder Empfehlungen, sondern *Imperative* dar, die in ihrem Geltungsanspruch *nicht von der Zustimmung des Handelnden abhängen*. Dies haben sie mit den rechtlichen Regelungen gemeinsam. Wenn eine Klientin nach einem Schulden-Clearing zu ihrer Beraterin sagt „Ich zahl das nicht zurück. Ich habe sowieso kein Geld" (ein Beispiel aus dem fünften Kapitel), und wenn sie sich als gleichgültig gegenüber der Verletzung von Rechten Anderer zeigt, dann gilt dies nicht als hinreichender Grund für ihr Verhalten, vielmehr *soll* sie ihre Schulden als solche anerkennen und wenn möglich zurückzahlen. Auch dadurch unterscheiden sich moralische Bewertungen von Konvention oder Spielregeln. Einen Imperativ, der jeweiligen Mode zu folgen, kann es nur für denjenigen geben, der dies im Grundsatz bejaht, nicht aber bedingungslos. Dass und wie man seine beruflichen oder ästhetischen Interessen verwirklicht, ist eine Frage der Klugheit, nicht der Moral. Dagegen fordert diese das, was sie fordert, unabhängig vom Interesse des Handelnden daran.

- *Moralische Bewertungen erfolgen implizit unparteilich; wenn sie diesen Anspruch nicht erfüllen, handelt es sich um „Doppelmoral" oder „Scheinheiligkeit".* Moralische Bewertungen erfolgen im Alltag zwar überwiegend gefühlsmäßig und als „Bauchentscheidungen", ein moralisches Urteil aber, das von Anderen zwanglos akzeptiert werden soll, muss einen Standpunkt der *Unparteilichkeit* einnehmen. Auch dieses Merkmal teilt es mit rechtlichen Bewertungen. Wenn die erwähnte Schuldnerin das moralische Unrecht ihrer Absicht, die Schulden nicht zurückzuzahlen, tatsächlich einsieht, dann ist dies etwas anderes, als dem Druck der Sozialarbeiterin nachzugeben oder sogar Mitgefühl mit einer Gläubigerin zu haben, die das Geld ebenfalls dringend bräuchte. Die Sozialarbeiterin könnte sagen: „Würde es Ihnen etwa gefallen, wenn jemand anderer seine Schulden an Sie nicht zurückzahlen will?". Was sie damit sagen wollte, ist, dass das Versprechen, die Schulden zurückzuzahlen, grundsätzlich unabhängig davon gilt, wer Schuldner und wer Gläubiger ist, und dass es dann nur eine Frage der Folgerichtigkeit ist, seine eigenen Schulden anzuerkennen. Deshalb hängt die Geltung der moralischen Beurteilung nicht davon ab, wer sie vertritt und welche Personen von einem bestimmten Sachverhalt betroffen sind. Personenbezogene Unterschiede dürfen nur dann zu unterschiedlichen Bewertungen führen, wenn sich die Umstände wesentlich unterscheiden.

- *Ein Teil der moralischen Regeln besteht nicht aus unbedingten Imperativen, sondern aus Empfehlungen und Regeln der Klugheit.* Wenn eine Sozialarbeiterin im Rahmen einer Sozialpädagogischen Familienhilfe und den damit verbundenen Kontrollaufgaben die Eltern dazu anhält, sich ihrer Verantwortung gegenüber der materiellen und psychischen Versorgung ihrer Kinder bewusst zu sein, dann handelt es sich um die zuvor genannten moralischen (und rechtlichen) Imperative. Wenn aber darüber hinaus die Sozialarbeiterin versucht, zusammen mit der Familie Zielvorstellungen zu entwickeln und zu etablieren, die den Erziehungsstil der Mutter, die Zuwendungsbereitschaft des Vaters, die mangelnde Konfliktkultur zwischen beiden, den teils zu knauserigen, teils zu verschwenderischen Umgang mit Geld, die Bereitschaft der Heranwachsenden, bei Haushaltsarbeiten mitzuhelfen u. a. betreffen, dann gibt sie Empfehlungen zu einer besseren Fürsorge und zur Gestaltung eines besser gelingenden Lebens. Dabei versucht sie, die vorhandenen Ressourcen der Familie im Sinne von deren eigenen Zielvorstellungen zu mobilisieren. Diese Empfehlungen gelten nicht unbedingt, sondern in Abhängigkeit von den Zielvorstellungen und Handlungsmöglichkeiten der Klienten.

Zusammengefasst zeichnen sind moralische Bewertungen dadurch aus, dass sie als letztes Entscheidungskriterium auf das Ziel eines gelingenden Lebens oder einer vernünftigen Einrichtung der Gesellschaft bezogen sind. Näher betrachtet bemessen sie Handlungen und Äußerungen daran, ob sie die berechtigten Interessen Anderer respektieren und fördern und ob sie den Klugheitsregeln eines besser gelingenden Lebens entsprechen. Geäußert werden sie teils in Form von unbedingten Imperativen, teils von Empfehlungen. In jedem Fall aber beanspruchen moralische Bewertungen den Status der Unparteilichkeit und Personenunabhängigkeit.

4.4 Muss jeder selbst wissen, was moralisch richtig ist?

Ist es vertretbar, einem Klienten um eines guten Zweckes willen die Unwahrheit zu sagen? Ist man auch dann zur Verschwiegenheit verpflichtet, wenn man damit zulässt, dass einem Anderen Schaden zugefügt wird? Ist es moralisch nachvollziehbar, wenn Eltern ein Kind, das mit Down-Syndrom geboren wird, ablehnen? Wie weit sollen Fürsorge und Geduld mit einem einzelnen Jugendlichen in einer Wohngruppe gehen, wenn dadurch das Prinzip des gleichen Rechts für alle strapaziert wird? Wie viel Arbeitseinsatz kann der Klient von seiner Betreuerin verlangen? Reicht dieser Anspruch auch in die Zeit nach Dienstschluss hinein?

In Diskussionen über derartige Moralfragen in der Sozialen Arbeit gibt es zwei typische Vorkommnisse oder Verläufe: Manchmal besteht sehr schnell Einigkeit darüber, dass etwas moralisch empörend ist, und die Diskussion dreht sich vor allem darum, wie damit weiter umzugehen sei. Demütigungen und Verletzungen in vertrauensvollen Beziehungen finden keinen Verteidiger. Staatlicher Terror, Gewalt gegen Andersdenkende und friedlich Protestierende, Folter werden allgemein übereinstimmend zurückgewiesen. Aber in anderen Fällen gibt es offenbar keine eindeutige Stellungnahme, die Diskussion endet dann mit Feststellungen wie „Das muss jeder für sich entscheiden". Ein Beispiel dafür ist das Maß an Fürsorge, das einem Klienten zusteht, ein anderes das Maß an Selbstbestimmung und sexueller Freiheit, das in einer patriarchalisch strukturierten Migrantenfamilie den heranwachsenden Töchtern zugestanden wird.

Wie ist dieser Unterschied zu verstehen? Ist Moral etwas Allgemeinverbindliches, dessen Geltung vernünftigerweise unbestreitbar ist? Oder ist sie etwas Privates, das im individuellen Verantwortungsbereich liegt? Oder ist sie etwas von der Gesellschaft oder Kultur Vorgegebenes, das die Individuen in ihren Ansichten prägt, so dass man sagen muss: „Andere Länder, andere Sitten"? Die Antwort wird unterschiedlich ausfallen, je nachdem, von welchen Bereichen des Moralischen die Rede ist und ob man die Moral aus den Interessen der Individuen oder der großen und kleineren Gemeinschaften, der Kulturen oder Familien, ableitet.

Einigermaßen leicht zu entscheiden ist die Frage in den Fällen, in denen moralische Regeln zugleich durch juristische Regeln, Verordnungen oder wenigstens durch Anweisungen von Vorgesetzten abgesichert sind. In diesem Sinne ist zum Beispiel klar, dass Betreuer von Kindern und Jugendlichen sich diesen nicht sexuell nähern dürfen. Das kann auch durch besondere Verhaltensanweisungen verstärkt werden, die der inneren Haltung eines Betreuers gar nicht gerecht werden müssen (zum Beispiel durch die Anweisung, ein Kind nicht auf die Schultern zu nehmen, auch wenn dieses es möchte). Auch fachliche Regeln der Sozialpädagogik können sich mit moralischen Regeln überschneiden. So zielt die Förderung von Klienten in Lebenskrisen auf die Stärkung der Selbständigkeit. Diese Regel kann es einer Betreuerin erlauben, den Klienten auch dann „loszulassen", wenn sie dessen Entscheidung nach ihrer persönlichen Moralauffassung nicht gutheißen kann, und sich dennoch nicht für ein Versäumnis schuldig fühlen zu müssen. Aber moralische Fragen betreffen auch einen Bereich, der über die schriftlich fixierten Gesetze oder das fachlich anerkannte Regelwissen hinausgeht. Man kommt hier schnell in eine Grauzone des Angemessenen und Zuträglichen hinein, in der moralische Regeln als etwas Zufälliges erscheinen können. Man kann sie je nach Persönlichkeitsstruktur befolgen oder auch nicht befolgen. Eine solche Haltung des Relativierens von moralischen Normen entspricht dem in der heutigen Gesellschaft erreichten Stand der Individualisierung, der vielfache Entscheidungsfreiheiten nicht nur erlaubt, sondern sogar erfordert (vgl. Beck 1986). Auch wird sie besonders gerne von Studierenden vertreten. Dazu meint Dorothea Kuhrau-Neumärker (2005, 56):

> „Mit diesen Relativierungen wollen Studierende ja zuweilen ihre Ablösung von den Normen des Elternhauses signalisieren, ihre Freude über die neue Freiheit als Student, über die neue Phase der Individuation."

Wenn das zutrifft, wie geht das mit der von der Autorin ebenfalls bemerkten Übereinstimmung der Diskutanten in der Beurteilung bestimmter Fälle (sie führt das Beispiel einer schlimmen Demütigung an) zusammen?

Versetzen wir uns in Gedanken für einen Augenblick in eine noch weitgehend bruchlos funktionierende traditionale Gesellschaft, in der die Erwartungen an die Individuen durch deren Funktion in Familie, Verwandtschaft und sozialer Gemeinschaft bestimmt sind – der Gegenpol zur postmodernen Individualisierung. Die kulturelle Moral gehört hier zum Gefüge einer religiös legitimierten, fraglos geltenden Tradition, mit der sich alle Beteiligten identifizieren. Man könnte nun vermuten, dass in einer solchen Gesellschaft, in der das moralische

Weltbild durch zentrale religiöse und staatliche Autoritäten repräsentiert wird, keine tiefergehenden moralischen Konflikte auftreten können. Jedoch ist, wie man den Heldensagen, Gedichten, Epen, Tragödien der früheren Kulturen entnehmen kann, das Gegenteil der Fall. Besonders tragische Konflikte entstehen hier daraus, dass die Einzelnen einer spezifischen Rollenmoral (zum Beispiel der Familienehre und -treue) folgen und folgen müssen, die sich mit einer anderen Rollenmoral (zum Beispiel dem Gehorsam gegenüber der herrschaftlichen Autorität) nicht vereinbaren lässt. Das Ergebnis ist dann unter Umständen Mord, Rache und Krieg.

Im Unterschied dazu hat das Individuum in der individualisierten Moderne eine gewisse Rollenflexibilität erworben, die es ihm ermöglicht, die unterschiedlichen Werthaltungen der Familien, Milieus, Kulturen, Berufe oder Freizeitgruppen nebeneinander bestehen zu lassen, zwischen ihnen wie zwischen verschiedenen Fernsehprogrammen hin und her zu zappen und, wenn doch ein Konflikt droht, im besten Fall eine vernünftige Abwägung der moralischen Gesichtspunkte vorzunehmen und nach Kompromissen zu suchen. Wenn wir unter diesen Bedingungen noch auf moralische Normen treffen, die der individuellen Entscheidungsfreiheit entzogen sind, dann sind es gesellschaftsstrukturell fundamentale. Eine solche moralische Fundamentalnorm heute ist das Recht auf Selbstbestimmung, eine andere die Toleranz in weltanschaulichen Fragen, denn nur sie erlaubt das Miteinander der unterschiedlichen Orientierungen und Werthaltungen. Allgemein gesagt: Die Moral in der Moderne enthält als eine wesentliche Dimension die wechselseitige Anerkennung der Individuen in ihrer selbstbestimmten Individualität.

Unsere heutige westliche Kultur – eine Allgemeinbestimmung, die viele unterschiedliche Einstellungen und Milieus umfasst – ist dadurch geprägt, dass die selbstbestimmte Individualität der Grund und das Ziel der gesellschaftlich geteilten moralischen Normen ist. Sie sind in den individuellen, sozialen und kulturellen Menschenrechten verkörpert, durch die das Miteinander der inhaltlich pluralistischen Lebensformen getragen und begrenzt wird. Die immer schon möglichen Wertkonflikte muss das Individuum heute in eigener Verantwortung entscheiden, indem es je eigene moralische Prioritäten setzt. Detlef Horster (1999, 451 ff.) schreibt dies dem individuellen Bereich der Moral im Unterschied zum sozialen Bereich der Moral zu. So gibt es in unserer Kultur beispielsweise keine eindeutigen moralischen Vorschriften für die Entscheidung, ob gegebenenfalls die Fürsorge für einen hilfsbedürftigen Angehörigen oder die Rücksichtnahme auf die berechtigten Interessen eines Arbeitsteams das größere Gewicht hat.

Hier ist die individuelle Wahlfreiheit durch die moralische Norm zu ergänzen, möglichst umfassend informiert und unvoreingenommen alle Optionen zu prüfen. Eine Gewissheit, dass die notwendige individuelle Setzung von Wertprioritäten nicht zur Flucht in die Beliebigkeit wird, gibt es dabei nicht. Die moralische Wahlfreiheit findet aber ihre Grenze darin, dass überhaupt zwischen moralisch akzeptablen Optionen gewählt werden muss, das heißt dass sie im Rahmen einer sozialen Moral erfolgt, die die wechselseitige und allgemeingültige Anerkennung der Individuen verlangt: „die Anerkennung des anderen in seiner Autonomie, seiner Einzigartigkeit und seiner Verletzlichkeit" (ebd., 41). Der Bereich der sozialen Moral bildet die Grundlage für die individuellen moralischen Entscheidungen.

Gut zu wissen – gut zu merken

In der vorethischen Perspektive des Alltagslebens besteht die Moral in Ansprüchen sozialer Gemeinschaften an die Individuen oder der Individuen an sich selbst, die eigenen Interessen in Einklang mit den Interessen anderer zu bringen. Moralische Regeln funktionieren als zumeist nicht bewusste Hintergrundorientierungen mit großen Auslegungsspielräumen. Sie zielen darauf ab, dass der Handelnde nicht nur seinen eigenen unmittelbaren Neigungen folgt, sondern in unparteilicher Einstellung von diesen absehen und im besonderen Fall auch gegen diese handeln kann. Bei der Entscheidung der Frage, ob jeder selbst wissen muss, was für ihn moralisch richtig oder falsch ist, ist zwischen verschiedenen Sphären des Moralischen zu unterscheiden. Es gibt einen Bereich der sozial verbindlichen Moral, der einen Rahmen bildet, innerhalb dessen individuelle Prioritäten gesetzt werden können und müssen.

Literaturempfehlung

Edelstein, Wolfgang/Nunner-Winkler, Gertrud (Hrsg.) (2000): Moral im sozialen Kontext. Frankfurt a. M.: Suhrkamp.
Spaemann, Robert (1994): Moralische Grundbegriffe. München: Beck.

5 DESKRIPTIVE UND NORMATIVE ETHIK – INDIVIDUALETHIK UND SOZIALETHIK – STREBENSETHIK UND SOLLENSETHIK

Was Sie in diesem Kapitel lernen können

Im dritten Kapitel wurde ansatzweise unterschieden zwischen einer wertneutralen und einer wertenden Bedeutung von „Ethos/Moral" sowie zwischen sozialer und individueller Bedeutung, weiterhin zwischen Strebensethik und Sollensethik. Diese grundlegenden Unterscheidungen, die verschiedene Formen der Ethik kennzeichnen, sollen hier noch einmal aufgegriffen und weiter verdeutlicht werden. Sie erfahren, wie sie sich geschichtlich entwickelt haben und in welchem systematischen Verhältnis sie zueinander stehen. Dazu beziehen wir uns zunächst auf ein Beispiel aus der sozialarbeiterischen Praxis.

5.1 Aus einem Interview mit einer Praktikerin der Sozialen Arbeit

Sophia Münch arbeitet als Sozialarbeiterin/Sozialpädagogin in einer Beratungsstelle für Jugendliche und junge Erwachsene, die sich im Übergang von der Schule zum Berufsleben befinden. Die Klientinnen und Klienten kommen nicht nur, um sich über Ausbildungsgänge informieren zu lassen, sondern auch und vor allem, weil sie auf Grund psychosozialer Problemlagen Beratung und Hilfe benötigen. Die Beratung selbst ist zwar grundsätzlich freiwillig, aber meistens werden die Jugendlichen dazu doch durch Umstände und institutionelle Regelungen gedrängt. Beispielsweise wurde einigen vom Job-Center als Sanktion für ein Fehlverhalten für drei Monate das Arbeitslosengeld gestrichen, oder andere wurden als ehemalige Straftäter im Rahmen einer Betreuung durch die Jugendgerichtshilfe an die Beratungsstelle vermittelt. In dem Interview, das eine Studierende mit der Sozialarbeiterin führt, berichtet diese von typischen professionsethischen Fragen, vor die sie sich bei ihrer Arbeit gestellt sieht:

„Ethisch-moralisch machten sich Probleme an der Stelle bemerkbar, wenn die Teilnehmer Schulden hatten oder ihre Miete nicht bezahlt hatten, und dann das erste Schulden-Clearing anstand. Nach der Feststellung, wie hoch die Schulden waren, sagten Klienten dann häufig: ‚Ich zahl das nicht zurück! Ich habe sowieso kein Geld!' Mein persönliches und auch moralisches Empfinden ging dahin, dass es eigentlich richtig ist, dass jeder versucht, das, was er an Schulden gemacht hat, auch wieder zurückzuzahlen. Da war meine eigene Zielsetzung oft anders als die der Klienten, weil die die Schulden nicht zurückzahlen wollten. Meine Aufgabe, meine sozialpädagogische Aufgabe war dann, ein Bewusstsein zu schaffen, was richtig und was falsch ist. [...]

Ein weiterer Konflikt entstand, wenn die Klienten in ihrer beruflichen Zukunft ganz andere Vorstellungen hatten, als es ihren Fähigkeiten entsprach. Das heißt zum Beispiel, eine Klientin hatte keinen Schulabschluss nach der 9. Klasse, wollte aber gerne Rechtsanwaltsgehilfin werden. Die berufliche Vorstellung war eigentlich unrealistisch, sie war aber das Ziel der Klientin. Und dann kann man entweder darauf hinwirken, dass der Klient zu einer realistischen Einstellung kommt, oder aber den Klienten dazu kriegen, dass er die Defizite so in Angriff nimmt, dass er seinem Berufswunsch entsprechend irgendwann die Voraussetzungen erfüllt. Und da kommt man dann auch in so eine Konfliktsituation: Was ist denn jetzt für den Klienten das Beste? Ist es besser, die realistischen Berufsziele ins Auge zu fassen, oder halt diesen langen, oft mühsamen Weg, der vielleicht auch mit Scheitern verbunden ist, für den Klienten in Gang zu setzen? [...] Dann steht man in der Situation, dass man das Scheitern des Klienten vor Augen hat, aber die Wünsche des Klienten trotzdem in diese Richtung gehen. Und dann muss man entscheiden: Wie berate ich so anständig, dass der Klient sich trotzdem noch aufgehoben fühlt und das Scheitern vielleicht abgewendet wird? [...]

Und dann ist es auch so, dass ich die Einstellung habe, dass die Klienten ihren eigenen Lebensweg weitergehen müssen. Es geht nicht darum, die Klienten auf Teufel komm raus in der Beratung zu halten, sondern sie tatsächlich dann loszulassen, weil es ihr eigenes Leben ist, das sie führen müssen. Und dann kann ich mit meiner Moralvorstellung oder mit meiner Wertvorstellung von dem, was richtig ist und was falsch ist, oder was richtig für die Gesellschaft ist, keinen Teilnehmer in der Beratung halten. Das ist natürlich auch ein Widerspruch zu dem vorhandenen System, in dem der Sozialpädagoge arbeitet, weil die Programme schon so angelegt sind, dass eine bestimmte Teilnehmerzahl in Maßnahmen oder Beratungsangeboten vorgewiesen werden müssen. [...] Der Sozialpädagoge steht dann auch in dem Konflikt: Wie hoch sind meine Beratungszahlen? Wie hoch sind die Maßnahmezahlen? Beziehungsweise: was will der Klient? Und muss ich den Klienten nicht doch in der Beratung haben, damit ich meine eigenen Zahlen haben und meine Arbeit rechtfertigen kann?

Die drei Fragestellungen, von denen im Interview berichtet wird, sind von deutlich unterschiedlicher Art:

1. Ist die moralische Auffassung der Klienten auch dann zu respektieren, wenn sie von der des gesellschaftlichen Umfeldes krass abweicht?
2. Sind die Lebensziele der Klienten auch dann zu fördern, wenn sie auf Fehleinschätzungen der Klientin beruhen?
3. Darf man die Dauer der Beratung im Interesse der Einrichtung auch gegen das Bestreben des Klienten in die Länge ziehen?

Zu (1): Im ersten Fall geht es um die Frage, wie mit dem Unterschied zwischen der eigenen Moralauffassung und der der Klienten umzugehen ist. Sollte man Schulden zurückzahlen? Sollte man, wenn man es auf Anhieb nicht kann, es sich wenigstens längerfristig vornehmen? Ist nicht zumindest ein Unrechtsbewusstsein zu erwarten, wenn man die Schulden nicht zurückzahlen kann? Die Antworten der Klienten auf diese Fragen fallen offenbar gelegentlich anders aus, als es der Sozialpädagogin akzeptabel erscheint. Die Sozialpädagogin selbst sieht sich dabei in Einklang mit ihrer professionellen Aufgabe, bei den Klienten ein entsprechendes moralisches Bewusstsein zu wecken. Welches moralische Recht und welche moralische Pflicht hat sie aber, auf die Einstellungen ihrer Klienten Einfluss zu nehmen – über die Regelung der rechtlichen Verpflichtung zur Schuldenrückzahlung hinaus? Und wie sollte eine derartige Intervention aussehen, wenn sie Erfolg versprechend wäre?

Zu (2): Im zweiten Fall unterscheiden sich nicht die Moralauffassungen von Sozialpädagogin und Klientin, sondern die Auffassungen über das Können und die Entwicklungspotenziale der Klientin. Während diese ihren Wunschträumen nachhängt, schätzt die Sozialpädagogin auf Grund ihrer professionellen Kenntnisse oder ihrer Erfahrung die Wunschträume als illusionär ein, da die entsprechenden Voraussetzungen zu ihrer Verwirklichung nicht gegeben sind. Das professionsethische Problem besteht hier darin, dass die Sozialpädagogin bei allem Wissen unsicher ist, was tatsächlich das Beste für die Klientin ist: Soll sie die Klientin und deren Wünsche auch dann unterstützen, wenn die Wünsche unrealistisch sind und wenn damit ein Scheitern droht? Darf sie die Klientin angesichts unrealistischer Erwartungen nachhaltig entmutigen? Könnte nicht gerade das Vertrauen auf die Ressourcen der Klientin entscheidend dazu beitragen, die Ressourcen auch zu nutzen und zu stärken? Wie gewichtig ist das Bedürfnis der Klientin, sich in der Beratung wohlwollend aufgehoben zu fühlen?

Zu (3): Wieder anders ist das Problem im dritten Fall gelagert. Hier geht es um einen Interessengegensatz zwischen Klienten und Einrichtung. Diese benötigt aus betriebsökonomischen Gründen eine hohe Zahl an Teilnehmern einer Maßnahme. Trägt die Sozialpädagogin zur Erhöhung dieser Zahl bei, indem sie auf eine vielleicht überflüssige Beratung hinwirkt, dann handelt sie möglicherweise weniger im Interesse der Klienten als in dem der Einrichtung oder in ihrem eigenen Interesse. Das widerspricht ihrer Grundhaltung, die Entscheidungsfreiheit der Klienten und ihre Förderung als besonders hohen Wert anzuerkennen.

5.2 Deskriptiv-explanatorische und normative Ethik

Die Sozialarbeiterin stößt bei der Beratung auf einen irritierenden Unterschied zwischen ihrer eigenen Moralauffassung hinsichtlich der Frage, ob man Schulden zurückzuzahlen habe, und der einiger ihrer Klienten, und muss damit irgendwie umgehen. Im vorliegenden Fall entscheidet sie sich (mit gutem Grund) dafür, zu versuchen, die Klienten von der Moralauffassung zu überzeugen, die sie selbst vertritt, nämlich Schulden so gut es geht zurückzuzahlen. Wenn sie in diesem Sinn sozialpädagogisch arbeitet, könnte es ihr zum Beispiel nützen, etwas über die Entwicklung des moralischen Bewusstseins bei Kindern und Jugendlichen zu wissen. Dann könnte sie sich bei ihrer Arbeit gezielt auf die jeweils subjektiv angenommenen Kriterien für Gut und Böse, Richtig und Falsch beziehen. Sie würde berücksichtigen, dass entsprechend unterschiedlich auch die Einsicht in die Notwendigkeit einer Wiedergutmachung ist. Je nachdem, auf welcher Stufe sich ein Jugendlicher in seiner Moralentwicklung befindet, wird er für unterschiedliche Gründe und pädagogische Maßnahmen empfänglich sein. Und pädagogisch ist es ratsam, die Moralentwicklung dieser Stufenfolge entsprechend zu fördern und zu versuchen, sie entsprechend anzuheben.

In anderen Fällen wären moralische Unterschiede möglich, die die Sozialarbeiterin mit ebenso gutem Grund tolerieren müsste. Ein Beispiel dafür sind die unterschiedlichen Werthaltungen, die hinter den hochgesteckten Berufswünschen der erwähnten Klientin liegen. Auch könnte es die Sozialarbeiterin in ihrer Arbeit mit Moralauffassungen zu tun bekommen, die aus unterschiedlicher kultureller Zugehörigkeit resultieren. Migranten und Kinder von Migranten bringen ihre kulturellen Üblichkeiten, die Teil ihrer Identität sind, mit in das Einwanderungsland. Hier ist jeweils zu entscheiden, wie zum Wohl aller Betroffenen mit kulturellen Differenzen umzugehen ist. Verallgemeinern wir diesen Gesichtspunkt, dann können wir feststellen, dass moralische Gefühle, Einstellungen oder Begründungen empirisch erfasst und analysiert werden können. Die *deskriptiv-explanatorische Ethik* beschreibt und erklärt moralische Phänomene in wissenschaftlich-unparteilicher Perspektive. So untersucht die Moralpsychologie, wie Moral von den Individuen gelernt wird, Moralsoziologie, welche gesellschaftliche Funktion die Moral hat, Neurologie und evolutionäre Ethik, welche biologischen Wurzeln die Moral hat, Ethnologie, welche unterschiedlichen Moralsysteme in unterschiedlichen Kulturen bestehen usw.

Aber mehr noch als für die Beschreibung und Erklärung von Moral interessiert sich die Sozialarbeiterin für die Frage, wie sie mit den Unterschieden umzugehen hat, was also die jeweils richtige Intervention ist. Auch wenn sie weiß, dass ein bloßes Moralisieren gegenüber den Jugendlichen pädagogisch nichts nützt, unterscheidet sie doch für sich zwischen einer richtigen und einer falschen Haltung gegenüber Schulden und wird diese gegebenenfalls den Jugendlichen gegenüber auch zu begründen versuchen. Genau diese wertende und normierende Haltung teilt sie mit der philosophischen *normativen Ethik*, in der es um eine rationale Analyse und Begründung des ethisch Richtigen oder Falschen geht.

> Geschichtlich entstand die normative Ethik in der antiken griechischen Philosophie im 5. und 4. Jahrhundert v. Chr. aus dem Bemühen heraus, sich nicht mit der bloßen Kenntnis moralischer Unterschiede und entsprechend mit einem moralischen Relativismus – „andere Völker, andere Sitter" – zu begnügen. Vielmehr suchte man nach einem vernünftigen Maßstab, an dem man die verschiedenen Wert- und Normensysteme messen konnte. Diesen Maßstab nannten die Philosophen „Natur". Eine der natürlichen Ordnung (die zugleich eine göttliche Ordnung war) angemessene Lebensweise galt als ethisch richtig, eine ihr nicht entsprechende als ethisch falsch. Das ethisch Richtige wird an einem Ziel gemessen, das dem menschlichen Wesen innewohnt. Der Mensch soll so leben, wie er sich auf die bestmögliche Weise entfalten kann.
>
> Dagegen hat sich in der modernen Ethik die Überzeugung durchgesetzt, dass die Moral nichts Natürliches, sondern eine soziale Übereinkunft ist, wenn sie auch, wie Kultur überhaupt, nur teilweise auf bewussten Überlegungen beruht.

> Aber sie ist auch nicht nur willkürlich bestimmt. Vielmehr gibt es universelle Grundstrukturen der Moral, die mit der Universalität der menschlichen Lebensbedingungen zusammenhängen (zum Beispiel damit, dass Kinder universell in Familien aufwachsen), wobei diese Strukturen zugleich auch kulturspezifisch ausgeprägt sind (entsprechend zum Beispiel den kulturell unterschiedlichen Familienformen). Moral ist für die meisten Ethiker der Moderne weder ein Objektiv-Natürliches noch ein bloß Subjektives, sondern ein Teil der kulturellen Verständigung über das angemessene Maß von Rechten und Pflichten.

Die normative Ethik sucht, anders als die deskriptiv-explanatorische Ethik, nach allgemeinen Kriterien dafür, wie man handeln soll. Zentrale Kriterien sind zum Beispiel andere nicht zu verletzen, anderen soweit wie möglich Gutes zu tun, Aufrichtigkeit, Gerechtigkeit. So wenig zweifelhaft diese Werte an sich sind, so sehr können sie doch im besonderen Fall mit anderen Werten im Widerspruch stehen, so dass die Befolgung des einen die Befolgung des anderen ausschließt. Und so verschieden ist auch, was jeweils mit ihnen konkret gemeint ist, und so unterschiedlich sind schließlich auch die Versuche ihrer ethischen Begründungen. Sind sie absolut gültig und in sich legitim oder gelten sie nur relativ im Verhältnis zu bestimmten Handlungszielen? Einiges spricht dafür, dass dieser Gegensatz überbrückt werden kann und muss, das heißt, dass die moralischen Tiefenstrukturen der normativen Ethik ein „relativ Absolutes" sind, nämlich „relativ" zu den Grundbedürfnissen der menschlichen Gattung und zugleich „absolut" gegenüber willkürlichen Umwertungen. Die fundamentalsten Maßstäbe für das moralisch Richtige scheinen auch interkulturell gültig zu sein (vgl. Nussbaum 1993b). Man kann sie aber sehr unterschiedlich verwirklichen, je nach den besonderen natürlichen und gesellschaftlichen Lebensbedingungen.

Das Sollen der normativen Ethik baut auf dem Sein der empirischen Ethik auf, denn fordern kann man nur das, was unter gegebenen Lebensbedingungen auch geleistet werden kann. Eine normative Ethik, die sich darüber hinwegsetzt, wie Moral im Alltagsleben tatsächlich funktioniert, worin ihre Schwächen, Täuschungen und Selbsttäuschungen bestehen können, ist in Gefahr, zu einem von der Lebenswirklichkeit abgehobenen Gedankenkonstrukt zu werden, das nur noch zur Herstellung von „Leitbildern" oder zum leeren Moralisieren taugt. Umgekehrt führt der grundsätzliche Verzicht auf eine normativ-ethische Reflexion entweder in dogmatische Selbstgerechtigkeit oder in relativistische Beliebigkeit. Entweder werden dann das eigene Empfinden oder die jeweils herrschende Moral als die einzig Richtige fraglos vorausgesetzt, oder man bestreitet jede Form von kulturübergreifender Verbindlichkeit. Demgegenüber kann sich die normative Ethik auch empirisch darauf berufen, dass es viele moralische Werte und Normen gibt, die universell in allen Kulturen gelten, so zum Beispiel das Prinzip der Gegenseitigkeit, wie es in der Goldenen Regel ausgedrückt wird: „Was du nicht willst, das man dir tu, das füg auch keinem andern zu!"

5.3 Individualethik und Sozialethik

Die Sozialarbeiterin hat es, wenn sie von den moralischen Konflikten in ihrer Arbeit berichtet, mit der Frage des richtigen Handelns von Einzelnen zu tun. In diesem Sinne ist ja auch Soziale Arbeit definiert als Hilfs- und Förderangebot an Einzelne in psychosozialen Notlagen bzw. umfassender als Förderung gelingenden Lebens. Aber auch Sophia Münch selbst steht in einem moralischen Konflikt zwischen der Anforderung nach hohen Beratungszahlen und der Überzeugung, dass die Klienten möglichst selbstbestimmt leben sollen. Verallgemeinern wir diese Sichtweise auf ethische Entscheidungen, dann haben wir es in allen diesen Fällen mit dem Handeln von Individuen und ihrer Verantwortung zu tun. Dies ist die Perspektive der *Individualethik*, wie ja schon als eine Grundbedeutung von „Ethos" der individuelle (gute) Charakter genannt wurde. Die Individualethik untersucht Handlungen, Motive, Einstellungen und Haltungen, sofern diese typischerweise von Individuen eingenommen werden. Dabei wird vorausgesetzt, dass es grundsätzlich in der Macht der Individuen steht, ihren Motiven zu folgen oder nicht zu folgen, sich Haltungen anzueignen oder nicht anzueignen. Es geht nicht in erster Linie um die Beurteilung konkreter Handlungen, sondern um die Erörterung allgemeiner Beurteilungskriterien für solche Handlungen.

Wenn die Sozialarbeiterin nun aber umfassender über Sinn und Berechtigung ihrer Verfügungsmacht über ihre Klientinnen nachdenkt, etwa über die ethischen Grenzen des Interesses der Einrichtung an hohen Betreuungszahlen, dann nimmt sie eine Perspektive nicht auf die Moralität von Individuen, sondern auf die von Interaktionssystemen ein. Dies ist die Perspektive der *Sozialethik*, wie ja schon die andere Bedeutung von „Ethos" das sozial Übliche, der Brauch, die Sitte war. In der Sozialethik geht es um die ethische Normierung von Handlungen, insofern sie sich zu institutionellen Gebilden verfestigt haben. In diesem Rahmen ist Verantwortung nicht mehr ohne weiteres persönlich zuzuordnen, vielmehr folgt das Handeln der Einzelnen vielfach vorgegebenen Ordnungen und Abläufen. Auch diese kann man aber, in sozialethischer Perspektive, unter Kriterien wie Vernünftigkeit, Gleichheit oder Gerechtigkeit untersuchen. In Bezug auf die Berufsfeldstruktur der Sozialen Arbeit empfiehlt es sich, hier noch einmal zwischen Sozialethik in einem umfassenden Sinn und *Institutionenethik* zu unterscheiden. Während sich die Sozialethik mit der ethischen Bewertung des gesellschaftlichen Auftrags an die Soziale Arbeit befasst, geht es in der Institutionenethik um die besondere Form, in der ethische Fragen in den sozialen Einrichtungen entschieden werden, in denen das Handeln der professionell Tätigen abläuft.

Sozialethik ist nicht auf Individualethik zu reduzieren, wie umgekehrt auch nicht Individualethik auf Sozialethik. Das Soziale ist mehr als die Summe seiner individuellen Teile. Deren Interaktionen verdichten sich zu Strukturen und Systemen, die gegenüber den darin handelnden Individuen ein Übergewicht und eine Eigendynamik haben. Dennoch sind sie gegenüber individuellen Entscheidungen und Verantwortlichkeiten nicht absolut resistent, wenn die Einzelnen sich mit Anderen zusammenfinden. Jedoch nicht die größere Zahl gutwilliger Individuen oder Einzelhandlungen ändert etwas an systemischen Schieflagen, sondern erst die Veränderung von Strukturen. Eine Gesellschaft, deren ökonomisches Funktionieren zugleich zu Ausschluss und Verelendung von Randgruppen führt, wird nicht dadurch gerechter, dass einzelne Privilegierte auf Vorteile verzichten, sondern nur dadurch, dass die Verteilungsstrukturen geändert werden. Andererseits wird durch die Eigenlogik der sozialen Systeme die individuelle Verantwortlichkeit nicht aufgehoben. Das Individuum ist mehr als die Summe seiner sozialen (und biologischen) Faktoren, es kann gegenüber Anderen und gegenüber sich selbst Stellung beziehen, Werte und Normen realisieren oder verwerfen. Zwar können die sozialen Verhältnisse für Einzelne tatsächlich so ungünstig sein, dass deren Widerstandskräfte erschöpft sind, aber eben deshalb hat die Soziale Arbeit das Ziel der Förderung eines selbst bestimmten Lebens.

Bei der Unterscheidung zwischen Individual- und Sozialethik geht es nicht darum, welche Interessen (die des Individuums oder die der Gemeinschaft) im Vordergrund stehen, sondern wem eine Praxis zuzurechnen ist, einem Individuum oder einem institutionellen Gebilde. Leider gibt es auch hier unterschiedliche Terminologien. So wird gelegentlich „Individualethik" und „Sozialethik" jeweils mit „Strebensethik" und „Sollensethik", die im Folgenden erläutert werden sollen, gleichgesetzt. Damit verzichtet man aber auf wichtige Unterscheidungen.

5.4 Strebensethik und Sollensethik

Im dritten Kapitel wurde erwähnt, dass die anfangs weitgehend gleichbedeutenden Begriffe „Ethos" und „Moral" im Laufe einer langen Begriffsgeschichte dann doch unterschiedliche Konnotationen erhalten haben. Die wissenschaftliche Terminologie hat sich teilweise diese Akzentverschiebung zunutze gemacht, um gewisse Differenzen im Bereich des Ethisch-Moralischen durch unterschiedliche Bezeichnungen zu verdeutlichen. So trennt man heute oft zwischen „Ethos" und „Moral" in dem Sinne, dass „Ethos" für die grundlegenden Werte, Haltungen und Lebensziele eines Individuums oder einer sozialen Gemeinschaft steht, während „Moral" eher diejenigen sozialen Normen bezeichnet, deren Erfüllung die Mitglieder einer sozialen Gemeinschaft wechselseitig von sich unbedingt erwarten.

Tatsächlich kann man auch bei den in den zitierten Interviewausschnitten erwähnten berufsethischen Problemen zwei Fragenkomplexe deutlich unterscheiden. Einerseits geht es dort um die Frage, zu welchem Verhalten sich Sophia Münch in ihrer Rolle als verantwortlich handelnde Sozialarbeiterin verpflichtet fühlt: Soll sie den zahlungsunwilligen Schuldnern ein gesellschaftskonformes moralisches Bewusstsein vermitteln? Soll sie Klienten in ihren Berufswünschen auch dann unterstützen, wenn sie diese Wünsche für illusorisch hält? Soll sie die Beratung im Sinne der Autonomie der Klienten auch dann beenden, wenn dies nicht im Interesse der Einrichtung liegt? Andererseits geht es um die Frage, was für die Klienten selbst gut ist: Ist es gut für sie, sich auf eine Anerkennung ihrer Schulden einzulassen auch ohne die Aussicht, sie bald zurückzahlen zu können? Ist es gut für sie, ein höheres Berufsziel auch unter dem Risiko des Scheiterns zu verfolgen? Ist es gut für sie, ihren eigenen Lebensweg weiterzugehen, auch ohne die eigenen Norm- und Wertvorstellungen hinreichend geklärt zu haben?

Diese beiden Fragestellungen entsprechen zwei Formen der Ethik, die einerseits als Pflichtethik oder Sollensethik, andererseits als Güterethik, Wertethik oder Strebensethik bezeichnet werden. Ich verwende hier, einem Vorschlag Hans Krämers (1995) folgend, die Ausdrücke „Strebensethik" und „Sollensethik". In der Strebensethik geht es um das Selbstverhältnis, in der Sollensethik um die Verantwortung gegenüber Anderen. Für die Ethik der Sozialen Arbeit sind beide Fragen grundlegend. Um die Ausdrücke „Strebensethik" und „Sollensethik" und ihr Verhältnis zueinander besser zu verstehen, ist wiederum ein Rückblick auf die Geschichte der Ethik sinnvoll.

> Seit Sokrates (ca. 469-399 v. Chr.), der als eigentlicher Begründer der philosophischen Ethik gilt, aber selbst nichts Schriftliches hinterlassen hat, und dessen Lehren vor allem von seinem Schüler Platon (ca. 427-347 v. Chr.) aufgezeichnet wurden, und weiterhin seit dessen Schüler Aristoteles hatte die Ethik durchgehend eine zentrale Fragestellung: Was ist ein gelingendes Leben? Diese Frage wurde in erster Linie als die nach dem wahren Glück des Einzelnen verstanden. So beginnt Aristoteles sein Buch *Nikomachische Ethik* (entstanden um 330 v. Chr.) mit der Feststellung, dass alle Menschen nach Glück streben, dass aber die Auffassungen, worin das Glück inhaltlich besteht, weit auseinandergehen. Viele Menschen, meint Aristoteles, täuschen sich darüber, was das wahre Glück ist, und es ist ihm zufolge die Aufgabe der Ethik, hierüber aufzuklären, um so die Praxis eines gelingenden Lebens zu befördern.
>
> Die ethischen Lehren von Sokrates, Platon, Aristoteles entstanden in einer Zeit, als die traditionellen, religiös geprägten Moralauffassungen durch tiefgreifende gesellschaftliche Veränderungen in eine Krise gerieten. Die damalige kulturelle Moral, der Inbegriff der Anforderungen der Gesellschaft an die Einzelnen, musste auf eine neue Grundlage gestellt werden, und diese Grundlage sahen alle Philosophen der Antike, so sehr sie sich auch sonst in ihren Auffassungen unterschieden, im Selbstinteresse des Einzelnen. Auf unterschiedliche Weise wollten sie zeigen, dass die wahre soziale Moral mit dem wahren individuellen Glück zusammenfällt. Ein gutes und glückliches Leben führt demnach derjenige, der in allen Bereichen Hervorragendes leistet, das heißt derjenige, der über die entsprechenden „Tugenden" verfügt. Für Aristoteles bildeten die Ethik (als Lehre vom gelungenen Leben des Individuums), die Ökonomie (als Lehre von der gelungenen Führung des Hauswesens) und die Politik (als Lehre von der gelungenen Gestaltung des Gemeinwesens) eine letztlich untrennbare Einheit.
>
> Die antike philosophische Ethik kam weitgehend ohne Rückgriffe auf religiöse Anschauungen aus. Dies änderte sich in der Spätantike unter dem Einfluss des Christentums. Seither und in dem Jahrtausend von 500 bis 1500 n. Chr., das man das „Mittelalter" nennt gab es keine Ethik mehr, die nicht vom Glauben an den einen, allmächtigen Gott, der Strafe, Gnade und Erlösung verhieß, geprägt wurde. Damit erhielt auch die Begründung und Rechtfertigung des richtigen Handelns einen anderen Sinn. Man entdeckte eine mit der Moral verbundene unbedingte Verpflichtung jenseits der unmittelbaren Lebensinteressen. Gott war das Unbe-

greifliche, das man nicht mit Hilfe der Vernunft berechnen, an das man nur glauben konnte. Gott konnte in seinem unerforschlichen Ratschluss eine Belohnung für tugendhaftes Handeln durch diesseitiges Glück geben oder auch verweigern. Glück und Tugend verloren, wenigstens was das Diesseits betraf, ihren inneren Zusammenhalt. Daran jedoch, dass Gott wenigstens im Jenseits die Tugendhaften durch ewige Glückseligkeit belohnen und die Lasterhaften bestrafen würde, bestand kein Zweifel. Insofern löste auch das Mittelalter die Einheit von Glück und Tugend nicht vollständig auf. Die Grundfrage der antiken Ethik nach der Bestimmung des gelingenden Lebens blieb auf diese Weise auch für die christliche Ethik verbindlich.

In der frühen Neuzeit und zu Beginn der Moderne, im 16. bis 18. Jahrhundert, knüpfte man in der Ethik wieder verstärkt an antike Vorbilder an, nun aber mit dem Ziel, die Ethik aus der Verbindung mit der Religion zu lösen und wieder diesseitig, in den Fähigkeiten und Notwendigkeiten der Menschen, zu verankern. Zugleich gelangte das Thema des moralischen Sollens, also das, was in den zwischenmenschlichen Verhältnissen verbindlich zu tun oder zu unterlassen ist, immer mehr ins Zentrum der Ethik und verdrängte die seit Sokrates leitende Frage des individuellen gelingenden Lebens. Am deutlichsten vollzog Kant die ethische Auftrennung von Moral und Glück. Dieser Gedanke entsprach einer neuen sozialen Konstellation der Moderne, in der das Glück nicht mehr eine Sache der Gesamtgesellschaft, des Staates und der einheitlichen Religion ist, sondern zum unveräußerlichen Recht und zur Aufgabe der Individuen und ihrer unterschiedlichen Zielsetzungen wird. Die Vorstellungen vom Inhalt des Glücks diversifizierten sich ins Unendliche und Unübersichtliche. Die Ethik verzichtete darauf, zu bestimmen, was das wahre Glück im Unterschied zu einem falschen sei. Glück ist seither im Wesentlichen das, was jeder Einzelne dafür hält.

Andererseits aber hielt Kant an der Moral als einer überindividuell verpflichtenden Gesetzlichkeit, einem allgemein verbindlichen Sollen fest, das er nun nicht mehr in dem allzu unterschiedlichen und zufälligen Streben nach Glück verankern konnte. Seit Kant verstand sich die Ethik vor allem als Sollensethik und verdrängte die vormals herrschende Richtung der Strebensethik mehr und mehr an den Rand. Es bleibt Kants Verdienst, besonders nachdrücklich gezeigt zu haben, dass sich das moralische Sollen nicht aus dem individuellen Glücksstreben ableiten lässt. Vielmehr drückt sich in moralischen Werten und Normen eine eigene Dignität des Sozialen aus, die nicht selten auch zu Lasten von Selbstinteressen zur Geltung kommt.

Kant wies mit seinem Kategorischen Imperativ (mehr dazu in Kapitel 6) dem Einzelnen die Aufgabe zu, eine fragliche moralische Entscheidung dadurch zu überprüfen, dass zu entscheiden war, ob die ihr zugrundeliegende Norm verallgemeinerungsfähig war. Die Anerkennung der moralischen Verpflichtung als unbedingtes Sollen war somit eine Frage der Vernünftigkeit, die das einzelne moralische Subjekt in sich selbst zu reflektieren und zu lösen hatte. Dieses für die Epoche der Aufklärung des 18. Jahrhunderts typische Vertrauen in die Macht der Vernunft hat sich im nachfolgenden sollensethischen Diskurs kaum aufrechterhalten lassen. Der von Kant herausgestellte gute Wille, der einzig Moralität verbürgen sollte, erwies sich als allzu brüchig, auch anfällig für Selbsttäuschungen. Deshalb findet sich beispielsweise bei Habermas eine für die heutige Ethik typische prozedurale Fassung dessen, was als moralische Vernunft gilt. Das Verpflichtende und Verbindliche wird hier aus dem als vernünftig nachvollziehbaren Prozess einer gemeinsamen Willensbildung abgeleitet:

> *„Statt allen anderen eine Maxime [= Norm], von der ich will, dass sie ein allgemeines Gesetz sei, als gültig vorzuschreiben, muss ich meine Maxime zum Zweck der diskursiven Prüfung ihres Universalitätsanspruchs allen anderen vorlegen. Das Gewicht verschiebt sich von dem, was jeder (einzelne) ohne Widerspruch als allgemeines Gesetz wollen kann, auf das, was alle in Übereinstimmung als universale Norm anerkennen wollen"* (Habermas 1983, 77).

Weiterhin im Gegensatz zur Auffassung Kants, der die Sollensethik als zeitgemäße Überwindung der älteren Strebensethik ansah, haben philosophische, aber auch pädagogische, psychotherapeutische und sozialarbeiterische Fragestellungen in der zweiten Hälfte des 20. Jahrhunderts und seither zunehmend zu einer Rehabilitation der Strebensethik geführt. Fragen der Lebensführung und des Glücks sind jenseits billiger Ratgeberliteratur wieder zu einem ernstzunehmenden wissenschaftlichen Thema geworden. Dabei hat sich unter anderem herausgestellt, dass Glück nicht etwas ist, nach dem man unmittelbar greifen kann, sondern eher das Nebenprodukt eines erfüllten oder gelingenden, als sinnvoll erlebten Lebens.

Für die Soziale Arbeit ist die Klärung dessen, was im jeweils konkreten Fall einer Betreuung oder Beratung ein „gelingendes Leben" im Rahmen intersubjektiver Anerkennungsverhältnisse ausmacht, eine zentrale Aufgabe. Im Selbstverständnis der gegenwärtigen Sozialarbeitswissenschaft rückt die strebensethische Formel vom „gelingenden Leben" zunehmend in die Rolle einer Leitperspektive Sozialer Arbeit, weil mit ihr der Gegenstandsbereich und die Zieldimension heutiger Sozialer Arbeit angemessen bezeichnet wird. Denn diese hat es nicht nur mit Hilfen in sozialen Notlagen, sondern beispielsweise auch mit Präventions- und Bildungsarbeit zu tun, und ihre Klienten sind nicht nur soziale Randgruppen, sondern grundsätzlich alle Bürgerinnen und Bürger in besonderen Situationen des Unterstützungsbedarfs.

Strebens- und Sollensethik haben jeweils eine individualethische und eine sozialethische Dimension. In der *Strebensethik* geht es zunächst um die Frage, was für ein Individuum objektiv, das heißt auf Grund vernünftiger Prüfung aller Umstände und Möglichkeiten, gut ist; dies aber nicht in dem alltagspraktischen Sinn, wie und mit welchen Mitteln man seine Wünsche befriedigen kann, vielmehr geht es um die Prüfung der Wünsche selbst, um die Bewertung der handlungsleitenden Werte. Werthaltungen bilden den Kern der jeweils personalen Identität. Da die entsprechenden Werte weitgehend mit anderen Individuen zusammen verwirklicht werden und das Selbst durch die intersubjektive Anerkennung aufgebaut wird, sind individuelle und kollektive Identitäten ineinander verschränkt. Deshalb hat es die Strebensethik nicht nur mit der Frage zu tun, was für das einzelne Individuum gut ist, sondern auch, auf welche Werte und Werthierarchien sich Gemeinschaften von Individuen einigen. Dies ist die soziale Dimension der Strebensethik.

In der *Sollensethik* geht es um die Frage, welche moralischen Pflichten ein Individuum einem anderen gegenüber hat. Diese Pflichten begrenzen die jeweiligen individuellen Interessen. Wie weit diese wechselseitigen Erwartungen und Verpflichtungen gehen, hängt von der Art der sozialen Beziehungen in den unterschiedlichen Lebensbereichen ab. So ist eine aufopferungsvolle Fürsorge nur dort zu erwarten, wo engere familiale oder emotionale Bindungen bestehen, während Fairness und Gerechtigkeit von allen und gegenüber allen Menschen geboten ist.

Die unterschiedlichen individuellen Werthaltungen treffen in einer Gesellschaft aufeinander. Dies setzt einen sollensethischen Rahmen wechselseitiger Anerkennung voraus. Die Sollensethik fragt einerseits nach den individuellen Rechten und Pflichten der wechselseitigen Anerkennung, andererseits danach, wie eine Gemeinschaft beschaffen sein muss, um den sozialen Ansprüchen von Gerechtigkeit und Solidarität zu genügen. Dies ist die soziale Dimension der Sollensethik. Durch die Zuordnung von Strebens- und Sollensethik jeweils zu Individual- und Sozialethik ergeben sich vier ethische Bereiche, die sich folgendermaßen schematisch (ohne Übergänge und Wechselwirkungen zu berücksichtigen) darstellen lassen (vgl. Tab. 2).

Tab. 2: Zuordnung der Strebens- und Sollensethik zur Individual- und Sozialethik

	Strebensethik	**Sollensethik**
Individualethik	Was ist für das Individuum objektiv gut?	Wozu ist ein Individuum gegenüber anderen verpflichtet?
Sozialethik	Welche Werte sind für eine Gemeinschaft bestimmend?	Entspricht eine Gemeinschaft den ethischen Maßstäben der Gerechtigkeit und Solidarität?

Wie verhalten sich nun Strebens- und Sollensethik zueinander? In der *Sollensethik* geht es um Pflichten gegenüber Anderen, wobei man üblicherweise zwischen negativen Pflichten (Verboten, Anderen zu schaden) und positiven Pflichten (Geboten, Anderen zu nützen) unterscheidet. Negative Pflichten haben einen Vorrang vor positiven. So gilt zum Beispiel die positive Pflicht, die Selbstbestimmung eines Klienten zu fördern, nur dann, wenn nicht eine negative Pflicht, zum Beispiel Schaden von ihm abzuwenden, verletzt wird. Dem gegenüber geht es in der *Strebensethik* um Güter, die anzustreben einer lebensklugen Haltung entspricht. In der Sozialen Arbeit ist das höchste Gut im Sinne eines orientierenden Ziels die Vorstellung eines gelingenden Lebens. Eine Handlung, die diesem Ziel dient, ist nun aber nur insofern legitim, als sie nicht sollensethischen Pflichten widerspricht. Kein individuelles Glücksstreben hat Bestand ohne Anerkennung in der Gemeinschaft. Es gibt also einen Vorrang von negativen vor positiven Pflichten und von positiven Pflichten gegenüber Gütern.

Das Sollen ist die Bedingung der Möglichkeit des Strebens. Aber umgekehrt gilt auch, dass die moralischen Pflichten, die mit Einschränkungen des eigenen Strebens einhergehen können, nur dadurch gerechtfertigt sind, dass die anzuerkennenden Anderen selbstzweckhafte Wesen sind. Diese haben Anspruch auf Achtung ihrer Zwecksetzungen, sofern sie damit nicht die Zwecksetzungen der Anderen beeinträchtigen. Insofern ist das Streben das, um dessentwillen das Sollen gefordert wird.

Die perspektivische Trennung von Sollens- und Strebensethik trägt in konkreten Fällen zur Klarheit bei. Es ist ein Unterschied, ob die Befolgung sollensethischer Normen als *verpflichtend* dargestellt wird, oder ob zum Streben nach bestimmten Lebenszielen *geraten* wird. Aber letztlich hängen beide Aspekte doch eng zusammen und bilden zwei Teile einer „integrativen Ethik" (Krämer). So kann man beispielsweise das sollensethische Prinzip, Andere nicht (unnötig) zu verletzen, auch als soziale ‚Außenseite' des strebensethischen Prinzips der mitmenschlichen Zugewandtheit verstehen. Oder das strebensethische Ziel der Übereinstimmung mit sich selbst im Denken und Handeln erscheint als die individuelle ‚Innenseite' des sollensethischen Gebots der Aufrichtigkeit in der Interaktion mit Anderen.

Gut zu wissen – gut zu merken

In der Ethik ist grundlegend zu unterscheiden zwischen deskriptiv-explanatorischen und normativen Perspektiven, zwischen individualethischen und sozialethischen Bereichen sowie zwischen strebensethischen und sollensethischen Fragestellungen. Die *deskriptiv-explanatorische Ethik* hat es mit der Beschreibung und Erklärung moralischer (oder unmoralischer) Einstellungen, Handlungen und Verhältnisse zu tun, während die *normative Ethik* nach vernünftigen Kriterien für deren moralische Bewertung forscht. Die *Individualethik* untersucht das moralische Handeln, sofern es Individuen zuzuschreiben ist, während es in der *Sozialethik* um die moralische Verfasstheit von Institutionen und sozialen Systemen geht. Thema der *Strebensethik* ist das gelingende Leben der Einzelnen und der sozialen Gemeinschaften, während die *Sollensethik* die intersubjektiven moralischen Verpflichtungen zu begründen sucht.

Literaturempfehlung

Höffe, Otfried (2007): Lebenskunst und Moral, oder: Macht Tugend glücklich? München: Beck.
Krämer, Hans (1995): Integrative Ethik. Frankfurt a. M.: Suhrkamp.
Piper, Annemarie (1994): Einführung in die Ethik. Tübingen, Basel: Francke UTB.

6 WAS IST WARUM MORALISCH GUT? GRUNDMODELLE DER SOLLENSETHIK

Was Sie in diesem Kapitel lernen können

Sie lernen verschiedene Grundmodelle der Sollensethik kennen, die sich dadurch unterscheiden, dass jeweils andere Anteile des komplexen Prozesses einer Handlung als ethisch entscheidend hervorgehoben werden. Dabei geht es um die Ansätze des Ethischen Egoismus, der Folgenethik und der Gesinnungsethik. Sie erfahren, worin ihre Stärken, aber auch die Grenzen ihrer Erklärungskraft liegen. Daraus wird weitergehend das umfassendere Modell einer Verantwortungsethik abgeleitet.

6.1 Asymmetrie der Macht und deren ethische Begrenzung

Es gibt verschiedene Gründe, sich moralisch einigermaßen gut zu verhalten, das heißt anderen keinen Schaden zuzufügen, Rücksicht auf andere zu nehmen, ihnen gelegentlich sogar Gutes zu tun. Solche Gründe könnten darin bestehen,

- dass man so am besten zurechtkommt,
- dass man dann auch von Anderen wohlwollend behandelt wird,
- dass man für diejenigen, die einem nahestehen oder die man mag, gerne etwas tut,
- dass man, wenn man sich anders verhält, Angst hat, von den Betroffenen dafür ‚schief angesehen' zu werden, seinen sozialen Status zu verlieren usw.

Diese Gründe zeugen von der Einbindung der Einzelnen in ihre Lebensgemeinschaft oder ihren Arbeitszusammenhang, wo ein entsprechendes Verhalten von ihnen erwartet wird. Doch nicht jeder hat solche sozialen Gefühle in der gleichen Intensität. Erwartet wird moralisches Verhalten aber auch von denen, die so nur in geringem Maße empfinden. Gibt es in diesem Fall einen ‚letzten' vernünftigen Grund, das zu tun, was man in jedem Fall soll, vielleicht sogar es zu wollen? Was ist, auch unabhängig von den Gefühlen der Handelnden, moralisch gut, und warum? Dies ist die Grundfrage der normativen Sollensethik. Nach welchen Prinzipien sollen moralische Bewertungen vorgenommen werden? In ihrer Geschichte sind zahlreiche Antworten darauf vorgelegt worden, einige wichtige, die zu den individualethischen Grundmodellen der Moderne gehören, sollen hier vorgestellt werden.

Als Bezugspunkt zur Unterscheidung der verschiedenen Kriterien moralischer und ethischer Bewertungen soll hier eine Sequenz aus einem studentischen Interview dienen.

Der Interviewte ist Andreas Raab, ein selbständiger Gesetzlicher Betreuer. Im Auftrag eines Betreuungsgerichtes kümmert er sich um Menschen, die ihre Angelegenheiten vorübergehend oder dauerhaft nicht selbst regeln können. Zu seinen Aufgaben gehört die Gesundheitsfürsorge, die Regelung von Arbeits- und Wohnungsverhältnissen und insbesondere der finanziellen Ausgaben seiner Klienten.

„Fakt ist nun mal, dass wir in unserer Arbeit eine unglaublich große Macht haben. Wir haben über unsere Klienten mehr Macht als irgendjemand anderes. Wenn ich beispielsweise keine Lust habe, nur ein einfaches Beispiel, wenn ich keine Lust habe, meinem Klienten vernünftig Geld auszuzahlen, dann haben die kein Geld. Wenn ich nicht die Miete überweise, dann haben die keine Wohnung."

In jeder menschlichen Beziehung, auch und gerade in einer bürokratisch geregelten, können Machtfragen eine Rolle spielen. Dies gilt auch für die Beziehung zwischen Sozialarbeiter und Klient. Beide bringen ihre Wünsche, Wertvorstellungen, Interessen mit ein, ausdrücklich oder verschwiegen. Aber ihre Durchsetzungschancen sind verschieden, da die Macht asymmetrisch verteilt ist. Auch wenn im Einzelnen und bei näherer Betrachtung die Verhältnisse komplizierter sein können – auch Klienten haben vielfache Möglichkeiten Druck auszuüben, es gibt eine spezifische Macht der Ohnmächtigen, Aufmerksamkeit und Dienste um sich zu versammeln –, so gilt doch generell, dass Sozialarbeiter gegenüber ihren Klienten am längeren Hebel sitzen. Im Anschluss an die zuletzt zitierte Interviewpassage kommt Andreas Raab auf die ethische Begrenzung seiner Möglichkeiten der Machtausübung zu sprechen:

„Also man kann da schwer nach dem Zitat leben ‚Auge um Auge, Zahn um Zahn'. Nur weil mir ein Klient doof kommt, kann ich dem noch lange nicht doof kommen, weil ich bin in einer ganz anderen Verantwortung als der. [...] Auf einmal in dieser Position sein, über jemanden Macht zu haben, ich denke, dass man sich dessen einfach bewusst sein muss. [...] Das ist mir sehr wichtig, dass ich wirklich *damit* arbeite, nicht *dafür*, nicht *dagegen*, sondern *damit*."

Lösen wir uns nun ein Stück weit von der konkreten Person und den besonderen Umständen und fragen in einem verallgemeinernden Sinn: Welche moralischen Gefühle und Überlegungen wären *grundsätzlich* möglich, die jemanden wie Andreas Raab davon abhalten könnten, sich für falsches Verhalten zu rächen oder ungezügelt einem Machtimpuls zu folgen? Vorausgesetzt, wir hielten ein solches Verhalten für ethisch gut, was wäre dann ein allgemeines Kriterium für ethisch gutes Handeln? Wie könnte entweder ein Handelnder selbst oder ein anderer ihm gegenüber ethisch begründen, dass es angebracht wäre, seiner ganz besonderen Verantwortung nachzukommen, das heißt, wie Andreas Raab sagt, „nicht dafür" zu arbeiten (nicht unbedingt an der eigenen Macht festzuhalten), auch „nicht dagegen" (die eigene Machtposition nicht verleugnen), sondern „damit" zu arbeiten (die eigene Macht zum Wohl des Klienten einzusetzen)? Anhand dessen werden im Folgenden verschiedene sollensethische Grundmodelle dargestellt.

6.2 Ethischer Egoismus: Kontraktualismus

Ein guter Grund für moralisch verantwortlichen Umgang mit Macht wäre die Beachtung des Eigeninteresses des Handelnden. Andreas Raab könnte sich zum Beispiel überlegen, dass es in seinem eigenen Interesse läge, seine Macht einzuschränken, weil er dadurch längerfristig erfolgreicher arbeiten würde, weil ihn dadurch die Arbeit innerlich stärker befriedigen würde, weil er auf Dauer seinen Ruf als erfolgreicher Betreuer festigen würde und dadurch sich als Freiberufler Aufträge sichern würde o. ä. Dies alles sind keine ethisch verwerflichen Motive, aber man kann sie doch als egoistisch in dem Sinn bezeichnen, dass das Eigeninteresse als Ziel des Handelns vorrangig ist. Damit ist noch nicht gesagt, worin dieses Interesse besteht. Inhaltlich kann ebenso das Interesse gemeint sein, mit anderen in Harmonie zu leben, wie das Streben nach Macht oder finanziellen Vorteilen. In moralischer Perspektive erscheint eher die letztere Variante des lebenspraktischen Egoismus fragwürdig, jedenfalls dann, wenn dabei ein bestimmtes Maß überschritten wird. Die moralische Anforderung betrifft hier die Begrenzung des Interesses am eigenen Wohlseins, des Egoismus.

Der Begriff des Egoismus ist demnach nicht eindeutig. Er bedeutet

- entweder eine übermäßige Ichbezogenheit, bei der alle anderen Ziele dem eigenen Wohl untergeordnet werden und Menschen zu Mitteln dafür degradiert werden,
- oder einen auch im altruistischen Handeln enthaltenen Anteil von Ichbezogenheit, der es erlaubt, mit Anderen mitzufühlen, sich mit ihnen zu identifizieren und prosozial zu handeln,
- oder den in jedem Handeln notwendig enthaltenen Anteil von Ichbezogenheit, durch den es überhaupt erst möglich ist, Ziele und Mittel in ein richtiges Verhältnis zu setzen und das Maß an Hinwendung zu Anderen zu bestimmen.

Egoismus im Sinn einer übermäßigen Ichbezogenheit und Altruismus als die Neigung, sich seine Handlungsziele durch das Wohl Anderer vorgeben zu lassen, scheinen klare Gegensätze zu sein. Jedoch gibt es gute Gründe dafür, den Unterschied zwischen Egoismus und Altruismus nicht zu verabsolutieren. Dafür spricht das Phänomen des übersteigerten Altruismus, in dem das Eigeninteresse scheinbar nur noch eine minimale Rolle spielt. Denn in psychologischer Hinsicht haben die beiden Extremformen denselben Grund, nämlich einen Mangel an Selbstwertgefühl. In beiden Fällen wird der Andere als Mittel gebraucht, um diesen Mangel zu kompensieren. Der übersteigerte Egoist sieht den Anderen entweder nur als Rivalen, gegen den er sich durchsetzen muss, oder als Objekt, das er seinen Zwecken unterordnet. Der übersteigerte Altruist braucht den Anderen, dem er hilft, um sich selbst wertvoll empfinden zu können. Dabei kann dem anderen auch gegen dessen Willen seine Hilfe aufdrängen. Je schwächer sich der andere zeigt, desto stärker gebraucht und desto wichtiger fühlt sich der Helfer. Zugleich aber führt dieser innere Zwang, sich für andere aufopfern zu müssen, zu Unzufriedenheit und Niedergeschlagenheit. Wie bei allen neurotischen Verhaltensweisen entsteht so ein sich selbst verstärkender Kreislauf. Der Psychotherapeut Wolfgang Schmidbauer (1977) hat für diese psychische Störung den Begriff „Helfersyndrom" geprägt. Angehörige der sozialen Berufe wie Lehrer, Altenpfleger, Krankenschwestern oder Sozialarbeiterinnen scheinen in besonderem Maße dafür anfällig und dann auch von Depression oder Burn-out bedroht zu sein, insofern das Helfersyndrom ihrer Berufswahl schon zugrunde liegt und sich dann durch die berufliche Praxis verfestigt.

Wenn man stattdessen davon ausgeht, dass ein wohlverstandener Egoismus die Quelle allen Handelns überhaupt und so auch noch des altruistischen Handelns ist, dann ist damit eine höchst wirkungsmächtige Antwort auf die Frage gegeben, warum man sich moralisch gut verhalten sollte, vor allem wenn andere soziale Bindungskräfte nicht ausreichen. Dies ist der Ansatz des „Ethischen Egoismus". Er plädiert also nicht lebenspraktisch für egoistisches Verhalten in dem Sinne, dass die eigenen Interessen immer über die von Anderen gestellt werden, sondern geht theoretisch vom Egoismus als einem unverzichtbaren Eigeninteresse aus, um daraus die Moral als Berücksichtigung der Interessen Anderer abzuleiten.

Ein solcher Ethischer Egoismus ist in allgemein bekannter Form in der bereits erwähnten so genannten Goldenen Regel enthalten, die entweder als Gebot: „Behandle Andere so, wie du von ihnen behandelt werden willst", oder als Verbot: „Was du nicht willst, dass man dir tu, das füg auch keinem andern zu" formuliert werden kann. Diese Regel sagt uns in allgemeiner Form nicht nur, was wir tun sollen oder nicht tun dürfen, sondern liefert auch eine Begründung dafür: „Was du nicht willst, dass man dir tu …". Es ist demnach eine Frage der Klugheit, moralisch gut zu handeln, denn wenn man dies nicht tut, wird man von den anderen ebenso behandelt, und wahrscheinlich gibt es immer jemanden, der stärker ist als man selbst und noch weniger rücksichtsvoll. Dies ist im Alltag zweifellos ein sehr starkes Motiv, um sich moralkonform zu verhalten. Wenn Sophia Münch (in dem im fünften Kapitel zitierten Interview) einem Klienten rät, seine Miete zu bezahlen, dann wird sie damit vielleicht noch am ehesten Erfolg haben, wenn sie ihm die Nachteile vor Augen führt, die er sich mit seiner „schlechten Zahlungsmoral" einhandelt, vor allem, seine Wohnung zu verlieren.

> Einer der bekanntesten und radikalsten Vertreter des Ethischen Egoismus war der englische Philosoph Thomas Hobbes (1588–1679), der die schon in der römischen Antike geläufige Redewendung „Der Mensch ist für den Menschen ein Wolf" (lat. „homo homini lupus") wieder aufgegriffen und bis heute bekannt gemacht hat. Hobbes sah das Streben nach Selbsterhaltung, Macht und Gewinn als die stärksten Antriebe des Handelns an. Diese mussten von sich aus zu einem „Krieg aller gegen alle" (lat. „bellum omnium contra omnes") führen, in dem sich die Stärkeren gegen die Schwächeren durchsetzen, solange bis sie selbst wieder von anderen entmachtet wurden. Hobbes hatte die verheerenden Landenteignungen, Bürger- und Religionskriege seiner Zeit vor Augen, um daraus eine Klugheitsmoral der freiwilligen Unterwerfung unter eine allmächtige Staatsgewalt abzuleiten. Er leitete die Moral aus der Konstruktion eines Herrschaftsvertrages ab, den die Bürger, um ihr Leben zu sichern, vernünftigerweise miteinander geschlossen haben

könnten. Ein individuelles Gewissen war in dieser autoritären Moral eher hinderlich und auch nicht mehr erforderlich. Die Aktualität von Hobbes ist bis heute unübersehbar, wenn durch Kriege und Bürgerkriege das staatliche Gewaltmonopol zerfällt und so genannte War-Lords gegeneinander um Macht und Gewinn kämpfen. Jedoch reicht die Hobbes'sche Ethik für die komplexen Gegebenheiten in befriedeten modernen Gesellschaften nicht aus.

Ausgehend von Hobbes, der die Moralität als Befolgung eines virtuellen Vertrages (= Kontraktes) rekonstruierte, bemisst der ethische Kontraktualismus das moralisch Gute daran, ob es einem virtuellen Vertrag entspricht, dem alle, die frei ihre Vernunft gebrauchen, im wohlverstandenen Eigeninteresse zustimmen können. So gewinnen sie den gemeinsamen Vorteil, in Sicherheit leben zu können, um den Preis, moralisch handeln zu müssen und nicht nur zum unmittelbaren eigenen Vorteil handeln zu können. Wie bei rechtlichen Verträgen ist auch beim virtuellen moralischen Vertrag das richtige Handeln durch äußere Sanktionen motiviert.

Der Ethische Egoismus enthält die Teilwahrheit, dass keine fürsorgliche Hinwendung zu einem Hilfebedürftigen ohne Egoismus im letzteren Sinne möglich ist, also ohne dass damit auch eigene Bedürfnisse des Handelnden mit befriedigt werden. Das Streben nach Selbstbehauptung, bei dem der andere als Rivale erscheint, und das Streben nach sozialer Bezogenheit, bei dem der andere als Kooperations- und Bedürfnispartner erscheint, sind Grundantriebe jedes menschlichen Handelns. Ihr Antagonismus ist nie vollständig nach der einen oder anderen Seite hin aufzulösen.

Jedoch muss man sich, gerade weil im Alltag kein Moralargument so verbreitet ist wie das des Ethischen Egoismus, auch seine grundsätzlichen Schwächen vor Augen halten:

- So kann die Mahnung und Erwartung, auf andere Rücksicht zu nehmen, damit sie auf einen selbst Rücksicht nehmen, nur dann funktionieren, wenn diese anderen davon wissen und sich selbst auf das Prinzip der Gegenseitigkeit einlassen. Wenn jemand sich zum Beispiel mit Diebstählen über Wasser hält und sich dabei nicht erwischen lässt, dann wird die Mahnung, aus Selbstinteresse andere nicht zu schädigen, ins Leere gehen. Denn solange die Geschädigten gar nicht wissen, wer ihr Schädiger ist, hat er von diesen auch nichts zu befürchten.
- Aber auch wenn jemand offen und radikal für seinen Eigenvorteil eintritt und anderen dasselbe zugesteht, ist daraus noch keine Moral abzuleiten, die über eine Verbindung von sich gegenseitig instrumentalisierenden Egoisten hinausginge. Derjenige, der für sich das soziale „Ellenbogen-Prinzip" oder gar den gnadenlosen Kampf ums Überleben akzeptiert, ist allein dadurch doch nicht ethisch berechtigt, andere ohne Rücksicht zu behandeln.
- Weiterhin lässt sich gegen diese Moraltheorie einwenden, dass sie der Wirklichkeit des moralischen Empfindens nicht gerecht wird. Das moralische Handeln erfolgt längst nicht immer nur unter sozialem Sanktionsdruck, sondern auch aus innerer Überzeugung. Auch schätzen wir das moralisch Gute in be-

sonderem Maße dann hoch ein, wenn es *gegen* den sozialen Konformismus und gegen drohende Sanktionen besteht.

6.3 Folgenethik: Utilitarismus

Welche vernünftigen Gründe könnte es weiterhin geben, die von Andreas Raab als angemessen bezeichnete Zurückhaltung beim Gebrauch seiner institutionellen Macht für moralisch richtig zu halten? Eine Möglichkeit wäre die, sich vor allem an den Folgen des Handelns zu orientieren und diejenige Handlung als moralisch richtig auszuzeichnen, die am ehesten zum Wohlergehen des davon Betroffenen beiträgt. Man könnte dabei eine Art Schaden-Nutzen-Bilanz für verschiedene Handlungsalternativen durchführen, mit dem Ergebnis, dass der Schaden, der aus einem Verhalten nach der Devise „Auge um Auge, Zahn um Zahn" für den Klienten entspringt, die momentane Befriedigung dafür, sich zu rächen, bei weitem überwiegen würde. Damit wäre das Kriterium des moralisch Guten der größtmögliche Gesamtvorteil für die beiden Interaktanten.

Dies wäre freilich für ein ethisches Prinzip aus zwei Gründen noch nicht hinreichend. Denn zum einen sind die von einer Handlung Betroffenen nicht unbedingt nur die beiden. So könnten auch Angehörige des Klienten die Folgen des sozialarbeiterischen Handelns zu spüren bekommen. Und der Sozialarbeiter handelt zugleich ja auch im Auftrag des Gerichtes, das damit allgemein-gesellschaftliche Ordnungsinteressen vertritt. Wenn also die Folgen des Handelns in den Blick kommen sollen, dann nicht nur die direkten für die unmittelbar Beteiligten, sondern auch die so genannten Nebenfolgen für alle Betroffenen. Und zum anderen geht es bei der Orientierung an den (außermoralisch) guten Handlungsfolgen nicht um beliebige subjektive Zwecke, sondern um solche, die sich qualitativ als Beitrag zu einem gemeinschaftsbezogenen Nutzen verstehen lassen.

Man nennt eine ethische Position, die den moralischen Wert einer Handlung am Wert der Handlungsfolgen bemisst, eine „Folgenethik" (oder „konsequenzialistische Ethik"). Eine der wichtigsten Versionen der Folgenethik ist die „utilitaristische Ethik" (lat. „utilis" = nützlich). Moralisch am besten ist – so der Utilitarismus – diejenige Handlung, die für alle Betroffenen am nützlichsten ist, oder genauer (da man den Nutzen während des Handelns selbst ja noch nicht endgültig vor Augen hat) diejenige Handlung, die für die Betroffenen am nützlichsten zu sein verspricht. Unter Nutzen ist hier ein außermoralisches Gutes zu verstehen, an dem alle möglichen Betroffenen teilhaben. Wie der irisch-schottische Moralphilosoph Francis Hutcheson (1694–1746) formulierte, ist „diejenige Handlung [...] die beste, die das größte Glück der größten Anzahl zeitigt" (1725, 71). Entsprechend dem fundamentalen Grundsatz, dass moralische und ethische Bewertungen unparteilich, also ohne Ansehen der Person erfolgen müssen, geht es bei der Berücksichtigung der Betroffenen um ihre Interessen, soweit sie an deren Stelle auch von anderen vertreten werden könnten, also unabhängig von persönlichen Sympathien oder Antipathien.

Der Begriff „Utilitarismus" umfasst ein breites Spektrum unterschiedlicher ethischer Ansätze. Vieles davon findet sich schon in der Antike. Auch Aristoteles bemaß das richtige Handeln danach, ob es einen guten Zweck verfolgt, wobei sich diese Güte aus der Übereinstimmung mit der menschlichen Natur und der natürlichen Ordnung der Welt ergab. In der Moderne bezog man aber das Gute nicht mehr auf sie Ordnung eines ewigen, unveränderlichen Seins, sondern auf das subjektive Empfinden des Wohlergehens. Dieser Zweck galt als vom gesellschaftlichen Fortschritt abhängige Lebensqualität. Der Utilitarismus entstand im 18. und 19. Jahrhundert als ethischer Teil sozialreformerischer Ideen. Es ging um die ethische Würde der Erfüllung menschlicher Grundbedürfnisse wie Gesundheit, Nahrung, Wohnung und Rechtssicherheit auch für die bis dahin Benachteiligten.

Ausformuliert wurde der Utilitarismus insbesondere von den englischen Sozialphilosophen Jeremy Bentham (1748–1832) und John Stuart Mill (1808–1873). Während der größte Teil von Reichtum und Macht sich in den Händen einer schmalen Oberschicht befand, hatte die Forderung, alle Menschen ohne soziale Unterschiede zu berücksichtigen und unter dem moralisch Guten nicht irgendwelche strengen Verhaltensnormen, sondern das größte Glück der größten Zahl zu verstehen, einen entschieden gesellschaftskritischen Sinn. Bentham verstand unter Nutzen ein subjektives Lustempfinden, das unabhängig von seiner Quelle und nur quantitativ, nach Parametern wie Anzahl, Dauer und Intensität, bemessen werden sollte. Dies kam der Idee eines Nutzenkalküls entgegen, einer Art Berechnungsverfahren des ethisch Guten. Dagegen führte Mill qualitative Unterschiede zwischen niederen und höheren Lustempfindungen ein, was jedoch die schon zuvor fragwürdige Nutzenverrechnung zunehmend unmöglich machte. Zwar strebten die Menschen offenbar durchgängig nach Lustgewinn, aber was sie darunter verstanden und welchen Stellenwert dieser hatte, war so verschieden, dass in einer konkreten Situation eine Berechnung des „größten Glücks der größten Zahl" letztlich aussichtslos erscheinen musste.

Trotz dieser naheliegenden Schwierigkeiten hat sich der Utilitarismus bis heute als eine der Hauptströmungen der Ethik erhalten. Dazu trug wesentlich der Grundgedanke bei, das moralisch Gute auf ein empirisch fassbares, außermoralisch Gutes zurückzuführen. Mit dem verallgemeinerten Wohlergehen als Handlungsziel verfügt der Utilitarismus über ein starkes Fundament, das keiner weiteren Rechtfertigung zu bedürfen scheint. Und gegenüber anderen Ethik-Ansätzen, die von der „inneren Welt" der Tugenden oder Pflichten ausgehen, bezieht er sich auf die „äußere Welt" der wenigstens teilweise beobachtbaren Handlungs*folgen*. Ethische Werte und Normen sind in dieser Sicht nicht absolut, sondern nur relativ gültig, je nachdem, welche Folgen aus ihrer Verwirklichung resultieren. Mögliche alternative Handlungsfolgen sind nach dem Kriterium der Leidvermeidung gegeneinander abzuwägen – ein gerade heute, in der technisierten und komplex vernetzten Gesellschaft höchst aktuelles Postulat – und bestimmen dadurch den Status der in Anspruch genommenen Werte und Normen.

Die Anwendung des utilitaristischen Prinzips kann im Einzelfall außerordentlich aufwendig sein und ist immer mit vielerlei Unsicherheiten der Folgenabschätzung belastet. Was dem einen nützt, mag dem anderen weniger nützen oder gar schaden. Nach welchem verbindlichen Maßstab sollten dann aber die unterschiedlichen Nutzeneffekte bewertet werden? Was ist mit denen, die bei der Erreichung des größten Glücks für die größte Zahl leer ausgehen oder gar draufzahlen? Und wie wird die Summe der erreichten Güter verteilt? Beim reinen Utilitarismus bleibt dies letztlich ungeklärt. So könnte man zum Beispiel versuchen, die bestehende Wirtschaftsordnung dadurch ethisch zu rechtfertigen, dass das Bruttosozialprodukt in ihr höher ist als in eventuell alternativen Ordnungen. Um aber die Unterscheide bei der Verteilung des gesellschaftlichen Reichtums zu bewerten, müsste man sich auf irgendeinen Begriff der Gerechtigkeit beziehen. Gerechtigkeit ist aber etwas grundsätzlich anderes als Nutzen und kann nicht aus diesem abgeleitet werden.

Ähnlich verhält es sich auch bei der Bewertung von Maßnahmen der Strafjustiz. Utilitaristisch müsste man die Nachteile, die ein Straftäter erleidet, mit den Vorteilen verrechnen, die eine Gesellschaft durch die mit der Strafe verbundene Generalprävention hat. Abschreckung wirkt nur dann, wenn ein Vergehen rational geplant wird. Gerade bei schweren Verbrechen gibt es aber kaum einen Abschreckungseffekt der Strafe. Deshalb müsste eine utilitaristische Strafpraxis zum Beispiel Steuerhinterziehung oder absichtliches Schwarzfahren härter bestrafen als Mord. Besonders klar wird die Grenze des Utilitarismus auch am folgenden fiktiven Beispiel: In einer Klinik befinden sich fünf Patienten, die sterben werden, wenn ihnen nicht jeweils unterschiedliche Spenderorgane eingepflanzt werden. Nun könnte man einen geeigneten gesunden Menschen töten und die lebensrettenden Transplantationen vornehmen. In einem solchen Fall würde man die positive Glücksbilanz durch die Verletzung des elementaren Menschenrechts auf Leben erkaufen. Aber auch Menschenrechte kann man nicht auf Nutzen reduzieren.

6.4 Gesinnungsethik (1): Deontologische Ethik

Andreas Raab ist sich seiner besonderen Verantwortung gegenüber seinen Klienten bewusst. Auch wenn diese ihm „doof kommen", das heißt vielleicht ihm unvollständige oder falsche Auskünfte geben, Zusagen nicht einhalten, aggressiv werden, versucht er, die Klienten in ihren weitergehenden Bedürfnissen zu verstehen und zu fördern und seine Macht nicht zu missbrauchen. Was ist das moralisch Gute an dieser Haltung? Eine weitere mögliche Antwort wäre die, dass die Handlungsweise des Sozialarbeiters von einer inneren Beschaffenheit ist, die in sich stimmig ist. Es kommt hier auf die Gesinnung des Handelnden an, der die Fürsorge für den anderen innerlich bejaht. Moralisch gut ist die Handlung deshalb, weil sie aus einer moralisch guten Gesinnung resultiert.

Hier könnte der Anschein eines Zirkelschlusses entstehen. Denn anderes als beim Ethischen Egoismus oder bei der Folgenethik scheint hier das moralisch Gute mit dem moralisch Guten erklärt zu werden. Jedoch besteht zwischen beiden Formen des moralisch Guten ein entscheidender Unterschied. Zur Gesinnungsethik gehört zum Beispiel die religiöse Ethik, in der es darauf ankommt, die von Gott den Menschen mitgeteilten Werte und Normen in der Welt oder auch gegen die Welt zu verwirklichen. Die Handlung ist dann gut, wenn die Gesinnung gut ist, und diese wiederum ist gut, wenn sie dem göttlichen Willen folgt. Eine andere, säkulare Version der Gesinnungsethik, die bis heute höchst einflussreich ist, ist die Ethik Immanuel Kants. Sie vermeidet den besagten Zirkelschluss, indem sie die moralische Gesinnung – Kant spricht in diesem Sinn vom „guten Willen" – als Bejahung und Erfüllung einer Verpflichtung der Vernunft sich selbst gegenüber beschreibt. Moralisch gut handelt, wer eine moralische Pflicht erfüllt. Was eine moralische Pflicht ist, bemisst sich an dem rein formalen Merkmal ihrer Verallgemeinerbarkeit. Kant nannte diese Metanorm den „Kategorischen Imperativ. Diese Form der Ethik bezeichnet man als „Deontologische" Ethik (von griechisch „to deon" = das Erforderliche, die Pflicht; Deontologie = Lehre von den Pflichten).

Der Kategorische Imperativ lautet (in einer von verschiedenen Fassungen): „Handle nur nach derjenigen Maxime [= nach demjenigen subjektiven Lebensgrundsatz], durch die du zugleich wollen kannst, dass sie ein allgemeines Gesetz werde" (Kant 1785, 51). Kant behauptete, dies sei der fundamentale und letztlich einzige Grundsatz der Moral. Dieser besagt nicht unmittelbar, wie zu handeln ist, sondern ist der Ausdruck einer allgemeinen Tiefenstruktur moralischer Sätze, nämlich ihrer Verallgemeinerbarkeit bezüglich aller gleich gelagerten Fälle. Er stellt eine Art Gedankenexperiment zum Test von Moralität dar, indem die gedachte Gesetzesförmigkeit, also Allgemeingültigkeit einer Handlungsanweisung als Zeichen ihrer moralischen Qualität gilt. Während sich die Goldene Regel auf einzelne Absichten oder Handlungen bezieht, wird der Kategorische Imperativ jedoch auf Maximen, übergeordnete Grundsätze einer Person, angewandt. Wie ist nun dieses von Kant vorgeschlagene Testverfahren der Verallgemeinerung durchzuführen? Kant zeigt dies am Beispiel des moralischen Grundsatzes, dass Versprechen zu halten sind, einer Norm, die eine bestimmte Lebenshaltung ausdrückt. Gedankenexperimentell nimmt er nun an, jemand mache sich das Nicht-Einhalten von Versprechen zum Lebensgrundsatz. Ein Versprechen mit der Absicht zu geben, es *nicht* zu halten, folgt jedoch einer Maxime, die sich nicht verallgemeinern lässt, da dann jegliches Versprechen von vornherein unglaubwürdig und somit unmöglich wäre.

Kant misst die Moralität also an der Konsistenz von individueller Absicht und sozialer Erwartung. Die Verbindlichkeit der moralischen Anforderungen ist nach Kant allein in der Form der Verallgemeinerbarkeit und damit der nicht personenabhängigen Verpflichtungen begründet. Aber das allein reicht als Bestimmung von Moralität noch nicht aus. Nicht jede Maxime, die sich verallgemeinern lässt, ist allein deshalb schon ein moralischer Imperativ. So kann man für sich die Maxime formulieren, bei der Betreuung von Kindergruppen regelmäßig mit diesen zu singen. Eine solche Maxime wäre durchaus verallgemeinerungsfähig, ohne doch deshalb schon als moralisch qualifiziert zu sein. Andererseits wäre aber auch der Imperativ ihrer Unterlassung verallgemeinerungsfähig. Es ist weder denkunmöglich noch von vorn herein nicht wünschbar, *nicht* regelmäßig zu singen. Wenn aber sowohl eine bestimmte Maxime als auch deren Verneinung verallgemeinerungsfähig sind, bedeutet dies, dass Moralität gar nicht in Frage kommt, die Maxime selbst also moralisch neutral ist. Stattdessen handelt es sich bloß um eine Konvention, die für die einen gelten mag, für die anderen aber nicht. Demgegenüber ist eine Handlung also nur dann moralisch geboten, wenn sich ihre Maxime verallgemeinern lässt, während zugleich die Maxime ihrer Unterlassung sich nicht verallgemeinern lässt.

Der Ausdruck „kategorisch" steht im Gegensatz zu „hypothetisch". Ein hypothetischer Imperativ ist eine Sollensaussage, die nur dann gilt, wenn dabei weitere Zielsetzungen vorausgesetzt werden. Hypothetische Imperative gelten (wenn sie überhaupt gelten) unter der Voraussetzung der jeweiligen Wünsche, Ziele und Interessen derer, die sie handelnd befolgen. Nun gibt es in der Gesellschaft eine Vielzahl gegenläufiger Interessen, deren konflikthafter Zusammenstoß nur dann verhindert oder wenigstens geregelt und gemildert werden kann, wenn die Einzelnen sich im Zweifelsfall nicht nur an diejenigen Maximen halten, die den je besonderen Interessen Rechnung tragen, sondern auch an diejenigen, die verallgemeinerbar sind und für alle gelten können. Dies ist, nach Kant, die Moral.

Wenden wir nun die Unterscheidung von „hypothetisch" und „kategorisch" auf eine sozialarbeiterische Handlungsentscheidung an. Ein Imperativ wie „Das Jugendamt soll eine Inobhutnahme des Kindes aus der Familie x veranlassen" gilt nur unter der Voraussetzung, dass in der Familie x eine Kindeswohlgefährdung vorliegt und dass durch die Inobhutnahme voraussichtlich weiterer Schaden verhindert wird. Er ist deshalb hypothetisch. Demgegenüber gilt ein kategorischer Imperativ ohne Bezugnahme auf weitere Voraussetzungen einer Zielvorstellung. Der Satz „Das Kindeswohl soll nicht gefährdet werden" ist nicht abhängig von den sonstigen Zielsetzungen und Handlungsbedingungen der Familie oder des Jugendamtes. Er gilt unabhängig von diesen, also kategorisch und damit moralisch verpflichtend.

Kant geht davon aus, dass jeder Mensch notwendigerweise seine eigene Existenz als Selbstzweck ansieht. Versteht man unter Zweck einen vorgestellten und gewollten zukünftigen Zustand, dann ist der Selbstzweck derjenige Zustand, in dem ein Zwecke verfolgendes Subjekt diese für sich selbst bestimmt. Zugleich hat es zu berücksichtigen, dass auch alle von seinem Handeln betroffenen Menschen ihrerseits Subjekte sind, die sich als Selbstzweck verstehen können. Nur dann genügt das Handeln dem moralischen Anspruch des kategorischen Imperativs. Allerdings weiß Kant sehr wohl, dass wir im alltäglichen Handeln andere Menschen nicht nur als deren eigenen Selbstzweck, sondern als Mittel für unsere jeweiligen Zwecke ansehen und einsetzen. Wenn wir eine Dienstleistung in Anspruch nehmen, einen Bekannten um einen Gefallen bitten oder eine Arbeit um ihrer Bezahlung willen übernehmen, behandeln wir andere Menschen unweigerlich als Mittel für unsere Absichten. Das ist ein notwendiger und unvermeidlicher Teil des sozialen Lebens. Er wird jedoch dann verabsolutiert, wenn die Selbstzweckhaftigkeit des Anderen vollständig ausgeblendet wird. Dann handelt es sich um eine moralisch fragwürdige Instrumentalisierung des Anderen, seine Reduzierung auf ein bloßes Mittel. Demgegenüber wird ein moralisch akzeptables Handeln in Bezug auf seine subjektiven Zwecke durch das Prinzip eingeschränkt, dass der Andere zugleich stets als Selbstzweck zu achten ist.

So findet sich bei Kant, neben anderen Versionen des Kategorischen Imperativs, auch die so genannte Selbstzweckformel:

> *"Handle so, dass du die Menschheit [= den Menschen seinem Wesen nach], sowohl in deiner Person als in der Person eines jeden anderen, jederzeit zugleich als Zweck, niemals bloß [!] als Mittel brauchest"* (Kant 1785, 61).

Entscheidend ist hier das „niemals bloß", denn dass wir andere Menschen *auch* als Mittel für unsere Zwecke brauchen, ist an sich unvermeidlich. So ist die Klientin für die Sozialarbeiterin *auch* ein Mittel, um mit ihrer Arbeit Geld verdienen zu können. Dies wird als legitim angesehen, weil umgekehrt die Sozialarbeiterin für die Klientin *auch* ein Mittel ist, um professionelle Hilfe zu erlangen. In diesem Fall befinden sich beide Handlungsweisen des Zum-Mittel-Machens im Gleichgewicht. Auch respektieren beide Akteure die jeweilige Subjektseite des Anderen, indem sie diejenigen Aspekte des Gegenübers nicht beanspruchen, die nicht Teil der beruflichen Kommunikation sind, insbesondere ihre Privatsphären. Der Kategorische Imperativ fungiert hier als Gebot, die Person des Anderen in ihrer Selbstbestimmung soweit möglich zu achten und die Funktionalisierung des Anderen auf das unabdingbare Maß zu beschränken.

Der Kategorische Imperativ wird oft mit der Goldenen Regel verglichen, mit der er den Grundgedanken der Reziprozität (Wechselseitigkeit) gemeinsam hat. Aber der entscheidende Unterschied liegt in ihren Geltungsgründen. Die Wechselseitigkeit der Goldenen Regel gilt, insofern das Sollen einen Nutzen für den Handelnden verspricht. Man kann aber auch von vornherein auf diesen Nutzen verzichten. Wer zum Beispiel darauf verzichtet, von anderen mit Respekt behandelt zu werden (etwa weil er sowieso Gewalt einsetzt), bräuchte nach der Goldenen Regel auch Andere nicht respektieren. Genau das aber soll der Kategorische Imperativ ausschließen, indem er nicht einzelne Handlungen im Vergleich zu anderen einzelnen Handlungen bewertet, sondern sie an der Verallgemeinerbarkeit ihrer Maximen misst. Nur über diese ist eine intersubjektive Verbindlichkeit moralischer Regeln erreichbar.

Kant verstand den Kategorischen Imperativ als *das* Prinzip der Moralität schlechthin. Dagegen herrscht im heutigen ethischen Diskurs die Ansicht vor, dass die Verallgemeinerbarkeit der Maximen als Prinzip nur für einen spezifischen Ausschnitt aus dem Spektrum moralisch relevanter Handlungen zureichend ist; allerdings für einen besonders wichtigen:

> *"Dies sind eben die Handlungen, in denen wir als Mitglieder in einer Gemeinschaft auf die Zusammenarbeit und den Konsens mit anderen bezogen und angewiesen sind. Moralische Beurteilung und Normierung menschlichen Verhaltens geht über diesen Bereich aber weit hinaus: Schon Grausamkeit gegenüber Tieren ließe sich mit Hilfe des Kategorischen Imperativs wohl nicht als unerlaubt erweisen. [...] Außer Betracht bleibt für Kant auch alles, was man Personen nicht als bloßen Mitgliedern der menschlichen Gesellschaft, sondern als Freunden, Mitarbeitern, Schülern, Lehrern, Ehegatten, Kindern usf. schuldet"* (Patzig 1978, 167 f.).

Gemeint sind damit spezifische moralische Verpflichtungen, die sich gerade nicht verallgemeinern lassen, jedoch für bestimmte Beziehungsformen gelten.

Ein solcher moralischer, durch den Kategorischen Imperativ allein nicht entscheidbarer Konflikt führt in dem berühmten englischen Spielfilm *Der dritte Mann* (1949, von Carol Reed und Graham Green, mit Orson Welles in der Titelrolle) zur letztlich tragischen Verwicklung. In moralischer Perspektive geht es um die Frage, ob man seinen Freund, der ein Verbrecher ist, an die Polizei verraten soll. Die Handlung spielt in dem vom Zweiten Weltkrieg teilweise zerstörten Wien. Der englische Besatzungsoffizier Calloway ist hinter dem charmanten Schieber Harry Lime her, der seine Geschäfte mit gestohlenem und gepanschtem Penicillin auf Kosten der Gesundheit und des Lebens vieler Kranker macht. Holly Martins, ein Jugendfreund Harry Limes, lässt sich aus universalistisch-moralischer Einsicht von Calloway als Lockvogel benutzen, damit Harry verhaftet werden kann. Anna Schmidt, die ehemalige Freundin Harrys, warnt Harry im letzten Moment vor der Falle und versucht, seine Verhaftung zu verhindern. Für sie steht die partnerschaftliche Verbundenheit zu Harry unverrückbar über der moralischen Verpflichtung, gegen Harrys Verbrechen vorzugehen. Ihre Solidarität mit Harry kostet den braven Sergeant Paine das Leben, er wird bei der Verfolgungsjagd durch die unterirdischen Abwasserkanäle Wiens von Harry erschossen. Holly erfüllt gegenüber dem verwundeten, in die Enge gedrängten Harry eine letzte Freundespflicht, indem er diesem den „Gnadenschuss" gibt. Die unterschiedlichen moralischen Imperative Hollys und Annas stehen sich am Ende unversöhnt gegenüber und verhindern das filmisch ersehnte Happy End.

Der Kategorische Imperativ zielt auf die Bestimmung dessen, was zu einer moralischen Norm taugt, im Unterschied zu dem, was bloßen Privatinteressen entspricht. Damit leitet er zur Bewältigung von Konflikten zwischen emotionalen Neigungen und vernünftigen Pflichten an. Ungeklärt bleibt aber, wie zwischen Pflichten, die jeweils zu einem „allgemeinen Gesetz" taugen, sich aber unter Umständen auch widersprechen können, zu entscheiden wäre: Hat zum Beispiel der Imperativ der Selbstbestimmung Vorrang vor dem der Fürsorge, oder umgekehrt? Ist für den Wert der Gleichheit auch dann einzustehen, wenn er auf Kosten der Freiheit verwirklicht wird? Hier hilft der Kategorische Imperativ nicht weiter, stattdessen muss zwischen den in Frage stehenden Ansprüchen und Gefährdungen unter Berücksichtigung der jeweiligen Umstände abgewogen werden.

Aus der deontologischen Ethik hat sich im letzten Drittel des 20. Jahrhunderts die „Diskursethik" weiterentwickelt (vgl. Habermas 1983). In ihr werden die Kantischen Kriterien der Verallgemeinerbarkeit und der formalen Bestimmung legitimer Normen in ein intersubjektives Verfahren der gegenseitigen Beratung übersetzt. Als moralisch „gut" gilt demnach, was sich in einem Diskurs, der nach den Regeln vernünftigen und fairen Argumentierens gestaltet ist, als verallgemeinerbar und zumutbar erweist. Indem sich die Diskursethik am Leitfaden eines politischen Beratungsmodells orientiert, geht sie über die Gewissens-Innerlichkeit der Pflichtethik hinaus.

6.5 Gesinnungsethik (2): Mitleidsethik

Der Sozialarbeiter könnte sein retardierendes Verhältnis zur eigenen Macht auch damit begründen, dass er sich empathisch zu seinen Klienten verhält, sich in sie einfühlt. Die Fähigkeit zu einer solchen inneren Verbundenheit entspringt der Kultivierung des Gefühlslebens. Der schon erwähnte Utilitarist Hutcheson nannte die Fähigkeit, andere angemessen zu berücksichtigen, den „moral sense". Die Auffassung, dass die moralischen Gefühle nicht nur Quelle, sondern auch Maßstab des moralischen Handelns sind, findet sich paradigmatisch bei Arthur Schopenhauer (1788–1860). Er bemaß die Moralität, wie Kant, an der Gesinnung des Handelnden, aber anders als Kant verstand er diese Gesinnung nicht als Vernunft, sondern als Gefühl. Dieses Gefühl nannte er „Mitleid", seine Ethik wird entsprechend als „Mitleidsethik" bezeichnet.

Schopenhauer nahm an, dass es drei Grundantriebe für menschliches Handeln gibt, nämlich (1) „Egoismus, der das eigene Wohl will", (2) „Bosheit, die das fremde Wehe will", und (3) Mitleid, welches das fremde Wohl will" (1841, 742). Von diesen drei Handlungsmotiven ist nur eines, nämlich das Mitleid, als moralisches Motiv geeignet. Nun entspringen konkrete Handlungen in der Regel nicht aus einem einzigen Motiv, sondern aus Motivbündeln. Das bedeutete, dass eine bestimmte Handlung für Schopenhauer umso mehr moralischen Wert hatte, umso weniger vermischt das Motiv des Mitleids mit anderen Motiven war.

Moral erscheint uns, je nach Situation und Art des Anspruchs, als Verbot oder Gebot. Schopenhauer vereinigte beide Aspekte in einer Formel, die seiner Ansicht nach den Kern aller Moral ausmachen: „Verletze niemanden, vielmehr hilf allen, soweit du kannst" (Schopenhauer 1841, 663). Diese in Verbot und Gebot zweigeteilte Formel entspricht den zwei Hauptgebieten der Moral, die in der ethischen Tradition als „Rechtsmoral" und „Tugendmoral" bezeichnet wurden: Die „Rechtsmoral" enthält diejenigen Mindestanforderungen, die wir Anderen unbedingt schulden (zum Beispiel niemanden bestehlen, jeden als Person anerkennen), die „Tugendmoral" dagegen freiwillige Mehrleistungen, die wir hoch schätzen, aber nicht einfordern können (zum Beispiel freigiebig zu sein oder sich für eine gute Sache stark zu engagieren).

Es bleiben aber Zweifel, ob Schopenhauers Gleichsetzung von moralischem Gefühl und Mitleid schlüssig ist, weiterhin ob seine Moralformel als Grundgesetz der Moral hinreichend ist, und schließlich, ob sie für alle unterschiedlichen Moralen zutrifft:

- Schopenhauer führte die in seiner Formel aufgeführten moralischen Verhaltensweisen letztlich auf das Mitgefühl zurück. Diese kontrastierte er einerseits mit Egoismus, andererseits mit Bosheit. Nun wurde schon bei der Kritik des Ethischen Egoismus auf die Verflochtenheit von Ich-Bezogenheit und Bindungsorientiertheit hingewiesen. Beide sind notwendige Bedingungen des sozialen Handelns. Dann ist aber die Einstellung, das „fremde Wohl zu wollen", zwar eine notwendige, aber keine hinreichende Bedingung moralischen Handelns.
- Tatsächlich ist das moralische Gefühl für Andere eine entscheidende Voraussetzung für moralisches Handeln. Was aber konkret für den Anderen jeweils

das Richtige ist – und hier ist über Schopenhauers Begründung der Moral durch das Mitgefühl hinauszugehen –, ergibt sich keineswegs schon allein aus diesem Gefühl selbst oder aus der guten Absicht. Vielmehr muss der Handelnde zusätzlich auch die konkreten Umstände einschätzen und Verantwortung für die Folgen des Handelns übernehmen können

- Des Weiteren ist festzustellen, dass es auch Moralvorstellungen gibt, die nicht derart allgemein auf Leidvermeidung und Fürsorge abzielen wie Schopenhauer dachte. Obwohl er selbst ein scharfer Kritiker des Christentums war, das er als Lug und Trug ansah – er selbst sympathisierte eher mit dem Buddhismus –, ist seine Formel doch offensichtlich stark vom christlichen Begriff der „Caritas", der tätigen Nächstenliebe, geprägt. Mit den Imperativen „verletze *niemanden*" und „hilf *allen*" ist eine Form des Universalismus bezeichnet, der den in allen Kulturen geläufigen Unterschieden und Abstufungen an moralischen Ansprüchen nicht gerecht wird. Auch in einer universalistischen Moral gelten moralische Pflichten nicht allen Menschen gleichermaßen, vielmehr gibt es Unterschiede zwischen weiterreichenden Ansprüchen im Nahbereich und Minimalnormen im globalen Maßstab.

6.6 Verantwortungsethik

Die hier beispielhaft dargestellten klassischen Theorien von Hobbes, Bentham, Kant und Schopenhauer konnten ihren jeweils umfassenden Anspruch nicht einlösen. Zwar lassen sich mit ihnen bestimmte Teilbereiche der Moral begründen, andere aber nicht. Weder das Eigeninteresse noch der außermoralische Nutzen noch das innermoralische Prinzip der Verallgemeinerbarkeit von Pflichten noch das Mitgefühl sind für sich genommen jeweils ein hinreichend eindeutiger Maßstab für moralisch wertvolles Handeln. So hilfreich diese Ansätze auch sind, so wenig ersparen sie es, sich auf die konkrete Vielfalt des Moralischen einzulassen und dieses aus unterschiedlichen Blickwinkeln zu betrachten. In der heutigen Ethik-Debatte kommen die verschiedenen Grundmodelle sollensethischer Bewertungen deshalb zumeist nicht in ihrer Reinform vor, sondern werden in verschieden großen Anteilen miteinander und mit weiteren Kriterien für das moralisch Gute kombiniert. Gerade in konkreten Problem- und Dilemmasituationen sind alle erreichbaren Umstände, Absichten und Folgen des Handelns zu bedenken und abzuwägen. Das bedeutet, dass die unterschiedlichen Kriterien des moralischen Guten unverzichtbar sind, aber in verschiedenen Situationen und Lebensbereichen jeweils unterschiedlichen Vorrang haben.

In ethischer Perspektive sind bei jeder Handlung gleichsam eine Innenseite, nämlich die subjektiven Einstellungen, Motive und Zielsetzungen, sowie eine Außenseite, nämlich die objektive Situation, die Mittel und Resultate des Handelns zu berücksichtigen. Auf der subjektiven Innenseite besteht die Grundlage des moralischen Handelns – abgesehen von dem notwendigen Anteil an Selbstbehauptung und Eigeninteresse – in der von Schopenhauer hervorgehobenen Haltung der emotionalen Rollenübernahme, des Mitgefühls und der Zuwendung zum hilfsbedürftigen Anderen. Diese Haltung vermindert den unmittelbaren Handlungsdruck und ermöglicht ein sorgfältiges Wahrnehmen, Zuhören, Nachfragen und Verstehen. Darüber hinaus, und insbesondere angesichts von Zielkonflikten, geht es aber auch um eine willentliche Entscheidung für das ethisch Richtige oder Bessere. Kant hat diesen moralischen Willen als Bejahung der Reziprozität aufgefasst, in der auch das Mitleid aufgehoben ist als verallgemeinertes Wohlwollen, als Wille, das andere Leiden wie auch das eigene zu vermindern. Damit kann man mit Kant als ethisch qualifiziertes Motiv des Handelns die Achtung vor der Selbstzweckhaftigkeit des Menschen und vor der für alle geltenden Menschenwürde bestimmen.

Aber gute Absichten sind an sich noch keine guten Handlungen. Dazukommen muss auf der Außenseite des Handelns die Berücksichtigung der konkreten Situation, der vorhandenen Mittel und der Folgen des Handelns. Die subjektive Haltung des Handelnden ist zwar eine notwendige, nicht aber eine hinreichende Bedingung des ethisch richtigen Handelns. Während moralische Gefühle und Prinzipien die Richtung des Handelns vorgeben, bemisst sich die Richtigkeit der moralischen Entscheidung an der „Sachgemäßheit unseres Handelns" (Gruber 2005, 114). Es geht dabei um die vom Utilitarismus hervorgehobenen, gewollten wie ungewollten Folgen des Handelns für alle Betroffenen, aber auch darum, die Voraussetzungen und das Umfeld des Handelns richtig einzuschätzen sowie die angemessenen Mittel und Methoden zu wählen. Eine solche umfassende Sachgemäßheit des Handelns erschließt sich für die Soziale Arbeit aus den Erfahrungen der alltäglichen Praxis, aber auch aus den wissenschaftlichen Erkenntnissen über das Mögliche und Zuträgliche.

Man kann ein Konzept, das gesinnungs- und folgenethische Aspekte umfasst, als „Verantwortungsethik" bezeichnen. Dieser Ausdruck geht auf den Soziologen Max Weber (1864–1920) zurück, der sich damit vor allem für eine Ethik als Kunst des Möglichen und gegen eine Ethik als ideales Sollen („Gesinnungsethik") aussprach (Weber 1919, 175). Heute wird mit dem Begriff der Verantwortungsethik nicht nur eine Berücksichtigung der Handlungsfolgen verbunden (darin bestand ja schon der Utilitarismus), sondern auch eine interaktive Fassung der ethischen Prinzipien und Ziele. Verantwortung ist eine Beziehung zwischen einem *Handlungssubjekt*, das über sein *Handeln* (einschließlich seiner Motive und der Handlungsfolgen) *gegenüber Anderen*, die darauf Anspruch haben, Auskunft erteilt oder Rechenschaft ablegt. Eine verantwortungsethische Bewertung ist immer auf bestimmte Situationen und Rollen bezogen. Insofern eignet sie sich besonders für eine Berufsethik, denn durch seinen Beruf wird ein Akteur in der Regel in eine besondere, gegenüber Anderen herausgehobene Machtposition gestellt, während seine Handlungen zugleich den berufsspezifischen Bewertungsstandards unterliegen.

Ein Mensch handelt moralisch verantwortlich, wenn er eine wertbezogene Grundeinstellung dermaßen in eine Handlung umsetzt, dass er ein zu einem gelingenden Leben beitragendes Ziel ins Auge fasst und verwirklicht, sofern die Mittel dazu und die Folgen der Handlung angemessen sind und dieses Ziel nicht beeinträchtigen. Diesen Entscheidungsprozess kann man mit Hans-Günter Gruber (ebd., 149) durch das Schema auf der folgenden Seite illustrieren.

Mit der Gesinnung, aus der eine Handlung entspringt, werden erste entscheidende Weichenstellungen für diese vorgenommen. Von ihr hängt ab, welchen Stellenwert Selbstinteresse und Bezogenheit auf Andere haben, und welches Handlungsziel antizipiert wird. Gut ist ein Handlungsziel dann, wenn es Normen und Werten entspricht, die auf die Verwirklichung der menschlichen Grundbedürfnisse gerichtet sind und insofern zu einem besser gelingenden Leben beitragen. Ziele werden aber nur in dem Maße konkret, in dem sie mit anderen konkurrierenden Zielen koordiniert werden, und in dem Methoden und Mittel (in der Praxis der Sozialen Arbeit: Interventionen, Maßnahmen u. ä.) gewählt werden, um sie zu erreichen. Dabei können sich Mittel und Ziele wechselseitig korrigieren. Mittel können angemessen sein, auch wenn sie kurzfristig zu unangenehmen Teilzielen führen, die aber einem höheren Ziel nachgeordnet sind. Vor allem aber müssen Mittel nach dem Grundsatz der Verhältnismäßigkeit gegenüber den Zielen ausgewählt werden. Weder dürfen die Mittel über die Ziele bestimmen, noch rechtfertigen die Ziele alle möglichen Mittel. Mit deren Wahl werden zugleich auch die Folgen der Handlung für alle davon Betroffenen antizipiert und bewertet. Folgen sind die tatsächlich eintretenden Wirkungen der Handlungen, ob sie nun den Zielen entsprechen oder nicht. Zwischen den intendierten, positiven Folgen und den nicht intendierten, negativen Folgen des Handelns muss abgewogen werden. Im Rahmen einer Verantwortungsethik wirken die Folgen schließlich wiederum auf die Gesinnung ein, die sich daran bewähren muss, dass sie auf eine Minimierung der negativen Folgen hinzielt.

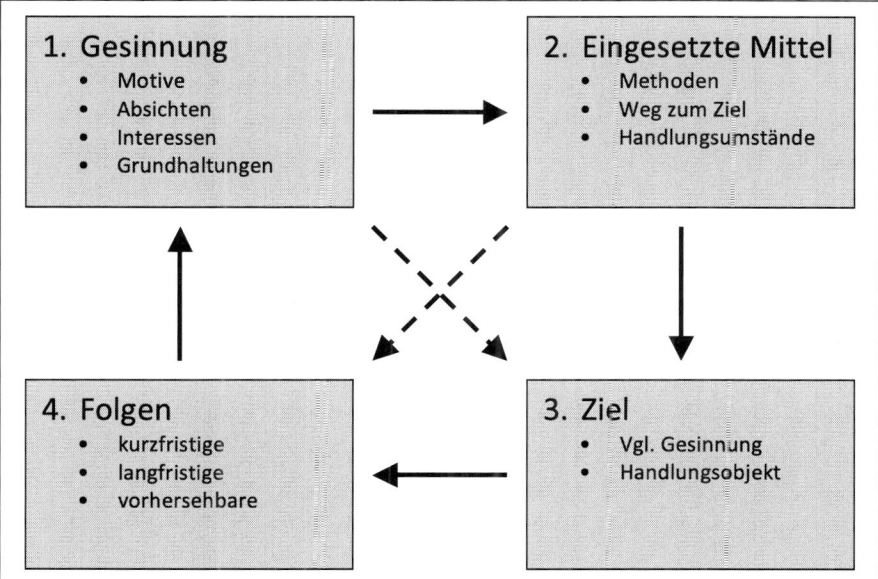

Abb. 1: Entscheidungsprozess verantwortungsethischen Handelns (nach Hans-Günter Gruber)

Gut zu wissen – gut zu merken

Es gibt verschiedene Moralformeln wie die Goldene Regel oder Kants Kategorischen Imperativ oder Schopenhauers Moralprinzip, die aber alle nicht der Komplexität des Moralischen hinreichend gerecht werden. Die damit zusammenhängenden Grundmodelle des Ethischen Egoismus, der Folgenethik und der Gesinnungsethik lassen sich zu einem umfassenderen Modell der Verantwortungsethik kombinieren. In diesem werden sowohl die subjektive Innenseite als auch die objektive Außenseite des Handelns berücksichtigt. Ethische Gesinnung, eingesetzte Mittel, intendierte Ziele und vorhersehbare Folgen werden in einer Ethik der Verantwortung sowohl untereinander als auch in Bezug zu ihrer jeweiligen Verwirklichung abgeglichen.

Literaturempfehlung

Sänger, Monika (1993): Kurswissen Praktische Philosophie/Ethik. Grundpositionen der normativen Ethik. Stuttgart/Dresden: Klett.

Schmid Noerr, Gunzelin (2006): Grundwissen Philosophie: Geschichte der Ethik. Leipzig: Reclam.

Tugendhat, Ernst (1993): Vorlesungen über Ethik. Frankfurt a. M.: Suhrkamp.

7 PROFESSIONSETHIK DER SOZIALEN ARBEIT

Was Sie in diesem Kapitel lernen können

In der Ethik geht es, wie im dritten Kapitel ausgeführt wurde, nicht um ein im weitesten Sinn „technisch Gutes", ein „in bestimmter Hinsicht Gutes", sondern um ein Gutes ohne spezielle Hinsicht, das heißt um ein auf ein nachhaltiges Wohlergehen und auf zwischenmenschliche Kooperation bezogenes Gutes. In diesem Sinn kann das ethisch Gute in der Sozialen Arbeit letztlich kein anderes sein als das des Alltagslebens, der Forschung, der Medizin und anderer Bereiche. In ethischer Perspektive werden nicht, wie in technischer Perspektive, mögliche Mittel als gut für die Erreichung vorgegebener Zwecke bestimmt – weshalb hier auch keine Rezepte für Nutzen oder Erfolg zu erwarten sind –, sondern die Zwecksetzungen selbst und die Mittel-Zweck-Verhältnisse insgesamt werden reflektiert.

Wie anders dann aber sinnvoller Weise von einer Professionsethik der Sozialen Arbeit die Rede sein kann, dies erfahren Sie in den folgenden Abschnitten. Zunächst werden der geschichtliche Ursprung der Berufsethik und der Übergang vom Berufsethos zur Professionsethik dargestellt. Ebenfalls in geschichtlicher Perspektive wird das „Mandat" der Sozialen Arbeit erläutert. Weiterhin erhalten Sie einen Überblick über verschiedene Formen der Professionsethik und, ausgehend von der Berufsfeldstruktur der Sozialen Arbeit, über ihre Bereiche.

7.1 Der geschichtliche Ursprung der Berufsethik

Die Professionsethik fragt nach dem, um dessentwillen Soziale Arbeit stattfindet, also danach, welche Funktion, die nicht selbst wieder die Funktion von etwas anderem ist, die Profession der Sozialen Arbeit hat, haben kann und haben soll. Darin einbegriffen ist auch die Frage nach dem, was sie *nicht* tun kann oder tun soll, also die Frage nach ihren Begrenzungen. Um dies zu verdeutlichen, ist ein Rückblick auf den geschichtlichen Ursprung der beruflichen Ethik sowie auf die Entwicklung der modernen Sozialen Arbeit von den ehrenamtlichen Tätigkeiten bis hin zur Professionalität hilfreich.

Das berühmteste und älteste Beispiel einer Berufsethik überhaupt ist der Hippokratische Eid der Ärzteschaft. Der griechische Arzt Hippokrates (um 460–um 370 v. Chr.) soll, wie man später meinte, der Schöpfer dieser überlieferten Anforderungen an die Ärzte gewesen sein, was aber historisch nicht belegt ist. Auch war der Eid offenbar kein formelles Gelöbnis. Aber die Heilkundigen werden hierin auf bestimmte moralische Grundnormen verpflichtet. Dazu gehörten Anforderungen, die nur aus den damaligen Lebensbedingungen heraus verständlich sind und heute nicht mehr gelten können (so zum Beispiel die Verpflichtung, den Ausbilder, falls dieser einmal in Not geraten sollte, mitzuversorgen – eine Frühform der Sozialversicherung), aber auch vieles nach wie vor Brauchbare. In der überlieferten Form hat der Hippokratische Eid für die heutige Medizin keine Geltung, aber die Idee der Berufsethik hat sich erhalten. 1948 wurde vom Weltärztebund eine moderne Fassung dieses Gelöbnisses formuliert, die als Grundlage der Ethik-Kodizes der verschiedenen Ärzteverbände diente. Auch für viele andere Berufsfelder wurden entsprechend allgemeine und spezifische ethische Grundsätze formuliert, so auch für die Soziale Arbeit.

Die ärztliche Tätigkeit lässt sich mit der sozialarbeiterischen durchaus parallelisieren. Hat es die Medizin allgemein mit Krankheiten zu tun, so die Soziale Arbeit mit psychosozialen Problemlagen. Beide haben eine leitende Zielvorstellung – Gesundheit bzw. gelingendes Leben –, die zwar nicht strikt von der Ausgangssituation getrennt ist, aber doch als Maßstab für die zu verbessernde Problemlage fungiert. Das medizinische Ziel „Gesundheit" lässt sich negativ näher bestimmen als Schmerzfreiheit, positiv als körperliches Funktionieren; das sozialarbeiterische Ziel des gelingenden Lebens hat die Dimensionen befriedigender psychischer, sozialer und materieller Bedingungen. Ist der medizinische Weg zu mehr Gesundheit die Heilung oder wenigstens Linderung des Leidens, so der sozialarbeiterische Weg zu einem besser gelingenden Leben die Bewältigung der Problemlagen einschließlich materieller Sicherheit. Ist das Grundprinzip der Medizinethik die Achtung vor der körperlichen Unversehrtheit, so das der Ethik in der Sozialen Arbeit die Achtung der psychosozialen Unversehrtheit. Ihr dienen die zentralen Imperative der sozialarbeiterischen Professionsethik wie das Gebot der Verschwiegenheit, das Gebot der kollegialen Beratung oder das Verbot der Diskriminierung.

Dorothea Kuhrau-Neumärker (2005, 27 ff.) hat die bis heute gültigen Teile des alten Hippokratischen Gelöbnisses in eine moderne Ausdrucksform gebracht und auf diese Weise fünf Prinzipien formuliert, die sich auch auf die Soziale Arbeit anwenden lassen, und an Hand derer sie in wichtige Bereiche der sozialarbeiterischen Berufsethik einführt. Diese Prinzipien sind (1) nützen und schützen (das heißt sich in Konfliktlagen um eine am Klientenwohl orientierte Entscheidung bemühen), (2) nicht schaden (das heißt auch ungewollte Nebenfolgen des Helfens hinreichend zu bedenken), (3) nichts ausplaudern (das heißt das Schweigegebot richtig anwenden in Abwägung zum Schutzgebot für Leib und Leben Dritter), (4) den Anderen als Person achten (das heißt die Menschenwürde von Klienten auch dann achten, wenn diesen wesentliche Anteile der personalen Autonomie fehlen) und (5) integer sein (das heißt die eigenen Grenzen einzuhalten und sich der Grundwerte der Sozialen Arbeit bewusst sein).

Solche ethischen Normen drücken die Fürsorgepflicht für das Wohl der Patienten bzw. Klienten aus. Diesen wird zwar professionell geholfen, aber das genügt nicht, darüber hinaus ist noch etwas zu bedenken. Dies war (und ist) nötig, weil der Arzt bei der Behandlung eines Patienten wie auch die Sozialarbeiterin bei der Betreuung eines Klienten notwendigerweise eine Grenze übertreten, die sonst im sozialen Leben den Einzelnen vor ungewollten Übergriffen schützt, die Grenze der körperlichen oder psychischen Intimität. Der fachlich gebotene Übergriff ist zwar grundsätzlich vom Patienten/Klienten gewollt, aber im konkreten

Ablauf in seiner Reichweite kaum kontrollierbar. An dieser Stelle soll die innere Kontrolle der professionell Handelnden wirksam werden. Die berufsethische Selbstverpflichtung stellt gleichsam ein Stoppschild dar, das den Arzt oder Sozialarbeiter auffordert, in der Verletzung der Intimität nicht über das fachlich unabdingbare Maß hinauszugehen und das Wohlergehen des Patienten bzw. Klienten als oberstes Kriterium des eigenen Handelns anzusehen.

Die von Kuhrau-Neumärker behandelten Grundsätze sind – entsprechend den Unterscheidungen des fünften Kapitels – Prinzipien einer normativen Ethik, einer Individualethik sowie einer Sollensethik. Diese Zuordnung macht aber auch deutlich, dass eine Professionsethik der Sozialen Arbeit umfassender ansetzen muss, so wichtig die von Kuhrau-Neumärker fokussierten Imperative auch sind. Darüber hinaus ist die Unterscheidung zwischen dem ethisch Richtigen und Falschen beim psychosozialen Gegenstandsbereich der Sozialen Arbeit offenbar noch komplexer als beim körperlichen der Medizin, sind noch mehr Ambivalenzen zu berücksichtigen und beim Helfen noch mehr mögliche Selbstmissverständnisse auszuräumen.

7.2 Professionalisierung der Sozialen Arbeit: Vom beruflichen Ethos zur Professionsethik

Allerdings war und ist die Analogie zwischen sozialarbeiterischer und ärztlicher Profession im sozialwissenschaftlichen Diskurs über Fragen der Professionalisierung umstritten. Zu groß erscheinen manchen die strukturellen Unterschiede. Vorausgesetzt, man unterscheidet zwischen Beruf und Profession, dann ist fraglich, ob es sich bei der Sozialen Arbeit überhaupt um eine Profession handelt, und wenn ja, von welcher Art sie ist. Dabei ist unter „Beruf" eine aus dem lebensweltlichen Handeln ausgegrenzte Arbeit zu verstehen, die gegen Bezahlung geleistet wird und mit einer gewissen Systematisierung des fachlichen Wissens und Könnens verbunden ist. Darüber hinausgehend bedeutet die Entwicklung zu einer „Profession" vor allem, dass das angesammelte Fachwissen zu einem theoretischen Wissen wird, das den Ansprüchen der Wissenschaftlichkeit genügt. In diesem Fall bestimmen und kontrollieren akademische Ausbildungsstätten und Berufsverbände den Berufszugang. So werden Professionelle als Experten angesehen, die in der Lage sind, im Einzelfall das jeweils allgemeine Problem wieder zu erkennen und die aus Erfahrungen und Theorien abstrahierten allgemeinen Erkenntnisse und Methoden wiederum auf den Einzelfall anzuwenden.

Mit der Professionalisierung von Berufen gewinnen diese auch an Macht, Autonomie und sozialem Prestige. Wo die Macht der Fachleute gegenüber den Klienten und allgemein den Laien zunimmt, muss diese auch gesellschaftlich begrenzt werden, was auf Grund der gewachsenen Autonomie durch Einrichtungen, institutionelle Träger und Berufsverbände, aber auch die demokratische Öffentlichkeit, die Publizistik und die mündigen Patienten/Klienten erfolgt. Die moralische Verantwortung der Professionellen orientiert sich damit nicht mehr allein an dem allgemeinen Ethos, sondern schlägt sich auch in beruflichen Ethikkodizes oder Ethikkomitees nieder.

Die Frage der Professionalisierung spielt in der Theoriediskussion deshalb eine wichtige Rolle, weil für die Soziale Arbeit bis heute, über ihre interdisziplinären Bezüge hinaus, kein in sich begründetes, einheitliches Theoriefundament erarbeitet wurde. Die Soziale Arbeit hatte sich im 19. Jahrhundert zunächst als Praxis der sozialen Hilfeleistungen etabliert. Diese wurde erst später, im Verlauf des 20. Jahrhunderts, mehr und mehr theoretisch verankert, indem sie als Anwendung verschiedener etablierter Bezugswissenschaften (Medizin, Pädagogik, Verwaltungswissenschaften usw.) begriffen wurde. Erst in der jüngeren Vergangenheit und Gegenwart gibt es Ansätze zu einer eigenständigen „Sozialarbeitswissenschaft". Die Geschichte der Sozialen Arbeit seit jener Zeit bis heute lässt sich schematisch also als Entwicklung von der ehrenamtlichen Tätigkeit über die Verberuflichung hin zur Professionalisierung verstehen.

Die Soziale Arbeit verberuflichte sich anfangs vor allem deshalb, weil ihr neben der traditionellen Armenpflege viele neue Aufgaben erwuchsen, die von ehrenamtlichen Kräften allein nicht mehr zu bewältigen waren. In den spezialisierten Bereichen der Gesundheitsfürsorge, Jugendpflege usw. bildeten sich geeignete Praktiken heraus, für deren Weitergabe auch Ausbildungsstätten benötigt wurden. Die frühen Konzeptionen der sozialarbeiterischen Ausbildung legten zugleich einen großen Wert auf ein besonderes berufliches Ethos, das über zwischenmenschliches Mitgefühl hinauszugehen hatte. Es ging um die Frage, wem mit welchen Mitteln zu welchem Zweck geholfen werden sollte.

Entscheidende Impulse gingen anfangs von den Vordenkern der englischen Settlement-Bewegung, Thomas Carlyle (1795–1881), John Ruskin (1819–1900) und Arnold Toynbee (d. Ä., 1852–1883) aus. Diese vertraten in den 1870er und 1880er Jahren einen gegen den vorherrschenden Wirtschaftsliberalismus gerichteten „sozialen Idealismus" (Werner Picht, zit. bei Sachße 1994, 118), durch den die Besitzenden dazu gebracht werden sollten, ihren Individualismus und Egoismus zu überwinden und wahre soziale Verantwortung zu übernehmen. Ihre Ideen lösten in gutbürgerlichen Kreisen, bei älteren Damen und jungen Akademikern, ein wahres „Slum-Fieber" aus. Es ging um die Idee, sich in die Elendsquartiere der Industriestädte, u. a. ins berüchtigte Londoner East End, zu begeben, dort auch zu wohnen und Zentren der humanitären Hilfeleistung und der Kultivierung einzurichten. Man suchte den persönlichen, freundschaftlichen Kontakt mit denjenigen Slumbewohnern, denen man zutrauen konnte, sich mit Unterstützung selbst zu helfen.

Diese philanthropische Gesinnung wird u. a. in dem berühmten, 1891 erschienenen Roman *Das Bildnis des Dorian Gray* von Oscar Wilde aufs Korn genommen. Bei Tisch unterhalten sich Angehörige der englischen Oberschicht über die Soziale Frage. Lady Agatha: ‚„O Harry, ich bin ganz böse mit dir! Warum versuchst du, Mr. Gray zu überreden, nicht mehr ins East End zu gehen? Ich versichere Ihnen, er wäre dort ganz unschätzbar. Die Leute wären entzückt über sein [Klavier-]Spiel. [...] Die Menschen in Whitechapel sind so unglücklich', fuhr Lady Agatha fort. ‚Ich kann mit allem Mitgefühl haben, nur nicht mit Leiden', sagte Lord Henry [das ist im Roman der Ästhetizist und abgebrühte Amoralist] und zuckte mit den Schultern. Da kann ich nicht mitfühlen. Es ist zu hässlich, zu schauderhaft, zu quälend. Es liegt etwas schrecklich Krankhaftes in dem Mitgefühl unserer Zeit mit dem Elend. Man sollte mit der Farbigkeit, der Freude des Lebens mitfühlen. Je weniger über den Jammer des Lebens gesagt wird, umso besser. ‚Jedoch das East End ist eine sehr wichtige Frage', bemerkte Sir Thomas und schüttelte ernsthaft den Kopf. ‚Ganz richtig', antwortete der junge Lord. ‚Es ist das Problem der Sklaverei, und wir machen den Versuch, es dadurch zu lösen, dass wir die Sklaven amüsieren'" (Wilde 1891, 60 f.).

Ein Aspekt des damals philanthropisch oder religiös motivierten Impulses zur Überwindung der tiefgreifenden Klassengegensätze und der massenhaften Verelendung war, dass man Armut weniger als materielles und vielmehr als moralisches Problem ansah, und zwar nicht nur als eines der bürgerlichen Kälte, sondern auch eines der Entmoralisierung des Subproletariats (vgl. dazu und zum folgenden Sachße 1994, 116 ff. und 228 ff.). Das Ethos des Helfens spielte hier eine durchaus zwiespältige Rolle, denn während die Bildungsarbeit der Settlements „die Kluft zwischen besitzenden und nicht besitzenden Klassen zu überwinden suchte, so riss sie zugleich eine neue innerhalb der Armutsbevölkerung selbst auf" (Sachße 1994, 124). In diesem Sinn betont auch C. Wolfgang Müller, „dass an der Wiege der so genannten Methoden der Sozialarbeit nicht die Ver-Beruflichung und Professionalisierung einer bis dahin spontanen mit-menschlichen Hilfstätigkeit stand, sondern ihr Gegenteil: die Funktion der Trennung zwischen ‚guten' und ‚schlechten' der Hilfe Bedürftigen, die Substitution spontaner Barmherzigkeit durch die professionelle Entscheidung, wer im Interesse der Herstellung der Persönlichkeitsstruktur des (damals) modernen Lohnarbeiters Hilfe erhält und wem sie verweigert werden soll" (Müller 1988, 18 f.).

Die englische Settlement-Bewegung griff nachhaltig auf die USA über, wo sie vor allem im Sinn der Hilfe für die Integration von Migranten weiterentwickelt wurde. Auch in Deutschland wurden diese philanthropischen Ideen intensiv wahrgenommen, wenn auch weniger praktisch umgesetzt. Andererseits waren hier schon in den 1830er und 1840er Jahren Einrichtungen der Armen- und Jugendfürsorge entstanden, die sich ebenfalls auf das christliche Ethos der Nächstenliebe beriefen. Beispielhaft sei hier Johann Hinrich Wicherns Gründung des Rauhen Hauses in Hamburg verwiesen, in dem streunende und verwahrloste Jugendliche betreut wurden. Symptomatisch ist auch die ebenfalls von Wichern angestoßene Gründung der evangelischen Inneren Mission als Reaktion auf die Revolutionsereignisse von 1848, mit der den Ideen des Sozialismus und Atheismus entgegengesteuert werden sollte. (1848 war auch das Erscheinungsjahr des *Kommunistischen Manifests* von Marx und Engels.)

Die führenden Vertreterinnen der bürgerlichen Frauenbewegung und Vordenkerinnen der Sozialen Arbeit im deutschen Kaiserreich wie Jeanette Schwerin (1852–1899) oder Alice Salomon (1872–1948) waren stark von Carlyle und Ruskin beeinflusst. Von diesen übernahmen sie den moralischen Appell an die damals üblicherweise berufslosen Damen und höheren Töchter des gutsituierten Bürgertums, ihren „weiblichen Parasitismus" zu überwinden und sich dem Dienst am notleidenden Volk zu widmen. Es ging darum, die weibliche Jugend des Bürgertums im „Kampf zwischen individualistischen und sozialen Anschauungen [...] auf die Seite der sozialen Gesinnung zu ziehen" (Salomon 1910, 124), wobei Salomon diese „soziale Gesinnung" mit einem heute nur noch schwer erträglichen Pathos der selbstlosen Hingabe, des bedingungslosen Dienens, der Kraft des Mitleidens und des Zurückstellens persönlicher Motive einforderte.

In den Lehrprogrammen der von Salomon und anderen gegründeten ersten Schulen für die fachliche Ausbildung von Fürsorgerinnen in Deutschland wurden diese ethischen Ziele mit den schon seit den 1890er Jahren sichtbaren Tendenzen zur methodischen Rationalisierung und Verwissenschaftlichung in der damaligen privaten und kommunalen Fürsorge verbunden. Es ging demnach einerseits um die Vermittlung von Wissen, andererseits um die Bildung des Gewissens, um die Erziehung und Bildung zur sozialen Verantwortung für die Unterprivilegierten. Die Soziale Arbeit sollte, wie bei den Settlements, nicht nur in Beratung, Erziehung und Betreuung, sondern auch in moralischer Besserung der Hilfeempfänger bestehen. Die Herstellung einer sozialen Gesinnung bei den Helferinnen konnte freilich nicht nur durch die Vermittlung ethischen Wissens erfolgen, vielmehr erhoffte sich Salomon das Entscheidende hier durch das gemeinschaftliche Zusammenleben von Lehrerinnen und Schülerinnen. Die einerseits fachliche, andererseits ethische Bildung sollte vor allem ehrenamtlich tätigen Frauen zugutekommen. Salomon sah einen inneren Widerspruch zwischen für die sozialen Hilfsdienste erforderlichen mütterlichen Qualitäten und dem Prinzip der bezahlten Berufstätigkeit, konnte sich aber der Tendenz zur letzteren auf Dauer nicht widersetzen.

In der Zeit der Weimarer Republik entwickelten sich die Ausbildungsstätten unter völlig veränderten gesellschaftlichen Bedingungen immer mehr zu Berufsfachschulen. Zwar waren die alten Ideale einer ethischen Bildung der Gesamtpersönlichkeit immer noch Bestandteile ihrer Programmatik, aber sie verloren doch immer mehr an sozialen und institutionellen Grundlagen. Während Salomon den Beruf der Wohlfahrtspflegerin als „Eignungsberuf" mit einer einzigartigen „sozial-sittlichen Höhenlage" proklamierte, wurde dieser tatsächlich immer mehr zu einem Beruf wie jeder andere. Damit verlor aber das von den sozialen Idealisten geforderte Ethos seine Basis. Das Ausbildungsfach „Berufsethik schrumpfte zu einem Spezialfach neben anderen Fächern. Diese Ethik war kaum mehr als der Import von einigen sozusagen leichter verdaulichen Brocken der allgemeinen philosophischen Ethik. Damit konnte die Kehrseite der beruflichen Fachlichkeit und Sachlichkeit, die Unterminierung des moralisch motivierten Engagements, kaum noch ausgeglichen werden. Ansätze zu einer eigentlichen Professionsethik der Sozialen Arbeit, die eine gegenüber früher völlig veränderte Bedeutung erhielt, konnten erst mit der wachsenden Professionalisierung seit den 1970er und 1980er Jahren aufkommen.

Mit der Professionalisierung der Sozialen Arbeit wird aus dem Ethos des sozialen Engagements eine Ethik der sozialen Verantwortung und der Schadensbegrenzung institutionellen Handelns sowie eine Ethik der Menschenrechte der von diesem Handeln Betroffenen. Neben der sozialethischen Rechtfertigung und Zielbestimmung der Sozialen Arbeit geht es um das Wecken einer Bereitschaft zur Verantwortungsübernahme, durch die die Klienten vor der Machtwillkür ausufernder Bürokratien geschützt werden sollen.

Die Professionsethik der Sozialen Arbeit ist vor allem eine Verantwortungsethik. Verantwortung ist eine so genannte dreistellige Beziehung: Wenn man nach Verantwortung fragt, dann ist zu bestimmen, (1) *wer* (das heißt auch gegebenenfalls welche Mehrzahl von Handelnden in Institutionen) (2) *wofür* (das heißt für welches Handeln in welchen Bereichen) (3) *wem gegenüber* (das heißt welcher Person oder Instanz gegenüber) verantwortlich ist. Die Auffassung über dieses „Wem-gegenüber", über die Instanz, die der Sozialen Arbeit ihren Auftrag gibt und deshalb Rechenschaft verlangt, hat sich geschichtlich grundlegend verändert, woran ebenfalls der Zusammenhang von Professionalisierung, Autonomiezuwachs und Herausbildung einer Professionsethik deutlich wird.

7.3 Vom Doppelmandat zum Tripelmandat der Sozialen Arbeit

Bezeichnet man den Auftrag, auf Grund dessen die Soziale Arbeit tätig ist, als „Mandat" (das heißt als Einrichtung einer generellen Vertretung ohne spezielle Handlungsanweisungen), dann stützten anfangs die sozialen Idealisten der Settlement-Bewegung oder der sozialen Hilfsdienste im Sinne Salomons ihr Mandat auf ein religiös oder philosophisch geprägtes Ethos der sozialen Gemeinschaft. In dem Maße, in dem die Soziale Arbeit dann zur Berufsarbeit wurde, wurde die Gesellschaft in Gestalt des Staates zum Mandatgeber der Sozialen Arbeit. Dieser wurden die Aufgaben erteilt, die Tendenzen von Verwahrlosung und Gesetzlosigkeit zurückzudrängen, die an den Rand Gedrängten in die Gesellschaft zu integrieren und auf diese Weise zu einem reibungslosen Funktionieren der Gesamtgesellschaft beizutragen. In erster Linie ging es darum, die Hilflosen und Abweichenden zu kontrollieren.

Freilich war dies nachhaltig nur möglich, indem man sie dabei materiell und beratend unterstützte, um ihnen so auf Dauer ein möglichst selbständiges Leben mit sozial nützlicher Arbeit zu ermöglichen. Die Soziale Arbeit konnte als Kontrolle auf Dauer nur funktionieren, wenn sie zugleich als Hilfe wirkte. Um aber Hilfe nachhaltig leisten zu können, mussten die geeigneten Methoden in ihrer Wirkungsweise erforscht und systematisiert werden. Auf diese Weise bildete sich das heraus, was dann später, 1973, von Lothar Böhnisch und Hans Lösch als „doppeltes Mandat" der Sozialen Arbeit bezeichnet wurde. Das doppelte Mandat von Hilfe und Kontrolle bezeichnet das zentrale Strukturmerkmal der Sozialen Arbeit, dem zufolge die Fachkräfte angehalten sind, „ein stets gefährdetes Gleichgewicht zwischen den Rechtsansprüchen, Bedürfnissen und Interessen der Klienten einerseits und den jeweils verfolgten sozialen Kontrollinteressen seitens öffentlicher Steuerungsagenturen andererseits aufrecht zu erhalten" (Böhnisch/ Lösch 1973, 368).

Der Staat bzw. seine Instanzen geben der Sozialen Arbeit einen gesetzlichen Rahmen und damit Zwecke und Ziele ihrer Tätigkeit vor. Damit wird auch festgelegt, welche Betroffenen welche Leistungen erhalten. Für diese werden aus Steuermitteln materielle und finanzielle Ressourcen bereitgestellt. Bei der Entscheidung, in welche Mittel die Soziale Arbeit diese Ressourcen umsetzt und wie sie sie einsetzt, sind die Einrichtungen der Sozialen Arbeit jedoch weitgehend autonom. Denn ihre Dienstleistungen erfordern weitgehend einen persönlichen und empathischen Einsatz und lassen sich nicht auf die Durchführung von Verordnungen reduzieren. Soziale Arbeit ist zumeist institutionell gebunden und enthält zugleich Spielräume, innerhalb derer sie die legitimen Ansprüche ihrer Klientel unter Umständen auch gegen die ‚Logik' der Verwaltung, aber innerhalb ihrer, zu vertreten hat. Zwar erteilt nach wie vor die Gesellschaft mittels der politischen Instanzen und der Organe der freien Wohlfahrt der Sozialen Arbeit das Mandat, aber indem die Hilfe gleichrangig neben die Kontrolle tritt, werden die Hilfeempfänger selbst gleichsam zu virtuellen Mandatsgebern.

Allerdings bleibt beim „doppelten Mandat" immer noch offen, welches Gewicht hier jeweils Kontrolle und Hilfe einnehmen. Betrachtet man dagegen die ethische Legitimation der Sozialen Arbeit im historischen Überblick, dann kann man eine Gewichtsverlagerung von der Kontrolle (im Interesse des Staates oder der Gesellschaft) über die Konzeption einer Balance hin zu einer Vorrangstellung der Hilfe feststellen. Bezieht man sich zum Beispiel auf eine neuere Proklamation der *International Federation of Social Workers* aus dem Jahre 2005, dann findet man dort das Wohlbefinden der Betroffenen als oberstes Ziel der Sozialen Arbeit: „Soziale Arbeit als Beruf", so die Definition des IFSW, „fördert den sozialen Wandel und die Lösung von Problemen in zwischenmenschlichen Beziehungen, und sie befähigt die Menschen, in freier Entscheidung ihr Leben besser zu gestalten. Gestützt auf wissenschaftliche Erkenntnisse über menschliches Verhalten und soziale Systeme greift soziale Arbeit dort ein, wo Menschen mit ihrer Umwelt in Interaktion treten. Grundlagen der Sozialen Arbeit sind die Prinzipien der Menschenrechte und der sozialen Gerechtigkeit" (IFSW 2005).

Wie aber soll die Soziale Arbeit zwischen ethisch legitimen und nicht legitimen Ansprüchen einerseits der Gesamtgesellschaft gegenüber den Klienten, andererseits der Klienten gegenüber den gesellschaftlichen Instanzen der Hilfeleistung unterscheiden? Hier ist sie in ihrer professionellen Autonomie letztlich wiederum auf ethische und fachliche Maßstäbe angewiesen, ist also in gewisser Weise zu einer Wiederaufnahme ihrer anfänglichen ethischen Impulse genötigt, nur dass diese sich in die heutigen Gegebenheiten des doppelten Mandats einfügen müssen. Die Definition des IFSW verweist in diesem Zusammenhang auf die „Prinzipien der Menschenrechte und der sozialen Gerechtigkeit". In dieser Perspektive tritt an die Stelle der vormaligen Balance nun ein neuer Vorrang, nämlich der der Hilfe vor der Kontrolle. Das heißt, dass die Interessen der Hilfsbedürftigen, sofern sie durch die Prinzipien der Menschenrechte und der sozialen Gerechtigkeit gestützt sind, Vorrang vor den Interessen des Staates an der Kontrolle der Abweichenden haben. Das Mandat im ursprünglichen Sinne einer Beauftragung von außen wird zum Sekundärmandat.

In der praktischen Arbeit heißt dies für die professionell Tätigen, dass sie bei Konfliktlagen zwischen den beiden Mandaten eine Güterabwägung der legitimen Interessen aller Betroffenen vornehmen müssen, und dass im Falle eines

Gleichgewichts die Interessen ihrer Klientel Vorrang haben, die sie gleichsam anwaltlich gegen andere Interessen zu vertreten haben. Die Soziale Arbeit kann aber die Kriterien für diese unter Umständen sehr komplexe Abwägung weder den staatlich vorgegebenen Rahmenbedingungen noch den subjektiven Interessen ihrer Klienten unmittelbar entnehmen, sondern muss hier auf sie fachlichen und ethischen Standards ihrer Profession selbst zurückgreifen.

Statt von einem doppelten Mandat kann man deshalb mit Silvia Staub-Bernasconi von einem „Tripelmandat" sprechen:

„Neben der Verpflichtung gegenüber den AdressatInnen Sozialer Arbeit und dem Träger als Repräsentant der Gesellschaft besteht für eine Profession auch eine Verpflichtung gegenüber der Profession als solcher. Diese Verpflichtung beinhaltet den Bezug auf wissenschaftsbasierte Methoden sowie auf den (inter)nationalen Berufskodex der Sozialarbeitenden, der auch die Verpflichtung zur Einhaltung und Durchsetzung der Menschenrechte enthält. Das Tripelmandat macht des Weiteren die Unterscheidung zwischen legalen (gesetzeskonformen) und legitimen (ethisch begründeten, u. a. menschenrechtskonformen) Forderungen, Verfahren und Gesetzgebungen möglich. Daraus ergibt sich ein unabhängiges, drittes Mandat für selbstdefinierte Aufträge seitens der Profession – zum einen unabhängig von illegitimem gesellschaftlichem Konformitätsdruck, zum andern unabhängig von illegitimen Ansprüchen der AdressatInnen" (Staub-Bernasconi 2007, 36 f.).

7.4 Formen der Professionsethik

Während die Auffassung, dass es sich bei der Sozialen Arbeit heute um eine Profession im engeren Sinn handle, nach wie vor umstritten ist, ist ihr doch eine Professionsethik, die anerkanntermaßen zu den Merkmalen einer Profession gehört, nicht mehr abzusprechen. Diese liegt in der Gegenwart zunächst

1. in Form von Prinzipienkatalogen oder berufsbezogenen Ethik-Kodizes vor, die von nationalen und internationalen Berufsverbänden formuliert wurden. So gibt es beispielsweise die „Berufsethischen Prinzipien" des DBSH, des Deutschen Berufsverbandes für Soziale Arbeit e. V., oder die „Erklärung der Prinzipien/Ethik in der Sozialen Arbeit" der IFSW, der International Federation of Social Workers, und der IASSW, der International Association of Schools of Social Work. Diese jeweils auf wenige Seiten beschränkten Grundsätze können aber nicht mehr als abstrakte Normenformulierungen enthalten, deren konkrete Bedeutung und Anwendung in der Praxis weitgehend offenbleiben muss.
2. Die Professionsethik besteht deshalb darüber hinaus in Form der theoretischen Reflexion der ethischen Probleme, die mit der Sozialen Arbeit zusammenhängen. Sie ist damit eine auf ein spezielles Praxisfeld bezogene wissenschaftliche Disziplin. Sie befasst sich nicht nur mit dem beruflichen Handeln im engeren Sinn, das heißt mit dem sozialarbeiterischen Handeln gegenüber

den Klienten, sondern bezieht sich in einem weiteren Sinn auf das gesamte Umfeld, auf die Beziehung der Sozialarbeiterin mit anderen Professionellen des Teams, der eigenen Einrichtung oder anderer Institutionen sowie mit der Situierung der Sozialen Arbeit im gesellschaftlichen Rahmen, also mit dem gesellschaftlichen Auftrag der Sozialen Arbeit und ihrer Legitimation.

3. Und noch in einer dritten Bedeutung ist gelegentlich von „Professionsethik" die Rede, nämlich im Sinn eines nicht berufspolitisch und wissenschaftlich intersubjektiv diskutierten, sondern subjektiv gehandhabten ethischen Deutungsmusters. Dieses liegt in der Regel nicht ausdrücklich und ausformuliert vor, sondern ist als implizites Muster des Wahrnehmens, Empfindens und Handelns Teil der beruflichen Identität der Handelnden, die von ihrer persönlichen Identität nicht strikt zu trennen ist. Die einzelnen Berufstätigen legen sich im Laufe der Zeit Schemata zurecht, mit deren Hilfe sie ihrem Handeln auch über Krisen hinweg eine innere Stimmigkeit verleihen. Diese Art individueller Berufsethik dient vor allem dazu, die eigene berufliche und persönliche Identität angesichts der Unsicherheiten, die dem Handeln innewohnen, zu sichern.

Diese drei Formen ethischen Wissens – Kodizes von Berufsverbänden, ein spezieller Wissenschaftsbereich, ein subjektives Bild des eigenen Tuns – haben ihre je eigene Berechtigung und Autonomie und sind doch nicht unabhängig voneinander. Ein Kodex muss abstrakt genug formuliert sein, um im Prinzip alle für die Praxis dringlichen Teilbereiche zu umfassen, kann aber aus eben diesem Grund kaum mehr darstellen als einen Katalog des in Zweifelsfragen jeweils zu Berücksichtigenden. Ethische Theorien müssen in ihren Frage- und Verknüpfungsmöglichkeiten ohne äußere Beschränkung sein, um Grundsatzfragen voranzutreiben, und können eben deshalb für die unter Zeit- und Handlungsdruck arbeitenden Praktikerinnen nur noch bruchstückhaft aufgenommen werden. Die Praxis muss ihrerseits in erster Linie verlässliche Routinen entwickeln, ohne sich jederzeit von fachwissenschaftlichen Neuerungen und ethischen Reflexionen verunsichern zu lassen.

Andererseits sind diese drei Bereiche durch ihr übergreifendes, gemeinsames Ziel einer sozialen Inklusion der Klienten, aufeinander bezogen. Für eine Professionsethik der Sozialen Arbeit heute heißt dies, dass sie nicht mehr, wie einst zu Alice Salomons Zeiten, moralisierende und letztlich uneinlösbare Ansprüche verkündet, die den alltäglichen Praxisvollzug entweder vergolden oder frustrieren, sondern sich in ein enges Verhältnis zur Fachlichkeit setzt, um von dort aus ein Verständnis für die in der Praxis selbst enthaltenen professionsethischen Ansprüche und die Möglichkeiten und Schwierigkeiten ihrer Umsetzung zu fördern.

7.5 Die Berufsfeldstruktur der Sozialen Arbeit

Bei der Professionsethik geht es letztlich um die eine ethische Grundhaltung, die sich in den verschiedenen sozialarbeiterischen Aufgaben niederschlägt. Das Tätigkeitsfeld von Sozialpädagoginnen oder Sozialarbeitern ist heute bekanntlich äußerst vielfältig. Geht man, um es zu gliedern, von den Klienten aus, mit denen es die professionell Handelnden zu tun haben, dann reicht das Spektrum von Kindern bis Senioren durch alle Altersgruppen. Ebenso vielfältig sind die Aufgaben der Arbeit mit diesen. Es geht um Persönlichkeitsentwicklung, Qualifikation, Unterstützung bei der notwendigen Reproduktion, Rehabilitation oder Resozialisierung. Dabei haben es die in der Sozialen Arbeit Tätigen nicht nur unmittelbar mit den Klienten zu tun, sondern auch mit Strukturen, indem sie den Klienten andere Dienstleistungen vermitteln oder deren Finanzierung sichern.

Neben diesen fallbezogenen Arbeiten hat die Soziale Arbeit auch fallübergreifende Aufgaben zu bewältigen, zum Beispiel indem sie ihre eigenen Prozesse oder Strukturen durch Teambesprechungen und Supervisionen reflektiert oder weiterentwickelt. Wie lässt sich diese Vielfalt zum Zweck einer Übersicht über die unterschiedlichen professionsethischen Problemstellungen sinnvoll gliedern?

Für eine praktikable Gliederung der professionsethischen Problemfelder, in der um der nötigen Allgemeinheit willen von den spezifischen Aufgaben der in diesen Berufen Tätigen zu abstrahieren ist, greife ich (in abgewandelter Form) auf ein Schema des Berufsfeldes der Sozialen Arbeit zurück, das Hermann Baum seiner Ethik sozialer Berufe (1996, 19) vorangestellt hat.

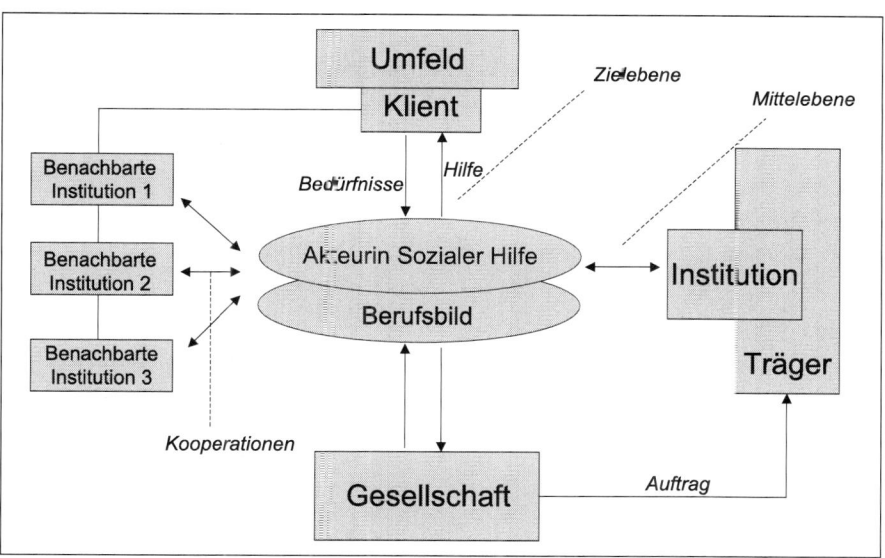

Abb. 2: Berufsfeldstruktur der Sozialen Arbeit

Im Mittelpunkt dieser Gliederung steht die berufliche Akteurin. Sie befindet sich im Schnittpunkt einer vertikalen und einer horizontalen Achse, wobei die vertikale Achse die Zielebene bzw. die Adressaten der Sozialen Arbeit und die horizontale Achse die Mittelebene bzw. die in der Sozialen Arbeit erforderlichen Kooperationen darstellt.

a) Die Sozialarbeiterin leistet den *Klienten* Hilfe. Diese geht auf Bedürfnisse der Klienten ein, so dass sich Hilfeaktionen und Bedürfnisse soweit entsprechen, soweit es ein einsprechendes Gesetz oder eine andere Handlungsgrundlage vorsehen. Die Hilfe muss gegebenenfalls nicht nur auf die individuellen Klienten, sondern auch auf deren soziales Umfeld, zum Beispiel Familie oder Wohnverhältnisse, abgestellt werden. Hier geht es um fallbezogene Soziale Arbeit, die teils auf eine Veränderung des Klientensystems (zum Beispiel durch Erziehungsberatung), teils auf die Erschließung des Leistungssystems (zum Beispiel durch Finanzierung von Dienstleistungen) zielt.

b) Auf der anderen Seite stellt auch die *Gesellschaft* gewissermaßen eine Adressatin der Sozialen Arbeit dar, insofern die Sozialarbeiterin auf Grund eines gesellschaftlichen Mandats tätig wird. Sie handelt im Auftrag der Gesellschaft und im Sinn gesamtgesellschaftlicher Funktionsinteressen. Dabei übernimmt die Soziale Arbeit auch Aufgaben, die aus dem gesellschaftlichen Leistungssystem selbst entspringen. Es geht entweder um fallbezogene Arbeit (zum Beispiel wenn Klienten bei der Durchsetzung ihrer Rechte gegenüber Anderen unterstützt werden) oder auch um fallübergreifende Arbeit (zum Beispiel bei Teamsupervision, Organisationsentwicklung oder fachpolitischer Einflussnahme). Die Aufspaltung der vertikalen Dimension in eine Dienstleistung (a) zugunsten von Klienten und (b) zugunsten der Gesellschaft als Ganzer entspricht dem „Doppelmandat" der Sozialen Arbeit: Es geht einerseits um eine Hilfeleistung für die Klienten, andererseits um einen Kontrollauftrag seitens der Gesellschaft.

c) Demgegenüber symbolisiert die horizontale Achse des Schemas die Ebene der Mittel bzw. den Funktionsbereich der Sozialen Arbeit. Er ist ebenfalls zweifach ausgerichtet, nämlich extern und intern institutionenbezogen. (Der Übersichtlichkeit halber werden diese beiden Aspekte zu dem einen der institutionellen Kooperationen zusammengefasst.) Soziale Arbeit erfordert vielfach die Kooperation mit anderen, ‚benachbarten' Institutionen wie Schule, Gericht, Polizei, medizinische Einrichtung, Pflegeeinrichtung, kommunale Behörden. Dies ist ihr *extern-institutioneller* Bezug. Die Soziale Arbeit ist darauf strukturell bezogen, insofern sie Probleme aufgreift, die von diesen Institutionen selbst nicht gelöst werden können. Ebenso ist die Soziale Arbeit aber auch auf andere Institutionen angewiesen, weil ihre eigenen Ressourcen häufig nicht ausreichen. Aus beiden Gründen benötigen Sozialarbeiterinnen ein entsprechendes multidisziplinäres Verweisungswissen Sie müssen zum Beispiel wissen, welche sozialen Folgen eine psychiatrische Einweisung hat und wie sich diese für die Betroffenen abfedern lassen. – Auf der anderen Seite der horizontalen Achse ergibt sich der *intern-institutionelle* Bezug daraus, dass die professionell Tätigen in der Regel nicht allein, sondern als Mitglieder von Teams und im Rahmen und im Auftrag von sozialen Einrichtungen arbeiten. Hinter diesen stehen weiterhin öffentliche oder private Träger, die ihr übergreifendes gesellschaftliches Mandat auf Grund gesetzlicher Vorschriften und mittels öffentlicher Finanzierung erhalten. Mit diesen verschiedenen Instanzen haben es die Akteure der Sozialen Arbeit zumeist eher indirekt zu tun.

d) Schließlich ist die Sozialarbeiterin im Zentrum des Schemas doppelt eingezeichnet, nämlich einerseits als professionell Handelnde in konkreten Interaktionen, andererseits als Repräsentantin ihrer Profession. Zur Professionalität gehört ja, wie oben ausgeführt wurde, dass sie in Praxis und Theorie fachliche und ethische Standards entwickelt, die im Sinne des „Tripelmandats" der Sozialen Arbeit zur systemisch autonomen Einschätzung von Anforderungen seitens anderer Funktionssysteme und auch seitens der Hilfeempfänger taugen. Diese kulturell überlieferten, aber gegebenenfalls auch neu zu verhandelnden Standards kristallisieren sich zu einem *Berufsbild* der Sozialen Arbeit. An ihm müssen sich die konkreten Handlungen der Sozialarbeiterin messen lassen. So gibt es beispielsweise den zum Berufsbild gehörenden ethischen Selbstanspruch der fachlichen Fortbildung oder auch der Verantwortung für das öffentliche Ansehen des Berufsstandes.

Ergänzend und die schematischen Unterteilungen weiter erläuternd greife ich auf eine Unterteilung von Burkhard Müller (1993, 31 ff.) zurück. Müller vertritt die These, dass sozialpädagogisches bzw. sozialarbeiterisches Handeln drei Aspekte hat, die er „Fall mit", „Fall von" und „Fall für" nennt (wobei diese Aspekte im konkreten Handeln unterschiedliche Gewichtungen aufweisen können). Diese drei Aspekte entsprechen den ersten drei, unter (a), (b) und (c) genannten Bereichen des sozialarbeiterischen Berufsfeldes. (Da Müller sich auf die Analyse der professionellen Fallarbeit konzentriert, spielen die beiden verbleibenden Bereiche (d) intern institutioneller Bezug und (e) Berufsbild für seine Darstellung keine Rolle.)

a) *Fall mit*: In jedem professionell zu bearbeitenden Fall, insbesondere in der sozialpädagogischen Arbeit, geht es um die Arbeit *mit* einem Betroffenen. Bei der Interaktion mit dem Klienten lässt sich die Sozialarbeiterin im Rahmen fachlichen Handelns zugleich auch in einem bestimmten Maß auf ein zwischenmenschliches Verhältnis ein. Dieses Maß wird oft als erforderliche Balance zwischen Nähe und Distanz beschrieben: zwischen einem notwendigen Sich-Einbringen, Verstehen und Mitfühlen einerseits und einem ebenso notwendigen Sich-Abgrenzen, Beobachten und Grenzen-Setzen andererseits. Bei der Reflexion dieser Handlungsdimension geht es um Fragen wie: Was mache ich mit dem Klienten? Was macht der Klient mit mir? Was können wir zusammen machen?

b) *Fall von*: Sozialarbeiterisches Handeln ist auch immer eine Art Verwaltungshandeln, insofern es einem gesamtgesellschaftlichen Auftrag folgt. Dieser Auftrag ist allgemein in Gesetzen, Verordnungen und Hilfeprogrammen beschrieben, wobei dem Sozialen Hilfesystem ein gewisser Interpretationsspielraum verbleibt, ob und wie sich die individuellen Hilfebedürfnisse und institutionellen Aktionen als Erfüllung der Gesetze und Verordnungen verstehen lassen. Auf diese Weise ist jeder sozialarbeiterische Fall auch ein „Fall von", zum Beispiel ein „Fall von" Hilfen für Menschen mit Behinderungen zur Teilhabe am Leben in der Gesellschaft nach SGB IX.

c) *Fall für*: Sozialarbeiterische Fälle sind sehr oft auch Fälle für andere Institutionen, zum Beispiel ein Fall für die Psychiatrie, ein Fall für die Justiz usw. Dabei kann sich entweder die andere Einrichtung der Sozialen Arbeit bedienen, indem diese ergänzend tätig wird (ein Schulsozialarbeiter in einer Schule kümmert sich um verhaltensauffällige Schüler) oder die Soziale Arbeit übernimmt die Koordination verschiedener Dienste (eine Erziehungsberaterin stellt fest, dass eine weitergehende psychotherapeutische Hilfe angebracht ist, und leitet diese in die Wege).

7.6 Vier Bereiche der Professionsethik

Das hier erläuterte Schema der Berufsfeldstruktur ermöglicht es, das Gesamtgefüge Sozialer Arbeit aufzuschlüsseln und den verschiedenen Komponenten gleichsam ihren Ort auf einer imaginären Landkarte zuzuweisen. Dies ist freilich kein unbedingt befriedeter Ort. Vielmehr sind die im Schema aufgeführten Handlungsdimensionen zugleich Spannungsfelder widerstreitender Interessen und voneinander entkoppelter sozialer Teilsysteme. Eben deshalb aber bedarf es einer Professionsethik, die die widerstreitenden Interessen und Tendenzen bewertet. Auf Grund des Schemas lassen sich *vier professionsethische Bereiche* voneinander abgrenzen. Um die dort jeweils zu verortenden ethischen Fragen zu erläutern, beziehe ich mich zunächst, der Einfachheit halber, allein auf den Bereich der *Sollensethik*. Dazu werden jeder Handlungsdimension bestimmte typische ethische Pflichten und Verantwortlichkeiten zugeordnet. In den darauf folgenden Schritten werden dann entsprechende strebensethische und deskriptivethische Fragestellungen nachgetragen.

a) Der für die Sozialarbeiterin unmittelbar gegebene Tätigkeitsbereich ist der (im Schema obere vertikale Bereich) der Arbeit mit dem Klienten, des „Falls mit". Hinsichtlich möglicher professionsethischer Fragestellungen geht es hier um die individuelle Verantwortung für das eigene Handeln, sofern es sich auf das Wohlbefinden eines Gegenübers auswirkt, also um den klassischen Fall der *Individualethik*, angewandt auf ein berufliches Miteinander. Die Interaktion von Sozialarbeiterin und Klient ist hinsichtlich der Verteilung von Macht offensichtlich asymmetrisch strukturiert. Dient die Ethik nicht zuletzt der Begrenzung von Macht, dann gehören zur Individualethik des Klientenverhältnisses zum Beispiel Anforderungen der Fürsorglichkeit, der Achtung der Menschenwürde oder des Vermeidens von Diskriminierung.

b) Die berufsethischen Fragen, die sich auf Grund des gesellschaftlichen Mandats der Sozialen Arbeit stellen, sind *sozialethische* Fragen, die über die einzelne Fallbearbeitung hinausgreifen. Die Soziale Arbeit hat hier die ethische Verpflichtung, zur Förderung der allgemeinen Wohlfahrt beizutragen. Diese Pflicht impliziert aber auch das Recht, die unterschiedlichen gesellschaftlichen Interessen, die sich in der allgemeinen Wohlfahrt ausgleichen sollen, zu bewerten und in ein vernünftiges Verhältnis zu setzen. Dabei stellen sich Fragen wie: In welchem Verhältnis steht das Interesse eines ehemaligen Straftäters an Wiedereingliederung in die Gesellschaft zum Schutzinteresse dieser Gesellschaft vor Rückfall-Taten? Welche sozialethischen Prinzipien legitimieren die für die Finanzierung sozialarbeiterischer Hilfen notwendige Umverteilung von Steuermitteln? Sind die ethischen Grundprinzipien der Sozialen Arbeit,

Menschenwürde, Gerechtigkeit und Solidarität brauchbare Orientierungslinien für eine gesellschaftliche Ordnung?

c) Auch die Einbeziehung benachbarter Einrichtungen bei der Arbeit am „Fall mit" lässt sich der *Sozialethik* zuordnen, wobei hier aber der sozialethische Teilbereich einer *Institutionenethik* in den Blick kommt. Diese betrifft nicht nur externe, sondern auch interne institutionelle Beziehungen. Es geht also um ethische Verantwortlichkeiten einerseits gegenüber externen Kollegen, andererseits gegenüber internen Kollegen, Vorgesetzten und Untergebenen sowie weiteren Funktionsträgern (Achtung vor deren Kompetenzbereichen, Gesichtspunkte von Gerechtigkeit, Loyalität, Zuverlässigkeit). Dass sich hier besondere ethische Fragen stellen, kann man sich in Kürze am Begriff der Verantwortung klarmachen. In individualethischer Perspektive setzt Verantwortung ein Verantwortungssubjekt voraus, das über sein Handeln autonom entscheiden und dessen Folgen abschätzen kann. In Institutionen haben aber Handlungsabläufe eine Struktur, die die Autonomie der Handelnden mindestens teilweise außer Kraft setzt. Und da sich viele personengebundene Einzelhandlungen zu einer kollektiven Aktion bündeln, sind auch die Folgen für die Beteiligten oft nicht mehr überschaubar. Daraus ergibt sich ein Verschieben der Verantwortung von einem Teilbereich auf den anderen und am Ende oft ihre scheinbare Verflüchtigung.

d) In einer weiteren *individualethischen* Dimension hat die Sozialarbeiterin auch sich selbst gegenüber, insofern sie einer Profession angehört, eine ethische Verantwortung. Sie muss die ethischen Standards ihrer Profession bei der Abwägung der Interessen von Klienten und Betroffenen wie auch bei möglichen Konflikten zwischen unterschiedlichen fachlichen Standpunkten zur Geltung bringen. Um dem fortgeschrittenen Stand der Fachlichkeit zu genügen, hat sie die ethische Verpflichtung der beruflichen Integrität und der Fortbildung. Bei ihrem Handeln hat sie auch das Berufsbild der Sozialen Arbeit in der Öffentlichkeit im Blick zu behalten und sein Ansehen nicht zu beschädigen, sondern nach Kräften zu fördern.

Tab. 3: Die vier sollensethischen Teilbereiche der Professionsethik

	Individualethik	**Sozialethik**
Sollensethik	a) Ethik der Verantwortung gegenüber Klienten (Fall mit) d) Ethik der Verantwortung gegenüber der Profession	b) Ethik des Hilfesystems der Sozialen Arbeit (Fall von) c) Ethik der Verantwortung in der institutionellen Kooperation (Fall für)

Diese vier sollensethischen Teilbereiche sind nun weiterhin durch entsprechende *strebensethische* Problemstellungen zu ergänzen. In strebensethischer Perspektive geht es nicht um Verpflichtungen, sondern um Klugheitsregeln und Empfehlungen, die zum langfristigen Wohlergehen beitragen. Und zuletzt können wir davon noch die *deskriptiv-explanatorische* Dimension der Ethik unterscheiden und entsprechend den vier genannten Bereichen zuordnen. In dieser Dimension geht es nicht um ethische Bewertungen von Handlungsformen, sondern um die empirische Bestandaufnahme von Moraleinstellungen und um Versuche ihrer Erklärung. Die im folgenden Schema dargestellte Auflistung sollens- und strebensethischer sowie deskriptiv-explanatorischer Bereiche erlaubt eine im Arbeitsfeld begründete, systematisch umfassende Verortung von professionsethischen Fragestellungen.

Tab. 4: Systematische Verortung der professionsethischen Teilbereiche

	Individualethik	**Sozialethik**
Sollensethik	a) Ethik der Verantwortung gegenüber Klienten (Fall mit) d) Ethik der Verantwortung gegenüber der Profession	b) Ethik des Hilfesystems der Sozialen Arbeit (Fall von) c) Ethik der Verantwortung in der institutionellen Kooperation (Fall für)
Strebensethik	a) Ethik des gelingenden Lebens d) Ethische Reflexion der eigenen Motivation zum Beruf	b) Ethik der Wertedimension der Sozialen Arbeit c) Ethik der gelingenden professionellen Kooperationen
Deskriptivexplanatorische Ethik	a) Untersuchungen zur Klientenmoral und zu moralischen Einstellungen von Sozialarbeitern d) Untersuchungen zur Ethik der Profession	b) Untersuchungen zu gesellschaftlichen Wert- und Normeinstellungen c) Untersuchungen zu institutionellen Moralkulturen

Gut zu wissen – gut zu merken

Der geschichtliche Ursprung aller berufs- und professionsethischen Prinzipien ist der Hippokratische Eid der Ärzteschaft. Die heutige Professionsethik der Sozialen Arbeit hat sich, ausgehend vom religiösen und philosophischen Ethos ehrenamtlicher Helferinnen und Helfer, zu einer Verantwortungsethik professionell tätiger Sozialarbeiterinnen entwickelt. Dieser Verantwortungsbegriff wird durch das Tripelmandat der Sozialen Arbeit gekennzeichnet. Auf der Grundlage der Berufsfeldstruktur der Sozialen Arbeit lassen sich vier Bereiche der Professionsethik der Sozialen unterscheiden: (a) Individualethik des Helfens, (b) Sozialethik des Hilfesystems, (c) Sozialethik der Kooperationen und (d) Individualethik des professionellen Selbstverständnisses. Jeder dieser Bereiche kann entweder in sollensethischer oder in strebensethischer oder in deskriptiv-explanatorischer Perspektive betrachtet werden.

Literaturempfehlung

Baum, Hermann (1996): Ethik sozialer Berufe. Paderborn: Schöningh.
Hering, Sabine/Münchmeier, Richard (2000): Geschichte der Sozialen Arbeit. Eine Einführung. Weinheim und München: Juventa.
Schlüter, Wolfgang (1995): Sozialphilosophie für helfende Berufe. München, Basel: Reinhardt UTB.

8 ZUR ENTWICKLUNG DER MORALISCHEN KULTUR

Was Sie in diesem Kapitel lernen können

Die Überzeugung, dass Andere, die uns fremd sind, in bestimmten Notlagen ein moralisches Recht auf Hilfe durch die Allgemeinheit haben, ist der sozialmoralische Hintergrund für die Institution der Sozialen Arbeit. Diese Überzeugung trat in der Geschichte der Zivilisationen in ganz unterschiedlichen Formen auf. In diesem Kapitel lernen Sie eine Unterteilung kennen, mit deren Hilfe man diese kulturelle Entwicklung aufschlüsseln kann. Sie erfahren weiterhin etwas über die sozialethische Grundlage der Sozialen Arbeit in der modernen, tendenziell globalisierten Gesellschaft. Dabei geht es insbesondere um die kulturelle Errungenschaft der Menschenrechte. Diese beanspruchen zwar eine universelle Geltung, müssen aber kulturspezifisch ausgefüllt werden.

8.1 Vom Partikularismus zum Universalismus in der Moral

Bisher wurde verschiedentlich gesagt, dass zum moralischen Handeln unter anderem auch ein verallgemeinerbares Ziel der wohlverstandenen Interessen der menschlichen Gemeinschaft gehört. Diese These ist allerdings insofern zu relativieren, als es sich dabei nicht um jede, sondern nur um eine bestimmte Art von Moral handelt, wie sie insbesondere für die Epoche der europäischen Moderne typisch ist, und die man in der Terminologie der philosophischen Ethik „universalistisch" (Allgemeingültigkeit beanspruchend) nennt. Auch wenn Moral nichts Einheitliches ist und die Moralen (im Plural) unterschiedlicher Kulturen oder Milieus sich dadurch unterscheiden, welche Werte und Normen jeweils Vorrang haben und wie sie inhaltlich konkretisiert werden, behauptet die universalistische Ethik doch, dass moralische Pflichten *im Prinzip* für alle Menschen gleichermaßen gelten (sollen) und dass alle Menschen gleichermaßen moralische Rücksicht verdienen.

Typisch dafür ist die Idee der Menschenrechte. Diese sind ursprünglich keine juristischen Rechte, sondern moralische Ansprüche, die dem Menschen „von Natur aus", also ohne jede weitere Bedingung, zukommen sollten. Menschenrechte gelten, ihrem moralischen Anspruch nach, nicht für Bürger eines bestimmten Staates, sondern für Menschen überhaupt, also universell, das heißt immer, überall und für alle ohne Ausnahme. Jedoch wissen die ethischen Universalisten, die die Menschenrechte für transkulturell gültig halten, auch, dass die Menschen im globalen Maßstab von der Verwirklichung einer universalistischen Moral der Menschenrechte noch weit entfernt sind. Unterdrückung von Minderheiten, Ausbeutung von Wehrlosen, Fremdenfeindlichkeit, vermeidbare

Krankheiten und Armut, Vertreibungen und andere Verhinderungen des Wohls der Menschheit im Ganzen sind allzu offensichtlich. Umso dringlicher formulieren sie aber den normativen Anspruch, praktisch daran zu arbeiten, das ideelle „Wir" der moralischen Gemeinschaft auf alle diejenigen auszudehnen, die Demütigungen, Leiden und Unrecht erfahren. Einklagbar sind die Menschenrechte nur dann, wenn sie nicht nur moralische Ansprüche bleiben, sondern zu juristisch formulierten Bürgerrechten werden.

Dies ist im Laufe der geschichtlichen Entwicklung der politischen Kultur zu gewissen Teilen auch geschehen, indem in Anlehnung an die Menschenrechte entsprechende Verfassungsrechte formuliert wurden. Der Preis dafür war allerdings ein Verzicht auf den strikten Universalismus. Denn juristische Gesetze sind an die Geltungsbereiche von Verfassungen, also an Staaten oder Staatengemeinschaften gebunden. So steht auch die Soziale Hilfe als staatlich institutionalisierte Leistung nicht auf eine universell-moralischer Weise allen Menschen gleichermaßen zu, sondern nur den Bürgern des jeweils eigenen Staates in dem durch die nationalen Gesetze geregelten Ausmaß.

Das Gegenteil von Universalismus ist Partikularismus. Akteure und Adressaten des partikular-moralischen Handelns sind die Mitglieder ein und derselben begrenzten Gemeinschaft. Das kann auch dazu führen – und so war es auch zumeist im Lauf der Menschheitsgeschichte –, dass Angehörige anderer Gemeinschaften aus dem Bereich der moralischen Anerkennung ausgeschlossen werden. Minderheiten und Fremde bzw. diejenigen, denen Fremdheit zugeschrieben wurde, hatten von den Zeiten der archaischen Gesellschaften bis in die Moderne hinein nicht dieselben moralischen und gesetzlichen Rechte wie die Angehörigen der dominanten Kultur. So waren in der europäischen Neuzeit oft Protestanten in katholischen Ländern, Katholiken in protestantischen Ländern und Juden in beiden Herrschaftsformen Bürger zweiter Klasse. Umgekehrt erscheint der Partikularismus heute, im Zeichen der Globalisierung der Lebensbedingungen, eher als eine defensive Position, indem er auf dem oft bedrohten und uneingelösten Recht von Individuen und kulturellen Minderheiten besteht, anders leben zu dürfen als die Mehrheit.

Das Bewusstsein von einer menschlichen Gemeinschaft als Ganzer ist in der Evolution erst relativ spät entwickelt worden. Die partikularistische Form der Moral ist sowohl in der menschlichen Gattungsgeschichte als auch in der Entwicklung des Einzelnen die ursprünglichere. Bei der Gemeinschaft kann es sich um die relativ kleine Gemeinschaft einer Familie oder eines Stammes, aber auch um die größere Gemeinschaft eines Volkes, eines Staates, einer Religion oder eines Kulturkreises handeln. Partikularistische Moralen leiten ihre Normen aus dem Wohlergehen der jeweiligen Gemeinschaft ab, dem die Individuen als Funktionsträger der Gemeinschaft strikt untergeordnet sind. Sie haben bestimmte Rollen zu erfüllen – als Mann oder Frau, Tochter oder Sohn, Krieger, Bauer oder Priester usw. –, durch die auch die Spielräume dessen festgelegt sind, was von ihnen moralisch erwartet wird.

Geht man evolutionär noch weiter zurück, dann stößt man auf biologische Wurzeln der Moral in der Instinktausstattung von Herdentieren und im Pflegeverhalten gegenüber dem lange hilflosen Nachwuchs. Ein Verhalten, das Tröstung und Dankbarkeit, Empathie und Gemeinschaftssinn gegenüber Mitgliedern der eigenen (Groß-)Familie auszudrücken scheint, wurde schon bei Menschenaffen beobachtet. Zentrale Bereiche des sozialen Verhaltens, die beim Menschen durch Moral eingezäunt werden, nämlich Aggressionsverhalten, Dominanzverhalten, Sexualverhalten und Partnerpräferenzen, ähneln sich strukturell bei Menschen und ihren nächsten Gattungsverwandten, den Schimpansen (vgl. Roth 2001, 84 ff.; 2007, 93 ff.). Das menschliche Gehirn ist zwar größer als das der Menschenaffen, ansonsten aber von diesem physiologisch nahezu ununterscheidbar.

Neurologisch gesehen ist die Moral beim Menschen in den limbischen Arealen der rechtshemisphärischen Großhirnrinde repräsentiert. Diese Areale verarbeiten die aus den unteren Ebenen des limbischen Systems aufsteigenden Impulse, haben aber auch die Funktion, diese zu hemmen. Generell werden hier Erfahrungen des Sozialverhaltens und der Konsequenzen des eigenen Handelns verarbeitet. In neurologischen Experimenten mussten sich Versuchspersonen entweder für ein gerechtes Miteinander mit mäßigem Eigengewinn oder allein für einen höheren Eigenvorteil entscheiden. Ein wichtiges Resultat dieser Forschungen war der Nachweis, dass Menschen sich keineswegs immer unmittelbar eigennützig verhalten, sondern dass in bestimmten Situationen Fairness wichtiger ist, nämlich dann, wenn sich auch die Anderen fair verhalten. Die Vorstellung, alles Verhalten sei letztlich egoistisch motiviert, ist empirisch nicht zu halten. Sie entspricht vor allem der kapitalistischen Wirtschaftsform. Die längste Zeit der Gattungsgeschichte war das Streben des Individuums dem Sozialen ein- und untergeordnet. Dieses Erbe trägt es nach wie vor als soziales Gefühl in sich. Die konflikthafte Spannung zwischen Altruismus und Egoismus ist erst ein Ergebnis der fortschreitenden Kulturentwicklung, durch die den Individuen zunehmend mehr Entscheidungen ermöglicht und abverlangt werden.

Während das Verhalten der Tiere physiologisch und instinktiv gesteuert ist, ist die Natur des Menschen zugleich durch ihre Kultur überformt. Diese ist der Ort einerseits der sozialen und psychischen Verletzbarkeit, der Möglichkeit der Erniedrigung des Menschen durch den Menschen, andererseits aber auch des moralischen Gegenhalts, des kommunikativen Ethos der Gegenseitigkeit und der Anteilnahme. Dieses Ethos war den weit überwiegenden Teil der Menschheitsgeschichte auf die Mikro- und Meso-Bereiche von Familie, Verwandtschaft, Nachbarschaft und Stamm beschränkt.

Die Soziale Arbeit als gesellschaftliche Institution konnte sich erst auf dem Hintergrund der moralischen Überzeugung etablieren, dass alle Menschen so etwas wie ein Grundrecht auf die Befriedigung ihrer Grundbedürfnisse haben, und dass soziale Benachteiligungen im Sinn einer möglichst für alle Bürger geltenden Chancengleichheit ausgeglichen werden sollten. Warum sich diese Überzeugung erst in der modernen Gesellschaft durchsetzen konnte, wird deutlich, wenn man die Moderne mit vorangegangenen Gesellschaftsformen vergleicht. Wir können zu diesem Zweck eine Einteilung, die Niklas Luhmann (1927–1998) vorgenommen hat, als Leitfaden verwenden. Luhmann untersucht in soziologischer Perspektive die „Formen des Helfens im Wandel gesellschaftlicher Bedingungen" (1973) und unterscheidet dabei drei kulturell-evolutionäre Stadien: archaische Gesellschaften, Hochkulturen und die moderne Gesellschaft. Diesen unterschiedlichen Gesellschaftstypen ordnet er verschiedene Motive, Formen und Auslöser der sozialen Hilfe zu (vgl. Tab. 5).

Tab. 5: Motive, Formen und Auslöser sozialer Hilfe in den unterschiedlichen Gesellschaftstypen (nach Niklas Luhmann)

	archaische Gesellschaften	hochkulturelle Gesellschaften	moderne Gesellschaft
Formen der gesellschaftlichen Differenzierung	segmentäre Differenzierung in gleichrangige Clans	stratifikatorische Differenzierung in ungleichrangige Stände	funktionale Differenzierung in autonome Teilsysteme
Motive der Hilfe	Rollenkonformität	Status (Ansehen), Moral (Barmherzigkeit), Religion (Gebote)	Sozialpolitik, soziale Programme
Formen der Hilfe	Gegenseitigkeit	Almosen	Organisation, Institution
Auslöser der Hilfe	Notlagen, die allen vertraut sind	Anblick der Not	Einordnung eines Falles in ein Hilfeprogramm

Nach Luhmann lässt sich somit ein sozial-evolutionärer Formwandel der Hilfeleistungen rekonstruieren. In ethischer Perspektive können wir dem einen Formwandel vom Partikularismus zum Universalismus der moralischen Weltbilder hinzufügen. Dabei müssen wir allerdings auch über Luhmanns Auffassung der Sozialen Arbeit hinausgehen, weil dieser dem Formwandel der Moral in der Moderne nicht ausreichend Rechnung trägt.

8.2 Soziale Hilfe in archaischen Gesellschaften

Die längste Zeit ihrer kulturellen Geschichte lebten die Menschen in kleinen Gruppen, in Stämmen, die über die Zugehörigkeit zu Verwandtschaft und Familie strukturiert waren. Die Gesellschaft wurde durch den Zusammenschluss von gleichrangigen Clans gebildet („segmentäre Differenzierung" der Gesellschaft), die von den Einzelnen Gefolgschaft einforderten und ihnen Schutz boten. In diesen *archaischen* (das heißt ursprünglichen) Gesellschaften waren die Solidaritätsgefühle durch die soziale Nähe zu den Adressaten der moralischen Hilfeleistungen und die Ähnlichkeit der Lebenslagen und bestimmt. Die Vielfalt der Bedürfnisse war relativ gering, und die möglichen Notlagen, die vor allem aus dem Mangel an Naturbeherrschung resultierten, waren allen Gesellschaftsmitgliedern vertraut. Das Überleben der Familien und Stämme hing davon ab, dass die Mitglieder der Gemeinschaft in Arbeit und Kampf solidarisch kooperierten.

Dadurch war auch die Reichweite der Solidarität auf die eigene Gruppe begrenzt. Ein Beispiel dafür liefert ein ethischer Kodex, wie er einem im letzten Jahrhundert immer noch steinzeitlich lebenden Stamm in Papua-Neuguinea zugeschrieben wurde. In dieser Sammlung von Anweisungen über das richtige Verhalten gegenüber den Stammesangehörigen, aber auch gegenüber Geistern, Zauberern und Ahnen, heißt es in Bezug auf Stammesfremde:

> *„Du sollst dich vor allem Fremden, insbesondere vor jedem fremden Menschen, hüten, denn jeder Fremde ist ein Feind, der dir gefährlich werden kann. Die Berührung mit ihm schadet immer. Freund ist nur der Sippengenosse. [...] – Du sollst deinem Sippengenossen in jeder Lage und in jedem Falle helfen und für ihn Partei ergreifen, ob er Recht oder Unrecht hat; aber deinem Feind und jedem Fremden sollst du jederzeit und in jeder Weise schaden"* (Bensch/Trutwin 1977, 23 f.).

Die partikularistische Moral macht einen grundsätzlichen Unterschied zwischen „Wir" und den „Anderen", wobei die Anderen nicht einfach weniger Rücksicht oder Fürsorge verdienen, sondern geradezu das Gegenteil, nämlich Schaden. Dieses Verhalten soll nicht unbedingt dem handelnden Individuum zugutekommen, sondern der Sippe, und diese ist eigentlich die Adressatin des moralischen Handelns, nicht ein Individuum. Diese Familien- und Gruppenbezogenheit der Moral gilt mehr oder weniger auch noch für die traditionalen Gesellschaften. Die persönliche Identität und der Spielraum moralischer Entscheidungen resultiert hier vor allem aus der sozialen Zugehörigkeit.

Eine solche Moral hat ihre sozialpsychologische Grundlage in dem Mechanismus der „Kategorisierung". Darunter versteht man einen automatisch einsetzenden kognitiven Prozess der Einteilung von Wahrnehmungen, durch den wir uns in der Umwelt zurechtfinden. Eine sehr einfache soziale Kategorisierung ist die Unterscheidung zwischen Eigen- und Fremdgruppe. Die Individuen bilden ihre Identität aus, indem sie sich mit der Eigengruppe zugehörig fühlen und die Fremdgruppe als andersartig wahrnehmen. In sozialpsychologischen Experimenten (ursprünglich anhand von Beobachtungen in Ferienlagern mit Jugendlichen) konnte gezeigt werden, dass zwischen zwei willkürlich zusammengestellten Gruppen Rivalität und sogar Feindschaft nur dadurch entstanden, dass die Anderen als „Andere" kategorisiert wurden, und ohne dass es um irgendwelche Interessengegensätze oder überhaupt reale Interaktionen gehen musste (vgl. Tajfel 1981). Die Tendenz ließ sich beobachten, Mitglieder der Eigengruppe zu bevorzugen und die der Fremdgruppe zu benachteiligen, auch wenn damit für den Handelnden keinerlei eigener Vorteil verbunden war.

Die partikularistische Moral ist demnach das Ergebnis einer psychischen Spaltung in Innen und Außen. In kriegerischen Situationen äußert sich diese Disposition in der oft zu beobachtenden Spaltung zwischen einer engen Bindung an Familie, Stamm oder Volk und auf der anderen Seite einem ausgeprägt rücksichts- und gnadenlosen Vorgehen gegen Andere. So wird der serbische General Ratko Mladić, der während des jugoslawischen Bürgerkrieges der 1990er Jahre für die Beschießung von Sarajewo und Belagerung von Srebrenica und dabei für die Ermordung von etwa 18 000 Bosniaken, das größte Kriegsverbrechen in Europa seit dem Zweiten Weltkrieg, verantwortlich war, als besonders fürsorglicher Familienmensch und Patriot geschildert (vgl. Follath 2011).

Ein besonders krasses Beispiel für einen hoch organisierten und zugleich hoch destruktiven Partikularismus stellt die nationalsozialistische Moral dar, nach der die eigene Rasse wertvoller sein sollte als andere, und die verschiedenen Rassen jeweils eigene moralische Rechte und Pflichten haben sollten. Wenn wir hier zögern, überhaupt von „Moral" zu sprechen, dann auf Grund unserer inzwischen universalistischen Prägungen. Versteht man unter Moral aber, in einer deskriptiv-explanatorischen Perspektive, ein System von Verpflichtungen, die durch Gefühle von Schuld und Empörung abgestützt werden, dann ist auch dem Rassismus eine Moral zuzuschreiben (vgl. Gross 2010). Die ursprüngliche Gruppenbezogenheit kehrt in der Moderne wieder in der verzerrten und destruktiven Gestalt der Verfolgung von Minderheiten und des Fremdenhasses. Während aber die exklusive Gruppenmoral bei den Papuas ihrer Lebensnotwendigkeit entsprach, dient sie heute, unter Bedingungen der Rechtsstaatlichkeit, allenfalls noch der Sicherung eigener materieller Privilegien gegen Minderheiten, der psychischen Kompensation von Benachteiligung oder einfach nur der falschen Befriedigung von Erlebnishunger und der Flucht vor Langeweile.

8.3 Soziale Hilfe in hochkulturellen Gesellschaften

Die Sippen- und Familienbezogenheit der partikularistischen Moral wurde im Laufe der Menschheitsgeschichte überformt durch die religiösen Moralen der *Hochkulturen*, wobei die genannten Beispiele auch zeigen, dass unterhalb einer neuen evolutionären Stufe die alte ihren Platz behalten kann. Seit dem 4. Jahrtausend vor Chr. bildeten sich (zunächst in einigen Regionen des Nahen Ostens) Städte und Staaten mit zentraler Regierung, Beamten und Priestern. Die Arbeitsteilung nahm Ausmaße an, die die Kenntnisse der Einzelnen weit überschritt. Die Erfindung der Schrift erlaubte die Fixierung und Weitergabe des Wissens in Handel, Verwaltung und Religion, später auch in Dichtung und Wissenschaft. Es entstanden Klassen von Besitzenden und Abhängigen („stratifikatorische Differenzierung"), wobei die sozialen Unterschiede im Rahmen eines hoch differenzierten religiösen Weltbildes legitimiert wurden. Für Andere zu sorgen ist in diesem Rahmen nun aber nicht mehr eine Frage der anschaulichen Gegenseitigkeit, sondern des dem jeweiligen gesellschaftlichen Stand angemessenen moralischen Verhaltens. Man gibt öffentlich Almosen oder spendet Geld an Einrichtungen, die sich um Bedürftige kümmern, nicht zuletzt um damit auch sein Ansehen zu mehren.

Ein für die Soziale Arbeit symbolisch signifikant gewordenes Beispiel für den Übergang von einer archaisch-partikularen zu einer hochkulturell-universalistischen, religiösen Moral ist das von Jesus erzählte Gleichnis vom „Barmherzigen Samariter". Schon im Alten Testament findet sich die Anweisung, den Nächsten zu lieben wie sich selbst (nach einer anderen Übersetzung heißt es: liebe deinen Nächsten, denn er ist wie du, was wohl bedeutet: er gehört demselben Stamm an). Als Jesus von einem Schriftgelehrten gefragt wird, wer denn dieser „Nächste" sei, erzählt er die bekannte Geschichte:

"Es war ein Mensch, der ging von Jerusalem hinab nach Jericho und fiel unter die Räuber; die zogen ihn aus und schlugen ihn und machten sich davon und ließen ihn halbtot liegen. – Es traf sich aber, dass ein Priester dieselbe Straße hinab zog; und als er ihn sah, ging er vorüber. Desgleichen auch ein Levit; als er zu der Stelle kam und sah ihn, ging er vorüber. Ein Samariter aber, der auf der Reise war, kam dahin; und als er ihn sah, jammerte er ihn, und er ging zu ihm, goss Öl und Wein auf seine Wunden und verband sie ihm, hob ihn auf sein Tier und brachte ihn in die Herberge und pflegte ihn. Am nächsten Tag zog er zwei Silbergroschen heraus, gab sie dem Wirt und sprach: Pflege ihn; und wenn du mehr ausgibst, will ich dir's bezahlen, wenn ich wiederkomme. – Wer von diesen dreien, meinst du, ist der Nächste gewesen dem, der unter die Räuber gefallen war? Er sprach: Der die Barmherzigkeit an ihm tat. Da sprach Jesus zu ihm: So gehe hin und tu desgleichen!" (Luther-Bibel 1984, Lukas 10, 30–37)

Die zeitgenössischen Hörer des Gleichnisses konnten für das Verhalten des Priesters und des Leviten – vorausgesetzt, diese hielten den Schwerverletzten für tot – durchaus Verständnis aufbringen. Denn die religiösen Gesetze besagten, dass sich ein Priester wie auch ein Levit (das heißt ein Angehöriger des Stammes Levi, der für den Tempeldienst zuständig war) durch die Berührung eines Toten entweiht hätten. Auch von einem Samariter, dem Angehörigen einer abgespaltenen, verfeindeten Glaubensrichtung, war kaum Zuwendung zu erwarten, denn der „Nächste" war, ganz im Sinn der archaischen Moralvorstellungen, der Stammesangehörige. Im Gegensatz dazu wird nun in der von Jesus gegründeten Religionsgemeinschaft eine Umdeutung hin zu einem universalistischen Begriff des „Nächsten" vorgenommen. Solidarität und praktische Hilfe sollen nicht durch starre soziale Normierungen und Rollenzuweisungen oder Feindbilder angeleitet und beschränkt werden, sondern grenzüberschreitend allen Betroffenen zugutekommen.

In der geschichtlichen Entwicklung konnte der moralisch-religiöse Universalismus der Hochkulturen sehr unterschiedliche Formen annehmen, die zumeist auch kriegerische Expansion, Imperialismus und Kolonialismus einschlossen. Moralische Werte sollten zwar universell gelten, aber nur dann, wenn die Betroffenen sich den religiösen, militärischen und politischen Autoritäten unterwarfen. Außerdem waren universalistische Geltungsansprüche auf das Seelische beschränkt. So verkündete der Apostel Paulus (um 10–um 65 n. Chr.) die Gleichheit aller Christen vor Gott, was allerdings die Ungleichheit in der Gesellschaft nicht ausschloss. Und doch wurde aus der Gleichheit vor Gott später, in der Moderne, die Gleichheit vor dem Gesetz, was aber wiederum lange genug nur für die Inhaber der bürgerlichen Rechte galt. Von diesen blieben viele Gruppen (Sklaven, Bettler, Fremde, Frauen, Kinder, Bauern, Tagelöhner usw.) ausgeschlossen. Auch die in der Französischen Revolution von 1789 erkämpften Freiheitsrechte blieben zumeist nur formal, da mit ihnen ökonomische Ausbeutung und Benachteiligung einhergingen. So kann man zwar verallgemeinernd sagen, dass die diesseitige, sich nicht mehr auf eine göttliche Autorität berufende Ethik der europäischen Moderne auch ein Erbe des Christentums ist (vgl. Horster

1999, 464 ff.). Aber ein nicht autoritärer, vom Glauben an eine göttliche Instanz unabhängiger moralischer Universalismus ist erst eine Errungenschaft der späteren Moderne.

8.4 Soziale Hilfe in der modernen Gesellschaft

In der *Moderne* verschwindet, so Luhmann, das religiös-moralische Zentrum der Gesellschaft und die einzelnen Bereiche wie Familie, Wirtschaft, Politik, Recht oder Kultur werden zu weitgehend selbständigen, voneinander entkoppelten Teilsystemen („funktionale Differenzierung"). Insofern jede Gesellschaft durch jede andere kommunikativ erreichbar wird, entsteht tendenziell die eine Weltgesellschaft. Die industrielle und ökonomische Durchdringung des Alltags, die Ausweitung der Fabrikarbeit, aber auch die damit zusammenhängende Verelendung und Arbeitslosigkeit erforderte – in Deutschland seit dem Ende des 19. Jahrhunderts – den Aufbau öffentlich finanzierter Versorgungseinrichtungen. Soziale Hilfe erfolgt nun nicht mehr in Form von Almosen für auffällige Bedürftige, sondern als organisierte und institutionalisierte Hilfe auf der Grundlage sozialpolitischer Verordnungen. Geholfen wird, wenn ein Bedürftiger sich als „Fall" in ein zuvor festgelegtes Programm einfügen lässt. Hilfe wird so für die Bedürftigen im Rahmen der allgemeinen Absicherung von Lebensrisiken zu einer erwartbaren Leistung, ja einem Rechtsanspruch.

Die moderne Soziale Arbeit verfährt als Hilfesystem nicht nach individualmoralischen Zielen und Zwecken der Hilfeleistung, für die, jeweils der Situation angepasst, geeignete Mittel gesucht und angewandt würden, sondern nach allgemeinen Programmen, die über festgelegte Auslösebedingungen wirksam werden. Dieses Verfahren bietet, so Luhmann, „wesentliche indirekte Vorteile der Technisierung, Entscheidungsentlastung, sozialen Steuerbarkeit und Kontrollierbarkeit des Handelns. Vor allem hängen die Jurifizierung von Hilfsansprüchen und das rechtsstaatliche Prinzip der Gleichheit an konditionaler Programmierung [...]" (1973, 35). Für die Betroffenen bedeutet dies vor allem, dass die Hilfe verlässlich wird. Allerdings hat die so geartete fachliche Effektivität des Systems Sozialer Arbeit auch dysfunktionale Folgen:

„Die organisierte Arbeit an der Beseitigung von Problemfällen gräbt andersartigen Hilfsmotivationen das Wasser ab, weil sie ihnen in der Effektivität und durch eine diffuse Streuung der Belastungen überlegen ist. Die Vermutung besteht, dass jedem Hilfsproblem eine zuständige Stelle entspricht, und dass jemand Hilfe eigentlich nur noch braucht, um diese Stelle zu finden. [...] Gerade darin liegt eine Gefahr, weil nicht jede Art von Notlage organisatorisch zu steuern ist" (ebd., 36).

Wenn Luhmanns Klassifikation der Hilfeleistungen in den unterschiedlichen Gesellschaftstypen zutrifft, wird klar, dass der „Barmherzige Samariter" zwar so etwas wie ein Leitbild der Solidarität mit Fremden sein kann, aber nicht eigentlich der Sozialen Arbeit als organisierter Hilfe (vgl. dazu Lob-Hüdepohl 2007, 148 f.). Das Motiv seiner Hilfe ist ein universalistisches moralisches Gefühl des

Mitleidens, wie es für traditionell-hochkulturelle Gesellschaften typisch werden sollte. Er handelt spontan, ohne Wenn und Aber, ohne Rücksicht auf eine mögliche eigene Gefährdung, in der unmittelbaren Gewissheit dessen, was für den Betroffenen das Beste ist. All diese Merkmale treffen aber auf die professionelle Hilfe heute nicht zu, oder sollten nicht zutreffen. Diese Hilfe erfolgt im kulturellen Rahmen einer sozialethischen Übereinkunft über die Notwendigkeit einer institutionalisierten Solidarität. Konkret erfolgt die Hilfe nach genauer Prüfung der Umstände, mit methodisch abgesicherten Mitteln, unter Rekurs auf die Selbsthilferesourcen der Betroffenen und auch nicht nur uneigennützig, sondern gegen Entlohnung.

Aus diesem letzteren Grund kam man darauf, statt des Barmherzigen Samariters den Wirt zum „Urvater" dieser Form der Hilfe zu erklären. Denn er empfängt ja seitens des Samariters Geld für seine Pflege des Verletzten. Aber auch dem Wirt fehlen die entscheidenden Merkmale der Professionalität. Samariter und Wirt leisten die notwendige „Erste Hilfe" und „Zweite Hilfe", darüber hinaus aber darf die professionelle Soziale Arbeit – um ihrer Nachhaltigkeit willen – nicht die Voraussetzungen und Folgen ihrer Interventionen außer Acht lassen. So weist C. Wolfgang Müller (1988, 12 f.) darauf hin, dass es im Sinne des gesellschaftlichen Mandats der modernen Sozialen Arbeit auch notwendig wäre, nach den Motiven der Räuber zu fragen, die in der Geschichte nicht thematisiert werden. Vielleicht hatten die Räuber ja – so lässt Müller seine Gedanken spielen – durch soziale Veränderungen ihre bisherigen Verdienstmöglichkeiten verloren und waren deshalb in die Kriminalität gedrängt worden. Das heißt, die Soziale Arbeit hat sich nicht nur um individuelle „Erste Hilfe" zu kümmern, sondern muss ihren Handlungsradius erweitern, um das „Abweichende", mit dem sie sich befasst, von Anfang an zu verhindern. Sie arbeitet nicht nur nachsorgend, sondern auch präventiv, nicht nur an der Behebung individueller Notlagen, sondern auch ihrer gesellschaftlichen Ursachen. Ein entsprechendes Gleichnis sähe dann ganz anders aus als das biblische.

8.5 Drei Wurzeln der sozialen Kultur heute

Luhmann betont die bürokratische Verdrängung der moralischen Motive und Zwecke aus dem beruflichen Alltag der Sozialen Arbeit. Ob und wie geholfen wird, hängt demnach vor allem von der jeweils zuständigen Organisation ab.

> „In diesem Rahmen ist die Entscheidung, zu helfen oder nicht zu helfen, nicht Sache des Herzens, der Moral oder der Gegenseitigkeit, sondern eine Frage der methodischen Schulung und der Auslegung des Programms, mit dessen Durchführung man während einer begrenzten Arbeitszeit beschäftigt ist" (Luhmann 1973, 34).

Gegenüber der Profession dekretiert Luhmann, es sei nicht deren Sache, „sich eine Änderung der Strukturen zu überlegen, die konkrete Formen der Hilfsbedürftigkeit erzeugen" (ebd., 35). Er reduziert also die tätige Sozialarbeiterin in zweifacher Weise auf eine bloße Funktionsträgerin, indem er die Bedeutung der professionsethischen Haltung für das konkrete Handeln vernachlässigt und indem er ihr eine strukturelle Urteilskompetenz abspricht.

Das aber ist ethisch höchst fragwürdig. Zwar würde es die einzelne Sozialarbeiterin in ihrer jeweils besonderen Arbeit mit Klienten überfordern, die strukturellen Voraussetzungen der Hilfe immer wieder neu zu thematisieren, in Frage zu stellen oder Anstöße für Veränderungen zu geben. Das trifft jedoch nicht auf sie als Vertreterin der Profession zu, die über die konkreten Maßnahmen für einzelne Klienten auch unter dem Kriterium der ethischen Verantwortbarkeit entscheidet, und die darüber hinaus das gesellschaftliche Mandat hat, auch an den Strukturen der Hilfeleistung zu arbeiten. Diese Strukturen sind nicht einfach vorgegeben, sondern Ergebnis sozialer Kämpfe und Kompromisse über das, was jeweils unter sozialer Gerechtigkeit und Solidarität zu verstehen ist. Luhmann vermeidet es, auf die politischen und ökonomischen Interessen einzugehen, die durch die Hilfeprogramme und die damit verbundenen Festlegungen bedient werden, wem wieviel und wem nicht geholfen wird. Wie über diese Interessen entschieden wird, ist in modernen politischen Systemen nicht nur eine Frage der bloßen Macht, sondern auch der demokratisch legitimierten Wertüberzeugungen. Er reduziert die Frage der Ethik in der Sozialen Arbeit auf die nach der individuellen moralischen Motivation des Helfens und berücksichtigt nicht die sozialethische Dimension der Sozialen Arbeit, das heißt den Umstand, dass die Soziale Arbeit in eine *soziale Kultur* der Solidarität mit Fremden eingebettet ist.

Diese Kultur wurde maßgeblich durch die *Aufklärung* und die politischen Bestrebungen des 18. und 19. Jahrhunderts nach Durchsetzung von politischer und ökonomischer Freiheit und rechtlicher Gleichheit geprägt. Im Zusammenhang der Amerikanischen Unabhängigkeitserklärung (1776) und der Französischen Revolution (1789) kam es zu Proklamationen der allgemeinen Menschenrechte als Prinzipien bürgerlicher Freiheit. Eine mögliche Einteilung der Menschenrechte in der Reihenfolge ihrer Durchsetzung lautet:

a) *Bürgerliche Freiheitsrechte:* Abwehrrechte des Individuums gegenüber dem Staat, Eindämmung obrigkeitlicher Willkürakte, zum Beispiel Verbot willkürlicher Verhaftungen, Verbot der Folter, Religionsfreiheit, Recht auf Freizügigkeit.

b) *Politische Teilhaberechte:* zum Beispiel Allgemeines, freies und gleiches Wahlrecht, Versammlungsfreiheit, Freiheit der Bildung von Vereinen und Parteien.

c) *Wirtschaftliche Rechte:* zum Beispiel Freiheit der Berufswahl und Berufsausübung, Recht auf gleichen Lohn für gleiche Arbeit, Recht auf Erholung und Freizeit.

d) *Soziale Rechte:* zum Beispiel Recht auf Sicherheit bei Arbeitslosigkeit, Krankheit, Alter.

e) *Kulturelle Rechte:* zum Beispiel Recht auf Bildung und Ausbildung, Teilnahme am kulturellen Leben.

Mit einer griffigen Einteilung Noberto Bobbios (1990, 16) kann man den Gegenstand der Bürgerlichen Freiheitsrechte als „Freiheit *vom* Staat" bezeichnen, den der Politischen Teilhaberechte als „Freiheit *im* Staat" und den der wirtschaftlichen, sozialen und kulturellen Rechte als „Freiheit *durch den* Staat" (wobei mit der „Freiheit vom Staat" wohlgemerkt ein *moralisches* Recht gemeint ist: formalrechtlich garantieren kann diesen Anspruch wiederum nur ein Staat). Die Legitimation der Sozialen Arbeit folgt vor allem aus der letzteren Gruppe von Rechten auf „Freiheit *durch* den Staat". In diesem Sinne lässt sich die heutige soziale Kultur, die den Hintergrund an Wertüberzeugungen der sozialen Hilfe darstellt, als Resultat einer mehr als zwei Jahrhunderte andauernden Umsetzung der Idee der Menschenrechte auffassen.

Nicht nur in der Vormoderne, auch noch im 19. und 20. Jahrhundert war die soziale Kultur aber auch noch stark durch die *christliche Moral* der Barmherzigkeit und Fürsorge geprägt. Dies ist, neben den Menschenrechten, die zweite Wurzel der sozialen Kultur heute. Nach wie vor enthält diese Moral für viele professionell oder ehrenamtlich Tätige ein starkes persönliches Motiv der sozialen Hilfstätigkeit, das aber inzwischen unabdingbar durch ein wissenschaftlich begründetes Methodenbewusstsein kanalisiert wird. Die christliche Moral war traditionellerweise paternalistisch, das heißt sie stellte das soziale Gefälle zwischen Geber und Empfänger nicht in Frage und vertrat eine Art moralistischer Vormundschaft über die Empfänger ihrer Fürsorge. Als beispielsweise der bereits im vorigen Kapitel erwähnte Johann Hinrich Wichern im ersten Drittel des 19. Jahrhunderts mit der Gründung des „Rauhen Hauses" (einer der ersten Jugendfürsorge-Einrichtungen in Deutschland) der Verwahrlosung von Kindern und Jugendlichen im damaligen Hamburger Subproletariat entgegentrat, diagnostizierte er als die für die Zerstörung der Familien verantwortlichen Übel

„*Vereinzelungssucht, Eigensucht und Eigenliebe. [...] Ist doch schon fast jedem sein Ich der Mittelpunkt des Lebens geworden; daher der Eigennutz, die Selbstsucht, die Lieb und Zuchtlosigkeit, die ja wahrlich auch nur herrschen kann, wo das Bewußtsein einer höheren und deswegen freien Abhängigkeit in der Gemeinschaft, wo die Freude und gegenseitige Hilfeleistung und Handreichung im Geistigen wie im Leiblichen, selbst als Ahnung, verschwunden ist [...]*" (Wichern 1833, 71, 75).

Wichern beklagte den Zerfall des Sozialen in seiner moralischen Bedeutung und führte als Ursache eine um sich greifende Ich-Orientierung an. Wenn auch die verwahrlosten Kinder der sozialethisch motivierten „Rettung" bedurften, so handelte es sich doch bei den Eltern, in seiner Sicht, eher um eine „schamlose und [durch moralischen Verfall selbst] verschuldete Armut" (ebd., 71). Allerdings verkannte er dabei, dass der von ihm beklagte Egoismus der Armen, die ihre Kinder verwahrlosen ließen, selbst eine Folge der damals sich ausbreitenden kapitalistischen Gesellschaftsformation war, deren Bewegungsprinzip nichts anderes als der ökonomische „Egoismus" ist.

Wichern regte über seine Tätigkeit im „Rauhen Haus" hinaus in ganz Deutschland zu „Werken rettender Liebe" an. 1848, im selben Jahr, in dem die bürgerlich-demokratische Märzrevolution ausbrach und das „Kommunistische Manifest" von Karl Marx und Friedrich Engels erschien, gründete er auf dem Ersten Evangelischen Kirchentag die „Innere Mission", die Vorläuferin des heutigen Diakonischen Werks. Er bekämpfte die Auffassung der sozialistischen Arbeiterbewegung, dass die kapitalistische Eigentumsordnung allein für die miserablen Zustände vieler Menschen im Frühkapitalismus verantwortlich zu machen sei.

Aber genau dieser Gedanke der *Arbeiterbewegung*, dass weniger die Einzelnen als vielmehr die ökonomischen Verhältnisse durch solidarische Erkämpfung von sozialen Rechten zu verbessern seien, ist, neben christlicher Caritas und bürgerlicher Freiheitsbewegungen, die dritte Wurzel der sozialen Kultur heute (vgl. Müller 2007, 13 ff.). Hatten Caritas und Aufklärung vor allem ideelle Werte betont, so bestand der Sozialismus darauf, dass die Verwirklichung der ideellen Werte einer materiellen Grundlage bedürfe. Nur der, dessen leibliche Grundbedürfnisse befriedigt sind, hat zumindest die Chance auf eine humane Existenzweise. Diese Bedingungen solidarisch zu erkämpfen ist die Aufgabe derer, die sich in derselben Klassenlage befinden, sie solidarisch zu erhalten die Aufgabe des demokratischen Sozialstaates.

8.6 Universelle und partikulare Orientierungen: Minimal- und Maximalmoral

In allen drei Bewegungen gab es universalistische und partikularistische Teilströmungen, die nicht selten zu internen Konflikten führten. In der heutigen sozialen Kultur sind vor allem solche Konflikte dominant, die aus dem gesellschaftlichen Nebeneinander von unterschiedlichen Nationalitäten, Religionen, Teilkulturen, Ethnien und Milieus resultieren. Die tendenziell globale moderne Gesellschaft ist einerseits ökonomisch, politisch und technisch immer mehr vernetzt, so dass universelle Strukturen einer Weltgesellschaft erkennbar sind. Andererseits geht damit auf sozialer, psychischer und kultureller Ebene eine gegenläufige Tendenz der Partikularisierung und Individualisierung einher. Zwar haben die traditionellen Orientierungen viel an Verbindlichkeit verloren (vgl. Horster 1999, 27 ff.), sie werden aber auch wiederbelebt, indem sie als frei wählbare kulturelle Ausstattungen den vereinzelten und verunsicherten Individuen Sicherheit gewähren. Aus religiösen Heilsgewissheiten tendenziell herausgelöst und mit einer wissenschaftlich entzauberten Welt konfrontiert, sind die Einzelnen in diverse Wert- und Weltanschauungskonflikte verstrickt.

Luhmann, auf dessen menschheitsgeschichtliche Einteilung von Typen des Helfens hier zurückgegriffen wurde, spricht der modernen Gesellschaft auf Grund der funktionalen Ausdifferenzierung überhaupt die Möglichkeit einer normativ-moralischen Integration ab. Über Wertkonflikte kann und braucht, seiner Einschätzung nach, heute nur noch innerhalb der gesellschaftlichen Teilsysteme, nicht jedoch übergreifend entschieden werden. Diese Ansicht ist jedoch, worauf u. a. Nunner-Winkler hinweist, sowohl aus theoretischen wie empirischen Gründen nicht überzeugend. In modernen Gesellschaften fungiert die Öffentlichkeit als Sphäre der – auch sozialethischen – Meinungsbildung. Diese beeinflusst u. a. durch demokratische Verfahren die staatlichen Organe, die ihrerseits die Teilsysteme grundsätzlich binden können. Wie man am Beispiel des Kräftespiels der Märkte sehen kann, basieren diese im Rahmen ökonomischer

8.6 Universelle und partikulare Orientierungen: Minimal- und Maximalmoral

nationaler oder internationaler Gemeinschaften notwendigerweise auf gemeinschaftlichen Wertsetzungen, und wo diese im internationalen Maßstab fehlen, kommt es leicht zu entsprechenden Krisenphänomenen. Nunner-Winkler weist in diesem Zusammenhang auf die den Markt ermöglichende Rolle von Gesetz und Moral hin:

> „Die normativen Rahmenbedingungen individueller Vertragsfreiheit – die der Staat in seiner Gesetzgebungs- und Überwachungsfunktion zu sichern hat – beziehen sich auf weiterreichende implizite Vertragsverpflichtungen [...], auf die Eingrenzung möglicher Vertragsinhalte (‚unsittlicher Vertrag') und die Sanktionierung von Vertragsbrüchen. [...] In letzter Instanz sind Gesetz und Moral die notwendigen Bedingungen dafür, dass die selbstregulierenden Kräfte des Marktes Ordnung und Wohlfahrt zu stiften vermögen" (Nunner-Winkler 2005, 160 f.).

Auch empirisch kann, so Nunner-Winkler, ein Kernbestand an normativer Integration festgestellt werden. Es gibt offenbar immer noch einen gemeinsam weitgehend geteilten Bestand an moralischen Grundüberzeugungen, die aus den vorfindlichen Alltagspraktiken resultieren und auch in den besonderen Handlungssystemen nicht einfach abgestreift werden können. Zur allgemein akzeptierten Moral gehören Normen wie die des Tötungsverbots, der Achtung persönlichen Eigentums, der Ehrlichkeit und des Vertrauens, des Ausschlusses von Gewalt, der Gerechtigkeit und der Gleichbehandlung. Geteilte Normen bilden einen wesentlichen Anteil des so genannten „Sozialkapitals" (der Ressourcen und Lebenschancen, die aus der Teilhabe an sozialen Netzen resultieren). Gesellschaftlich nützlich sind sie dann, wenn sie nicht bloß partikular, sondern universalistisch und so mit den Prinzipien der Demokratie vereinbar sind.

Unter den Bedingungen der Globalisierung werden die universellen moralischen Anforderungen immer abstrakter und formaler. Werte wie Friedenserhaltung, soziale Gerechtigkeit, Erhaltung der natürlichen Lebensgrundlagen, individuelle Freiheit, Solidarität mit Benachteiligten sind heute im globalen Maßstab auszubuchstabieren. Niemand kann sich ihnen im Ernst entziehen. Dieser Universalismus erscheint aber nur so lange transparent und eindeutig, wie man von den näheren inhaltlichen Bestimmungen absehen kann. Sobald es an die konkrete Umsetzung geht, wird deutlich, dass Gemeinschaftswerte und Gemeinschaftstugenden ihre eigene Berechtigung haben. Sie können nicht einfach durch abstrakte universalistische Regeln, die den Menschen emotional äußerlich bleiben, ersetzt werden.

Der ethische Universalismus heute reduziert die Moral auf eine vernünftige Prozedur des Aushandelns von individuellen Interessen. Jedoch berücksichtigt er nicht, dass Individuen auch noch in der Moderne sich nur in Gemeinschaften, die ihre Traditionen und Besonderheiten haben, selbst verwirklichen können. Auf der anderen Seite reduziert der ethische Partikularismus die Moral auf die von überschaubaren Gemeinschaften geteilten Normen und Werte. Jedoch berücksichtigt er nicht, dass diese Gemeinschaften nicht statisch und vollkommen abgegrenzt gegenüber anderen sind, sondern sich durchdringen und deshalb einen umfassenderen Rahmen des Aushandelns von Regeln benötigen (vgl. dazu auch Schiffauer 1997). In diesem Sinn gelten allgemeinmoralische Minimalforderungen auf Berücksichtigung der legitimen Lebensinteressen Anderer, die aber an sich unterbestimmt sind und im Rahmen partikularer Lebensformen die Gestalt konkreter Regeln annehmen. Nur so kann eine Vielzahl normativer Systeme auf derselben Wertgrundlage nebeneinander bestehen.

Der moderne Sozialstaat mit der Sozialen Arbeit als öffentlich finanzierter Unterstützung für Menschen in wirtschaftlich, sozial, kulturell und psychisch belastenden Situationen ist auch Ausdruck eines geschichtlich gewachsenen Universalismus der moralischen Adressaten. Die Soziale Arbeit, die den Menschenrechten verpflichtet ist (vgl. Staub-Bernasconi 1995) und den Benachteiligten zu menschenwürdigen Lebensbedingungen zu verhelfen hat, ist eine keineswegs selbstverständliche Einrichtung, vielmehr wurde sie dem Kapitalismus und seiner Logik des Markterfolgs in politischen Auseinandersetzungen abgerungen und muss gerade unter den Bedingungen der Globalisierung immer wieder neu legitimiert werden. Dabei geht es um moralische Rechte, die prinzipiell allen Menschen zustehen.

In dem Maße jedoch, in dem universelle moralische Werte von Menschenwürde, sozialer Gerechtigkeit und mitmenschlicher Solidarität in gesetzliche Rechte überführt werden, sind sie an die Rechtsform eines Staates (oder einer Gemeinschaft von Staaten) gebunden und aus den Menschenrechten werden Bürgerrechte. Die im Sozialstaat institutionalisierte soziale Hilfe verwirklicht Solidarität mit Fremden nur, insoweit sie als Mitbürger einer staatlich gesicherten Solidargemeinschaft angehören. Die Bereitschaft zu dieser Art Solidarität mit Fremden ist psychisch deutlich schwächer verankert als die Solidarität innerhalb von Verwandtschafts-, Nachbarschafts- oder Schicksalsgemeinschaften. Dass sie trotzdem als legitime Verpflichtung und Recht gilt, liegt daran, dass an die Stelle der individualethischen Motivation eine Institutionalisierung im Rahmen einer sozialethischen Kultur getreten ist.

Die soziale Kultur stellt ein Reservoir derjenigen Werte, Handlungsziele und Normen dar, mit denen die sozialen Hilfesysteme der Gesellschaft gerechtfertigt werden. Gerade wertpluralistische Gesellschaften müssen sich vor allem auf *einen* Basiswert einigen, nämlich den, sich über die unterschiedlichen Präferenzen zu verständigen und sie zu tolerieren, soweit sie nicht anderen Lebensformen ihr Recht streitig machen. Damit ist weiterhin eine Verständigung über eine Hierarchie von zentralen Werten, das heißt über ihren Stellenwert im Vergleich mit konkurrierenden Werten impliziert. Insofern können moderne, wertpluralistische Gesellschaften, gerade *wegen* der Vielfalt individueller Wertorientierungen, nicht auf allgemeine moralische Maßstäbe verzichten; nur dass diese nicht mehr den Individuen im Einzelnen vorschreiben, wie sie zu leben haben, sondern Prozeduren der Konsensbildung und Tolerierung von Vielheit betreffen. Die Schnittmenge dessen, was in verschiedenen oder gar allen Kulturen heute unter moralischen Werten und Normen verstanden wird, kann man als universelle „Minimalmoral" bezeichnen. Michael Walzer beschreibt diese derart, dass sie „keinen Sonderinteressen dient, keine bestimmte Kultur ausdrückt und das Verhalten aller auf eine für die Allgemeinheit vorteilhafte oder eindeutig richtige Weise anleitet. Die Regel trägt keine persönliche oder gesellschaftliche Unter-

8.6 Universelle und partikulare Orientierungen: Minimal- und Maximalmoral 117

schrift" (Walzer 1996, 20). Minimale Moralvorstellungen sollen unmittelbar, über alle Kulturen und Zeiten hinweg einleuchten und deshalb keiner Überzeugungsarbeit bedürfen. Sie enthalten „Grundsätze und Regeln, die sich zu verschiedenen Zeiten, an verschiedenen Orten wiederholen und die – selbst wenn sie in verschiedener Sprache ausgedrückt sind, die verschiedene Geschichten und verschiedene Versionen der Welt spiegeln – als ähnlich angesehen werden" (Walzer 1996, 33).

Als alltägliche Handlungsorientierungen begegnen uns diese moralischen Werte und Normen allerdings nicht in der universalistischen Form der Minimalmoral, sondern als partikulare „Maximalmoral", das heißt als Teil einer besonderen Kultur und Geschichte. Eine Maximalmoral enthält diejenigen gemeinschaftlichen Orientierungen, die der jeweiligen Lebensform am besten entsprechen, wobei es hier auch ein weites Feld an Unterschieden, Meinungsverschiedenheiten und Kompromissen gibt. Moralische Kernbegriffe wie „Menschenwürde", „Gerechtigkeit", „Solidarität", die heute üblicherweise als Basis- und Zielwerte der Sozialen Arbeit angesehen werden, erlauben also eine doppelte, nämlich eine maximale und eine minimale Auslegung. Die minimale Bedeutung beispielsweise des Gerechtigkeitsbegriffs wird durch die klassische Formel „Jedem das Seine" (lat. „suum cuique") ausgedrückt, die so genannte Justinianische Formel, benannt nach dem spätrömischen Kaiser Justinian (um 482–565 n. Chr.). Dieses „Seine" lässt sich formal differenzieren in das, was einem Menschen in seiner Besonderheit zusteht, und das, was ihm als Gleichem unter Gleichen zusteht. Was aber darüber hinaus in einer Gesellschaft und einer Epoche jeweils inhaltlich als „das Seine" anerkannt wird, zeigt sich erst in der konkreten Auseinandersetzung über das am wenigsten zu Benachteiligungen führende Gesundheits-, Steuer- oder Bildungssystem. Dies ist die maximalethische Bedeutung von sozialer Gerechtigkeit.

Die Minimalmoral stellt – so Walzer – nicht den allen Menschen unmittelbar verfügbaren Kern des Moralischen dar. Vielmehr geht „in Wirklichkeit der Maximalismus dem Minimalismus voraus und nicht umgekehrt" (Walzer 1996, 28). Die Minimalmoral ist also eher als Resultat einer Abstraktionsleistung zu verstehen, die darin besteht, von den Besonderheiten der geschichtlichen Entwicklung und des sozialen Umfeldes abzusehen, um so auf diese Weise oberste ethische Prinzipien freizulegen. Diese können nun wiederum auf besondere Situationen angewandt werden, müssen dabei aber jeweils mit maximalmoralischen Vorstellungen angereichert werden. Das lässt sich gut am Problem der Gerechtigkeitsformel des „Suum Cuique" erkennen, die, vor dem Hintergrund unterschiedlicher Kulturen, platonisch oder christlich oder feudalistisch oder demokratisch oder sozialistisch interpretiert wurde und sogar von den Nazis zynisch als Inschrift am Eingangstor des Konzentrationslagers Buchenwald missbraucht wurde (aber nur was brauchbar ist, lässt sich auch missbrauchen). „Jedem das Seine" ist eine strukturelle Leerformel, deren Inhalt davon abhängt, welche Kriterien zum Bestimmen des „Seinen" angewandt werden: Kriterien der Standeszugehörigkeit, der Leistung, des Besitzes, der Bedürfnisse, der Chancen u. a.

Die universalistische Minimalmoral hat – so können wir im Anschluss an Walzer festhalten – eine unverzichtbare Doppelfunktion von *Kritik* und interkultureller *Solidarität*: Zum einen kann man mit Hilfe eines auf allgemeinmenschliche Grundbedürfnisse wie Leben und Gesundheit bezogenen Minimalismus die repressiven oder destruktiven Seiten von Maximalmoralen, zum Beispiel die von ihnen ausgehenden Verletzungen von Menschenrechten kritisieren. Denn Maximalmoralen haben auch repressive Seiten, insofern sie *auch* Ausdruck von eingeschliffenen Herrschaftsverhältnissen sind. Dieser Zusammenhang von Moral und Unterdrückung kann aber nur kritisiert werden, indem man wiederum ethische Maßstäbe anlegt, die notwendigerweise einen höheren Abstraktionsgrad als die zur Diskussion stehende Maximalmoral aufweist. Und zum anderen erlauben es minimalmoralische Prinzipien, anderen Maximalkonzepten über interkulturelle Distanzen hinweg zu begegnen und sich mit entsprechenden Forderungen zu solidarisieren. In der Moral wie auch in der Ethik sind also Universalität und Partikularität heute kein Entweder-oder, sondern ein Sowohl-als-auch. Die moralischen Universalien bilden den gemeinsamen Rahmen, innerhalb dessen sich die moralischen Partikularitäten entfalten. Gäbe es keinen gemeinsamen Standort, dann könnten die Unterschiede gar nicht in den Blick kommen.

Wie minimal- und maximalethische Begründungen von Sozialer Arbeit und in der Sozialen Arbeit zusammenspielen, lässt sich beispielhaft an einem Begriff wie dem des „menschenwürdigen Wohnens" verdeutlichen. „Menschenwürde" ist ein ausgesprochen minimalethischer Wert, insofern er eine allgemein menschliche Geltung beansprucht. Menschenwürde ist kein Anspruch, der von einer politisch-gesetzgeberischen Beschlusslage abhängt, vielmehr soll er selbst die Gesetzgebung binden. Die ethisch-institutionelle Tatsache der Menschenwürde begründet und umfasst verschiedene Menschenrechte, den Schutz des Lebens, das Recht auf Beschaffung des Lebensunterhalts, persönliche Freiheitsrechte, soziale und politische Mitwirkungsrechte, kulturelle Ausdrucksrechte und vieles mehr, so auch das Recht auf eine angemessene Wohnung.

Auch diese nachgeordneten Menschenrechte sind noch ziemlich abstrakt und unbestimmt, denn was jeweils unter welchen Umständen als gerechtfertigter Anspruch gilt, hängt von zahlreichen Faktoren der tatsächlichen sozialen Entwicklung ab. Was beispielsweise „menschenwürdiges Wohnen" hier und heute bedeutet, kann nur maximalethisch unter Rückgriff auf die in einer konkreten Gemeinschaft gegebenen Möglichkeiten und kulturellen Standards entschieden werden. Bezeichnenderweise ist im *Sozialgesetzbuch* (SGB II, § 22) nicht von „Wohnung", sondern eher minimalistisch von „Unterkunft" die Rede, was aber, der Logik einer Maximalmoral entsprechend, unverzüglich zu den entsprechenden kritischen Einsprüchen von Betroffenenverbänden und Experten geführt hat. Was hier und heute „menschenwürdiges Wohnen" bedeuten kann, hängt nicht nur von den verfügbaren Ressourcen der Bedürfnisbefriedigung, sondern auch von den kulturellen Mustern der sozialen Gerechtigkeit ab.

Wir benötigen den Rekurs auf die Werte-Dimension der Sozialen Arbeit, in *positiver* Hinsicht, um in der professionellen Arbeit der Bewältigung sozialer Problemlagen die Idee eines „gelingenden Alltags" (Thiersch 1984, 1008) gegenüber der Wirklichkeit eines misslingenden Alltags zur Geltung zu bringen und so zu einer der Menschenwürde entsprechenden Gestaltung von Lebenswelt und Lebensraum beizutragen. Wir benötigen diesen Rekurs aber auch, und vor al-

8.6 Universelle und partikulare Orientierungen: Minimal- und Maximalmoral

lem, in *negativer* Hinsicht, um begründet gegen eine schleichende oder offene soziale Exklusion im Sinne der gezielten Unterbietung soziokultureller Standards Einspruch zu erheben. Die für menschenwürdiges Leben notwendigen Ressourcen, die inzwischen in vielen Fällen nicht einmal mehr durch ein reguläres Arbeitseinkommen garantiert sind, dürfen demnach nicht leichthin zur finanzpolitischen Verschiebemasse gemacht werden. Die minimalethische Idee der Menschenwürde und ihre maximaethische Ausbuchstabierung wirken so zu einer professionsethischen Orientierung der Sozialen Arbeit, zur Erschließung ihrer Werte-Dimension, zusammen.

Gut zu wissen – gut zu merken

In einer partikularistischen Moral beziehen sich Werte und Normen auf die Mitglieder einer Gemeinschaft, während sie in einer universalistischen Moral für alle Menschen gelten (sollen). Man kann in der menschheitsgeschichtlichen Entwicklung der Gesellschaftsformen archaische, hochkulturelle und moderne Gesellschaften unterscheiden. Im Übergang von den archaischen Kulturen zu den Hochkulturen wird der ursprüngliche Partikularismus durch tendenziell universalistische Moralen überwunden. In der Moderne treten die individualmoralischen Hilfemotive zugunsten einer sozialethischen Institutionalisierung der Hilfe zurück. Die moderne Kultur der Hilfe hat ihre Wurzeln in der politischen Philosophie der Aufklärung, in der christlichen Tugend der Barmherzigkeit und in der kämpferischen Solidarität der Arbeiterbewegung. In der heutigen sozialen Kultur wirken partikularistische und universalistische moralische Motive im Sinne einer Maximal- und einer Minimalmoral zusammen.

Literaturempfehlung

Böhme, Gernot (1997): Ethik im Kontext. Über den Umgang mit ernsten Fragen. Frankfurt a. M.: Suhrkamp.
Horster, Detlef (1999): Postchristliche Moral. Eine sozialphilosophische Begründung. Hamburg: Junius.

9 WIE LERNT MAN MORAL?

Was Sie in diesem Kapitel lernen können

Sozialarbeiterinnen haben es gelegentlich – in einigen Berufsfeldern mehr, in anderen weniger – mit Klienten zu tun, in deren problematischer Lebenssituation auch der Mangel an einer tragfähigen moralischen Haltung eine Rolle spielt. Insbesondere ist hier an die Bewährungshilfe zu denken, insofern eine moralische Grundhaltung auch eine stabile Grundlage für rechtskonformes Verhalten darstellt. Aber auch andere sozialarbeiterische Praxisfelder wie zum Beispiel Sozialpädagogische Familienhilfe, Schuldnerberatung, Jugendhilfe oder Kinderbetreuung haben immer wieder mit der Frage zu tun, ob und wie moralische Werte und Normen der intersubjektiven Achtung und Anerkennung pädagogisch vermittelt werden können. Entsprechend taucht dann die Frage auf, ob und wie moralische Defizite sozialpädagogisch ausgeglichen werden können. Hinter dieser pädagogischen Frage steht die allgemeine entwicklungspsychologische Frage: Wie lernt man Moral?

An einem detailliert untersuchten Beispiel moralischen Lernens können Sie die für ein Gelingen notwendigen Einzelschritte nachvollziehen. Sodann werden Mittel und Wege des moralischen Lernens im Überblick erklärt. Nach einem Seitenblick auf die neurologischen Grundlagen des Moralempfindens geht es abschließend um die Entwicklungsstufen der Moral. Eine Kenntnis dieser Stufen soll es Ihnen ermöglichen, unterschiedliche Moralvorstellungen zuzuordnen und in ihrer Orientierung zu verstehen.

9.1 Ein Schritt moralischen Lernens

Ein Beispiel für die sozialpädagogische Aufgabe, moralisches Lernen anzustoßen und zu begleiten, ist der zu Beginn des fünften Kapitels zitierte Bericht aus einer Beratungsstelle für Jugendliche und junge Erwachsene im Übergang von der Schule zum Beruf. Angesichts von Klienten, die sich verschuldet hatten und keine Bereitschaft zeigten, die Rückzahlung der Schulden auf sich zu nehmen, sah sich die Sozialarbeiterin vor die Aufgabe gestellt, „ein Bewusstsein zu schaffen, was richtig und was falsch ist".

Ein anderes Beispiel, das einen offenbar gelungenen Schritt moralischen Lernens darstellt und das deshalb im Folgenden ausführlicher analysiert werden soll, entnehme ich Burkhard Müllers Lehrbuch des *Sozialpädagogischen Könnens*. Der Autor zitiert darin einen studentischen Fallbericht:

> „Während meines Praktikums in einer Schule für verhaltensgestörte Kinder spielte ich in einer so genannten Spielstunde mit einem Schüler aus der 8. Klasse Billard.

Ziel des Spiels war es, die Konzentration des Schülers auch über einen längeren Zeitraum zu fördern. Aber auch das Einhalten von Regeln bzw. Strukturen und die Beharrlichkeit, das heißt, das nicht schnelle Aufgeben bei Niederlagen sollten geübt werden. Der Schüler versuchte am Anfang des Spiels, die vorher abgemachten Regeln zu umgehen und mich auszutricksen. Dem stand ich ziemlich hilflos gegenüber und Ärger kam in mir hoch, ich sagte aber nichts und hoffte, das Verhalten würde sich ändern mit der Zeit. Bald sah ich, dass das nur eine Hoffnung war. Dann versuchte ich meinen Ärger über Austricksereien zu artikulieren und beharrte auf dem Einhalten der Spielregeln. Der Schüler wurde nun aggressiv mir gegenüber und versuchte sich seinerseits durchzusetzen. Als dies nicht gelang, drohte er mit dem Abbruch des Spiels. Dabei kamen mir Zweifel, ob ich richtig gehandelt hätte; ich äußerte aber meine Gefühle trotzdem und legte meinen Standpunkt klar dar. Nach einer kurzen Diskussion wollte der Schüler weiterspielen, aber sein Murren war unüberhörbar. Meine Zweifel hatten sich nicht verflogen und ich dachte mir: du bist zu weit gegangen, als ich ihm zeigte, dass ich seine Tricks durchschaue. Ich sagte ihm, dass ich das nicht gut färde. Er spielte nun doch weiter und hielt sich an die Regeln. Und es schien mir, als freute es sich ein bisschen, dass er mich nicht austricksen konnte. Das erleichterte mich doch sehr, da ich Angst hatte, zu viel von meinen Gefühlen, d. h. meiner Ärger gezeigt zu haben" (B. Müller 1993, 45 f.).

Mit dieser Fallgeschichte illustriert Müller eine Dimension sozialpädagogischen Handelns, die er „Fall mit" nennt (vgl. dazu auch Kap. 7.5). Gemeint ist damit die spezifisch pädagogische Dimension der Sozialen Arbeit „mit" Menschen, die Interaktion, auf die beide Beteiligten sich einlassen, die wechselseitigen Anforderungen und Erwartungen, der Umgang mit positiven oder negativen Gefühlen. Ich benutze diese Fallgeschichte darüber hinaus, um den Aspekt des moralischen Lernens in den Blick zu nehmen. Denn ein moralisches Problem, der Versuch des Austricksens seitens des Schülers, ist es, wodurch dann das pädagogische Problem entsteht, den Schüler an die Einhaltung von sozialen Regeln im Allgemeinen zu gewöhnen.

Müller macht in seiner Interpretation dieses Erlebnisberichts darauf aufmerksam, dass der Praktikant als Pädagoge einerseits in fachwissenschaftlicher Orientierung handelt, insofern er nicht einfach Billard spielt, sondern damit Ziele der Persönlichkeitsbildung verfolgt: Es geht um Förderung der Konzentrationsfähigkeit, des Einhaltens von Regeln und der Beharrlichkeit bei der Bewältigung von Aufgaben. Für diese hochgesteckten Ziele ist das Billardspiel ein unambitioniert wirkendes Übungsfeld – wie das Spielen der Kinder überhaupt ja auch den Aspekt hat, sich Muster der Lebensbewältigung anzueignen. Andererseits aber kann der Praktikant die pädagogischen Ziele nicht im direkten Zugriff angehen. So kann er sinnvoller Weise den Schüler nicht zum Weiterspielen mit dem Hinweis motivieren, es ginge schließlich darum, seine Beharrlichkeit zu fördern. Vielmehr muss er sich unmittelbar mit eigenen Erwartungen und Gefühlen auf das Billardspiel und den damit verbundenen Kampf ums Gewinnen, aber auch im die Einhaltung der Regeln einlassen.

> *„Was der Student hier schildert (den pädagogischen Nahkampf ohne Übersicht, die Verstrickung in Ärger, den Selbstzweifel es richtig zu machen, das trotzdem Beharren, das Unkalkulierbare des eigenen Erfolges), das ist nicht nur Anfängerschicksal, wie er selbst vielleicht meint. Dann wären pädagogische Könner als Leute zu definieren, die diese Ungewissheiten hinter sich haben und alles ganz ‚cool' und mit Methode durchziehen. Vielmehr ist das, was hier geschieht, prinzipiell so, auch wenn pädagogische Erfahrung zweifellos helfen kann, gelassener damit umzugehen"* (ebd., 48).

Pädagogisches Handeln lässt sich nicht einfach als technische Anwendung methodischer Regeln verstehen, weil beide Beteiligten erst einmal die Ungewissheit darüber bewältigen müssen, wie sie ein von wechselseitigem Vertrauen getragenes Miteinander finden können.

Ein solches Miteinander ist nun auf zwei Ebenen näher bestimmt. Die erste ist die der sozialen Regeln oder Konventionen, die die Handlungen koordinieren, mittels derer Beteiligten ihre jeweiligen Ziele realisieren wollen. Beispielsweise kaufen Menschen ein, indem sie den Regeln des Kaufens und Verkaufens folgen und auf diese Weise an gewünschte Güter gelangen. Beim Wettkampf haben die Spieler dem egozentrischen Wunsch zu gewinnen, ohne diesen Wunsch wäre das Spiel kein Kampfspiel und eher langweilig. Andererseits kann der Wunsch nur realisiert werden, indem er durch die Spielregeln kanalisiert wird. Ohne diese Regeln gäbe es kein Spiel, oder es gäbe ein anderes Spiel. Deshalb muss man sich, wenn man zusammen spielen will, entweder stillschweigend oder, wie im vorliegenden Fall, ausdrücklich auf die Regeln einigen. Damit ist aber nicht nur verabredet, welche Spielregeln inhaltlich gelten sollen – man kann ja Billard auf verschiedene Weise spielen –, sondern stillschweigend auch, dass man gewillt ist, sich an diese Regeln zu halten.

Diese zweite Ebene des Miteinanders ist die moralische Ebene. Moralische Regeln sind – so wird hier deutlich – Meta-Regeln des Sozialen. Sie sagen weniger, wie inhaltlich zu handeln ist, sondern vielmehr, mit welcher Haltung man auf das soziale „Spiel" eingeht. Die moralische Meta-Ebene wird erst dadurch sichtbar, dass sie durch das Austricksen in Frage gestellt wird. Für das Spiel ist sie aber ebenso notwendig wie die soziale Ebene, denn ohne das moralische Miteinander der Fairness verliert der spielerische Wettkampf seinen Sinn. Zwar kann man sich vorstellen, dass der Praktikant nicht auf der Einhaltung der Regeln bestanden hätte, sondern aus ebenfalls pädagogischen Gründen über die Tricks stillschweigend hinweggesehen hätte (so wie man kleine Kinder im Spiel gewinnen lassen mag, um sie nicht vorschnell zu entmutigen), aber dann wäre daraus unter der Hand ein anderes Spiel mit anderen Regeln geworden.

Der Praktikant fühlt sich angesichts der Verletzung der moralischen Grundregel der Anerkennung ärgerlich und hilflos. Als Spieler im Alltag würde er vielleicht das Spiel seinerseits abbrechen, aber als Sozialarbeiter besteht er auf der ehrlichen Einhaltung der Spielregeln, ist dies doch gerade eines seiner pädagogischen Ziele. Aber er drückt seinen eigenen Ärger nicht unmittelbar emotional aus, sondern „artikuliert", das heißt versprachlicht ihn („ey du, ich werd' jetzt echt sauer, wenn du noch mal hier rumtrickst"). Er tritt zu sich selbst in eine professionelle Distanz. Zugleich meldet sich in seinen Gedanken auch die professionelle Ethik in Gestalt von Schuldgefühlen zu Wort, dem Schüler gegenüber vielleicht zu weit gegangen zu sein. Die Äußerung, die Tricks durchschaut zu haben und sich darüber zu ärgern, kann ja auch als Demütigung und Ablehnung aufgefasst werden. Jedoch passiert nun überraschenderweise das, was Müller „ein kleines pädagogisches Wunder" (ebd., 47) nennt, nämlich die Einhaltung der Regeln seitens des Schülers ohne dessen Unterwerfung.

Fasst man die pädagogische Interaktion zwischen Praktikant und Schüler als ein unausdrückliches Kampfspiel auf, dann kann man tatsächlich nicht sagen, wer hier gewonnen hat: der Praktikant, indem er sich mit dem Beharren auf Regeleinhaltung durchgesetzt hat, oder der Schüler, indem er es nicht mehr nötig hat zu tricksen. Auf Tricks verfällt man entweder, wenn man den anderen provozieren will, um dessen Schwächen und Stärken auszutesten, oder wenn man sich den Sieg mit ehrlichen Mitteln nicht zutraut und eine Niederlage nicht verträgt. Wenn es stimmt, dass, wie der Praktikant berichtet, der Schüler sich freute, dass er ihn *nicht* austricksen konnte, dann können wir im Rückschluss annehmen, dass der Schüler zwei Bestrebungen in sich vereinigte: einerseits sich den Regeln (sei es provokativ, sei es um das Spiel nicht zu verlieren) zu entziehen, andererseits sich mit den Regelerwartungen seiner Umwelt bzw. des Praktikanten zu identifizieren. Die Herstellung von Überlegenheit mit Hilfe von Tricks ist eine egozentrische Strategie, das Wohl des Ichs steht hier im Vordergrund. Die Identifikation mit den Regelerwartungen der Umwelt ist dagegen keine unmittelbar egozentrische Strategie, vielmehr wird ein nachhaltigerer Nutzen aus der regelgerechten Einbeziehung des Anderen gezogen. Man kann den moralischen Lernschritt somit als Schritt einer Dezentrierung des Ichs verstehen.

Um eine moralische Handlung zu vollziehen – in diesem Fall besteht das moralische Handeln im Unterlassen des Austricksens –, müssen mehrere Bedingungen erfüllt sein bzw. beim moralischen Lernen vollzogen werden, die man am vorliegenden Beispiel auch gut unterscheiden kann.

1. *Normenbewusstsein (Kognition 1).* Erforderlich ist zunächst die Kenntnis dessen, was moralisch verboten, erlaubt und geboten ist. Es ist anzunehmen, dass der Schüler kognitiv wusste, dass es nicht zulässig ist, den Mitspieler heimlich zu übervorteilen. Dies entspricht den moralischen Grundprinzipien der Ehrlichkeit im menschlichen Miteinander.
2. *Anwendung der Norm auf die konkrete Situation (Kognition 2).* Der Begriff des „Austricksens" bedeutet ja schon in sich den *Anschein* der Regelkonformität. Der Schüler erkennt also offenbar, dass die konkrete Situation des Billardspielens ein Fall ist, der unter die allgemeine Norm der Ehrlichkeit fällt (auch wenn er nicht entsprechend handelt).
3. *Moralische Bewertung des eigenen Handelns in dieser Situation (Akzeptanz 1).* Über diesen intrapsychischen Vorgang bzw. sein Ausbleiben beim Schüler erfahren wir nichts. Möglich wäre zum Beispiel, dass der Schüler das Austricksen gar nicht als moralisches Problem wahrnimmt, weil er aufgrund seiner Sozialisationsbedingungen sich subjektiv in einer Art Überlebenskampf befindet, in dem auch unmoralische Mittel erlaubt scheinen: die unmoralische

Handlung als Entschädigung für erlittene Unmoral. Von einer moralischen Bewertung des eigenen Handelns erfahren wir aber seitens des Praktikanten, nämlich in Gestalt seiner Schuldgefühle, mit der Artikulation seines Ärgers vielleicht zu weit gegangen zu sein.

4. *Abweisung von Entlastungsmechanismen und Übernahme von persönlicher Verantwortung (Akzeptanz 2)*. Im Alltag finden wir oft manche Gründe, um uns moralischen Ansprüchen zu entziehen: gerade keine Zeit, anderweitige dringende Verpflichtungen, Vermeidung von Unannehmlichkeiten usw. Im vorliegenden Fall muss der Schüler darauf verzichten, sich mittels der Trickserein psychisch zu entlasten; er muss sich selbst und dem anderen gegenüber Verantwortung übernehmen.

5. *Vorausschau:* Zu jedem bewussten Handeln gehört auch die Vorausschau auf die Folgen des Handelns, entweder auf die direkten Ziele oder auf die indirekten (Neben-)Folgen. Diese müssen nicht nur erkannt, sondern auch nach Wünschbarkeit oder moralischen Maßstäben bewertet werden. Indem der Schüler sich am Ende an die Spielregeln hält, verzichtet er auf das Handlungsziel eines erschlichenen Sieges, nimmt die mögliche Folge des Verlierens in Kauf und weist zugleich der Regelbefolgung eine neue Stelle in seiner persönlichen Werthierarchie zu.

6. *Entschluss zum moralischen Handeln (Motivation 1)*. Die Handlung selbst kommt entweder dadurch zustande, dass der innere „Druck" oder „Zug" stark genug wird. Das heißt entweder muss die Normverletzung unattraktiv oder die Normbefolgung attraktiv genug werden oder beides zugleich erfolgen. Auf das letztere deutet die im vorliegenden Beispiel genannte Freude des Schülers hin, mit dem Austricksen nicht durchgekommen zu sein, die Indifferenz von Sieg und Niederlage.

7. *Handlungsnotwendige Ich-Kompetenzen (Motivation 2)*. Um den Entschluss auch wirklich in die Tat umzusetzen, sind unterstützende Ich-Kompetenzen erforderlich. In schwierigeren moralischen Konfliktsituationen, zum Beispiel wenn jemand mit seinen moralischen Überzeugungen zunächst einmal allein steht, geht es um Kompetenzen wie Planungssicherheit, Verzicht auf unmittelbare Anerkennung, Überwindung von Angst davor, sich zu exponieren. Im vorliegenden Fall sind dies die zu erlernenden Kompetenzen der Konzentration, des Einhaltens von Regeln und der Beharrlichkeit.

Das moralische Lernen umfasst alle diese verschiedenen Momente des Normenbewusstseins, der Normenakzeptanz und der Motivation. Fällt nur eine dieser Instanzen aus, dann wird die mögliche Handlung blockiert. In pädagogischer Perspektive geht es darum, bei den Heranwachsenden ein Sollen in ein Wollen zu verwandeln. Nicht das Predigen von moralischen Geboten oder Verboten erzeugt eine moralische Haltung, sondern die vorsichtige Anregung zum richtigen Handeln, die beim Handelnden für die Vorstellung Platz lässt, es selbst frei gewählt zu haben. Aus einem angeleiteten oder angeregten Handeln wird so ein autonomes Handeln.

9.2 Mittel und Wege des moralischen Lernens

Nachdem wir eine besondere Situation moralischen Lernens im Detail unter die Lupe genommen haben, treten wir nun gleichsam einen Schritt zurück, um einige der Mittel und Wege des Morallernens im Allgemeinen zu vergegenwärtigen. Dabei geht es, wie schon das vorangegangene Beispiel verdeutlicht hat, nicht nur um das kognitive Lernen moralischer Normen, sondern um den Aufbau einer moralischen Haltung. Mit ihr werden die Normen zu einem Teil der Persönlichkeitsstruktur.

a) *Eine Atmosphäre von Fürsorge und Gerechtigkeit.* Normalerweise erfolgt das moralische Lernen des Kindes anfänglich und in der entscheidend prägenden Phase seines Lebens in seiner Familie. Sehr allgemein lassen sich mit Monika Keller drei Bedingungen der Förderung einer moralischen Motivation in der familialen Sozialisation angeben:

> „1. Wenn die Familiensituation gerecht geregelt ist und die Eltern das Kind lieben, dann wird im Kind gleichfalls Liebe zu den Eltern geweckt. 2. Die dann entstandenen Bindungen sind die Grundlage dafür, dass Freundschafts- und Vertrauensbindungen zu anderen Gruppenmitgliedern und folglich Gemeinschaftsgefühle entstehen können, sofern die Verhältnisse in diesen Gruppen gerecht sind. 3. Auf der Basis dieser Bindungen kann dann eine dauerhafte moralische Disposition entstehen, wie sie im Gerechtigkeitssinn impliziert ist, und zwar wiederum unter der Voraussetzung, dass die gesellschaftlichen Institutionen gerecht sind" (Keller 1996, 36).

Man könnte dies auch so zusammenfassen, dass individuelle moralische Dispositionen durch die Eingewöhnung in und Übernahme von moralischen Strukturen erzeugt werden, wobei die moralischen Werte der Gerechtigkeit und der Liebe bzw. Fürsorge von zentraler Bedeutung sind. Die auf das Kind einwirkenden Strukturen sind zunächst die der Eltern- und Familien-Beziehungen, sodann die der kleinen Gemeinschaften von Verwandtschaft, Freundschaft und Nachbarschaft, schließlich die des Miteinanders in Institutionen wie Schule oder Sportverein, am Arbeitsplatz oder in der Öffentlichkeit. Dabei erfolgt das moralische Lernen nicht unbedingt als eine harmonische und widerspruchsfreie Ausdehnung des moralischen Prinzips von nahen auf entfernte Anwendungen. Da alle drei Entstehungszusammenhänge moralischer Gefühle für das Individuum nebeneinander relevant bleiben, sind Konflikte zwischen den unterschiedlichen Anforderungen in den unterschiedlichen Bereichen eher die Regel als die Ausnahme. Das Individuum muss sich höherrangige moralische Maßstäbe aneignen, auf Grund derer es in sich selbst den Konflikt verschiedener moralischer Ansprüche schlichtet.

b) *Gewöhnung.* Eine der ältesten, einfachsten und grundsätzlich zutreffenden Antworten der Ethik auf die Frage, wie die Moral in die Menschen kommt, ist: durch Gewöhnung. Aristoteles unterscheidet die kognitiven Lernziele von den moralischen dadurch, dass die ersteren durch Belehrung vermittelt werden, während die letzteren durch Gewöhnung angeeignet werden.

> *"Durch das Verhalten in den Alltagsbeziehungen zu den Mitmenschen werden die einen gerecht, die anderen ungerecht. Und durch unser Verhalten in gefährlicher Lage, Gewöhnung an Angst oder Zuversicht, werden wir entweder tapfer oder feige. [...] Mit einem Wort: aus gleichen Einzelhandlungen erwächst schließlich die gefestigte Haltung"* (Aristoteles um 330 v. Chr., 35).

Aber so wichtig das Moment der Gewöhnung durch Wiederholung für die Charakterbildung auch ist, so bleibt hier doch Entscheidendes unklar. Aristoteles lässt offen, wer oder was bewirkt, wie man sich am Ende jeweils verhält: der eine gerecht, der andere ungerecht, der eine tapfer, der andere feige. Aristoteles betrachtet das moralische Lernen vor allem unter der Perspektive der Selbst-Bildung des für sich selbst verantwortlichen Individuums. Demgegenüber hat die moderne Entwicklungspsychologie den Blick immer mehr auf die frühesten Vorgänge des Lernens gerichtet. Heute geht man, aufgrund der neueren Forschungsresultate zur frühen Kindheit, davon aus, dass die Grundlagen des moralischen Lernens schon im Säuglingsalter gelegt werden (vgl. Dornes 1993). Zwischen dem fünften und dem siebenten Lebensmonat lernt der Säugling, die emotionale Bedeutung von Mimik und Gestik seiner Bezugspersonen zu verstehen und darauf zu reagieren. Indem diese ihre Zustimmung oder ihr Unbehagen zum Verhalten des Säuglings signalisieren, beeinflussen sie dessen Verhalten. Damit wird die Grundlage auch für moralisches Lernen gelegt.

c) *Belohnung und Bestrafung.* Wenn das Kind mit seinem Geschwisterchen bereitwillig die Spielsachen teilt und die Mutter ihm dabei wohlwollend zulächelt, empfindet das Kind dies als Lob und Belohnung für sein Verhalten, wodurch positive Gefühle hervorgerufen werden. Wenn das Kind seinem Geschwisterchen die Spielsachen wegreißt und die Mutter schimpft, wirkt dies als Tadel oder Bestrafung mit der Folge negativer Gefühle. Die behavioristische Lerntheorie hat dies als „Konditionierung" theoretisch konzeptualisiert. Dabei wird entweder einer angeborenen, unbedingten Reaktion durch Assoziation eines Reizes eine bedingte Reaktion hinzugefügt, oder ein ursprünglich spontanes Verhalten wird durch die Assoziation mit angenehmen oder unangenehmen Konsequenzen nachhaltig verändert. Durch erzieherische Wiederholung assoziiert das Kind zu dem unbedingten Reiz-Reaktions-Muster Lob-Freude das bedingte Reiz-Reaktions-Muster Wohlverhalten-Freude. Das Wohlverhalten wird zum konditionierten Reiz für Freude. Diese Belohnung erfolgt intrinsisch, durch das Kind selbst, und es kann sie durch sein eigenes Verhalten reproduzieren. Entsprechend kann durch Belohnungsentzug bzw. Strafe das Unterlassen eines bestimmten Verhaltens konditioniert werden.

Man kann Kindern Verhaltensweisen andressieren, jedoch ist Erziehung keine Dressur. Lob und Tadel wirken beim Kind keineswegs so zuverlässig wie die Glocke bei den Pawlow'schen Hunden. Das liegt unter anderem daran, dass die komplexe Umwelt des Kindes vielerlei Belohnungen bereithält, die nebenbei wirken, so im oben genannten Beispiel den Lustgewinn, das Spielzeug zu besitzen (und nicht *nicht* zu haben), sich stärker zu fühlen als der kleine Konkurrent oder die Aufmerksamkeit auf sich zu lenken. Auch hat die Bestrafung in der modernen Pädagogik einen schlechten Ruf und geht allenfalls als letztes Mittel durch. Das lässt sich auch konditionierungstheoretisch begründen: Wenn die Verletzung einer Norm, zum Beispiel das Entwenden von Süßigkeiten, mit Lustgewinn verbunden ist, muss dieser durch die mit einer Bestrafung, zum Beispiel Schimpfen, verbundenen Unlust überboten werden. Durch wiederholt nicht entdeckte Normverletzungen potenziert sich der Lustgewinn. Wenn nun doch eine Strafe erfolgt, müsste sie entweder die heimliche Lustbilanz ausgleichen, wäre dann aber bezüglich des Einzelfalls unverhältnismäßig hoch, oder sie wäre diesem angemessen, dann aber angesichts der Bilanz zu niedrig und damit unwirksam.

d) *Identifizierung.* Es entspricht der Alltagserfahrung, dass Kinder oft wichtige Vorlieben, Abneigungen und Einstellungen von ihren Eltern übernehmen. Zum Beispiel richten sie sich in ihren Berufswahlen viel stärker nach dem, was sie an wichtigen Bezugspersonen beobachten, als unter Bedingungen einer fortgeschrittenen gesellschaftlichen Individualisierung eigentlich zu erwarten wäre. Dieses Verhalten ist ein Ergebnis der Identifizierung des Kindes mit den Bezugspersonen. Die Identifizierung umfasst neben den Idealen und Wunschbildern des Selbst auch die von den Bezugspersonen vermittelten Gebote und Verbote. Die psychische Instanz des Gewissens, das sich bei Übertretung dieser Normen durch Schuldgefühle bemerkbar macht, heißt in der Psychoanalyse „Über-Ich". Man nimmt an, dass sich das Kind mit der elterlichen Instanz identifiziert, die die moralischen Verbote ihm gegenüber durchsetzt, entweder weil es sich dadurch aus der erfahrenen Ohnmacht befreit oder weil es damit den erfahrenen Verlust an elterlicher Nähe ausgleicht. Dabei handelt sich, genau genommen, nicht um eine Identifizierung mit Personen, sondern mit dem elterlichen Über-Ich und damit wiederum mit den Anforderungen der gesellschaftlichen Moral.

Nun ist aber das kindliche Über-Ich offensichtlich nicht eine Art Abziehbild des elterlichen Über-Ichs. Schon Mutter und Vater repräsentieren ja in der Regel unterschiedliche Normvorstellungen. Und das Kind macht schon sehr früh vielfältige Beobachtungen über das „richtige" Handeln auch außerhalb der Familie, über erzählte Geschichten oder das Fernsehen. Von Anfang des Sozialisationsprozesses an entsteht ein psychisches Selbst mit einer eigenen Struktur, von der mit abhängt, mit welchen elterlichen Anteilen sich das Kind identifiziert und mit welchen nicht. Dabei spielt auch die Moral der außerfamilialen Peergruppen eine Rolle. Die Ablehnung mancher elterlichen Moralvorstellung insbesondere in der Adoleszenz ist eher die Regel als die Ausnahme. Gelegentlich verändern sich unter deren Einfluss sogar die Moralvorstellungen der Eltern. So ist auch Identifizierung kein ausschließlich wirkender Mechanismus moralischen Lernens.

e) *Verständnisvoller Erziehungsstil, Verbalisierung und Argumentation.* Unter Erziehungsstilen versteht man Grundsätze und Methoden, die Erwachsene bei der Erziehung mit gleicher Tendenz auch in verschiedenen Situationen und zu verschiedenen Zeiten einsetzen. Untersucht man die Familiengeschichte von Delinquenten mit antisozialer Einstellung, dann stößt man überwiegend auf einen Erziehungsstil, der durch uneinfühlsame Machtausübung in Verbindung mit inkonsistenter Aufsicht geprägt ist. Daraus kann man umgekehrt schließen, dass der Aufbau einer moralischen Haltung durch eine liebevolle Atmosphäre auf der Basis einer zuverlässigen Begleitung begünstigt wird. In einem solchen Erziehungsstil werden, so Leo Montada, „je nach Verständnis des Heranwachsenden argumentative Erläuterungen der Forderungen gegeben, ihr Sinn erklärt, Konflikte zwischen Normen angesprochen, Ausnahmen durchdacht und Lösungsmöglichkeiten erwogen. Auf Zwang und Zurechtweisung wird verzichtet. Stattdessen wird Spielraum für eigene Entscheidungen gewährt. Heranwachsende können die Beachtung einer Norm als ihre eigene Entscheidung erleben, und so wird sie auch von den Erziehern kommentiert und gelobt. Die Beachtung der Norm wird auf diese Weise zu einem Teil ihres Selbst, ihrer Identität" (Montada 2002, 626).

In sprachlicher Form werden Normen entweder dadurch vermittelt, dass in konkreten Situationen bestimmte Verhaltensanweisungen verschiedener Reichweite gegeben werden („lass das"; „gib dem Max sein Schäufelchen zurück") oder verallgemeinerte Regeln formuliert werden („hier wird nicht gehauen"; „man nimmt nicht dem anderen seine Sachen ohne zu fragen"; „was du nicht willst, dass man dir tu ..."). Argumentation bedeutet darüber hinaus, dass man Regeln mit Gründen zu plausibilisieren versucht („du wärst doch auch traurig, wenn jemand dir deinen Teddy wegnimmt"). Erläuterungen und Argumente haben in der Adoleszenz eine wichtige Funktion, denn in diesem Alter verstehen die Heranwachsenden allgemeine formale Prinzipien der Moral und können deshalb nun vieles in Frage stellen, was zuvor selbstverständlich war. Ohne ausdrückliche Einigung auf Regeln droht die Interaktion in der Familie chaotisch zu werden. Aber auch Verbalisierungen und Argumentationen wirken nur begrenzt. In der früheren Kindheit ist mit moralisch-prosozialen Argumenten nur wenig auszurichten, und auch nur dann, wenn sie mit dem tatsächlichen Erwachsenenverhalten nicht im Widerspruch stehen. Auch scheitert das Argumentieren gegenüber Kindern von vorn herein dann, wenn es seinem Sinn nach nicht der jeweils erreichten Entwicklungsstufe entspricht.

9.3 Neuronale Grundlagen des moralischen Lernens

Im vorigen Kapitel wurde bereits erwähnt, dass man in der heutigen Neurologie glaubt, den Bereich des Moralischen genau lokalisieren zu können, nämlich im rechtshemisphärischen orbitofrontalen Kortex, einem Bereich der Hirnrinde oberhalb der Augenhöhle. In diesem Bereich werden emotionale Bewertungen dessen, was für den Organismus als zuträglich oder nicht zuträglich registriert wird, verstandesmäßig weiterverarbeitet. Umweltreize werden zunächst vom limbischen System negativ oder positiv bewertet, wodurch entweder Flucht- und Kampfimpulse freigesetzt werden oder das körpereigene Belohnungssystem Wohlbehagen signalisiert. Was bedrohlich ist, ist schlecht, und wofür man belohnt wird, ist gut (nicht: was gut ist, dafür wird man belohnt). Wiederholte Bewertungen führen zum Aufbau langfristiger, verallgemeinernder Repräsentationen des Guten und Schlechten, die die jeweils neuen Wahrnehmungen und Handlungen präformieren und entsprechende Handlungsentscheidungen erleichtern.

Diese emotionalen Bewertungen erfolgen äußerst rasch, aber ungenau. Etwas bewusst, durch genauere Wahrnehmung und Denken geprüft für gut oder schlecht zu halten, basiert dagegen auf einer Leistung des frontalen Kortex, zu der das Individuum erst allmählich im Stande ist. Hier werden diejenigen Bedürfnisse, die sich längerfristig als zuträglich erwiesen haben, als „Werte" gespeichert. Werte sind längerfristige und höherwertige Bedürfnisse, auf Grund derer kurzfristige Bedürfnisse auch blockiert werden können. Im Bewusstsein eines Wertes tun wir vielleicht das gerade nicht, was wir an sich am liebsten tun würden. Sehr nahe der kortikalen Repräsentation des Guten und Schlechten ist die des Guten und Bösen lokalisiert, was darauf hindeutet, dass beide systematisch eng miteinander verflochten sind. Das moralische System „gut für andere" baut auf dem Bedürfnissystem „gut für mich" auf, insofern ein soziales Wohlverhalten gegenüber anderen zumeist durch Wohltun beantwortet wird, was wiederum „gut für mich" ist. Dies entspricht dem moralischen Bewusstsein des Kindes, das ein Verhalten anfänglich deshalb für moralisch gut hält, *weil* es dafür belohnt wird. (Erst später erwartet es Belohnung, *weil* es sich gut verhalten hat.)

Das Frontalhirn, in dem die neuronalen Prozesse des Denkens und Schließens ablaufen, ist entwicklungsgeschichtlich der jüngste Teil des Gehirns, und innerhalb dessen entwickelt sich das Bewertungssystem des sozialen Verhaltens, des Guten und Bösen, später als die kognitiven Bereiche des Sprechens und Denkens. Der Mensch braucht, so der Neurologe Manfred Spitzer, „zum Erlernen sozial kompetenten, moralisch richtigen Handelns [...] länger als zum Erlernen jeglicher anderen höheren geistigen Leistung. Aus neurobiologischer Sicht ist das Gehirn sogar darauf angelegt, Werte erst spät zu lernen" (Spitzer 2002, 351). Je mehr bestimmte Handlungspräferenzen als Erfahrungswerte im orbitofrontalen Kortex sich als stärkere Synapsen niedergeschlagen haben, desto eher wird das Verhalten durch Erfahrung, statt unmittelbar durch Lust und Unlust, gesteuert. Zugleich beschleunigt sich die Leitfähigkeit der Fasern zum und vom frontalen Kortex – ein Prozess, der beim Individuum erst nach der Pubertät abgeschlossen ist.

Daraus folgt, so Spitzer über die Bedingungen schulischen Lernens, „dass man Ethik (im strengen Sinn als Reflexion über die Prinzipien moralischen Handelns) in der Unterstufe nicht unterrichten kann. Gewiss, man kann sich über das Raufen unterhalten und Geschichten über böse und gute Menschen erzählen, ebenso wie man im Kindergarten mit den Kindern sprechen kann und sollte. Was man in der sechsten oder siebten Klasse jedoch nicht kann, ist ein vorhandenes, gereiftes System von Intuitionen im Hinblick auf Bewertungen auf den Begriff bringen. Eine Wertediskussion kann man in der siebten Klasse nicht wirklich führen" (ebd., 353). Werte und Normen sind nicht Repräsentationen von Dingen oder Ereignissen, sondern von Handlungsorientierungen und -regeln, und deren neuronale Grundlage braucht zu ihrer Reifung länger als alle anderen Hirnareale. Vor allem aber lassen sie sich nicht wie kognitive Inhalte abstrakt speichern, sondern bilden den akkumulierten Niederschlag von Lebensformen im Ganzen. Werte lernt man über Vorbilder und eingespielte Praktiken. Sind diese widersprüchlich, dann wird ist dies auch die Moral der Heranwachsenden sein. Diese orientieren sich in ihrem Verhalten weniger an dem, was gesagt wird, als daran, wie gehandelt wird.

9.4 Stufen der moralischen Entwicklung des Individuums

Die Entwicklungspsychologie hat nicht nur die Mittel und Wege des moralischen Lernens erforscht, sondern auch eine Stufenfolge der Moralentwicklung entdeckt. Diese bildet den Möglichkeitsrahmen, innerhalb dessen die jeweils konkreten Lernschritte erfolgen. Eine höhere Stufe der Moral kann nur dann erreicht werden, wenn zuvor die Fertigkeiten und Einsichten der vorangehenden Stufe ausgebildet wurden. Die tatsächlichen Lernprozesse hängen einerseits von dieser Entwicklungslogik, andererseits von den jeweiligen Umständen ab, in denen die genannten Mittel und Wege des Lernens zum Tragen kommen.

Schon Kant umschrieb – lange bevor es sozialpsychologische Forschungen zur Moral gab – mit den Begriffen der „Legalität" und der eigentlichen „Moralität" zwei unterschiedliche Formen des moralischen Verhaltens. Unter „Legalität" verstand er eine bloß äußere Regelkonformität, unter „Moralität" dagegen ein Handeln aufgrund der inneren Bejahung einer moralischen Regel. Wenn ich zum Beispiel nur aus Angst, bestraft zu werden, nicht lüge, handle ich, nach Kant, zwar moralisch „legal", das heißt gesetzmäßig oder normentsprechend, aber die Handlung hat eigentlich keinen moralischen Wert, weil ihr der „gute Wille" (Kant), der innere Antrieb, das moralisch Richtige zu tun, fehlt. Nur die intrinsische Bejahung der moralischen Pflichten garantiert nach Kant den moralischen Wert einer Handlung, weil alle anderen psychischen Kompetenzen wie Ordnung, Fleiß, Fantasie, Selbstbeherrschung und andere so genannte „Sekundärtugenden" auch unmoralischen Zwecken dienen können.

Die empirische Entwicklungspsychologie hat nun aber gezeigt, dass diese ethische Zweiteilung der Moral zu rigoros ist, da jede moralische Entwicklung zeitlich die Übernahme vorgegebener Regeln voraussetzt, die nicht von Anfang an aus intrinsischen Motiven beachtet werden. Von der oben bereits erwähnten Säuglingsforschung wurden systematische Beobachtungen durchgeführt, die darauf schließen lassen, dass das Lernen moralischer Regeln etwa ab dem neunten Lebensmonat beginnt. Das Baby entdeckt dann, dass die Bezugsperson auf sein eigenes Verhalten affektiv unterschiedlich reagiert, stimmt seine eigenen Affekte und Verhaltensweise darauf ab und entwickelt so ein erstes, vorsprachliches Muster des Erlaubten und Verbotenen. Mit etwa 18 Monaten ist diese Fähigkeit der Affektabstimmung so weit ausgebildet, dass das Kleinkind beispielsweise Mitleid mit einem anderen, weinenden Kind zeigen kann. Ab dem zweiten Lebensjahr kann das Kind auch in Abwesenheit der Bezugspersonen seine Wünsche für kurze Zeit unterdrücken. Ab dem dritten Jahr kann man bei Regelverstößen erste Äußerungen von Scham beobachten (vgl. Bischof-Köhler 2011, 441 ff.).

Ab dem vierten Jahr entwickelt das Kind eine Vorstellung von moralischer Schuld, was voraussetzt, zwischen innerer Absicht und äußerem Resultat einer Handlung zu unterscheiden. Den guten Willen mit Kant für das entscheidende Kriterium der Moralität zu halten, entspricht keineswegs schon dem entstehenden Moralbewusstsein. Anfänglich, das heißt mit etwa vier bis sechs Jahren, zählt bei der moralischen Beurteilung einer Handlung das Resultat viel mehr als die Absicht (vgl. Montada 2002, 636). Dieses Verhältnis kehrt sich im Alter von sieben bis neun Jahren um. Bis zum Alter von 19 Jahren zählt dann die gute Absicht kontinuierlich immer mehr für eine moralische Hochschätzung, während das Gewicht der Handlungsfolgen spiegelbildlich dazu abnimmt.

Kant wollte das moralisch bloß angepasste Verhalten („Legalität") aus der eigentlichen Moralität ausschließen. Jedoch ist Anpassung im Sinne des Bewusstseins, dass moralische Regeln soziale Regeln sind, die man als solche verstehen und auf sich anwenden muss, ein eigener wichtiger Lernschritt. Bei der Entstehung des moralischen Selbst wird der Vorrang des eudaimonistischen (lustorientierten) Guten (gut für mich) allmählich durch den Vorrang des moralisch Guten (gut für andere) abgelöst. Gertrud Nunner-Winkler (1994) befragte Kinder zu einer Bildergeschichte, in der ein Junge im Kindergarten einem anderen eine Tüte gebrannter Mandeln stiehlt. Eine Frage lautete, wie sich der Dieb nach gelungener, nicht entdeckter Tat fühle. Die Mehrheit der Vierjährigen meinte, er fühle sich sehr gut, da gebrannte Mandeln so gut schmecken. Zu einer Variante der Geschichte, in der der Junge seinen Gelüsten widersteht, meinten sie, dass er sich schlecht fühle, da ihm die Süßigkeiten entgangen sind. Dieses Vorherrschen des eudaimonistischen Kriteriums findet man noch bei der Hälfte der Fünfjährigen und bei zehn Prozent der Achtjährigen. Die übrigen glauben, dass er sich wegen der Befolgung der moralischen Regel gut fühlt. Ihr moralisches Selbst ist freilich noch längst nicht autonom, sondern hat nur die familial und gesellschaftlich vorgegebene Moral übernommen.

Bei der Verinnerlichung der Moral kann man mit Nunner-Winkler zwei Phasen unterscheiden: Zunächst lernen Kinder, etwa ab dem 4. Lebensjahr, moralische Regeln kognitiv zu verstehen und entwickeln auch eine Vorstellung ihrer Geltungsgründe. Dass man den moralischen Regeln entsprechend handeln soll, gründet für sie nicht mehr nur auf Lob und Tadel, Belohnung oder Strafe, sondern auf der Vorstellung des Unterlassens von Unrecht und des Linderns von Not. Aus dieser Einsicht folgt aber noch nicht unbedingt ein entsprechendes Handeln. Dazu bedarf es der Entwicklung einer weiteren, motivationalen Komponente, durch die die Regeln ein Teil des Selbst werden. Dies beginnt mit dem sechsten bis achten Lebensjahr, was freilich nicht heißt, dass nicht auch immer wieder Rückschritte auf das frühere Niveau möglich wären. Diese werden dann aber gegebenenfalls mit Scham- oder Schuldgefühlen begleitet. Mit diesen Untersuchungen konnte Gertrud Nunner-Winkler zugleich zeigen, dass moralisches Wissen und moralische Motivation zwei voneinander unabhängige Dimensionen des moralischen Lernens darstellen.

Solche entwicklungspsychologischen Altersangaben sind selbstverständlich nur Durchschnittsgrößen. Wie sich die moralischen Einstellungen beim einzelnen Kind tatsächlich entwickeln, hängt von der familialen und sozialen Umwelt ab, aber auch von der individuellen Disposition. Wie es sportlich-motorische, künstlerische oder mathematische Begabungen gibt, gibt es auch empathisch-moralische. Ein Kind erfand schon im Einschulungsalter selbständig für sich einen moralischen Grundsatz, nämlich „Helfen soll man wo man kann", was genau der zweiten Hälfte der (im sechsten Kapitel erwähnten) moralischen Grundformel Schopenhauers entspricht: „Verletze niemanden, hilf vielmehr allen, soweit du kannst."

Ausgehend von den Beobachtungen zur Entstehung des moralischen Selbst werden in verschiedenen Theorien immer wieder zwei Entwicklungsstufen der Moral unterschieden, die zu zwei aufeinander aufbauenden Hauptformen der Moral führen, die dann auch nebeneinander her bestehen. Während die erste Stufe in der Übernahme und Verinnerlichung vorgegebener Normen besteht, entwickeln die Individuen erst in der zweiten die Fähigkeit, das, was ihnen moralisch vorgegeben ist, wiederum nach moralischen Prinzipien kritisch zu bewerten. So kommen sie gegebenenfalls zu einer durch allgemeine Prinzipien gestützten, persönlichen Moralauffassung, die unter Umständen auch einem gegenläufigen Druck der sozialen Umwelt standhält. Etwas Derartiges meinte Stanley Milgram (1933–1984), wenn er zwischen „Gehorsamsmoral" und „autonomem Gewissen" unterschied (vgl. dazu auch Kap. 10). Diese beiden psychischen Systeme stellten nach Milgram zwei verschieden wirkende Moralformen dar. Indem der heranwachsende Mensch im Laufe der Sozialisation bestimmte kulturell vorgegebene Moralanforderungen erlernt, lernt er zugleich, und unabhängig vom jeweiligen Inhalt dieser Moral, sich in Hierarchien einzuordnen und zu gehorchen. Diese strukturelle Funktion der Moral ist für das Funktionieren einer jeden Gesellschaft äußerst wichtig, da dadurch die Einzelnen zu reibungsloser Kooperation und einheitlichem Handeln motiviert werden.

Andererseits aber erfordert die Gesellschaft, so Milgram, auch die Fähigkeit, sich individuell zu entscheiden und Verantwortung zu übernehmen, so dass nun das Individuum zwischen zwei möglichen Zuständen, dem Autonomie-Zustand und der Gehorsamsmoral, wechseln können muss. Während der Mensch als autonomes Wesen aus eigenem Antrieb handelt und sein Handeln durch erlernte moralische Schranken kontrolliert, empfindet sich der Mensch im Zustand des gesellschaftlichen Funktionierens als Instrument zur Durchführung eines Auftrags und betrachtet sich dementsprechend auch letztlich nicht als verantwortlich für sein Handeln. Hoch komplexe Gesellschaften verfügen mit Schule, Militär, Bürokratie und Wirtschaft über Institutionen, in denen das Handeln in Hierarchien durch Aufstieg und Beförderung belohnt und auf Dauer gestellt wird. Moralisch gefordert ist hier in erster Linie die „selbstlose" Bereitschaft zur Erfüllung einer Aufgabe, während das personale moralische Selbstverständnis systematisch außer Kraft gesetzt wird.

Analoge Unterscheidungen finden sich in ganz unterschiedlichen psychologischen Theorien. So differenziert Jean Piaget (1896–1980), der die Entwicklungspsychologie nachhaltig geprägt hat, zwischen den beiden Grundformen einer „heteronomen" (fremdbestimmten) und „autonomen" (selbstbestimmten) Moral (vgl. Piaget 1932). Heteronom ist die Moral von Kindern vor allem dadurch, dass diese zunächst lernen, nach Regeln zu handeln. Sie werden durch Belohnung und Bestrafung in vorgegebene Regeln eingeübt. Allmählich erlangen sie so ein Bewusstsein der Regeln, das ihnen erlaubt, den Regeln unabhängig von der Anwesenheit der konkreten Bezugspersonen zu folgen. Auf Grund dieses Bewusstseins können die Heranwachsenden sodann auch die vorgegebenen Regeln selbst kritisch hinterfragen. Damit erreichen sie die Stufe der autonomen Moral, die insbesondere durch die Normen der Gegenseitigkeit gekennzeichnet ist.

Theoretisch anknüpfend an Piaget unterteilt auch Lawrence Kohlberg (1927–1987) die Entwicklung des moralischen Bewusstseins (abgesehen von einer frühen Vorstufe und weiteren Differenzierungen, die wir hier vernachlässigen), in die zwei Hauptstufen einer „konventionellen" und einer „postkonventionellen" Moral (vgl. Kohlberg 1984). In der konventionellen Moral orientiert man sich an engeren oder weiteren wichtigen Sozialbeziehungen und vertritt die Haltung von „law and order". Dagegen erreicht man auf der postkonventionellen Stufe ein kritisches Verständnis gesellschaftlicher Übereinkünfte. Zur Beurteilung inhaltlicher Normen bezieht man sich auf Prinzipien wie Mitsprache, Unparteilichkeit und Transparenz von Entscheidungen.

Ein weiteres Theoriebeispiel ist die Unterscheidung Erich Fromms (1900–1980) zwischen „autoritärer" und „humanistischer" Moral (Fromm 1947; Fromm spricht diesbezüglich allerdings von „Ethik", was aber inhaltlich mit dem hier verwendeten Begriff der „Moral" zusammenfällt). Während in einer autoritären Moral die jeweilige Autorität bestimmt, was moralisch gut ist, und das Gute das ist, das *ihr* nützt, ist das Gute in einer humanistischen Moral etwas, das dem Wesen des Menschen entspricht und in diesem Sinn gut für *ihn* ist. Die autoritäre Moral beruht auf Macht und der Furcht vor Sanktionen. Gehorsam ist die höchste Tugend, Ungehorsam die größte Sünde. Dem gegenüber erlaubt eine humanistische Moral die weitgehende Entfaltung der Individualität des Einzelnen im Rahmen seiner grundlegenden Bezogenheit auf andere Menschen. Liebe, Arbeit und Solidarität sind, nach Fromm, die Grundwerte einer humanistischen Moral, die auf die Förderung der menschlichen Wesenskräfte und die nachhaltige und lebensbejahende Aneignung der Welt zielt.

Gut zu wissen – gut zu merken

Moralisches Lernen ist ein komplexer Vorgang, an dem sich vor allem die kognitive Dimension des Normenbewusstseins und die emotionale Dimension der moralischen Motivation unterscheiden lassen. Das moralische Lernen wird durch verschiedene Bedingungen gefördert. Dazu gehören eine Atmosphäre von Fürsorge und Gerechtigkeit in der sozialen Umwelt, die Schaffung einer Gewohnheitsstruktur durch praktische Wiederholungen, das richtige Maß an handlungsbegleitenden positiven oder negativen Sanktionen, die Möglichkeit der Identifizierung mit Bezugspersonen und ein verständnisvoller Erziehungsstil. Damit moralische Einstellungen sich tatsächlich entwickeln können, müssen außerdem neuronale und psychologische Rahmenbedingungen gegeben sein, die in unterscheidbaren Stufen reifen. Grundlegend ist die Entgegensetzung von zwei Moralstufen, einer an das sozial Vorgegebene angepassten und einer in die Persönlichkeit integrierten Moral.

📖 *Literaturempfehlung*

Gartz, Detlef (1998): Moral, Erziehung und Gesellschaft. Wider die Erziehungskatastrophe. Bad Heilbrunn/Obb.: Klinkhardt (daraus: Teil II: Moral der Kinder).

Kenngott, Eva-Maria (2011): Perspektivenübernahme. Zwischen Moralphilosophie und Moralpädagogik. Wiesbaden: VS.

Latzko, Brigitte/Malti, Tina (Hrsg.) (2010): Moralische Entwicklung und Erziehung in Kindheit und Adoleszenz. Göttingen u. a.: Hogrefe.

10 MORALSKEPTISCHE PERSPEKTIVEN

Was Sie in diesem Kapitel lernen können

„Moralisieren", „Moralpredigt", „Moralapostel", „moralinsaure Prinzipienreiterei", „Doppelmoral", „Moralheuchler" – solche Bezeichnungen geben wieder, dass unsere Erfahrungen mit Menschen, die sich ausdrücklich auf Moral berufen, nicht immer angenehm sind. Eine der häufigsten Moralfallen besteht im Moralisieren. Dessen Mechanismus wird eingangs erklärt. Weiterhin wird darauf eingegangen, wie wissenschaftliche und literarische Autoren seit dem 19. Jahrhundert immer wieder auf das (Selbst-)Täuschungspotenzial der Moral hingewiesen haben. Einige klassische Ansätze dieser Art werden erwähnt. Abschließend geht es um die grundsätzliche Ambivalenz der Moral zwischen Bindung und Autonomie, aus der ihre Ambivalenz zwischen Befriedung und Kampfbereitschaft resultiert.

10.1 Moralfallen

Wer einem Anderen „moralisch kommt", will sich unangreifbar machen, stellt sich über ihn und teilt zugleich unnachgiebig aus. Moralprediger sind sich ihrer Botschaft scheinbar allzu sicher, Moralheuchler sind unaufrichtig und verstecken hinter dem Moralischen ihren Eigennutzen. Da gibt es Eltern oder Lehrer, die gegenüber unbotmäßigen Jugendlichen moralische Normen beschwören und damit vor allem ihre pädagogische Ratlosigkeit offenbaren. Da gibt es Politiker, die Fremdenangst und Fremdenhass schüren, um sich dann den Wählern als Retter vor dem Sturz ins Chaos anzubieten. Da gibt es Vertreter von Wirtschaftsverbänden, die im Sinne des Gemeinwohls mehr Eigenvorsorge der Bürger für den Bedarfsfall einfordern und zugleich darauf Einfluss nehmen, dass die Betroffenen sich solche Eigenvorsorge finanziell gar nicht leisten können. Da gibt es kirchliche oder gewerkschaftliche Würdenträger, die nach außen karitative Liebe und Fürsorge oder Solidarität mit den Schwächeren vertreten, nach innen aber, im eigenen Betrieb, gegenüber den Mitarbeitern ihre Macht rücksichtslos ausspielen. Da gibt es Journalisten, die in der Fernseh-Talkshow „moralisch" mit wenig oder kein Sex, „unmoralisch" mit viel Sex gleichsetzen und am Ende zu der fulminant kritischen Einsicht kommt, Sex dürfe auch Spaß machen.

Wer so eine verstaubte oder doppelte Moral vertritt oder Moral heuchelt, ist leicht kritisierbar, wenn er sich erwischen lässt oder sich in Widersprüche verwickelt. Weniger leicht ist es, den Moralpredigern beizukommen, insbesondere dann, wenn sie sachlich Recht haben. Wer moralisierend auf eine Verletzung reagiert, sagt nicht: „Es hat mir wehgetan, wie Du mich behandelt hast" oder „Ich fühle mich verraten und verkauft" oder „Ich bin wütend auf dich", sondern: „Du hast dich falsch verhalten" oder „Was du getan hast, ist empörend".

Während die Kommunikationspsychologie rät, in Konfliktfällen eher „Ich-Botschaften" als „Du-Botschaften" zu senden, bevorzugt der moralisch Urteilende entweder die „Du-Botschaft" oder das unpersönliche „Es", um sich den Anschein des objektiven und unparteilichen Richters zu geben. Wer moralisiert, kündigt die Kommunikation unter Gleichen auf. Er unterstellt, dass die moralische Norm, die er verletzt sieht, als fraglos richtig und als ausreichender Maßstab gilt, um im Kontrast dazu das empörende Verhalten zu messen. Die Diskrepanz zwischen Norm und Verhalten wird beklagt und mit einem Appell gefüllt, ohne dass man sich weiter mit den Gründen für dieses Auseinanderfallen beschäftigt.

Auch Sozialarbeiter sind in Gefahr, derart zu moralisieren, insofern sie in ihrer Arbeit das, was nicht nur rechtlich, sondern auch moralisch erwartet wird, durchsetzen sollen. Eine Familienhelferin, die auf eine Verhaltensänderung eines Vaters hinwirken will, der seinen Kindern gegenüber wiederholt gewalttätig wurde, wird an diesen zunächst einmal appellieren, sich den Kindern gegenüber mehr wertschätzend und fürsorglich zu verhalten. Sie spricht gleichsam im Namen der moralischen Norm und hinterfragt diese keineswegs. Erfolg wird sie damit aber aller Voraussicht nach nicht haben, solange sie nicht mit dem Vater, oder noch besser: mit der Familie als ganzer, an den Gründen für die Diskrepanz zwischen Norm und Verhalten arbeitet. Eben das ist es ja auch, was das ethisch orientierte Handeln vom bloßen Moralisieren unterscheidet. Ethisch gesehen, geht es um den angemessene Umgang mit der Norm und die Bedingungen der Möglichkeit ihrer Realisierung, und nicht anders wäre auch die praktisch-sozialpädagogische Intervention zu begründen.

Jedoch lauern hier neue Moralfallen. Vielleicht hat die Familienbetreuerin mit ihrem Appell sogar Erfolg, weil der Vater den Appell als erste Stufe möglicher sich verschärfender Sanktionen versteht, deren letzte die Herausnahme der Kinder aus der Familie wegen akuter Kindeswohlgefährdung wäre. Die Kontrollfunktion der Sozialarbeiterin und die dahinterstehende Staatsmacht hat ihrem moralischen Appell eine unerwartete Stärke verliehen. Aber diese Stärke provoziert nun bei den Betroffenen sehr leicht so etwas wie Moralheuchelei. Denn nicht ohne Grund hoffen sie, das Jugendamt wieder mehr auf Distanz zu halten, wenn sie sich bemüht zeigen, dessen Erwartungen ein Stück weit entgegenzukommen, nur um sich dann bei der nächsten passenden Gelegenheit wieder zu entziehen. Während die Sozialarbeiterin hoffte, beim Vater so etwas wie Einsicht und Motivation für ein besseres Verhalten zu erzeugen und dabei eine Mischung aus Verstehen und Grenzen-Setzen, Hilfe und Kontrolle einsetzt, sucht man in der Familie vor allem nach Nischen und Fluchtwegen, um sich dem zu entziehen.

Ein solches Handeln der Sozialarbeiterin ist, wie Meinrad Winge (1999, 218) zutreffend bemerkt, dem von Eltern „schwieriger" Kinder ähnlich, deren Erziehungshandeln immer wieder zwischen den beiden Polen von Fürsorglichkeit und Ermahnung hin und her pendelt. Klienten gehen auf ein solches Eltern-Verhalten nicht selten bereitwillig ein, indem sie ihrerseits ein Kind-Verhalten annehmen, sich als mal „unartig", dann wieder „artig" zeigen, dabei aber vermeiden, Autonomie und Verantwortung für sich und andere zu übernehmen. Winge entwickelt ein schönes Gedankenexperiment, um zu verdeutlichen, wo die Problematik dieser Übertragung vom Eltern-Verhalten auf das professionelle Handeln liegt:

„Wenn ich etwa als Autofahrer wählen muss, entweder auf ein weiteres Bier zu verzichten oder verminderte Reaktionsgeschwindigkeit sowie eine Polizeistrafe zu riskieren (oder das Auto stehenzulassen), schmälert das meine Autonomie nicht mehr als alle anderen äußeren Gegebenheiten, die ich in meine Entscheidungen einbeziehe. Ebensowenig würde ich es als Autonomieverlust empfinden, wenn in einem Gespräch mit einem Freund mein Umgang mit Alkohol im Zusammenhang mit Autofahren thematisiert wird. Durchaus anders allerdings empfände ich die Verknüpfung beider Elemente – also etwa einen Freund, der am Ende unseres Gesprächs meinen Führerschein einzieht, weil ich keine Einsicht zeige; oder einen Polizisten, der mich nach Abstrafung regelmäßig besucht, um im freundschaftlichen Gespräch über meine Lebens- und Konsumgewohnheiten bei mir Problemeinsicht und Motivation für Veränderungen zu erreichen. Es ist die Unklarheit darüber, wo das eine anfängt und das andere aufhört, was diese Mischung aus Druck und Angebot so ungebührlich grenzüberschreitend werden lässt; sie verunmöglicht mir, frei zu wählen und für die jeweiligen Konsequenzen meines Handelns selbständig einzustehen" (Winge 1999, 220).

In der Sozialen Arbeit besteht nun sehr häufig genau diese Unklarheit. Man kann sie, wie es oft geschieht, als Spagat zwischen Hilfe und Kontrolle beschreiben, der auszuhalten sei, und Winge bestreitet auch nicht, dass diese Quasi-Eltern-Haltung manchmal auch erfolgreich ist. Aber sie ist auch besonders anfällig für beiderseitige Missverständnisse, und so führt der Zirkel von Moralisieren und Moralheuchelei in Belastung und Frustration.

Winges Vorschlag eines alternativen Lösungsweges besteht darin, die beiden Interventionsformen von Kontrolle und Hilfe möglichst transparent – wenn es geht, auch personell – voneinander zu trennen. In einem ersten Schritt geht es darum, das Problem restriktiv hinsichtlich der Verletzung von gesellschaftlich geltenden Normen zu beschreiben. Das negativ zu beschreibende Teilziel besteht in der Vermeidung der Normverletzung. In einem zweiten, davon deutlich unterschiedenen Schritt geht es dann um das positiv zu beschreibende Teilziel, ein neues, tragfähigeres Arrangement der Familienbeziehungen zu etablieren. Dieses kann aber nicht verordnet, sondern nur als Angebot entwickelt werden, das sich grundsätzlich ab den subjektiven Zielvorstellungen der Klientinnen orientiert. Die Sozialarbeiterin muss hier von ihren persönlichen Zielvorstellungen absehen, ihre Aufgabe besteht hier vielmehr allein darin, die Ressourcen der Familie zu mobilisieren.

In ethischer Hinsicht ist dieser Vorschlag durch den Unterschied von Sollens- und Strebensethik gut begründbar. Geht es im einen Fall um die Bejahung allgemein verpflichtender Normen, deren Einhaltung durch die Reflexion von Gesinnungen und Handlungsfolgen plausibel gemacht werden können, so im anderen Fall um die Erkundung subjektiver Ziele gelingenden Lebens, die durch die Erwägung von Klugheitsregeln unterstützt werden können. Dagegen führt die Vermischung beider Reflexionsweisen in die zumeist unfruchtbare Anstrengung des Moralisierens.

10.2 Moralische Täuschung und Selbsttäuschung

Der Gegenstand der Ethik ist Moral. Die gebräuchlichste Antwort auf die Frage, was Moral ist, bezieht sich auf deren gesellschaftliche Funktion und lautet etwa: Moral ist ein Ausdruck der sozialen Bindung. Ohne Moral wäre das Zusammenleben nicht möglich, gäbe es gar Mord und Totschlag. Das mag stimmen, aber wahr ist auch, dass es moralische Auseinandersetzungen gibt, die alles andere als friedlich sind. Gerade dann, wenn soziale Auseinandersetzungen sich verschärfen, kommt es zu wechselseitigen moralischen Anklagen. Man hat nicht nur unterschiedliche Auffassungen oder verfolgt unterschiedliche Interessen, sondern bezichtigt sich moralisierend der Täuschung und böser Absichten. So hat auch die historische Forschung zu den Verbrechen des Nationalsozialismus gezeigt, dass der gemeinschaftlich begangene Mord ohne eine Art von Moral nicht möglich gewesen wäre, weil diese das dazu notwendige gute Gewissen bereitstellt (vgl. zum Beispiel Gross 2010).

Die empirischen Wissenschaften, die die Moral zu erklären versuchen, nehmen nicht die alltägliche Innenperspektive der Freiwilligkeit und Selbstbestimmtheit des Handelnden ein (an die auch die philosophische Ethik mit ihrer Suche nach Vernunftgründen anknüpft), sondern untersuchen die Entstehungs-, Bedingungs- und Funktionszusammenhänge der Moral. Als selbstbestimmt empfinden wir uns dann, wenn wir entsprechend unseren Vorstellungen von der Welt, unseren Wünschen und Zielen, handeln können. Wissenschaften wie Historik, Soziologie, Ethnologie, Psychologie oder Neurologie gehen hier einen Schritt hinter diese Selbstwahrnehmung zurück, indem sie danach fragen, wie diese Wünsche und Vorstellungen entstanden sind oder welche psychische oder soziale Funktion sie haben. Ihr Blick ist weniger auf deren subjektive Erfahrung als auf die äußere Bedingtheit der Moralität gerichtet. Dabei stoßen sie auch auf Elemente, die vom „Guten" weit entfernt sind.

Der Verdacht, die Moral könne sich aus durchaus trüben Quellen speisen, ist beispielhaft vor allem mit drei Namen verbunden: Karl Marx (1818–1883), Friedrich Nietzsche (1844–1900) und Sigmund Freud (1856–1939). Sie kritisierten die Moral als Reflex ökonomischer Verhältnisse und Scheinrechtfertigung von Herrschaftsverhältnissen (Marx), als Ausdruck eines Herdeninstinkts, über den sich der wahrhaft freie Geist hinwegzusetzen habe (Nietzsche), oder als Triebhemmung mit neurotischen Ursachen und Folgen (Freud). Nach Marx ist die jeweils herrschende Moral nichts anderes als die Moral der Herrschenden, die diese als allgemein gültig ausgeben. Seine Entlarvung des „falschen Bewusstseins" der Moral hatte zugleich selbst einen moralischen Anspruch, nämlich den, die kapitalistischen Ausbeutungsverhältnisse nicht nur an ihrer Oberfläche, sondern bis an ihre ökonomischen Wurzeln und kulturellen Verästelungen zu kritisieren und letztlich praktisch zu überwinden. „Die Kritik der Religion" – und damit auch der Moral – „endet mit der Lehre, dass der Mensch das höchste

Wesen für den Menschen sei, also mit dem kategorischen Imperativ, alle Verhältnisse umzuwerfen, in denen der Mensch ein erniedrigtes, ein geknechtetes, ein verlassenes, ein verächtliches Wesen ist" (Marx 1844, 385). Wenn man in diesem Sinne sagen kann, dass Marx' gesamte ökonomische Theorie auf die Kritik sozialer Ungerechtigkeit und auf die Verwirklichung einer gerechten Gesellschaft abzielte, dann allerdings auch, dass die Reduktion von Moral auf falsches Bewusstsein und Scheinrechtfertigung sich nur auf einen bestimmten Ausschnitt von Moral bezog, nämlich die des Umgangs mit privatem Eigentum an den ökonomischen Produktionsmitteln.

Auch Nietzsches scharfsinnige und rhetorisch glänzend vorgetragene Moralkritik war offensichtlich moralisch motiviert, indem er auf eine „Umwertung" der moralischen Werte abzielte. Moralische Werturteile waren für ihn der Ausdruck des Kampfes von gegensätzlichen kulturellen und letztlich biologischen Lebenskräften, Ausdruck eines „Willens zur Macht". So führte er moralische Prinzipien der rechtlichen Gleichheit oder des Mitgefühls auf Bedürfnisse der Leidensbewältigung zurück oder spürte im moralischen Schuldgefühl Bedürfnisse nach Rache und Machtgewinn auf.

„Die Furcht ist [...] die Mutter der Moral. [...] Was den einzelnen über die Herde hinaushebt und dem Nächsten Furcht macht, heißt [...] böse; die billige, bescheidene, sich einordnende, gleichsetzende Gesinnung, das Mittelmaß der Begierden kommt zu moralischen Namen und Ehren" (Nietzsche 1886, 658 f.).

Nietzsche wandte sich damit nicht zuletzt gegen die Ethik des Christentums mit seiner Hochschätzung des Duldens und Dienens, die er als Mittel der Beherrschten deutete, sich ihre missliche Lage erträglicher zu machen. Mit dieser Sicht verstrickte er sich allerdings auch in Selbstwidersprüche. Wenn er zum Beispiel der christlichen Moral vorhielt, sie habe der Perspektive der Schwachen zum Sieg verholfen, dann widersprach er damit zugleich seiner Ansicht, dass die erfolgreichere Selbstbehauptungsperspektive auch die gesündere und wertvollere sei.

Sigmund Freud stieß als Mediziner und Begründer der Psychoanalyse bei der Behandlung psychischer Krankheiten auf das krankmachende Potenzial von Moral, ein Übermaß an Moral, wobei hier an die strenge Sexualmoral der viktorianischen Epoche, die besonders die Frauen einschnürte, zu denken ist. Er fand in der Hysterie gesellschaftliche verpönte sexuelle Wünsche, in der Zwangsneurose und in der Depression unterdrückte aggressive Impulse, die jeweils im individuell unlösbaren Konflikt mit allzu rigiden moralischen Verboten lagen. Damit verwies er zugleich gesellschaftsdiagnostisch auf die Zerbrechlichkeit von Moral. Unter deren Oberfläche registrierte er eine kaum gezähmte, gegen Mitmenschen und Natur gerichtete Neigung zu Gewalt, Raub und Destruktion. Diese Impulse zu unterdrücken, war gesellschaftlich notwendig, führte zugleich aber auch unausweichlich zu neurotischem Leiden, da der Mensch im Allgemeinen „das Maß von Versagung nicht ertragen kann, das ihm die Gesellschaft im Dienst ihrer kulturellen Identität auferlegt" (Freud 1930, 218). So sah Freud den modernen Menschen eingeklemmt zwischen repressiver Moral und libidinösen und aggressiven Triebwünschen, die ins Unbewusste verdrängt werden und in entstellter Form, als neurotisches Elend, wiederkehren.

Freud reduzierte die Moral in seiner Persönlichkeitstheorie weitgehend auf die Verinnerlichung der elterlichen Autorität. Indem die von ihm entwickelte psychoanalytische Therapie aber auf die Befreiung von inneren Handlungszwängen abzielte, arbeitete sie individuell am Aufbau einer nicht mehr autoritär, sondern autonom strukturierten Moral. Deshalb ist die Psychoanalyse mit einem gewissen Recht als „angewandte Ethik" (Rattner 1991, 39) bezeichnet worden. Damit ist nicht eine direkte moralische Erziehung gemeint – eine solche wäre mit dem psychoanalytischen Verfahren ganz unverträglich –, sondern eine indirekte Hinführung der Patienten zur Wahrhaftigkeit und Realitätstüchtigkeit. Tatsächlich schrieb auch Freud selbst der psychoanalytischen Behandlung „ein gutes Stück [der] erziehlichen Wirkung und [des] ethischen Wertes" (Freud 1915, 224) zu. Seine Kritik war die einer neurotischen Moral, nicht von Moral überhaupt.

Auch viele Schriftsteller haben das Moralische aufschlussreich als etwas Fragwürdiges beschrieben. So drückte in der Mitte des 19. Jahrhunderts der Dramatiker und gelernte Mediziner Georg Büchner das anthropologische Schockerlebnis des naturwissenschaftlichen Zeitalters, dass aus biologischer Sicht von einem „freien Willens" kaum die Rede sein kann, poetisch aus, wenn er der Figur des gequälten Woyzeck die Worte in den Mund legte: „Der Mensch ist ein Abgrund. Es schwindelt einen, wenn man hinab sieht" (Büchner 1837, 17). Ein knappes Jahrhundert später, in Bertold Brechts *Lied von der Unzulänglichkeit menschlichen Strebens*, ist davon die Rede, dass der Mensch an den sozialen Verhältnissen sowohl *wegen* seiner Moral („Denn für dieses Leben ist der Mensch nicht *schlecht* genug") als auch *trotz* seiner Moral („Denn für dieses Leben ist der Mensch nicht *gut* genug") scheitert. Schlau und dumm, schlecht und gut, gut und böse gehen, wie uns an den Personen der *Dreigroschenoper* vorgeführt wird, ineinander über oder schlagen in ihr jeweiliges Gegenteil um. Während die Menschen gut sein wollen, bewirken sie Böses, und die Bösen können auch anrührend gut sein. Dort findet sich auch der bekannte Satz „Erst kommt das Fressen, dann die Moral", womit gemeint ist, dass nur der, der genug zu essen hat, es sich leisten kann, moralisch gut zu sein (Brecht 1928, 465 ff.; 457).

Schließlich haben die moralphilosophischen Komiker Karl Valentin und Erich Kästner, inspiriert von Johann Nestroy, die moralisch-amoralische Janusgesichtigkeit des Menschen mit dem Bonmot ausgedrückt und variiert: „Der Mensch ist gut, nur die Leute sind schlecht" (Valentin, o. J.; Kästner 1978, 122). „Die Leute", das sind die Menschen im sozialen Zusammenhang, unter Beobachtung und Anpassungsdruck stehend, nach Anweisungen handelnd, von den jeweiligen Umständen geprägt, ihre persönliche Moral gegebenenfalls verratend. „Die Leute" handeln weniger aus diesen oder jenen guten Gründen, als dass sie Gründe akzeptieren, die ihnen vorgesetzt werden. So handeln sie unmoralisch nicht aus bösem Willen, sondern aus Gehorsam. „Es gibt", so Nestroy, „sehr wenig böse Menschen, und doch geschieht so viel Unheil in der Welt; der größte Teil dieses Unheils kommt auf Rechnung der vielen, vielen guten Menschen, die weiter nichts als gute Menschen sind" (Nestroy 1843, 25).

In der Sozialpsychologie, die die Abhängigkeit des menschlichen Verhaltens von den jeweiligen Situationen untersucht, finden sich vielfältige Bestätigungen dieser moralskeptischen Einsichten. Berühmt in diesem Zusammenhang sind

Stanley Milgrams Experimente zur Gehorsamsbereitschaft. Milgram brachte Anfang der 1960er Jahre Versuchspersonen, die sich bereit erklärt hatten, bei einem vorgeblichen Experiment über den Einfluss von Strafen auf Lernvorgänge mitzuhelfen, dazu, anderen Personen Elektroschocks mit steigender Voltzahl weit über die Schmerzgrenze hinaus zu geben. Dies hatten sie auf Anweisung des Versuchsleiters immer dann zu tun, wenn die Versuchsperson eine falsche Antwort gab. In Wahrheit war der Schockapparat eine Attrappe und der bei Misserfolg bestrafte „Schüler" ein eingeweihter Mitspieler, der Schmerzensschreie nur simulierte. Das eigentliche sozialpsychologische Beobachtungsobjekt war der Helfer des Experiments, der von diesem Arrangement nichts wusste und auf Anweisung handelte. Zwei Drittel der so getesteten Personen gingen bis zum Maximum von vorgeblich 450 Volt und waren damit bereit, ihrem Opfer in höchstem Ausmaß sinnlose Schmerzen zuzufügen.

Milgram interpretierte das Resultat seiner Versuchsreihen als das Außerkraftsetzen der alltäglich wirksamen Moral, sobald die Personen bereit waren, sich einer Autoritätsperson unterzuordnen.

„Dies ist vielleicht die fundamentalste Erkenntnis aus unserer Untersuchung: Ganz gewöhnliche Menschen, die nur schlicht ihre Aufgabe erfüllen und keinerlei persönliche Feindseligkeit empfinden, können zu Handlungen in einem grausamen Vernichtungsprozess veranlasst werden. Schlimmer noch: selbst wenn ihnen die zerstörerischen Folgen ihres Handelns vor Augen geführt und klar bewusst gemacht werden und wenn man ihnen dann sagt, sie sollen Handlungen ausführen, die in krassem Widerspruch stehen zu ihren moralischen Grundüberzeugungen, so verfügen doch nur vereinzelte Menschen über genügende Standfestigkeit, um der Autorität wirksam Widerstand entgegenzusetzen. Eine Vielzahl von Hemmungen gegenüber dem Ungehorsam gegen Autorität spielt mit und sorgt erfolgreich dafür, dass einer nicht aufmuckt" (Milgram 1974, 22).

Diese Forschungsresultate zeigen, dass es bei vielen Menschen unter bestimmten Bedingungen mit der Stabilität moralischer Überzeugungen nicht weit her ist. Aber so schockierend die Einsicht in die Situationsabhängigkeit des Verhaltens auch ist – fast Jeder scheint, wenn nur entsprechende Anweisungen erfolgen, zum SS-Schergen und KZ-Aufseher zu taugen –, so ungeklärt bleibt dabei doch, wodurch sich eigentlich jenes Drittel der weniger Gehorsamen von den anderen zwei Dritteln der mehr Gehorsamen unterscheidet. Zahlreiche Nachuntersuchungen wurden durchgeführt, die zeigten, dass Merkmale wie Geschlecht, Alter, Bildungsgrad, Religions- oder Parteizugehörigkeit keinen signifikanten Einfluss auf Widerstand oder Folgebereitschaft hatten. Letztlich sind es dann doch Persönlichkeitsfaktoren wie die Fähigkeit zur Empathie, die darüber entscheiden, ob unter gleichen Bedingungen die Einen mitmachen und die Anderen sich widersetzen.

Verallgemeinernd kann man sagen, dass die Sozialpsychologie darauf gerichtet ist, zu erkennen, warum die Menschen das tun wollen, was sie gesellschaftlich tun müssen. Aber diese können offenbar auch Kräfte entwickeln, um den verhängnisvollen Kreislauf der Unfreiheit zu durchbrechen und ein größeres Maß an

Selbstbestimmung und Moralität zu erreichen. Es ist für eine lebensnahe Ethik wichtig, die moralkritischen Impulse aufzunehmen, ohne doch in eine scheinradikale Abwertung des Moralischen überhaupt zu verfallen. Die Befassung mit der Kritik der Moralkritik zeigt, dass sich diese in der Tat bestens dazu eignet, andere oder auch sich selbst über seine Absichten zu täuschen, aber auch, dass die Kritik der Moral selbst nicht auf eigene moralische Ansprüche verzichten kann.

10.3 Moral zwischen Bindung und Selbstbehauptung, Fürsorge und Kampf

Moral ist eine Form der kognitiven und emotionalen Bewertung von Handlungen, Menschen oder Institutionen nach dem Kriterium der Achtung für andere wie der Selbstachtung. Subjektiv ist Moral immer bewertend, erst in wissenschaftlich distanzierter Form können wir Moral (oder Moralen im Plural) wertfrei als Orientierungsmuster von Individuen oder Kollektiven betrachten. Diese deskriptiv-ethische Distanz gegenüber der Moral erlaubt es, ihre fundamentale Ambivalenz zwischen Befriedung und Kampf zu analysieren. Einerseits bindet die Moral die Einzelnen an das soziale Ganze, indem sie die jeweils besonderen Interessen, Willkür, Zufall, Rücksichtslosigkeit, Aggression im Miteinander der Menschen zurückdrängt. Dadurch werden die Handlungen für alle Beteiligten berechenbarer, soziales Vertrauen ersetzt allzu aufwändige Kontrollen. Andererseits kann sie aber auch in der Psyche des Einzelnen einen Grad an Verfestigung und Autonomie erreichen, die der reibungslosen Kooperation den heftigsten Widerstand entgegensetzt. Moral wird dann zur sozialen Waffe, sei es gegen einzelne Andere, sei es gegenüber den Ansprüchen der Gemeinschaft.

a) *Bindung und Fürsorge*. Die Moral einer Gemeinschaft bestimmt, was die Einzelnen einander an Gütern, Rücksicht oder Fürsorge schulden. Sie kann so als Funktion des sozialen Drucks verstanden werden, dass die Individuen anerkannte Handlungserwartungen seitens Anderer einlösen, ihre Egozentrik und Aggressionsbereitschaft wenigstens gruppenintern bändigen und darüber hinaus denjenigen, die schwach oder benachteiligt sind, in gewissem Maße Hilfe leisten. Moral wirkt, indem und insofern die Individuen diese Anforderungen und Orientierungen kommunikativ wechselseitig zum Ausdruck bringen und dadurch auch zu einem Teil ihres psychischen Selbst machen. So entwickeln und stabilisieren sie die Bereitschaft, die als gerechtfertigt anerkannten Bedürfnisse anderer zu berücksichtigen.

Hinsichtlich der Steuerung der eigenen Interessendurchsetzung bewirkt die Moral, dass die Individuen sich wohlwollend gegenüber ihrer Mit- und Umwelt verhalten, hinsichtlich der Interessendurchsetzung Anderer motiviert sie dazu, diese gegebenenfalls positiv oder negativ zu sanktionieren. Der moralische Anspruch verbindet sich mit dem fundamentalen Bedürfnis nach sozialer Zugehörigkeit und bewirkt auf diese Weise, dass die meisten Menschen im Alltag sich einfach besser fühlen, wenn sie andere nicht schädigen und ihnen darüber hinaus gelegentlich auch noch Gutes tun.

Moral wird von den Einzelnen als von der Gesellschaft an sie herangetragene Erwartung oder Verpflichtung erfahren, aber die Erfüllung dieser Pflichten wird nur dann als eigentlich moralisch angesehen, wenn sie freiwillig erfolgt und gefühlsmäßig bejaht wird. Als moralische Wesen sollen wir das, was wir aus sozialen Gründen *sollen*, auch individuell *wollen*. Wir verstehen uns, entsprechend dem moralischen Anspruch, also als selbst bestimmte. Auch wenn wir die moralischen Anforderungen von außen übernommen haben, handeln wir, unserem Selbstverständnis nach, eigentlich moralisch nicht als unter Zwang stehend oder auf Grund fremder Anordnungen, sondern nach einem inneren, von uns selbst anerkannten Maßstab des Richtigen. Dieser Maßstab kann im Extremfall allerdings auch in der Außerkraftsetzung des individuellen Gewissens und in der bewussten Unterordnung unter eine übergeordnete Autorität bestehen.

b) *Selbstbehauptung und Kampf.* Das Gefühl für das moralisch Richtige stößt freilich oft genug mit Ansprüchen anderer zusammen, die sich in gleicher Weise von ihren jeweiligen moralischen Gefühlen leiten lassen. Dann dient die Moral nicht mehr der reibungslosen sozialen Kooperation, sondern wird zur Waffe bei der Durchsetzung von Interessen. Wir empören uns über das Unrecht, das uns angetan wurde, und zugleich empört sich unser Widersacher über uns. Die Verflechtung von wechselseitigen Unrechtserfahrungen weist auf einen anthropologischen Umstand hin, demzufolge Menschen einerseits durch andere in höchstem Maße verletzbar sind, andererseits selbst dazu neigen, andere zu verletzen. Anthropologisch fundamental (und ein Stück weit biologisch verankert) ist die Bereitschaft der Menschen, sich durch Unterdrückung und Ausbeutung anderer zu erhalten und den eigenen Selbstwert auf Kosten anderer zu steigern. Auf Grund dessen lässt sich im Alltag keineswegs immer säuberlich auseinanderhalten, wer Täter und wer Opfer von Verletzungen ist, vielmehr durchdringen sich beide Rollen. Erst die moralische (und noch entschiedener: die juristische) Beurteilung erlaubt, aber erfordert auch jeweils die Zuschreibung „Täter" und „Opfer", indem sie unter bestimmten Relevanzgesichtspunkten Einstellungen und Handlungen entsprechend gewichtet und bewertet.

Insbesondere wenn die gesellschaftlichen Institutionen und Bedeutungen, in denen die moralischen Einstellungen verwurzelt sind, zerfallen und ihre allgemeine Akzeptanz schwindet, kann die Moral zur Rechtfertigung jeweils eigener persönlicher oder Gruppen-Interessen und zur Verteilung von Missachtung in Dienst genommen werden. Moral erzeugt ja bei den Einzelnen nicht nur gelegentlich bei sonst moralisch guten Handlungen ein *schlechtes* Gewissen, sondern noch öfters bei eigentlich moralisch schlechten Handlungen ein *gutes Gewissen*. Damit kann sie in der Auseinandersetzung mit anderen als Waffe dienen, mit der der jeweilige Kontrahent im Zentrum seiner Identität getroffen werden soll. Und die moralische Überzeugtheit verleiht ein hinreichend gutes Gewissen für Handlungen, die als notwendig im Sinn eines höherwertigen Nutzens angesehen werden. Gewalt und Moral sind ineinander verschränkt: So sehr Moral dazu erforderlich ist, die psychische Gewaltbereitschaft der Menschen einzudämmen, so sehr kann sie auch gewaltsteigernd wirken.

Bei der Auseinandersetzung um Macht und Selbstbehauptung zeigt sich die eigentümliche Ambivalenz des Moralischen. Die als Gefühls- und Handlungsorientierung erlebte Moral dämpft nicht nur die Verfolgung eigener Interessen zugunsten anderer, sie kann sie auch verstärken – gelegentlich ins Maßlose. Moral wird dann von der sonst sanktionierten Neigung in Dienst genommen, zum Zweck der Steigerung eigener Macht andere einzuengen, zu kränken, zu verletzen. Nichts eignet sich besser zur Rechtfertigung von Gräueltaten als die hehren moralischen Ideen von Freiheit, Gleichheit und Brüderlichkeit, von Selbstbestimmung, Menschenwürde, Gerechtigkeit und Solidarität. Diese Indienstnahme der Moral funktioniert auf dem Hintergrund der Umdeutung ihres Anwendungsfeldes: was Angriff ist, erscheint nun als Verteidigung. So wird die Gewalttat in eine (notfalls präventive) Notwehr umgedeutet, die moralisch berechtigt, ja erforderlich ist, um die verletzte Achtung oder Gerechtigkeit zu wahren, oder sie wird als großmütiges solidarisches Handeln zugunsten von Bedrängten ausgegeben.

Das Aggressionspotenzial der Moral korrespondiert mit einer verzerrten Wahrnehmung der in ihr verkörperten Idee der Reziprozität (Gegenseitigkeit). Diese Grundintuition des moralischen Empfindens besagt, dass die Bewertung einer Einstellung oder Handlung unparteilich zu erfolgen hat. Ein Betroffener nimmt dann einen moralischen Standpunkt ein, wenn er in der Lage ist, wie ein externer Beobachter einer Interessenkollision nach vernünftigen Prinzipien und „ohne Ansehen der Person" zu urteilen. So verlangt das Prinzip der Gerechtigkeit die Ausgewogenheit von Vorteilen und Belastungen, und darauf kann man sich zwanglos unter der Bedingung einigen, dass man hinsichtlich des Maßes der jeweilgen Vorteile und Belastungen beiderseitig übereinstimmt. Dieser Fall ist aber, aus Gründen der egozentrischen Struktur unseres Wahrnehmungsapparats, eher die Ausnahme als die Regel. Treffen zwei Akteure aufeinander, die gleichermaßen auf Gerechtigkeit bestehen, aber in ihrer Selbst- und Fremdwahrnehmung sich spiegelbildlich verhalten, dann bedarf es nur noch eines Wenigen, um einen eskalierenden „Kampf um Anerkennung" in Gang zu setzen. Das Streben nach moralischer Anerkennung erweist sich da oft als wesentlich hartnäckiger als das nach materiellen Vorteilen oder sogar nach Selbsterhaltung. Der tiefste Grund für die Schärfe, ja Erbittertheit, die sich in solchen Auseinandersetzungen zuweilen zeigt, scheint darin zu liegen, dass mit dem materiell und moralisch schädigenden Verhalten seitens anderer letztlich auch die eigene Identität, das positive Verständnis seiner selbst, in Frage gestellt wird.

Damit ist noch nicht gesagt, ob und in welchem Maße ein Gefühl moralischer Empörung und eine entsprechend motivierte Aktion entweder als ethisch legitimes Sich-zur-Wehr-Setzen oder als illegitime Gewalt anzusehen sind. Um das moralisch Richtige vom Unrichtigen zu unterscheiden, reicht deshalb das moralische Gefühl der Empörung allein nicht aus. Vielmehr bedarf es dazu einer besonderen, reflexiven Einstellung, die den Standpunkt der Unparteilichkeit gegenüber der jeweiligen Interessenverflochtenheit zur Geltung bringt. Bei dieser Art Reflexion wenden wir nicht nur moralische Kriterien auf den jeweils besonderen Fall an, sondern stellen auch die in den Ansprüchen eingelagerten

Werte und Normen selbst und die in ihnen enthaltenen Prinzipien zur Debatte. In entlastender Distanz zur Alltagserfahrung ist es die Aufgabe der Ethik, die Unrechtserfahrungen, die mit der erpressten oder auch blockierten sozialen Zugehörigkeit ebenso wie mit der erzwungenen oder unterdrückten Selbständigkeit verbunden sind, zu artikulieren, die Bedingungen von Unrechtsartikulationen zu beschreiben und ihre Legitimität zu prüfen.

Gut zu wissen – gut zu merken

Moralisieren ist von ethischer Reflexion deutlich unterschieden. Mit dem Moralisieren ist ein oft problematischer Machtanspruch verbunden. In der Sozialen Arbeit kann das Moralisieren die ungeklärte Vermengung von sollens- und strebensethischen Ansprüchen anzeigen. Moral hat in bestimmten sozialen Zusammenhängen ein Täuschungs- und Selbsttäuschungspotenzial, auf das in paradigmatischer Form schon Marx, Nietzsche und Freud hingewiesen haben. In der Sozialpsychologie hat u. a. Milgram auf die Brüchigkeit der autonomen Moral aufmerksam gemacht. Moral ist grundlegend ambivalent, indem sie einerseits Bindung und Fürsorge für Andere fördern, andererseits aber Selbstbehauptung und Aggression gegen Andere (schein-)legitimieren kann.

Literaturempfehlung

Martin, Ernst (2001): Sozialpädagogische Berufsethik. Auf der Suche nach dem richtigen Handeln. Weinheim und München: Juventa (daraus Kapitel 3).
Schmid Noerr, Gunzelin (2006): Grundwissen Philosophie: Geschichte der Ethik. Leipzig: Reclam (daraus Kapitel ‚Marx, Nietzsche, Freud – Die Kehrseite der Moral', 116–134).

11 MORAL UND GEWALT

Was Sie in diesem Kapitel lernen können

In diesem Kapitel rückt der „agonale" (kämpferische) Aspekt von Moral in den Fokus der Betrachtung. Anhand der Fallgeschichte einer gewalttätigen Jugendlichen erfahren Sie, wie eine typische Gewaltkarriere verläuft, von welchen moralischen Rechtfertigungen Gewalthandlungen begleitet werden und unter welchen berufsethischen Ansprüchen die Soziale Arbeit steht, wenn hier pädagogisch interveniert werden soll. Was „Tätermoral" ist, wird an weiteren Beispielen erläutert. Abschließend geht es um den sozialethischen Horizont des Umgangs mit Gewaltbereitschaft.

11.1 Wie aus Opfern Täter werden

Bebek, ein 16-jähriges, in Berlin geborenes Mädchen mit Migrationshintergrund, berichtet in einem Interview über eine Auseinandersetzung und eine Schlägerei, die sie in einem Jugendhaus angezettelt hat:

„Bebek: Da [in dem Jugendhaus] war ich fast jeden Tag früher. Und, ähm, da gibt's verschiedene Räume, wo man alle möglichen Sachen machen kann. Was weiß ich, Tanzen, oder alles mögliche. Und da war halt ne Gruppe, die hat getanzt, ne. Und da waren paar Freunde von mir drinne, und da meinte –. Und da bin ich kurz reingegangen, um mit den Freunden was zu besprechen, ne. Und sie so –, ich stand an der Tür, und sie so: ‚Kommst du jetzt raus oder gehst du rein, kommst du jetzt raus oder gehste rein?', ne. Und ich so: ‚Ich geh rein', ne. Bin reingegangen und dann meint ich so: ‚Nee, nee'", meint ich so, so wie sie mich frech angemacht hat, ne: ‚Gehste raus oder bleibst du drin?', ne. Da meint ich so: ‚Ich bleib drin', ne. Und dann bin ich drin geblieben, hab zu Ende gesprochen, und da meint ich so: ‚Nee, nee, ich geh lieber. Anstatt mir euren Tanz anzusehen', ne. Bin rausgegangen, hab die Tür noch in der Hand gehabt, und meinte so zu meinem Kumpel: ‚Vielleicht komm ich nachher noch mal'. Und dann meinte die so, äh, dieses Mädchen: ‚Ja, wenn ich's dir erlaube', ne, so. Und ich so: ‚Du hast hier nichts zu sagen!', knall die Tür zu und, äh, bin dann halt runter. Nach ner Weile meint ich so zu meinem Kumpel, ne, er soll zu ihr hingehen und sagen, sie soll aufpassen, ne, was sie tut, sonst werd ich einfach sauer. Und dann soll sie gesagt haben: ‚Ja okay', und das, und dies. Und dann, als sie immer an mir vorbeigelatscht ist und so immer so voll blöd ange-

	guckt und so, und das und dies, und dann, als ich sie drauf angesprochen habe, meint sie: ‚Ja, der Erzieher hat gesagt, dass ich keinen reinlassen soll.' Und ich so: ‚Was, der Erzieher hat das gesagt? Warum saßen dann Leute drin?' – ‚Na, die *durften* ja rein.' Ich sag: ‚Na, hör mal auf zu lügen!', ne. – ‚Ja, doch ', und so, und dann sitzen so ne Menge von Leuten drinne, und warum gerade *ich* nicht, ne. Und dann halt ist es mir so –: Was ist denn mit ihr?, so-mäßig, und: Warum lügt sie rum?, und so. Und dann kam es halt dazu, dass wir uns 'n bisschen gestritten haben. [Ironisch lachend:] Und dann kams dazu, dass sie irgendwie an demselben Tag im Krankenhaus gelandet ist. Und dann lag sie ne Woche drin.
Interviewer:	Und wie kam das, dass sie im Krankenhaus gelandet ist?
Bebek:	Äh, na ja, [lachend:] so krass wie ich sie geschlagen habe, lag sie im Krankenhaus. Eine Woche. Sie hatte Schädeltrauma, Schädelprellung, Gehirnerschütterung, äh, hier Brüche an den – [deutet auf ihre Rippen]
Interviewer:	Rippen.
Bebek:	Ja, genau, und Schürfwunden.
Interviewer:	Und, äh, was hast du denn mit ihr angestellt? Wie hast du das gemacht?
Bebek:	Na ja, ich hab sie am Kopf gehalten, an den Haaren, und dann immer gegen mein Knie gestoßen, und so. Dann, äh, in die halt Rippen reingeboxt. Und das und dies. Und dadurch halt. Und dann hab ich ne Anzeige bekommen." (Sutterlüty 2001, 146 ff.; vgl. auch ausführlicher: Sutterlüty 2002)

Zunächst können wir aus diesen Mitteilungen einige Tatsachen entnehmen, wie sie laut Bebek stattgefunden haben. Eine alltägliche Szene in einem Jugendhaus eskaliert auf einmal zu einer Schlägerei. In einem Raum übt eine Gruppe Jugendlicher unter Anleitung eines Betreuers Tanzen. Einige andere Jugendliche befinden sich ebenfalls im Raum, schauen zu. Der Betreuer hat ein Mädchen, das spätere Opfer, zu einer Art Türsteherin ernannt (oder hat sie sich selbst dazu ernannt?), die wohl verhindern soll, dass ständig die Tür auf und zu geht. Bebek, die etwas mit Freunden im Raum besprechen will, ohne doch dem Tanz zuschauen zu wollen, die also nicht draußenbleiben und auch nicht drinbleiben will, gerät mit der Türsteherin zunächst verbal aneinander. Nach einer Weile kommt sie auf die Auseinandersetzung zurück, es werden Worte, Blicke, Gesten gewechselt, was schließlich zur Prügelei eskaliert. Auf Grund schwerer Verletzungen wird das Opfer ins Krankenhaus gebracht. Bebek erhält eine Anzeige.

Über die berichteten Tatsachen hinaus fällt an Bebeks Schilderung dreierlei auf:

- Bebek erklärt im Interview nicht, wer die andere Beteiligte ist (die dort auch zuvor noch nicht erwähnt wurde), sondern bezeichnet ihr Opfer nur als „sie", so sehr ist sie beim Erzählen mit ihrem Erleben noch einmal mitten drin im Geschehen. Sie hat keine reflektierende Distanz zum Geschehen. Erst im späteren Verlauf des Interviews wird klar, um wen es sich handelt, nämlich um ein gleichaltriges Mädchen iranischer Herkunft. Bebek hatte sie zuvor erst ein paar Mal gesehen und hatte „sowieso noch 'n bisschen Hass" auf sie, weil sie ihr mit Bezug auf ihre Fähigkeiten zu tanzen „so eingebildet" vorgekommen sei.

- Bebek erzählt den Ablauf weniger so, dass sie einen Streit vom Zaun brach, vielmehr so, als sei sie selbst das Opfer und die Andere die Täterin. In ihrer Darstellung reagiert sie nur als moralisch Empörte auf ungerechte Anweisungen, missachtende Gesten und Lügen.
- Sie untertreibt stark bei der Schilderung ihrer Gewalttätigkeit, versteckt diese anfangs hinter ironischem Lachen und schildert dann, nach mehrfacher Nachfrage, ihre Attacke ein wenig im Stil einer Sportberichterstattung, nicht ganz ohne Stolz. Aber auch hier geht sie nach der Schilderung ihrer Schlagtechnik unmittelbar zu der Feststellung über, dann habe sie eine Anzeige bekommen; kein Wort über die Folgen ihrer Attacke für das betroffene Mädchen.

Aber spielt dieses Mädchen als Person überhaupt eine entscheidende Rolle bei diesem Streit? Viel eher sieht es so aus, als sei sie für Bebek nur ein Anlass für die Auseinandersetzung, als habe sie nur eine Szenerie betreten, die in Bebeks Erleben eine schon von vorn herein festgelegte Form hatte. Worte, Gesten, Blicke werden ausgetauscht, denen man in anderen Zusammenhängen vielleicht keine besondere Bedeutung beimessen würde, die hier aber die Auseinandersetzung zunehmend anheizen und schließlich zum gewaltförmigen Ausbruch führen. Äußere Handlungen und inneres Erleben sind in Bebeks Erzählung zuweilen kaum unterscheidbar. Die innere, gefühlsmäßig gefärbte Szenerie, für die sie nur noch einen Mitspieler oder eine Mitspielerin benötigte, um entsprechend zu handeln, und aus der die weitere Auseinandersetzung ihre Dynamik bezieht, ist offenbar die des Ausschlusses und des Sich-nichts-gefallen-Lassens. Für das Kernthema des Ausschlusses steht symbolisch die geschlossene und geöffnete Tür. Darf Bebek hinein? Muss sie hinaus? Wer bestimmt über Zugang oder Ausschluss? Und wie kann sie gegen den Ausschluss aufbegehren?

Ferdinand Sutterlüty, der dieses Interview geführt und interpretiert hat, zeigt, dass bei so genannten jugendlichen Gewaltkarrieren, für die Bebek beispielhaft steht, Deutungsmuster maßgeblich sind, die zunächst durch die Familiensozialisation angeeignet und später auf jeweils auslösende Situationen übergestülpt werden. Eine Situation wird subjektiv verzerrt wahrgenommen und gedeutet. Dies entspringt keiner bewussten Überlegung oder Entscheidung, sondern ist der Niederschlag biographischer Erfahrungen. Waren diese Erfahrungen selbst gewaltförmig, dann reproduzieren die Akteure später immer wieder ein Deutungsmuster, das die Anwendung von Gewalt nahelegt. Das hat für sie den eminent wichtigen Vorteil, dass sie sich selbst nun nicht wieder als Opfer fühlen müssen. Allerdings folgt aus dem Vorhandensein eines solchen „gewaltaffinen Interpretationsregimes" (ebd., 144) nicht zwangsläufig tatsächliches gewaltsames Handeln, vielmehr müssen dafür noch andere Bedingungen hinzukommen, beispielsweise unmittelbar vorausgegangene Erlebnisse und situative Gegebenheiten wie Begleitpersonen, Publikum usw. Dieser Zusammenhang wird durch das Schema in der Abbildung 3 dargestellt.

Wie aus Opfern Täter werden 149

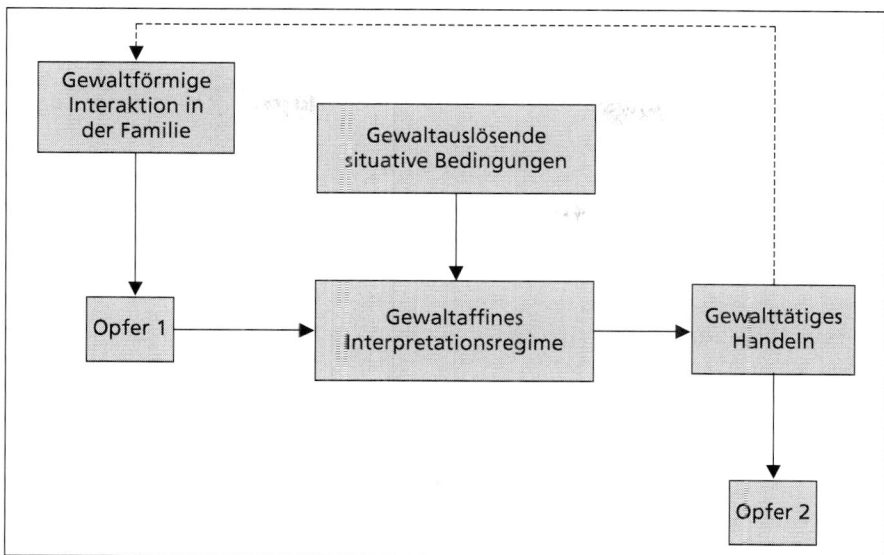

Abb. 3: Hintergründe gewaltförmigen Handelns

Sutterlüty fördert mit Hilfe des Interviews genügend biographisches Material zutage, um für Bebek seine These von der familialen Herstellung eines die Situationswahrnehmung bestimmenden „gewaltaffinen Interpretationsregimes" zu belegen:

> „Die Konstellation, dass sie sich in der Position der Ausgegrenzten befindet, kennt Bebek bereits von ihrer Familie her; aufgrund des an starren patriarchalen Rollen und dem Senioritätsprinzip orientierten, aber auch auf physische Gewalt gestützten Regiments der männlichen Familienmitglieder hatte Bebek in der Familie aber nur sehr ohnmächtig gegen jene Konstellation aufbegehren können. [...] Anders als in ihrer Familie, in der sich Bebek in der Position der Ohnmächtigen gegenüber dem familiären Beziehungsgefüge und Machtgefälle befand, greift sie ihre Gegenspielerin in der Jugendhaus-Episode an und treibt den Konflikt auf die Spitze. Bebek lässt ihr keine Chance mehr zu entkommen und legt alles zu deren Ungunsten aus. [...] Hier ist [...] ein hinter ihrem Rücken wirkendes Interpretationsregime am Werk. Warum dieses tatsächlich eine brutale Gewalthandlung nach sich zieht, lässt sich ermessen, wenn man in Erinnerung ruft, dass Bebek die Erzählung ihrer Gewalt gegen das iranische Mädchen unter die Devise des Sich-nichts-gefal'en-Lassens stellt, die sie zuvor als wesentliches, sie von anderen Mädchen unterscheidendes Merkmal ihres Selbst proklamiert hatte" (ebd., 148 ff.).

Das von Sutterlüty festgestellte „Interpretationsregime" ist nun – und dies macht die Fallgeschichte auch für die moraltheoretische Fragestellung interessant – eine elementare Vorstellung von Gerechtigkeit. Sie findet Ausdruck in der

Gerechtigkeit des „Auge um Auge, Zahn um Zahn", des so genannten Talionsprinzips (lat. Talion = Vergeltung). In der Entwicklungsgeschichte der Menschheit hatte dieses Gerechtigkeitsprinzip einmal die Funktion, die Exzesse der (Blut-)Rache einzudämmen. Statt mehrfache Rache an den Sippenmitgliedern des Täters zu nehmen, sollten die Sippenmitglieder des Opfers Vergeltung nur noch an der Person des Täters selbst und nur im gleichen Ausmaß seiner Tat verüben. Aber in komplexeren Gesellschaftsformen schützen Moral und Recht nicht nur Sippen- oder Individualinteressen, sondern auch gesellschaftliche Allgemeinwerte. Daraus haben sich das Strafrecht und schließlich in der Moderne der täterbezogene Resozialisierungsgedanke entwickelt. Angesichts dieser kulturellen Errungenschaften wird der Rachegedanke als Verwirklichung elementarer Gerechtigkeit eher zu einer Schein-Rechtfertigung von Gewalt. Kaum eine Gewalt verherrlichende Darstellung etwa im Kino verzichtet auf diese Form der Legitimation, da sie dadurch eher „konsumierbar" wird.

Die Eskalationsdynamik jenes elementaren Gerechtigkeitsdenkens wird nach wie vor dann wirksam, wenn – was oft der Fall ist – beide Kontrahenten von unterschiedlichen Situationswahrnehmungen und Deutungen der jeweiligen Handlungssequenzen ausgehen. Beispielsweise verstand das iranische Mädchen seine anfängliche „raus-oder-rein"-Frage als Ausgangspunkt für eine Handlung im Auftrag des Erziehers, während Bebek dieselbe Frage als „freche Anmache" auffasste. Unter diesem Vorverständnis lässt sich ihre Äußerung „du hast hier nichts zu sagen" als Wiederherstellung des von ihr so wahrgenommenen Gerechtigkeitsgleichgewichts verstehen, während die Kontrahentin ihrerseits darin eine erneute Verletzung desselben Prinzips sehen musste, da sie ja im Erzieherauftrag zu handeln meinte. Diese Unterschiede schaukeln sich weiter auf. Wenn jeder Beteiligte wechselseitig die Aktion des anderen als unangemessene Antwort auf die eigene Aktion deutet, dann ist die Eskalation vorprogrammiert. Und retrospektiv gilt dann in der eigenen Sicht die Handlung des Konkurrenten als ausreichende Legitimation des eigenen Handelns. Wenn, wie so oft auch nach kindlichen Streitigkeiten, das eigene Verhalten jeweils mit den Worten „der hat angefangen" gerechtfertigt wird, mögen beide vor dem Hintergrund ihres jeweiligen Deutungsmusters recht haben – und haben doch unrecht, weil sie unfähig sind, die Perspektive des anderen zu berücksichtigen. Kommunikationstheoretisch kann man diese Eskalationsdynamik auch mit Rückgriff auf das Theorem der unterschiedlichen „Interpunktion" von Kommunikationsverläufen erklären (vgl. Watzlawick 1969, 57 ff., 92 ff.).

Die Moralproblematik lässt sich auch in der familialen Vorgeschichte der späteren Gewaltbereitschaft wiederfinden. Die Opfer und Zuschauer elterlicher und geschwisterlicher Gewalt werden später selbst zu Tätern, um die Erfahrung quälender Ohnmacht zu kompensieren. Was in den entsprechenden Sozialisationsverläufen geschieht, sind ja nicht nur die Erfahrungen von physischer Wehrlosigkeit und von Erwartungsangst vor den immer wieder drohenden Gewalttätigkeiten, sondern auch von moralischer Verletzung. Dies gilt, wie Sutterlüty betont, insbesondere für diejenigen Kinder, die miterleben müssen, wie eine wichtige Bezugsperson, meist die Mutter, regelmäßig geschlagen wird. Sie können ihrem Impuls, dieser Bezugsperson zu helfen, aufgrund der eigenen

Ohnmacht nicht folgen. Solche moralischen Verletzungen haben zerstörerische Auswirkungen auf das Selbstverhältnis der Heranwachsenden, die daraufhin beispielsweise Selbsthass entwickeln.

Wenn in diesem Zusammenhang von „Gewalt" die Rede ist, dann ist zunächst die physische, körperliche Gewalt gemeint. Aber gerade der Längsschnitt einer „Gewaltkarriere" verdeutlicht, dass der Begriff der Gewalt umfassender verstanden werden muss, nämlich als jedwede Verletzung der Souveränität eines Individuums hinsichtlich seiner Lebensgestaltung und als Missachtung seiner moralischen Integrität. Das schließt auch die Formen psychischer und struktureller Gewalt ein. Der so erweiterte Gewaltbegriff ist, wie Hans Thiersch (1995, 152) zu Recht feststellt, ein Ergebnis der zivilisationsgeschichtlichen Zurückdrängung unmittelbarer Gewalt und insofern unseren heutigen Lebensverhältnissen sachlich angemessen. Die zumeist im Zentrum der Gewaltdiskussion stehende körperliche Gewalt ist demzufolge fast schon ein anachronistischer Restbestand und nicht zuletzt deshalb so skandalträchtig. Theoretisch-formal kann man zwischen „benigner" (gutartiger) und „maligner" (bösartiger) Gewalt unterscheiden, das heißt zwischen produktiver Aggression im Dienste von Wachstum und Autonomie und unproduktiver Gewalt als selbst- und sozialschädigende Reaktion. In der Tat gehört Gewaltfähigkeit zu den Fähigkeiten des Menschen, die nicht zuletzt ihren überlebensnotwendigen Sinn dann zeigt, wenn es darum geht, sich gegen eine natürliche oder soziale Übermacht zu behaupten. Aber gerade eine Geschichte wie die Bebeks zeigt die unauflösbare Vermischung beider Anteile. Bebek befreit sich selbst vom Zustand, bloß Opfer zu sein, indem sie stattdessen eine andere Person zum Opfer degradiert.

Bei der Erklärung von Gewaltkarrieren und dem sozialpädagogischen Umgang mit ihnen geht es darum, die moralische ‚Landschaft' eines Täters zu verstehen, und es ist klar, dass die Perspektive des Opfers ganz anders aussieht. Aus der Sicht jenes krankenhausreif geschlagenen Mädchens ist Bebek vorrangig nicht die, die einem wie immer verstehbaren, moralisch mitbestimmten Motiv gefolgt ist, sondern diejenige, die die öffentlich geteilte, minimale Moralanforderung der Achtung körperlicher Unversehrtheit massiv verletzt hat. Beim Umgang mit jugendlichen Gewalttätern kommt hier die Problematik der Täterzentrierung ins Spiel. Wenn beispielsweise in einer Gruppe von Kindern oder Jugendlichen ein stärkerer Angreifer unvermittelt ein schwächeres Opfer attackiert, liegt es für verantwortliche Betreuer nahe, verbal einzuschreiten, das heißt sich mahnend, moralisierend, verbietend oder strafend dem Täter zuzuwenden. Aber eine solche Intervention könnte, entgegen ihrer Absicht, daran mitwirken, dass sich die Gewaltspirale weiterdreht. Denn mit der verbalen Ermahnung könnte sie zugleich ein latentes Bedürfnis nach Zuwendung seitens des Täters bestätigen, das dieser nur in einer solcherart entstellten Form zum Ausdruck bringen kann. Vor dem Hintergrund einer solchen Überlegung könnte die bessere pädagogische Intervention darin bestehen, den Täter (zunächst) unbeachtet zu lassen und ausschließlich (oder vorrangig) dem Opfer die notwendige würdigende, tröstende und heilende Einstellung zugutekommen zu lassen.

Solche pädagogischen Grundsätze machen aber das Verstehen der Täterseite keineswegs überflüssig. Gerade die Soziale Arbeit darf sich, aus Gründen der angemessenen Interventionen wie auch der Prävention, auch der Täterperspektive nicht verschließen. So berechtigt und nachvollziehbar die moralische Empörung über konkrete Gewaltakte lebensweltlich auch sein mag, so wenig angebracht und ausreichend ist sie doch für ein professionelles Handeln in der Sozialen Arbeit. Gewaltbereite Jugendliche sind primär nicht als störend und damit als Gegenstand sozialer Kontrolle, sondern als ‚hilfsbedürftig' anzusehen. Das kann dadurch erschwert werden, dass sie in vielen Fällen von pädagogischer Hilfe gar nichts wissen wollen, weil sie sie aus ihrer Erfahrung heraus mit Kontrolle gleichsetzen. Da aber die Soziale Arbeit darauf abzielt, die Wiederholung von Gewalt zu verhindern, muss sie den Zugang zu den Tätern herstellen oder aufrechterhalten. Dieser methodische Imperativ ist zugleich ein professionsethischer, nämlich der, auch Gewalttäter in ihrer Integrität als Subjekte und in ihrer prinzipiellen Bildungsfähigkeit zu akzeptieren.

Gewalt ist – so können wie die Überlegungen Sutterlütys und andere Forschungen zu den psychosozialen Entstehungsbedingungen und Funktionen von Gewalt vorläufig resümieren – ein Moment in einem Konflikt, und zwar ein, gemessen an den moralischen Standards der Gesellschaft, verfehlter Versuch der Konfliktlösung. Gegenüber anerkannten Formen der Konfliktlösung stellt er eine Regression dar. Gewaltbereitschaft entsteht auf der Basis eigener Gewalterfahrungen einschließlich Vernachlässigung, Lieblosigkeit, Desinteresse, Missachtung. Gewalttäter waren oft früher selbst Opfer – wenn es auch keinen vollständig determinierenden Zusammenhang zwischen biographischen Bedingungen und Handlungen gibt, da die aktuelle Situation, in der gehandelt wird, als weiterer bestimmender Faktor ins Spiel kommt. Gewalttätige Handlungen haben oft den Sinn einer moralischen Empörung und Wiedergutmachung im Sinn einer Kompensation selbst erfahrener Kränkungen und Minderwertigkeitsgefühle. Gewalttäter schwanken deshalb oft zwischen Gefühlen der Überlegenheit und Unterlegenheit, Überlegenheit gegenüber ihren aktuellen Opfern und Unterlegenheit gegenüber denen, die sie für die Mächtigen halten. Sie benutzen ihr Opfer als „Tankstelle fürs eigene Selbstbewusstsein" (Schanzenbächer 1998, 19). Die Gewaltausübung verläuft demnach immer in zweierlei Richtung, nach innen und nach außen (vgl. Schultze-Dierbach 1993): Es sind die inneren, psychischen Verletzungen, die auch den Gewalttäter zum hilfebedürftigen Individuum machen. Jugendgewalt erscheint in dieser Perspektive als pervertierter „Schrei nach Wärme" (Friderichs, Eichholz 1995).

11.2 Tätermoral

Mit der Analyse von Gewaltkarrieren wie der Bebeks wird ein Aspekt von Moral deutlich, der deren üblicher Auffassung entgegensteht. Als eine besonders wichtige gesellschaftliche Funktion der Moral gilt die Eindämmung von Gewalttätigkeit und von Gewaltbereitschaft. Eine hinreichend verinnerlichte Moral soll die Einzelnen zur sozial erforderlichen Zurückstellung ihrer Sonderinteressen und zu einem prosozialen Verhalten auch dort anleiten, wo keine unmittelbare Gegenwehr oder strafende Sanktionen seitens der sozialen Umwelt zu erwarten sind. Jedoch wurde im neunten Kapitel bereits darauf hingewiesen, dass die Moral hinsichtlich Gewalt grundsätzlich ambivalent ist und unter bestimmten Bedingungen dazu geeignet ist, die kulturellen Barrieren zu schwächen, die die Menschen zu ihrem Schutz vor Verletzung um sich errichten. Die Moral dient dann zur Rechtfertigung jeweils eigener persönlicher oder Gruppen-Interessen und zur Verteilung von Missachtung. Moral kann also Gewalt eindämmen, sie kann aber unter anderen Bedingungen, wie an Bebeks Geschichte ablesbar ist, gewaltsteigernd wirken.

Dies lässt sich auch durch eine Untersuchung von Helmut Willems (1993) belegen, die sich auf Ausschreitungen jugendlicher Täter gegen Ausländer und Asylbewerber bezieht. Während Bebek sich auf eine von ihr selbst undurchschaute Weise gegen eine moralische Kränkung zur Wehr setzt, zeigt sich anhand der dort untersuchten Motive fremdenfeindlicher Täter die Funktion moralischer Werte für eine *Gruppe* von Tätern. Die qualitative Untersuchung von 53 Gerichtsakten zu insgesamt 148 Tätern erlaubt der Schluss, dass sich die fremdenfeindliche Gewalt „typischerweise als eine kollektive Form des Handelns in Gruppen oder aus Gruppenkontexten heraus" (ebd., 174) entwickelt hat. Innerhalb dieser Gruppen spielen die beteiligten Jugendlichen verschiedene Rollen. Diesen entsprechend lassen sich hier idealtypisch vier Arten von Tätern unterscheiden: (1) der Mitläufer, (2) der kriminelle Schlägertyp, (3) der Ausländerfeind/Ethnozentrist und (4) der politisch motivierte rechtsextremistische Täter. Betrachten wir die entsprechenden Persönlichkeitsprofile etwas näher.

1. *Der Mitläufer.* Er kommt typischerweise aus einem äußerlich intakten Elternhaus, hat eine abgeschlossene Schulausbildung und eine feste Arbeitsstelle. Es ist beeindruckt von den Draufgängern der rechten Subkultur und beteiligt sich an den Aktionen der Gruppe, weil er gemeinschaftsorientiert empfindet und handelt, seine Freunde nicht im Stich lassen und seine Solidarität mit ihnen beweisen will.
2. *Der kriminelle Schlägertyp.* Er entstammt einer „Problemfamilie" (Alkoholmissbrauch, Gewalt in der Erziehung u. a.), ist Schulabbrecher, arbeitslos und bereits kriminell auffällig, hat also eine bereits relativ ausgeprägte „Negativkarriere" hinter sich. Die Gewaltbereitschaft dieses Typus lässt sich offenbar als Kompensation seiner Erfolglosigkeit verstehen. Gewalt ist für ihn zugleich „ein Element der alltäglichen Auseinandersetzung und [...] Konfliktlösung und entsprechend legitimiert und normal. [...] Die Gewaltbereitschaft richtet sich hier also nicht ausschließlich gegen Fremde, sondern wird in einer Vielfalt von alltäglichen Situationen eingesetzt [...], zum Teil auch innerhalb der Gruppen selbst" (ebd., 202).
3. *Der Ausländerfeind/Ethnozentrist.* Er weist ebenfalls familiale und schulische Defizite auf. Er legitimiert Gewalt gegenüber Fremden „weniger über rechtsextremistische Ideologien [...] als über diffuse Gefühle der Benachteiligung, der Ungleichbehandlung der ‚Deutschen' gegenüber den ‚Ausländern' und insbesondere Asylbewerbern, sowie der eigenen Bedrohung" (ebd., 204).
4. *Der politisch motivierte Rechtsextremist.* Er ist schulisch und beruflich erfolgreich und fungiert in der Aktionsgruppe als Agitator mit Führungsansprü-

chen, was allerdings von der eher anarchischen Gruppe nur selten akzeptiert wird. Er hat Kontakt zu einer politischen Gruppierung oder ist deren Mitglied. Er ist von den typischen Elementen der politisch rechtsextremen Ideologie geprägt wie Unterordnung unter Parteidisziplin, korrektes Auftreten, Stolz auf das Vaterland und die deutsche Kultur.

Die von Willems besonders herausgestellte rechte Subkultur ist sicherlich nur *eine* mögliche Dimension des Verstehens jugendlicher Gewaltbereitschaft. Ebenso wichtig sind *makro*strukturelle Bedingungen des sozialen Wandels sowie *mikro*strukturelle Bedingungen der Individuation und Sozialisation, die erst den emotionalen Hintergründen des Gewalthandelns und das maßgebende Problem des Selbstwertes der Akteure enthüllen. Die Fokussierung der *mittleren* Ebene der Gruppe als eines für die Gewalthandlungen notwendigen Rahmens hat aber für unser Thema den Vorteil, die Rolle der Moral in den Blick zu rücken. Denn Moral ist unter sozialpsychologischer Perspektive Ausdruck der Bindung einer wie immer gearteten Gruppe (vgl. Durkheim 1924, 87).

Dem entsprechend finden sich in den Beschreibungen aller vier Tätertypen Bezüge auf Moralisches. Der Mitläufer unterwirft sich Solidaritätsanforderungen, der gefühlsmäßige Ausländerfeind rechtfertigt Gewalt durch Einklagen von Gerechtigkeitsansprüchen, der politisch-ideologisch motivierte Rechtsextremist mobilisiert eine Reihe von Sekundärtugenden, und selbst der kriminelle Schlägertyp handelt nicht ohne gruppenbezogene Vorstellungen von Ehre und Ordnung.

Willems schreibt, „dass die Geltung in der Gruppe, das ‚Akzeptiertwerdenwollen' als vollwertiger Teil der Gruppev zentrale Handlungsmotivationen einzelner Jugendlicher darstellen können" (1993, 192). Die Gewalthandlungen haben demnach nicht nur einen ideologischen *Inhalts*aspekt (Fremdenfeindlichkeit), sondern auch, und vor allem, einen gruppenspezifischen *Beziehungs*aspekt (vgl. Watzlawick 1969, 53 ff.), zum Beispiel als „Mutprobe", die über die Akzeptanz der einzelnen in der Gruppe entscheidet. Diese beiden Aspekte werden zusammengehalten durch moralische Wertorientierungen wie Verlässlichkeit, Treue, Standfestigkeit, Mut, Härte gegen sich und andere, Werte, die allesamt auf kämpferische Männlichkeitsideale ausgerichtet sind. Es handelt sich dabei um eine Art anachronistisch wiederbelebter Sippenmoral im Sinne der im achten Kapitel zitierten ethischen Gebote eines Papua-Stammes.

Die gewaltfördernde Rolle, die die Moral unter bestimmten Umständen spielen kann, wird besonders deutlich, wenn wir über die Dynamik der Kleingruppe hinausgehen in Richtung der Gesellschaft als ganzer. Es gibt in der jüngeren Geschichte eine Reihe gut belegter Fälle, in denen ganz normale Familienväter und ansonsten harmlose Durchschnittsmenschen innerhalb weniger Monate und Wochen dazu bereit (gemacht) wurden, Hunderte, ja viele Tausende unschuldiger Menschen, darunter auch Kinder und Säuglinge, umzubringen. Zu denken ist hier an Massaker in Jugoslawien 1995, Ruanda 1994, Vietnam Ende der 1960er Jahre oder die Ermordung von Juden und anderen von den Nazis für „lebensunwert" erklärten Menschen hinter den in Osteuropa vorrückenden Kriegsfronten zu Anfang der 1940er Jahre. Die Extremfälle dieser organisierten

Massenmorde stellen höchst aufschlussreiche Beispiele für die Erzeugung von Tötungsbereitschaft und zugleich für den Zusammenhang von Moral und Gewalt dar, die auch ein Licht auf die weit harmloseren sozialen Konfliktfelder des Alltagslebens werfen.

Harald Welzer (2005) hat die genannten Ereignisse unter eben dieser Fragestellung, „wie aus ganz normalen Menschen Massenmörder werden", sozialpsychologisch analysiert. Er verdeutlicht, dass in allen untersuchten Fällen vor allem zwei entscheidende Voraussetzungen geschaffen werden mussten, damit normal sozialisierte Menschen, also keine fanatischen Nationalisten, Rassisten, Fundamentalisten o. ä., innerhalb kurzer Zeit ihre Tötungshemmungen verloren: Einerseits musste der Bezugsrahmen der moralischen Anforderungen an soziales Verhalten derart verschoben werden, dass die Opfer aus dem Bereich moralisch zu achtender Personen ausgeschlossen wurden. Andererseits musste der Vorgang des Tötens als normale Arbeitsverrichtung verstanden werden können. Arbeit ist in der Moderne zumeist durch einen externen Arbeitsauftrag, durch Arbeitsteilung, technische Rationalisierung sowie ein die Einstellungen der Subjekte bestimmendes Arbeitsethos gekennzeichnet. Mit dessen Hilfe konnten sich die Täter auch über den Tatverlauf hinaus auf Lebenszeit subjektiv ihrer moralischen Integrität versichern.

Die vorgenommenen Exklusionen werden regelmäßig als Reaktionen auf eine zunehmende Bedrohung durch die Auszuschließenden gerechtfertigt, denn Notwehr und das Einklagen von Gerechtigkeit bilden die überzeugendste moralische Legitimation des Angriffs auf die Opfer bis hin zu ihrer Liquidierung. Dadurch wird am Ende dann auch noch das Töten geradezu zur moralischen Verpflichtung. Im gesamtgesellschaftlichen Maßstab erfordert dies die Durchsetzung von ideologischen Konstrukten eines entsprechenden Weltbildes, in dem die späteren Opfer als frühere Aggressoren, Verschwörer, Blutsauger, Brunnenvergifter usw. plausibel gemacht werden. Auf der psychischen Ebene handelt es sich um individuell je unterschiedliche Mischungsverhältnisse von rationalem Kalkül zum Zweck des Machterwerbs und der Bereicherung und irrationalen Strebungen. Hitler sprach bei einem Großteil der Bevölkerung tiefste Überzeugungen von Recht und Gerechtigkeit an. Zugleich offenbart er sich dem tiefenpsychologischen Beobachter als eine Person, die lebensgeschichtlich „allen Grund hatte, sich zutiefst ungerecht behandelt zu fühlen und empört nach Rache zu verlangen" (Stierlin 1975, 130). Demzufolge war auch Hitler zuerst ein Opfer, bevor aus ihm ein Täter wurde. Seine Vergeltungswut richtete er auf einen Ersatzfeind, die Juden, denen er projektiv alle die Vernichtungsimpulse zuschrieb, die er selbst hegte. Mittels der psychischen Projektion konnte er seine moralischen Impulse des Gerechtigkeits- wie auch des Schuldgefühls von der Gewissensfunktion der Selbstbeobachtung isolieren und in den Dienst von Handlungsstrategien stellen, die von außen betrachtet sich als extrem amoralisch zeigen.

Die Täter- oder (im Extremfall) Tötungsmoral ist partikularistisch in dem Sinn, dass die Reichweite der moralischen Verbindlichkeiten auf das Konstrukt einer Gruppe, zum Beispiel eines Volkes, einer Rasse o. ä., beschränkt wird, der gegenüber alle anderen Menschen nur noch einen instrumentellen Wert haben. Die zweite Voraussetzung, die Normalisierung der Gewaltausübung als Durchführung eines Arbeitsauftrags, beinhaltet, dass innerhalb dieser partikularistischen Moral von subjektiven Motiven und Zielsetzungen wie Mitleid, Sadismus, Vorteilsnahme abgesehen werden soll. Die Täter morden nicht als Personen, sondern als Träger einer Rolle und in Erfüllung einer Pflicht, wobei sie sich noch durch die von ihnen gewählte, besondere Form der Durchführung von anderen unterscheiden und so ihre moralische Identität glauben wahren zu können. So berief sich sogar der Hauptorganisator der NS-Massenvernichtungen, Adolf Eichmann, während des Jerusalemer Prozesses gegen ihn auf Kants Kategorischen Imperativ, wobei er allerdings dieses vernunftethische Prüfinstrument für die Verallgemeinerbarkeit moralischer Urteile auf einen rigoros und ausnahmslos geltenden Vorrang von Pflicht und Gehorsam vor Neigung oder gar Mitleid verkürzte (vgl. Arendt 1964, 174 ff.).

Die Gewalthandlungen setzten in ihrer Akzeptanz die sukzessiv erfolgte Verschiebung der Kriterien von Menschenwürde voraus. Dieser Mechanismus lässt sich ansatzweise auch schon bei den von Willems untersuchten fremdenfeindlichen Aktionen feststellen: Die verschiedenen Gewaltaktionen erfolgten nämlich in Form einer epidemieartigen Welle, als handle es sich um eine ansteckende Krankheit. Tatsächlich werden entsprechende Aggressionstendenzen durch die Annahme der Täter freigesetzt, man befinde sich zunehmend in Übereinstimmung mit einer allgemein akzeptierten Neuabsteckung des Feldes moralischer Verbindlichkeiten. Und dementsprechend ebbte die Welle der Gewalt gegen Fremde dann wieder ab, als die jugendlichen Akteure die Erfahrung machten, „dass sie nach wie vor eine Minderheit sind" und „keineswegs von einem Großteil der Bevölkerung unterstützt werden" (Willems 1993, 215). Weiterhin lässt sich als prinzipielle Gemeinsamkeit beider Untersuchungsfelder – wobei die erhebliche qualitative und quantitative Differenz der Taten nicht übersehen werden soll – festhalten, dass Moral dann für Aggression, Gewalt und Dehumanisierung funktionalisiert werden kann, wenn ihre terminalen Werte wie Würde, Freiheit, Gerechtigkeit auf einen partikularen Geltungsbereich beschränkt werden, wenn also die eher instrumentellen und medialen Sekundärwerte wie Solidarität, Ordnung, Zuverlässigkeit vom Bezug auf universell geltende Werte abgekoppelt werden.

11.3 Erosion der moralischen Bindekräfte

Asylbewerber und andere Fremde geraten oft nur zufällig ins Visier von gewaltbereiten Akteuren, viel öfters werden rivalisierende Gruppen von Jugendlichen zur Zielscheibe; oder ethnizistische Ausschreitungen der einen Seite werden durch ethnizistische Ausschreitungen der anderen Seite beantwortet; oder die aufgestauten Aggressionen werden abgeführt durch Gewalt gegen Sachen wie Autos, öffentliche Einrichtungen usw. Um den moralischen Hintergrund solcher Aktionen zu verstehen, ist es in vielen Fällen erforderlich, über die familial bedingten Gewalterfahrungen der Akteure hinauszugehen. Starke gesellschaftliche Tendenzen wie der ökonomische Druck, der auf den Einzelnen und den Familien lastet, die Enttäuschung von Integrations- und Aufstiegshoffnungen, die Sozialisation durch Medien und die entsprechende Erwartung, den eigenen Protest in den Medien breitenwirksam wiedergegeben zu finden, oder einfach nur die Verregelung des städtischen Lebens zwischen Familie und Arbeit und die daraus resultierende Langeweile tragen dazu bei, dass die familialen Bedingungen der Herausbildung der Gewissensinstanz heute einer starken Erosion ausgesetzt sind. An deren Stelle ist eine industrielle Herstellung von Moral getreten. Die moralischen Botschaften der Fernsehunterhaltung und der Werbung sind wesentlich Ausdruck und Verstärker des von Erich Fromm (1947) so genannten „Marketing-Charakters" (vgl. weiterführend Funk 2003), der sich selbst und andere nur noch als Ware mit einem Tauschwert erlebt. Entsprechend dünn ist seine Beziehung zu sich und zu anderen.

Jugendliche Gewaltbereitschaft und Gewaltausübung sind nicht nur als Ausdruck einer Wiederkehr früher, unbewältigter Opfererfahrungen zu verstehen, sondern zeigen auch, dass sich der moralische Rohstoff, der von der Familie immer weniger in ausreichender Qualität geliefert werden kann, durch synthetische Moralproduktion „von oben her" nicht ersetzen lässt. Die Gewaltbereitschaft ist nicht notwendig durch autoritär-gewaltbereite Familienstrukturen bedingt, sondern kann auch auf Grund von gesellschaftlicher Desintegration gefördert werden, die die Einzelnen orientierungslos macht und psychisch überfordert. Diese Gewalt wäre dann ein im Grunde hilfloser Protest gegen die (ökonomisch bedingte) Rationalisierung der Gesellschaft, ein Versagen vor ihr oder eine Regression auf weniger sublimierte Formen der Aggression. Gewaltphänomene und ökonomische Probleme einer krass ungleichen Verteilung von Lebenschancen sind komplementäre Folgen schwindender gesellschaftlicher Kohäsion und Solidarität.

Die Soziale Arbeit mit gewaltbereiten Jugendlichen zielt entweder, im Rahmen der Organisation von Bildungsprozessen, auf eine präventive Verstärkung von nicht gewaltförmigen Konfliktlösungspotenzialen oder, im Rahmen sozialtherapeutischer Programme, auf die Modifikation gewaltförmiger Erlebens- und Verhaltensmuster, oder in Form von Gemeinwesenarbeit auf die Verbesserung der soziokulturellen Lebensbedingungen perspektivloser Bevölkerungsgruppen, um ihnen alternative Wege der Konfliktlösung zu ermöglichen. In allen diesen Fällen fungiert Soziale Arbeit als Sozialisationsinstanz. Zum Täter und zum Opfer von Gewalt wird man vorweg sozialisiert, aber nicht durchgängig und nicht ein für allemal. Gewalttäter haben keine Fähigkeit, die Folgen ihres Handelns aus der Sicht der Betroffenen zu antizipieren. Sie setzen Friedfertigkeit mit Schwäche und Gewalt mit Unangreifbarkeit, Überlegenheit und Respekt gleich. Potenziellen Opfern mangelt es an Ausstrahlung von Selbstbewusstsein und Sicherheit im Umgang mit anderen. In ethischer Perspektive erscheinen als entscheidende subjektive Voraussetzung gewaltfreien Konfliktlösungsverhaltens Identifikation und Empathie. Mit den Tätern wäre daran zu arbeiten, dass sie sich (unbewusst) nicht mehr als die eigentlichen Opfer fühlen müssten. Denn „wer [...] glücklich ist, bedarf nicht der Bosheit, um sich schadlos zu halten für das, was ihm entgeht" (Horkheimer 1957, 80).

Gewalt ist Ausdruck, nicht Ursache der Problematik. Für die überwiegende Mehrheit der Jugendlichen, weit über neunzig Prozent, bleiben Gewalttätigkeiten, wenn sie überhaupt vorkommen, episodisch und verschwinden, wie anderes abweichendes Verhalten, mit dem Erwachsenwerden. Dagegen weisen Mehrfachauffällige und Erziehungsresistente einen Mangel an Interaktionskompetenzen auf, der mit geeigneten sozialpädagogischen Mitteln auszugleichen ist. Erlernbar sind Empathie, Frustrationstoleranz, Ambiguitätstoleranz (die Fähigkeit, Mehrdeutigkeiten wahrzunehmen und zu ertragen, das heißt nicht einem Schwarz-Weiß-Denken zu erliegen), Verbalisierung von Gefühlen, prosoziales Verhalten, ein moralisches Bewusstsein, das nicht in der Mentalität des Eine-Hand-wäscht-die-andere aufgeht. Dabei besteht das ethisch vertretbare Ziel von entsprechenden präventiven oder rehabilitierenden pädagogischen Anti-Gewalt-Programmen nicht vordergründig darin, dass die Jugendlichen der Gewalt abschwören und sich zu sozial angepassten Mitbürgern wandeln, sondern darin, ihre Kompetenzen zur Konfliktregelung zu erweitern, so dass Gewaltausübung überflüssig wird. Jede Gewaltausübung hat einen subjektiven Sinn, den es zu ergründen und alternativ zu orientieren gilt. Ob dies mit pädagogischen Mitteln geschieht, die eher empathisch-akzeptierend oder eher konfrontativ sind, ist weniger eine ethische als eine technische Frage, solange auch gewaltbereite Jugendliche als entwicklungsfähige Subjekte anerkannt werden, die ein Recht darauf haben, in ihrer Lebensbewältigung und Lebensentfaltung unterstützt zu werden.

Gut zu wissen – gut zu merken

Für eine wiederholt auffällige Gewaltbereitschaft sind subjektive Situationsdeutungsmuster maßgeblich, in denen eine partikularistische Moral sehr oft die Funktion der Schein-Rechtfertigung spielt. Diese lässt Gewalthandlungen für die Täter selbst gegenüber den auch ihnen zumeist bekannten moralischen Ansprüchen der Opfer als akzeptabel oder sogar notwendig erscheinen. Innerhalb gewaltbereiter Gruppen kommt die Moral zusätzlich als Erwartung gegenüber den einzelnen Gruppenmitgliedern ins Spiel, sich je nach ihrem Status in der Gruppe durch Beteiligung an Gewalttaten in den Dienst der Gruppe zu stellen. Die sozialethische Betrachtung zeigt, dass Gewalt auch auf Grund gesellschaftlicher Desintegration gefördert wird und dass hier die Gemeinwesenarbeit eine wichtige Aufgabe hat.

Literaturempfehlung

Stickelmann, Bernd (2014): Provokation Jugendgewalt. Sozialpädagogisches handeln in Krisen und Konflikten. Stuttgart: Kohlhammer.
Wahl, Klaus/Hees, Katja (2009): Täter oder Opfer? Jugendgewalt – Ursachen und Prävention. München u. a.: Reinhardt.

12 INDIVIDUELLE UND INSTITUTIONELLE VERANTWORTUNG

Was Sie in diesem Kapitel lernen können

Sozialarbeiter greifen mit ihren Entscheidungen und Maßnahmen in die Lebensführung ihrer Klienten zu deren Wohl ein. Sie tun dies zumeist als Mitarbeiter einer Institution und letztlich im gesellschaftlichen Auftrag. Aus diesen Bezügen resultiert ihre besondere Verantwortlichkeit. Im Folgenden werden die Strukturmerkmale der individuellen Verantwortung entwickelt. Indem Soziale Arbeit in der Regel im Arbeitsteam und in Zusammenarbeit mit Angehörigen anderer, benachbarter Einrichtungen erfolgt, wird die Zuschreibung von Verantwortlichkeit jedoch häufig unklar. Gibt es – so ist zu fragen – eine besondere Verantwortung von Institutionen?

12.1 Strukturmerkmale der Verantwortung

Am Ende des sechsten Kapitels wurde die Verantwortungsethik als ein für eine Professionsethik besonders geeigneter ethischer Typus bezeichnet. Denn in der Verantwortungsethik verbindet sich eine moralische Grundorientierung mit der Reflexion des Verhältnisses von Mitteln und Zielen sowie der Abschätzung möglicher Folgen. Dem entsprechend bezeichnen wir auch alltagssprachlich ein besonders umsichtiges Verhalten als verantwortlich. Hier können Abstufungen der Qualität oder des Wertes vorgenommen werden:

Nicht verantwortlich ist, wer nicht frei über sein Handeln entscheiden kann. Suggestive Beeinflussung, unmittelbarer Zwang, Androhung von Gewalt oder schwerwiegenden Nachteilen, aber auch reflexhaftes Verhalten oder Handeln unter dem Einfluss bewusstseinsverändernder Substanzen schließen Verantwortlichkeit aus. Aber nicht jeder, der sich frei entscheiden kann, handelt deshalb schon in einem qualitativen Sinn verantwortlich, nämlich im Bewusstsein von Zielen, Mitteln und Folgen.

1. Verantwortungsbewusst handeln heißt auf einer *ersten* Stufe, zumindest das zu tun, was einer vorausgesetzten Norm entspricht, und für diese Regelkonformität gleichsam zu bürgen. Wer sich moralisch verantwortlich verhält, wird es vor allem *unterlassen*, etwas zu tun, was anderen schadet. Solange dies aber mehr oder weniger selbstverständlich ist, wird von einer besonderen Verantwortlichkeit kaum die Rede sein.
2. Dies ist eher dann der Fall, wenn auf einer *zweiten* Stufe jemand unter Bedingungen der Unsicherheit besonders sorgfältig oder einsatzbereit und unter der Gefahr der Überforderung handelt.

3. Schließlich bedeutet auf einer *dritten* Stufe die Übernahme von Verantwortung, die als solche dann vielleicht lobend hervorgehoben wird, ein fürsorgliches Handeln gegen äußere Widerstände oder auch gegen den eigenen Vorteil. In diesem hervorhebenden Sinn ist jemand besonders verantwortlich, wenn sie oder er Mut beweist, Zivilcourage zeigt, sich unbequem verhält und für Andere handelt, die stillhalten.

Begriffsgeschichtlich entstammt der Ausdruck „Verantwortung" der mittelalterlichen Rechtssphäre und bedeutete damals die Rechenschaftsabgabe eines Angeklagten vor Gericht. Erst im 20. Jahrhundert, und insbesondere nach dem Zweiten Weltkrieg und im Verlauf der Aufarbeitung der nationalsozialistischen Verbrechen, wurde er auch zu einem Schlüsselbegriff der Ethik. Als solcher kommt er der heute vorherrschenden prozeduralen und dialogischen Auffassung von Vernunft und Moral insofern entgegen, als sich die moralische Reflexion hier nicht bloß als Berufung auf eine irgendwie ‚höhere' moralische Pflicht auffassen lässt, die ein Subjekt allein mit sich selbst auszumachen hat, sondern als Bereitschaft zum Dialog über das ethisch Gute und Richtige innerhalb eines bestimmten Verantwortungsraums, in dem das Entscheidungssubjekt handelt und Einfluss hat. Wer Verantwortung für Andere übernimmt, muss deren Ansprüche verstehen und gegebenenfalls Rechenschaft über seine Entscheidungen geben.

Allerdings ist die Rede von der Verantwortung, wie alle moralischen Begriffe, höchst anfällig für Missbrauch. Darauf weist der Scherz hin: „Du trägst das Gepäck, ich trage die Verantwortung". Tatsächlich verkommt der Begriff oft genug zu einem unverbindlichen Rechtfertigungsschlagwort. Man „übernimmt die volle Verantwortung" – ohne weitere Bedeutung und Konsequenz. Dem ist dadurch zu begegnen, dass man präzisiert, was damit jeweils gemeint ist: „Verantwortungsbegriffe sind", entsprechend einer Definition von Hans Lenk (1999, 108), „zuschreibungsgebundene mehrstellige Relations-, Beziehungs- bzw. Strukturbegriffe [...] mit folgenden Elementen:

- *jemand*: Verantwortungssubjekt, -träger (Personen, Korporationen) ist verantwortlich
- *für etwas*: (Handlungen, Handlungsfolgen, Zustände, Aufgaben usw.)
- *gegenüber*: einem Adressaten
- *vor*: einer Sanktions-, Urteilsinstanz
- *in Bezug auf*: ein präskriptives, normatives Kriterium
- *im Rahmen eines*: Verantwortungs-, Handlungsbereiches."

So ist beispielsweise ein Sozialpädagoge *(jemand) für* die Betreuung *gegenüber* einem ihm anvertrauten Kind *vor* der Leitung einer Einrichtung (und weiterhin: den Eltern) *in Bezug auf* die pädagogische Qualität seiner Arbeit *im Rahmen einer* erlebnispädagogischen Unternehmung verantwortlich. Dass die Eltern ihr Kind dem Betreuer anvertrauen, zeigt, dass Verantwortung die Einlösung eines Vertrauensvorschusses ist, der dem Betreuer von den Klienten kraft seiner fachlichen Kompetenz entgegengebracht wird. Die fachliche Kompetenz ist die Bedingung dafür, dass er in einem institutionellen (und letztlich gesellschaftlichen)

Auftrag handelt. Deshalb heißt Verantwortung gegenüber der Gesellschaft, zumindest dem fachlichen Auftrag gerecht zu werden.

Wenn wir über diesen Betreuer sagen: „Er trägt die Verantwortung", dann beschreiben wir nicht nur einen Sachverhalt, nämlich die institutionelle Tatsache einer Verpflichtung, sondern schreiben ihm vor allem präskriptiv zu, wie er sich bestimmten Normen entsprechend (die meist stillschweigend vorausgesetzt werden) verhalten sollte. Diese Normen können fachlicher, rechtlicher oder moralischer Art sein. Dem entsprechend kann man zwischen verschiedenen Dimensionen des Verantwortungsbegriffs unterscheiden: Der Betreuer handelt

- seiner beruflichen Aufgabe entsprechend verantwortlich, wenn er fachlich richtig handelt;
- rechtlich verantwortlich in Bezug auf die Beachtung gesetzlicher Vorschriften;
- moralisch verantwortlich, wenn er über seine spezifischen Aufgaben hinaus sich besonders umsichtig verhält und das Wohlergehen und die Menschenwürde aller Betroffenen achtet;

wobei diese Dimensionen sich vor allem durch die Form möglicher Sanktionen unterscheiden: Fachlich bezogene Sanktionen bestehen in Lob oder Tadel durch Fachkollegen, Vorgesetzte oder Betroffene, rechtliche Sanktionen in gesetzlich vorgesehenen Strafen bei Verstößen und moralische Sanktionen in Lob oder Tadel seitens des sozialen Umfeldes und innerer Zufriedenheit oder Unzufriedenheit auf Grund der Selbstbeurteilung durch das eigene Gewissen.

Wenn wir einer Person ein moralisch verantwortliches Denken und Handeln im Sinn einer qualitativen Besonderheit zuschreiben, dann meinen wir damit eine besondere Haltung der Aufmerksamkeit auf die Gesamtheit einer Situation, in der gehandelt wird, der Berücksichtigung der betroffenen Personen und ihrer Bedürfnisse, der Handlungsbereitschaft auch unter erschwerten Bedingungen und einer klugen Folgenabschätzung. Diese Kompetenz der Wahrnehmung, Beurteilung und Entscheidung angesichts komplexer Sachverhalte lässt sich in Analogie und Fortführung von Aspekten des moralischen Handelns aufschlüsseln, wie sie bereits im neunten Kapitel (Abschnitt 1) dargestellt wurden:

a) *Kognition:* Normenbewusstsein und Anwendung der Normen auf die konkrete Situation. – In besonders dramatischen Situationen, in denen die Würde, die Unversehrtheit oder das Leben von Menschen auf dem Spiel stehen, liegen diese ethischen Werte und Normen gleichsam offen zu tage. Dem gegenüber bedarf es in Situationen, die eher von Alltagsroutinen geprägt sind, der besonderen Aufmerksamkeit gegenüber der ethischen Dimension des Handelns. Erst das Bewusstsein dieser ethischen Dimension ermöglicht die Übernahme von Verantwortung. Vorausgesetzt ist dabei die Bereitschaft, sich auf eine umfassende und unvoreingenommene Wahrnehmung der Situation einzulassen. Dazu gehört auch das bestmögliche Wissen um die Vorgeschichte und Entwicklung, die zur gegenwärtigen Situation geführt haben, um die Motive der beteiligten Personen, und die angemessene Einschätzung der eigenen Fähigkeiten des Handelnden.

b) *Akzeptanz:* Moralische Bewertung des eigenen Handelns in dieser Situation, Abweisung von Entlastungsmechanismen und Übernahme von persönlicher Verantwortung. – Zum verantwortlichen Handeln reicht es nicht aus, die ethische Dimension einer Situation zu erkennen, vielmehr muss der Betreffende die entsprechenden Wert- und Normsetzungen ausdrücklich auf sich beziehen, sich als zum Handeln Aufgeforderten verstehen (wobei „Handeln" gegebenenfalls auch in einem Unterlassen bestehen kann). Ist ein mögliches eigenes Handeln voraussichtlich mit Belastungen verbunden (zum Beispiel mit Kritik oder Zurückweisung seitens Betroffener), dann bieten sich vielfache Entlastungsmechanismen an, um sich ein exponiertes Handeln zu ersparen (zum Beispiel die Erwartung, dass die notwendige Initiative schon von jemand Anderem ergriffen werden wird). Hier setzt die Übernahme der Verantwortung voraus, die Bedeutung des eigenen Verhaltens in der jeweiligen Situation einzusehen.

c) *Vorausschau:* Erkennen und Bewerten des Verhältnisses von Mitteln und Zwecken sowie der Handlungsfolgen. – Diese Bedingungen verantwortlichen Handelns müssen insbesondere dann erfüllt sein, wenn mit „Übernahme von Verantwortung" ein besonders umsichtiges Verhalten gemeint ist. Die Erkenntnis, dass „gut gemeint" nicht unbedingt gut überhaupt ist, erschließt sich oft nicht schon auf den ersten Blick, sondern erst auf den zweiten. Mittel sind nicht durch den guten Zweck „geheiligt", sondern müssen in einem angemessenen Verhältnis zu diesen stehen. Sie sind ebenso zu bewerten wie die absehbaren Konsequenzen des beabsichtigten Handelns. Gerade in pädagogischen Situationen sind diese oft nur schwer voraussagbar, da es sich hier nicht um kausale Wirkungsketten, sondern um Kommunikations- und Interaktionsprozesse handelt. Dennoch ist die optimale Vorausschau künftiger Szenarien, die sich aus Handlungsentscheidungen ergeben können, ein zentrales Merkmal von Verantwortung. Diese Szenarien sind miteinander zu vergleichen und nach moralischen Kriterien zu bewerten, wobei Wertkonflikte durch die Bildung von Werthierarchien entschärft werden können.

d) *Motivation:* Entschluss zum moralischen Handeln und Einsatz handlungsnotwendiger Ich-Kompetenzen. – Moralisches Handeln ist nicht nur eine Folge von Kognitionen, sondern auch der emotionalen Bereitschaft, sich in Andere hineinzuversetzen, sich empathisch mit ihnen zu identifizieren. Auch findet im Weiteren eine Art Identifizierung mit den moralischen Normen und Werten selbst statt, die in die eigene Persönlichkeitsstruktur integriert werden. Hindernisse des Handlungsentschlusses können emotionaler Art sein, zum Beispiel Scham oder Angst, sich durch die Handlung zu exponieren. In diesen Fällen sind für verantwortliches Handeln unterstützende Ich-Kompetenzen erforderlich, die dem Handelnden ein gewisses Maß an Sicherheit geben. Eigeninitiative steht hier gegen einen Konsens des Stillhaltens, Zivilcourage gegen Angst.

Diese Teilaspekte eines verantwortungsbewussten Handelns sind nur auf der theoretischen Ebene einigermaßen trennscharf auseinander zu halten, während sie im tatsächlichen Entscheidungs- und Handlungsvollzug enge Rückkopplungsschleifen bilden. Für das Handlungssubjekt selbst verschmelzen sie im Idealfall zur Ganzheit der ethischen Haltung, „nach bestem Wissen und Gewissen" zu handeln.

12.2 Kausale und fürsorgende Verantwortung

Der individualethische Verantwortungsbegriff, dessen Aspekte bislang aufgelistet und erklärt wurden, geht von einer eindeutigen Feststellung des Verantwortungsträgers und der Relation zu den in Rede stehenden Handlungsfolgen aus. Insbesondere ist man für die Folgen seines Tuns (oder Unterlassens) nur dann verantwortlich, wenn

- die Handlung auf Grund einer *freien Entscheidung* und ohne Zwang erfolgte,
- die in Rede stehenden *Folgen absehbar* waren und
- die Folgen dem Akteur eindeutig, als kausale Wirkung oder als Unterlassung, *zurechenbar* sind.

Nun steht aber in Frage – und dies sind Einwände, die schon gegen den klassischen Utilitarismus vorgebracht wurden –, ob die Zuschreibung von Verantwortlichkeit tatsächlich auch dann noch sinnvoll ist, wenn man es mit hoch komplexen Sachlagen zu tun hat. Eine solche Diskussion um die Reichweite ethischer Verantwortung hat sich bisher vor allem angesichts der wirtschaftlichen Krisen und technischen Katastrophen entzündet. Im Zusammenhang der Sozialen Arbeit ist zu überlegen, ob nicht auch der fürsorgende Umgang mit Menschen eine derart hoch komplexe Wirklichkeit darstellt, in der die Bedingungen der Verantwortungszuschreibung – Entscheidungsfreiheit, Folgenabsehbarkeit und Folgenzurechenbarkeit – nicht immer gegeben sind. So können wir zum Beispiel in pädagogischen oder Beratungs-Zusammenhängen keineswegs mit hinreichender Sicherheit voraussehen, welche Folgen bestimmte Interventionen, auch unter dem Einfluss möglicher anderer externer Faktoren, haben.

Angesichts der Herausforderungen durch die destruktiven Potenziale der technologischen Zivilisation hat Hans Jonas (1903–1993) gefordert, den Begriff der Verantwortung derart zu erweitern, dass „für das Unbekannte im voraus mitzuhaften" sei: „Verantwortung ist die als Pflicht anerkannte Sorge um ein anderes Sein, die bei Bedrohung seiner Verletzlichkeit zur ‚Besorgnis' wird. Als Potenzial aber steckt die Furcht schon in der ursprünglichen Frage, mit der man sich jede aktive Verantwortung beginnend vorstellen kann: was wird *ihm* zustoßen, wenn *ich* mich seiner *nicht* annehme? Je dunkler die Antwort, desto heller gezeichnet die Verantwortung. Und je weiter noch in der Zukunft, je entfernter vom eigenen Wohl und Wehe und je unvertrauter in seiner Art das zu Fürchtende ist, desto mehr müssen Hellsicht der Einbildungskraft und Empfindlichkeit des Gefühls geflissentlich dafür mobilisiert werden: eine aufspürende Heuristik [Methode des Auffindens neuer Erkenntnisse] der Furcht wird nötig, die nicht nur ihr das neuartige Objekt überhaupt entdeckt und darstellt, sondern sogar das davon (und nie vorher) angerufene, besondere sittliche Interesse erst mit sich selbst bekannt macht" (Jonas 1979, 391 f.).

Somit ist zu dem bisher entfalteten Verantwortungsbegriff, der sich auf eine kausale Handlungsverursachung bezieht, ein weiterer Verantwortungstypus hinzuzufügen, nämlich die *Fürsorglichkeitsverantwortung*. Sie ist nicht retrospektiv auf Verursachungen von Wirkungen bezogen, sondern prospektiv auf *mögliche* künftige Entwicklungen und den Schutz vor *möglichen* Gefährdungen ausgerichtet. Die „aufspürende Heuristik der Furcht" ist das aktive Wahrnehmen des Unerwarteten, sei es der produktiven, sei es der restriktiven Möglichkeiten.

Was Jonas hier weitsichtig für eine Sozialethik der Technik entwirft, die es nicht nur mit dem Schutz unmittelbar betroffener Menschen, sondern auch künftiger Generationen sowie der nicht menschlichen Natur zu tun hat, hat sein alltagspraktisches Vorbild offenbar in der Verantwortung von Eltern für ihre Kinder. Für Eltern ist es ja nichts Neues oder Ungewohntes, ihre Kinder, die Adressaten ihrer Verantwortung, als verletzlich und vielfach gefährdet anzusehen, ohne immer schon zu wissen, worin genau die Gefahren (auch in Zukunft) bestehen und wie ihnen zu begegnen wäre.

Ist diese Art von fürsorgender Verantwortlichkeit auch auf die Soziale Arbeit übertragbar? Oder ist der Unterschied zwischen elterlicher und professionspädagogischer Sorge nicht doch zu groß? Von einer professionellen Fachkraft im Verhältnis zu einem Klienten kann man, verglichen mit dem Eltern-Kind-Verhältnis, zwar mehr an fachlichem Wissen, aber nicht ebenso viel an „Sorge", „Besorgnis" oder handlungsmotivierender „Furcht" erwarten. Schon hinsichtlich der zeitlichen Dauer einer Betreuung, aber auch hinsichtlich der Ausschließlichkeit der besonderen Beziehung sowie der emotionalen Involviertheit bestehen große Unterschiede. Und ein Klient ist auch nicht in demselben Sinn und Maß abhängig wie ein Kind, gerade im Gegenteil setzt das professionelle Betreuungsverfahren ja so weit wie möglich auf die Kräfte zur Selbstorganisation der betreuten Person.

Doch auch wenn diese Einschränkungen zutreffen, bleibt die Gemeinsamkeit bestehen, dass es sich bei der Verantwortung in der Sozialen Arbeit ebenfalls vorrangig um eine prospektiv angelegte Fürsorglichkeitsverantwortung handelt. Diese verlangt nicht nur die Bewältigung vergangener Gefährdungen, sondern orientiert sich auch an der Sorge um zukünftig mögliche Gefährdungen. Und der Anlass für professionelle sozialpädagogische Betreuungsverhältnisse liegt nicht (nur) in einer allgemeinen „Verletzbarkeit", sondern in einer konkreten „Verletzung", einem Misslingen oder einer Gefährdung, denen durch die Mobilisierung von Ressourcen abzuhelfen ist. Die von Jonas geforderte „Heuristik der Furcht" besteht hier, angeleitet durch das fachliche Wissen, darin, die tatsächlichen Gefährdungen aufzuspüren und angemessene Interventionsmöglichkeiten zu finden. Noch ein weiterer Unterschied ist verantwortungsethisch zu berücksichtigen, nämlich, dass die elterliche Sorge in der Regel exklusiv ist, während es die sozialarbeiterische Fachkraft mit vielen Fällen nebeneinander her zu tun hat und diese Befassung auch nur partiell stattfindet. Tatsächlich stellt sich die Frage der Verantwortlichkeit in Institutionen, in denen viele Einzelne zusammenwirken, anders als im direkten Gegenüber. Professionen konstituieren Verantwortungsräume besonderer Art. In einer auch professionsspezifisch immer mehr differenzierten Gesellschaft messen die Akteure selbst ihr Handeln vorwiegend an ihren jeweiligen gruppenspezifischen Standards. Auch innerhalb von Berufsgruppen und Einrichtungen werden die Aufgaben organisatorisch zunehmend differenziert und arbeitsteilig erledigt. Das hat zur Folge, dass individuelle Verantwortungsräume von außen zu einem immer geringeren Teil einsehbar und kontrollierbar sind. Es geht also um das Problem der Verantwortungsdiffusion in und zwischen Institutionen.

12.3 Korporative und kooperative Verantwortung

Zwar kann man jedes Handeln, auch das in professionellen Einrichtungen, nach individualethischen Kriterien wie zum Beispiel: Ehrlichkeit, Verschwiegenheit, Achtung der Menschenwürde bemessen. Jedoch wird hier die individuelle Entscheidungsfreiheit durch vielfältige Anweisungen und Erwartungen derart überlagert, dass in vielen Fällen nicht klar ist, ob die individualethischen Kriterien überhaupt noch anwendbar sind. Auch sind die Folgen des eigenen Handelns angesichts komplexer Wirkungszusammenhänge in vielfach beeinflussten Lebenswelten oft kaum einschätzbar. Und ebenso oft bleibt unsicher, welche Wirkungen auf wen innerhalb einer Mehrzahl von möglichen Verursachern zurückzuführen sind. Kann man hier also überhaupt noch von Verantwortlichkeit im Sinn von Zurechenbarkeit sprechen?

> Diana Kuhn arbeitet im Sozialdienst eines Krankenhauses. Der Träger des Krankernhauses betreibt auch ein Ambulantes Rehabilitationszentrum. „An sich eine gute Grundidee", wie die Fachkraft in einem studentischen Interview bemerkt, denn die Kooperation zwischen den beiden benachbarten Einrichtungen funktioniert gut auf dem ‚kurzen Dienstweg' unter Umgehung formeller Restriktionen. Jedoch hat diese Kooperation auch eine Kehrseite: „Vorrangig sollen wir jetzt schon gucken, viele Patienten in die ambulante Reha zu vermitteln. Das ist dann das oberste Ziel. Also darf ich mir im Sozialdienst auch nicht mehr unbedingt die Frage stellen, ob das passt oder ob das wirklich auf die Person genau zugeschnitten ist. Ich halte mich dann überhaupt zurück, die Leute in irgendeiner Form zu beraten."

Hat der Krankenhaussozialdienst die Aufgabe, die Patienten umfassend und inhaltlich angemessenen zu beraten, dann wird hier die Fachkraft ihrer Verantwortung gegenüber dem Wohlergehen der Patienten offenbar nicht gerecht. Jedoch handelt sie so nicht aus Nachlässigkeit, sondern auf Grund einer (wie immer formellen oder informellen) Anweisung der Krankenhausleitung, die sich bei Nachfrage vielleicht auf Verpflichtungen gegenüber dem Träger berufen würde. Dieser verfolgt – so könnte möglicherweise gesagt werden – seine ökonomischen Interessen wiederum auch in Verantwortung für die Arbeitsplätze der Mitarbeiter. In Bezug auf die betroffenen Patienten aber verflüchtigt sich die Verantwortung der beratenden Fachkraft.

Wenn Individuen in Institutionen über ihr eigenes Handeln nur begrenzt entscheiden und noch weniger die Wirkungen ihres Handelns überschauen können, muss dann nicht die Verantwortung auf die Institution als ganze übergehen? Gibt es nicht, bezogen auf das Beispiel der Krankenhaussozialarbeit, für den gesamten Betreuungsverlauf – vom Krankenhausaufenthalt über die Entlassung aus dem Krankenhaus bei gesicherten Versorgungsverhältnissen bis hin zu einer Rehabilitationsmaßnahme – so etwas wie eine Gesamtverantwortlichkeit des Handlungssystems Krankenhaus gegenüber dem Patienten? Dies ist jedoch nur in einem übertragenen Sinn möglich. Insofern Institutionen Folgen verursachen, können sie rechtlich haftbar gemacht werden. Jedoch können sie keine ethische Verantwortung im eigentlichen Sinn tragen, einfach deshalb, weil sie keine Subjekte sind. Wohl aber können sie Strukturen entwickeln, die ethisch verantwortliches Handeln fördern, erlauben oder verhindern.

Eine Institutionenethik muss also beidem Rechnung tragen: der möglichen, ja wahrscheinlichen Diffusion der individuellen Verantwortung in Institutionen und der ethischen Nicht-Verantwortung der Institutionen. Verantwortung für komplexe Handlungsabläufe setzt sich nach dem Verursacherprinzip aus Teilverantwortlichkeiten zusammen, jedenfalls solange diese von Anderen nicht beschnitten werden. Im vorliegenden Fall war allerdings genau dies geschehen, insofern ein Teilbereich (der ökonomische) über einen anderen dominiert, mit der Folge, dass die Sozialarbeiterin in einen Loyalitätskonflikt zwischen Klienten und Arbeitgeber gerät.

Grundsätzlich kann eine Diffusion der Verantwortung entweder, wie im Fallbeispiel, durch *korporatives*, arbeitsteiliges Handeln innerhalb von Einrichtungen oder durch *kooperatives* Handeln, bei dem sich verschiedene voneinander unabhängige Handlungen in ihren Ergebnissen summieren, hervorgerufen werden. Dem entsprechend kann man zwischen einer *korporativen* und einer *kooperativen Verantwortung* unterscheiden:

a) *Korporative Verantwortung:* Das Fallbeispiel steht dafür, dass die individuelle Handlungsfreiheit durch korporative Abhängigkeiten partiell eingeschränkt ist und dementsprechend auch die Verantwortung der Einzelnen nur partiell ist. In der Regel handelt es sich bei Korporationen um eine Mischung aus hierarchischen und gleichberechtigten Beziehungen. Bei hierarchischen Beziehungen ist auch die Verantwortung hierarchisch verteilt. Verantwortung resultiert aus Macht und Wissen. Die Hauptverantwortung trägt derjenige, der als Weisungsbefugter andere Mitarbeiter anweist. Handeln diese entsprechend den Anweisungen, dann sind sie dennoch nicht frei von moralischer Mitverantwortung. Zu dieser gehört auch, auf voraussehbare Fehler oder Normverletzungen hinzuweisen. Je nach Schwere dieser Verletzung entsteht für die Akteurin ein mehr oder weniger starker Loyalitätskonflikt, der im Extremfall auch den Austritt aus dem Arbeitsverhältnis oder sogar weitere Schritte erforderlich machen kann. Ebenso bedeutsam ist die individuelle Mitverantwortung bei egalitären Beziehungen in einem Team. Dieses übt auf den Einzelnen zumeist einen starken psychischen Anpassungsdruck aus, der die Reflexionsbereitschaft der Einzelnen minimieren kann. Die korporative Verantwortung verlangt auch hier eine Balance zwischen Solidarität mit anderen Mitarbeitern und ethischer Kritikfähigkeit.

b) *Kooperative Verantwortung:* Hier bezieht sich die Mitverantwortung auf die möglichen Folgen des Zusammenwirkens voneinander unabhängiger Akteure. Dabei kann es sich um die Kooperation zweier Institutionen handeln (zum Beispiel kooperiert die Fachkraft einer Sozialpädagogischen Familienhilfe mit der Schule, in die die Kinder der Familie gehen) oder um die Kooperation mit weiteren Einzelpersonen (dieselbe Fachkraft nimmt Kontakt mit dem Umfeld der Familie auf, um die Ressourcen einer nachbarschaftlichen Vernetzung zu nutzen). Kooperative Verantwortlichkeit kann durch einen Mangel an wechselseitiger Information blockiert werden (wenn zum Beispiel die Sozialarbeiterin es versäumt, die Schule über wichtige Änderungen in der Familie in Kenntnis zu setzen, wodurch die Lehrerin weniger aufmerksam gegenüber möglichen Anzeichen von Verwahrlosung des Kindes ist). Manche Klienten führen einen Mangel an Information auch bewusst herbei oder nutzen ihn aus, zum Beispiel wenn durch Wohnortwechsel auch die amtlichen Zuständigkeiten wechseln (,Ämter-Hopping'). Auf diese Weise kann vor allem die Kontrollfunktion der Ämter ausgehebelt werden. Hier erfordert die kooperative Verantwortlichkeit eine besondere Aufmerksamkeit für Interdependenzwirkungen zwischen den einzelnen Handlungsbereichen.

Im Vordergrund der korporativen wie kooperativen Verantwortlichkeit steht der Aspekt der Hilfe, die mittels einer gut funktionierenden Teamarbeit oder durch interinstitutionelle Zusammenarbeit verbessert werden soll. Die Koordination der Angebote und Leistungen soll den Klienten zugutekommen. Eine institutionsethische Bedingung für eine fruchtbare und nachhaltige Zusammenarbeit ist, dass sich alle Beteiligten in ihrer jeweiligen fachlichen Kompetenz, als vollwertige Partner, anerkennen. „Kooperation kann", so Hermann Baum (1996, 135), „nur in dem Maße stattfinden, wie die anderen nicht für die eigenen Ziele instrumentalisiert, sondern als vollwertige Partner in der gemeinsamen Anstrengung, ein bestimmtes Ziel zu erreichen, respektiert werden." (Baum verwendet den Begriff der Kooperation hier nicht in Abgrenzung zum korporativen Handeln, sondern allgemein im Sinn eines mit Anderen koordinierten Handelns.)

Das ethische Instrumentalisierungsverbot verweist auf die entsprechende Fassung von Kants Kategorischem Imperativ: „Handle so, dass du die Menschheit [= die menschliche Vernunft], sowohl in deiner Person als in der Person eines jeden anderen, jederzeit zugleich als Zweck, niemals bloß als Mittel brauchest" (Kant 1785, 61). Das ist nun leichter formuliert als verwirklicht. Denn im korporativen wie im kooperativen Handeln ist immer schon auch ein unvermeidliches Stück Instrumentalisierung enthalten. Man braucht den Anderen zur Verwirklichung der jeweils eigenen Ziele. Dies wird aber durch den Kategorischen Imperativ nicht ausgeschlossen, der vielmehr eine Grenze gegenüber einer ausschließlichen, die Freiheit des Anderen negierenden Instrumentalisierung markiert.

Diese Grenze wird in der Fallgeschichte des Krankenhaussozialdienstes offensichtlich nicht respektiert. Die Sozialarbeiterin wird von der Klinikleitung derart instrumentalisiert, dass sie eine möglichst große Zahl von Patienten an die Reha übermittelt. Darauf angesprochen, könnten die Vorgesetzten möglicherweise auf die „gemeinsame Anstrengung, ein bestimmtes Ziel zu erreichen" (Baum), verweisen, das Ziel des ökonomischen Wohlergehens der Einrichtung. Aber auch damit wäre die Grenze des Kategorischen Imperativs überschritten, insofern die fachliche Autonomie der Sozialarbeiterin in ihrer Beratungsaufgabe verletzt wird. Tatsächlich setzt jede Zusammenarbeit ein gemeinsames Ziel voraus, aber dieses Ziel darf nicht die jeweils fachspezifisch notwendigen und angemessenen Teilziele außer Kraft setzen. Um hier eine praktikable Leitlinie für den in der Praxis oft riskanten Balanceakt zu formulieren, bezieht sich Baum auf das sozialethische Prinzip der Subsidiarität, das auch sonst in der Organisation der Sozialen Arbeit bewährt ist: „So viel Eigenständigkeit wie möglich, so viel Zusammenarbeit wie nötig – also das Subsidiaritätsprinzip – ist Kern wahrer Kooperation, die auch vom Vertrauen in die anderen lebt" (Baum 1996, 136).

Dieses Vertrauen kann kein blindes sein kann, sondern nur eines, das kommunikativ hergestellt und bewährt sein muss:

„Abstimmung und das heißt, Kommunikation ist somit das eigentliche Rückgrat jeder Kooperation, und das Wesentliche einer Ethik der Kooperation muss neben der bereits angesprochenen Befolgung des Subsidiaritätsprinzips in der Art und Weise des kommunikativen Umgangs miteinander liegen" (ebd.).

„Kooperation verlangt Absprache unter den auf sie mehr oder weniger Angewiesenen". Dabei ist „durchaus das gute Zusammenarbeiten unterschiedlicher Funktionsebenen ebenso eingeschlossen wie das Sich-Miteinander-Abstimmen und Verständigen von Team-Mitgliedern. Kooperation setzt geradezu die Bereitschaft zur Delegation von Entscheidungskompetenzen voraus, wenn sie nicht lähmend, restriktiv und kontraproduktiv wirken will" (ebd., 141).

Nun gibt es in der Sozialen Arbeit besonders dramatische Fälle von Gefährdungen, bei denen das Risiko allzu groß erscheint, die Angemessenheit von Handlungen nur den einzelnen Mitarbeitern oder auch ihrer Leitung anheim zu stellen. Gemeint sind die Fälle von krasser Vernachlässigung von Kindern oder von Gewalt gegen Kinder seitens ihrer Bezugspersonen. Hier verlangt das grundgesetzlich verankerte so genannte „Wächteramt des Staates" über das Kindeswohl von den Mitarbeitern eines Jugendamtes ein hohes Maß an rechtlicher und ethischer Verantwortung bei der Einschätzung von Gefährdungssituationen. Nicht immer haben die damit befassten Jugendämter hier ihre Aufgabe erfüllt, und immer wieder kam es zu vermeidbaren Todesfällen, weil Anzeichen der Gefährdung nicht rechtzeitig erkannt wurden. Die bei erkannter Gefährdung des Kindeswohls gesetzlich vorgeschriebene Inobhutnahme stellt (abgesehen von der Belastung für Betroffenen) auch für Mitarbeiterinnen eines Jugendamtes oft eine hohe psychische Belastung dar, da sowohl die Über- als auch die Unterschätzung von Gefahrenmomenten schwere nachteilige Folgen für die Betroffenen haben können.

Die ethische Verantwortung von Führungskräften besteht hier in der Organisation und Anleitung von Arbeitsabläufen, die die Risiken vor allem des Nicht-Erkennens einer Gefährdung, aber auch eines falschen Alarmismus minimieren. Subsidiarität und Kommunikation als Formen der korporativen Verantwortlichkeit müssen ein über das sonst Übliche hinausgehendes Maß an Verbindlichkeit und Eindeutigkeit haben. Dies ist erreichbar, wenn (wie in vielen Ämtern seit den entsprechenden Skandalen der letzten Jahre geschehen) Arbeitsanweisungen zur Verfügung stehen, an denen sich die Fachkräfte orientieren können und müssen. Dabei geht es um Fragen der Einstufung von Betreuungsfällen in Gefährdungsbereiche, der Vorgehensweise bei Inobhutnahmen, der Absicherung bei Zuständigkeitswechseln oder der Aktenführung und Dokumentation. Zwar hat dadurch die einzelne Fachkraft weniger Entscheidungsfreiheit, jedoch deutlich mehr Handlungssicherheit, was dazu dient, verhängnisvolle Fehler bei der Sicherung des Kindeswohls zu minimieren.

Jedoch könnte vielleicht auch hier der erreichte Vorteil durch einen Nachteil erkauft werden. Denn wie in der Bevölkerung die Bereitschaft zur Hilfe in dem Maße schwindet, in dem für jeden Notfall ein professioneller Spezialist bereitsteht, könnte auch in dem korporativen Handlungskontext eines Amtes die unspezifische, auf bloße Eventualitäten gerichtete Aufmerksamkeit nachlassen. Das bedeutet, dass auch hier und immer noch die professionsethische Grundhaltung erforderlich ist, auf Grund derer die Klienten „aufmerkend – achtsam – assistierend – anwaltlich" (Lob-Hüdepohl 2007, 138 ff.) begleitet werden sollen. Die mit dem institutionellen Handeln verbundene Verantwortung ist und bleibt abhängig von dem Verantwortungsbewusstsein derer, die im Namen der Institution handeln.

12.4 Institutionsethik als kollektive Reflexion

Ethik ist, wie schon Aristoteles proklamierte, nicht selbstgenügsames Wissen des Guten, sondern der Versuch, das Gute praktisch zu gestalten. Kollektive ethische Verantwortung und Mitverantwortung für korporative und kooperative Handlungszusammenhänge ist nur dann möglich, wenn sie auch gemeinsam mit den anderen Beteiligten thematisiert und reflektiert wird. Denn komplexe Zusammenhänge können besser von vielen Beteiligten als von Einzelnen überblickt werden. So erfordert die Ethik des institutionellen Handelns auch institutionelle Reflexionsprozesse, in denen die Beteiligten sich über gemeinsam zu realisierende Werte verständigen. Für Selbstklärungsprozesse gibt es in Institutionen eingespielte oder besonders eingerichtete Verfahren wie Teambesprechungen, Supervisionen, Fortbildungs- und Klausurtagungen, bei Konfliktfällen auch Mediationsgespräche. Dass in den regelmäßigen Besprechungen über die allfälligen Organisationsfragen hinaus auch ethische Konflikte reflektiert werden könnten, ist für manches Praxisfeld heute noch kaum vorstellbar und dennoch erstrebenswert.

Anknüpfend an das Fallbeispiel wäre hier an eine kollektive ethische Reflexion unter der Beteiligung aller involvierten Fachkräfte aus Medizin, Pflege, Verwaltung und Sozialer Arbeit zu denken. Dadurch wäre zu verhindern, dass die Mitarbeiterin des Krankenhaussozialdienstes in eine Art innere Emigration geht oder sogar ihren Dienst quittiert. Das Problem, um das es geht, ist der Widerspruch zwischen zwei Wertorientierungen, einer ökonomischen und einer sozialarbeiterisch-persönlichkeitsorientierten, bzw. des Überwiegens der ökonomischen Wertvorstellung gegenüber den anderen Sphären. Dieses Problem findet sich heute, zu Zeiten des systematisch ‚leeren Kassen' – die andauernde Knappheit der kommunalen Haushalte ist eine Folge des gesamtwirtschaftlichen Systems – in fast allen Einrichtungen, in denen Soziale Arbeit geleistet wird. Der Konflikt entspringt in der Regel nicht aus der Uneinsichtigkeit oder aus bösen Absichten Einzelner, sondern aus der unterschiedlichen ‚Logik' der Teilsysteme. Diese Erkenntnis kann die Beteiligten in ihrer Konfliktposition zunächst entlasten, weil dadurch dem Kontrahenten prinzipiell zugestanden wird, für seinen Bereich das Beste zu wollen. Die Klärung bezieht sich dann auf die Suche danach, wie die Grenzen des jeweils anderen Aufgabenbereichs unter der Vorgabe eines übergeordneten gemeinsamen Ziels dennoch zu respektieren sind.

Aus der Gruppendynamik und der Supervision ist bekannt, dass die Bearbeitung tiefergehender Widersprüche allein in einem Team oder einer Arbeitsgruppe mit vielen Hürden und Fallen zu rechnen hat, und oft besser unter der Anleitung eines externen Moderators funktioniert. Es gibt inzwischen eine ganze Reihe von Modellen der Ethik-Beratung, die auf Erfahrungen im Umgang mit den entsprechenden Schwierigkeiten und ihrer Bewältigung beruhen. Beispielhaft sei hier auf eines dieser Modelle hingewiesen, nämlich das der „Prozessethik" von Larissa Krainer und Peter Heintel (2010). Die Autoren haben die von ihnen vertretene Methodik sowohl bei öffentlichen Mediationsverfahren (zum Beispiel beim geplanten Ausbau eines Großflughafens) als auch bei innerbetrieblicher Beratung (zum Beispiel bei der Begleitung einer Auseinandersetzung zwischen Management und Betriebsrat) erprobt. Sie betonen aber auch, dass die allgemeinen Merkmale und Regeln eines prozessethischen Entscheidungsverfahrens an das jeweilige Praxisfeld angepasst werden müssen.

Solche Verfahren stellen sich nicht von selbst her, sondern müssen gezielt eingerichtet werden, was vor allem eine Aufgabe der Führungskräfte ist, darüber hinaus aber auch der Bereitschaft zur Mitwirkung aller Beteiligten bedarf. Die Klärungsverfahren haben eine typische Ablaufdynamik, die die Autoren (im Anschluss an Schwarz 1990) so zusammenfassen:

„Eine erste [Phase], in der der ‚Gegensatz entsteht'; eine zweite, in der gekämpft wird und darum gerungen, ob es gelingt, eine der beiden Positionen zu vernichten oder zu unterwerfen; eine dritte, in der es zur ‚Einsicht beider [kommt], dass sie sich selber umbringen, wenn sie den anderen umbringen'; eine vierte, in der Kompromisse versucht werden; eine fünfte, in der der Gegensatz dann plötzlich im jeweiligen Gegenüber, also ‚innerhalb der beiden Gegensätze' auftritt, ehe es in der letzten und sechsten Phase gelingt, eine Einigung in einer selbst gewählten Synthese zu erzielen" (Krainer/Heintel 2010, 213 f.).

Eine der Hauptschwierigkeiten eines solchen Verfahrens liegt, wie die Autoren hervorheben, darin, dass Wertfragen nicht ohne weiteres einer rationalen Argumentation zugänglich sind (dies deckt sich mit dem, was hier im dritten und vierten Kapitel dargelegt wurde). Das hat zur Folge, dass Versuche der Klärung in der Regel zumindest anfangs nicht die Form besonnenen Argumentierens annehmen, sondern emotional aufgeladen sind. Aus gruppendynamischen, aber auch inhaltlichen Gründen wäre es hier verfehlt, die Streitenden zu beschwichtigen und den Streit um vorschneller Lösungen willen zu unterdrücken. Vielmehr geht es zunächst darum, Emotionen so weit wie möglich sich ausleben zu lassen, um die in Frage stehenden Arbeitsanweisungen, Anforderungen, Situationen möglichst umfassend zur Sprache zu bringen und die darin enthaltenen, unterschiedlichen Werthaltungen zu artikulieren. Erst vor diesem Hintergrund lassen sich dann auch Lösungen aushandeln und Entscheidungen treffen, die von allen Beteiligten getragen werden können. Für die Steuerung eines solchen Verfahrens ist allerdings eine nicht geringe Konfliktmanagementkompetenz erforderlich.

Gut zu wissen – gut zu merken

Unter „Verantwortung" wird eine bewertende Zuschreibung von Handlungseffekten verstanden, die auf ein Handlungssubjekt zurückgeführt werden: Jemand ist demnach für etwas gegenüber einem Adressaten vor einer Beurteilungsinstanz verantwortlich. Diese individualethische Wirkungsverantwortung ist für die Soziale Arbeit um die Dimension der Fürsorgeverantwortung zu erweitern, in der es um die Wahrnehmung möglicher Gefährdungen geht. Darüber hinaus ergeben sich in Institutionen korporative und kooperative Formen der Mitverantwortung. Damit verbunden ist ein Instrumentalisierungsverbot der zusammenarbeitenden Stellen. Bei besonderen Gefährdungen muss durch ein engmaschig kontrolliertes Kommunikationsnetz versucht werden, Betreuungsfehler auszuschließen. Ansonsten bedarf die Verantwortlichkeit in Institutionen auch eines ausdrücklichen kollektiven Reflexionsprozesses, mit dessen Hilfe versucht werden kann, über Wertkonflikte Einigkeit zu erzielen.

Literaturempfehlung

Maaser, Wolfgang (2010): Lehrbuch Ethik. Grundlagen, Problemfelder und Perspektiven. Weinheim und München: Juventa (daraus Kapitel 9 und 10)

Martin, Ernst (2001): Sozialpädagogische Berufsethik. Auf der Suche nach dem richtigen Handeln. Weinheim und München: Juventa (daraus Kapitel 4).

13 WAS IST MENSCHENWÜRDE?

Was Sie in diesem Kapitel lernen können

Die Würde des Menschen gilt nicht nur als Leitwert und letztes Kriterium für die ethische Legitimität des Rechts, sondern auch als erste und letzte Orientierung der Praxis der Sozialen Arbeit. Was aber ist damit eigentlich gemeint? Handelt es sich um ein Wesensmerkmal des Menschen oder um einen gesellschaftlichen Gestaltungsauftrag? Wie hat sich der Begriff der Menschenwürde geschichtlich zu dem entwickelt, was wir darunter heute verstehen können, und inwiefern unterscheidet sich dieses Verständnis von dem anderer Epochen? Und welche Funktion hat diese ethisch-allgemeine Idee für die sozialarbeiterische Alltagspraxis?

13.1 Menschenwürde als sollensethischer Terminalwert

Jedes bewusste Handeln ist das Verwirklichen von Absichten oder Zielen. Diese Ziele können von außen vorgegeben sein oder auch vom Handelnden selbst festgesetzt sein. Die selbst gewählten Ziele kann man entweder um ihrer selbst willen erstreben oder um des Resultates willen, das dazu dient, weitere Ziele zu realisieren. So kann man um der Bewegung an der frischen Luft willen spazieren gehen, oder man geht, um etwas zu erledigen. Was wir durch Handlungen wiederholt und dauerhaft verwirklichen wollen, stellt für uns einen „Wert" dar. In diesem Sinn – nicht in der ökonomischen Bedeutung des Ausdrucks – sind Werte (in der Formulierung eines Wertewandelforschers) „allgemeine, grundlegende, zentrale Ziele, Orientierungsstandards und -leitlinien für das Handeln von Individuen, Gruppen-, Organisations- und Gesellschaftsangehörigen und damit auch für die Aktivitäten sozialer Gebilde. Werte fungieren als sinnstiftende Legitimationsgrundlage für die sozialen Normen, die für ein geregeltes gesellschaftliches Zusammenleben der ‚instinktreduzierten' Menschen unerlässlich sind" (Hillmann 2001, 15).

Ein Wert ist, mit anderen Worten, ein verallgemeinerter Wunsch. Er kann durch verschiedene Arten von Handlungen und Handlungsresultaten repräsentiert werden. Beispielsweise ist Gesundheit ein für alle Menschen hoch stehender Wert. Um ihn zu erhalten oder zu erreichen, kann man Unterschiedliches tun und unterlassen. So kann man um dieses Wertes willen auf bestimmte Aspekte von Ernährung oder Kleidung achten, wobei diese aber zugleich auch Selbstzweckhaftes repräsentieren können, zum Beispiel Genuss am Essen und Schönheit. Der Wert Gesundheit wiederum hängt eng mit anderen lebensbestimmenden Werten wie Sich-Wohlfühlen, Freiheit von Schmerzen, Arbeitsfähigkeit, Lebensfreude usw. zusammen.

In der empirischen Wertewandelsforschung unterscheidet man dem entsprechend zwischen „Terminalwerten" und „instrumentellen Werten" (Rokeach 1973). Terminalwerte, die um ihrer selbst willen erstrebten Werte, sind sich selbst genügende, gleichsam „letzte" Ziele des Handelns. Im Unterschied dazu sind instrumentelle Werte Handlungsziele, die geeignete Mittel repräsentieren, um entsprechende Terminalwerte zu verwirklichen. Als Terminalwerte gelten zum Beispiel ein angenehmes Leben, ein aufregendes Leben, Glück, innere Harmonie, wahre Freundschaft, Selbstachtung, Sicherheit für die Familie, Freiheit. Ohne die Liste weiter zu ergänzen, wird bereits sichtbar, dass auch Terminalwerte für die Handelnden selbst nicht unter allen Umständen Gültigkeit beanspruchen können, schon allein deshalb nicht, weil sie untereinander in Widerspruch geraten können. So ist ein aufregendes Leben nicht immer ein angenehmes Leben. Da auch Terminalwerte durch viele situative Faktoren beeinflusst werden und je nach Lebensumständen unterschiedlich gewichtet werden, sind sie in keine eindeutig hierarchische Ordnung zu bringen. Dennoch scheint es so etwas wie einen allerhöchsten Terminalwert zu geben. Jedenfalls behauptet Aristoteles, der Begründer der Ethik, dies sei das Glück – was immer auch die vielen Einzelnen darunter inhaltlich verstehen.

Glück als letztbestimmendes (und insofern nicht unmittelbar bestimmendes) Handlungsziel ist ein hoch stehender strebensethischer Terminalwert. Gibt es einen solchen Terminalwert auch in der Sollensethik, und wie kommt er in der Sozialen Arbeit vor? Gehen wir, zum Einstieg in diese Problematik, wiederum aus vom Verhältnis von Terminal- und Instrumentalwerten, nun aber unter dem Aspekt *sollens*ethischer Ansprüche in der sozialarbeiterischen Praxis.

Im Rahmen des betreuten Wohnens müssen Menschen mit geistigen und körperlichen Behinderungen beim Waschen oder Duschen unterstützt werden. Die Reinigung des Körpers ist, sofern sie von ihnen als angenehm erlebt wird, einerseits ein Terminalwert, andererseits, sofern sie weiteren Zielen wie Gesundheit und Akzeptanz durch Mitbewohner dient, ein instrumenteller Wert. Bei einer entsprechenden Betreuungsarbeit kommt es nun oft zu einem falltypischen Handlungsdilemma:

> Aus einem studentischen Interview mit der Sonderpädagogin Verena Pollock: Sie berichtet von ihrer Betreuung von Menschen mit geistiger Behinderung in einer Außenwohngruppe, und davon, wie viel Zeit die Assistenz bei der Körperpflege oftmals verlangt:
> V. P.: „So haben wir zum Beispiel eine Bewohnerin, die es trotz schwerer Körperbehinderung schafft, unter der Dusche – also sie sitzt auf einem Duschestuhl, müssen Sie sich vorstellen – na ja, jedenfalls so schafft diese Frau es, ihre Beine mit einem Waschlappen zu waschen, und kann halt so an ihrer Körperpflege aktiv mitwirken."

Das ist mühsam und braucht Zeit. Die Versuchung für die Betreuerin ist nun groß, den Ablauf dadurch zu beschleunigen, dass sie selbst den Waschlappen in die Hand nimmt. Instrumentelle und terminale Werte würden dadurch nicht schlechter realisiert, vielleicht sogar besser und gründlicher. Und zudem hat sich die Sozialarbeiterin ja auch noch um andere Bewohner zu kümmern. So könnte sie sich sogar auf professionsethische Terminalwerte der Gerechtigkeit und der Gleichbehandlung berufen, um vor sich und Anderen ein abgekürztes Verfahren zu rechtfertigen.

Dies verstieße jedoch gegen einen weiteren Terminalwert, der in der Arbeit mit Menschen mit Behinderungen (aber auch mit Alten oder Kindern) einen hohen professionsethischen Rang einnimmt, nämlich den Wert der Eigenständigkeit. So notwendig diese für ein sinnhaftes und deshalb lebenswertes Leben auch unter einschränkenden Vorzeichen ist, so oft wird dieser Wert doch auch missachtet. Zum Beispiel lässt sich in Seniorenwohnheimen gelegentlich beobachten, dass das Pflegepersonal gerade diejenigen Bewohner, die ein hohes Maß an Selbständigkeit zeigen, als „unangenehm" einstuft, während es diejenigen als „angenehm" ansieht, die sich unselbständig verhalten. Denn Eigenständigkeit verursacht mehr Arbeit, Aufwand und Zeit als Abhängigkeit. Dagegen wäre es ethisch geboten, dass Eigenständigkeit durch das Betreuungshandeln nicht zu untergraben, vielmehr, wenn möglich, zu erhalten und zu fördern. Die Förderung von Eigenständigkeit kann durchaus auf Kosten von Gerechtigkeit und Gleichbehandlung gehen, möglicherweise auch auf Kosten anderer Werte wie der Fürsorge, zum Beispiel wenn eine betreute Person sich durch ihr eigenständiges Handeln selbst oder Andere gefährdet. Hier wäre sorgfältig abzuwägen.

Ein weiteres Handlungsdilemma könnte daraus entstehen, dass Eigenständigkeit ein langfristiger Wert ist, der mit kurzfristigen Bedürfnissen in Widerspruch geraten kann. In einem Betreuungskonzept, in dem es vor allem darum geht, individuell auf die Bedürfnisse der Betreuten einzugehen, wird man trotz dieser Leitlinie dem kurzfristigen Bedürfnis, sich Anstrengung zu ersparen, weniger Gewicht beimessen als dem längerfristigen Bedürfnis, selbst, so gut es geht, über sein Alltagsleben zu entscheiden.

Wie also soll sich die Betreuerin verhalten? Wenn die vorangegangene Situationsbeschreibung zutrifft, scheint sie sich in einem Dschungel von Entscheidungsunsicherheiten zu befinden, führt doch auch die Differenz von instrumentellen und terminalen Werten nicht zu eindeutigen Handlungskriterien. Hier liegt die professionsethische Frage nahe, ob es denn für das Handlungssystem der Sozialen Arbeit so etwas wie einen „letzten" Terminalwert (die sprachliche Verdoppelung ist beabsichtigt) gibt. Ein solcher Wert müsste darüber Auskunft geben, wozu das Vorhaben der Sozialen Arbeit „letztlich" unternommen wird. Vielleicht könnte ein solches Ziel dann auch in konkreten Dilemma-Situationen eine Handlungsorientierung liefern.

> Tatsächlich stößt man in unterschiedlichen Zusammenhängen immer wieder auf eine solche Leitidee. Sie wird beispielsweise in einem studentischen Interview genannt, aus dem der folgende Auszug stammt. Die Interviewte, Claudia Waldhausen, ist Pfarrerin und arbeitet als eine von zwei Seelsorgenden in einem Hospiz, in dem schwerstkranke Menschen an ihrem Lebensende medizinisch und vor allem psychosozial begleitet werden. Die das Interview abschließende Frage lautet:
> „Interviewerin: Gibt es in Ihrem Selbstverständnis, Ihrer Arbeit, auch Prioritäten, denen Sie alles andere unterordnen?

> C. W.: Ja gut. Okay. Eine Priorität, der ich alles andere unterordne, ist wirklich: die Würde des Menschen ist unantastbar. Ein würdeloses Verhalten einem Kranken, einem Angehörigen, einem Sterbenden, einem Verstorbenen gegenüber ist etwas – da würde ich sofort einschreiten. Also das ist so die Gesinnung, oder absolut meine Grundhaltung."

Es passt zu einer grundsätzlich säkularen, modernen Verantwortungsethik, dass auch eine Pfarrerin sich bei der Beschreibung ihrer leitenden Terminalwerte nicht etwa auf theologische Formulierungen bezieht, sondern auf die aus dem deutschen Grundgesetz bekannte Formel. „Die Würde des Menschen", heißt es dort im ersten Artikel, „ist unantastbar. Sie zu achten und zu schützen ist Verpflichtung alle staatlichen Gewalt." Zwar hat der Begriff der Menschenwürde u. a. auch christliche Wurzeln, aber seine prominente Bedeutung als Grundwert mit Verfassungsrang verdankt er gerade seinem religiös neutralen Verständnis seitens der Philosophie der Aufklärung zu Beginn der Moderne.

> Auch in einem anderen Interview kommt diese Leitidee zur Sprache. Die Sonderpädagogin Verena Pollock, die Menschen mit Behinderungen betreut, antwortet auf die Frage der Interviewerin: „Gibt es bestimmte Hintergründe beziehungsweise Kriterien, auf deren Basis Sie Entscheidungen treffen?"
> V. P.: „Grundsätzlich hat man natürlich so als Leitlinien für seine Arbeit auch Gesetze, das ist ganz klar. Menschen mit Behinderungen haben Rechte, haben viele besondere Rechte auch. Und es ist halt immer ganz wichtig, die Würde, oder – ja auch den Menschen als Ganzes mit seiner Lebenswelt zu betrachten. Und wenn man das nicht aus den Augen verliert und immer wieder in seine Arbeit mit einbezieht, kann diese Arbeit schon auch gelingen, und es kommt zu einer guten Zusammenarbeit zwischen Bewohnern und Betreuern. Und ich denke, das kann man einfach auch lernen durch viel, viel Praxis im Arbeitsfeld. Das kann man nicht in Büchern lernen, sondern das muss man im Alltag erleben, und die Reaktionen der Bewohner sind eigentlich immer ein gutes Feedback für seine eigene Tätigkeit."

Hier erscheinen rechtliche Normen (Gesetze) und ethische Werte nebeneinander her wirksam zu sein, vielleicht in der Form, dass die Gesetze den Rahmen darstellen, innerhalb dessen sich Soziale Arbeit unbedingt zu bewegen hat, während der ethische Wert eher für die sozialarbeiterische Haltung maßgeblich ist, mit der die Gesetze ausgeführt werden. Aber auch die Gesetze lassen sich in der Perspektive von bloß instrumentellen Werten betrachten, die einem weiteren Ziel dienen, und dieses Ziel ist ebenfalls die Wahrung der Menschenwürde. So heißt es im XII. Sozialgesetzbuch, das die Sozialhilfe regelt:

> *§ 1: Aufgabe der Sozialhilfe ist es, den Leistungsberechtigten die Führung eines Lebens zu ermöglichen, das der Würde des Menschen entspricht. Die Leistung soll sie so weit wie möglich befähigen, unabhängig von ihr zu leben; darauf haben auch die Leistungsberechtigten nach ihren Kräften hinzuarbeiten. Zur Erreichung dieser Ziele haben die Leistungsberechtigten und die Trä-*

ger der Sozialhilfe im Rahmen ihrer Rechte und Pflichten zusammenzuwirken."

Sowohl in gesetzlichen Formulierungen als auch immer wieder in einzelnen Äußerungen zu persönlichen ethischen Grundüberzeugungen wird also die Idee der Menschenwürde als oberster Grundwert der Sozialen Arbeit bezeichnet. In der Tat entspricht dies auch dem im Grundgesetz formulierten Terminalwert, dem die gesamte sonstige Gesetzgebung und alles staatliche Handeln nachgeordnet sind.

Überblickt man die mehr als 100-jährige Geschichte der Sozialen Arbeit in Deutschland, dann kann man hinsichtlich des normativen Fundaments der Sozialen Arbeit mit Lob-Hüdepohl von einem „Paradigmenwechsel" sprechen (unter einem Paradigmenwechsel versteht man in der Wissenschaftstheorie eine von beispielhaften Darstellungen ausgehende, grundlegende Änderung des Blickwinkels auf ein Erfahrungsgebiet, aus der neue Einsichten resultieren): Während die Soziale Arbeit in der ersten Hälfte dieses Zeitraums vor allem dazu dienen sollte, die öffentliche Ordnung aufrecht zu erhalten, wurde seit den 1960er Jahren statt dessen als „das maßgebliche Worum-willen, also [als] der maßgebliche Zweck Sozialer Arbeit [...] die Durchsetzung der menschenrechtlich formulierten Ansprüche eines bzw. einer Jeden auf ein menschenwürdiges Leben" (Lob-Hüdepohl 2007, 118 f.) angesehen. Diese Idee beeinflusste seit den 1990er Jahren zunehmend auch die gesetzlichen Neuformulierungen. Der theoretische Paradigmenwechsel – im siebenten Kapitel wurde er unter dem Stichwort „Vom Doppelmandat zum Tripelmandat der Sozialen Arbeit" skizziert – erfasste nach und nach auch die sozialarbeiterische Praxis und deren Selbstverständnis. Dieser Prozess dauert an und kann noch nicht als abgeschlossen gelten.

Damit tut sich aber eine Schwierigkeit auf: Keineswegs nämlich ist im Grundgesetz verbindlich formuliert, was unter „Würde des Menschen" eigentlich zu verstehen ist, und auch in Rechtstheorie und Ethik besteht darüber (wie nicht anders zu erwarten) keine Einigkeit. Freilich schien dies lange Zeit nicht von höherer Dringlichkeit zu sein. Das Grundgesetz wurde 1949 unter dem Eindruck des besiegten nationalsozialistischen Staatsterrors formuliert. Die Absage daran reichte als indirekte Bestimmung dessen, was unter Menschenwürde zu verstehen sei, bis in die 1990er Jahre hinein aus. So berief man sich auch in den emanzipatorischen politischen Bewegungen der 1960er und 1970er Jahre, in denen es um die Kritik des Kolonialismus, der Rassendiskriminierung, des Vietnam-Kriegs oder um die Emanzipation der Frauen ging, immer wieder auf die Würde des Menschen (vgl. Meinhof 1980).

Seither sind eine Fülle neuer gesellschaftlicher Probleme in den Vordergrund getreten, wodurch Fragen der Menschenrechte und der Menschwürde erneut aufgeworfen haben, beispielsweise solche der Bio- und Gentechnologie im Umgang mit Embryonen, der Zerstörung der natürlichen Umwelt, des kulturellen Hegemonialismus oder des fundamentalistischen Terrorismus. Für die Soziale Arbeit sind es vor allem Folgewirkungen der ökonomischen Globalisierung, die die Frage nach der Möglichkeit eines an den Menschenrechten orientierten „weltumspannenden professionellen Codes" hervorrufen, wie Staub-Bernasconi

(2007, 24), die prominenteste Vertreterin Sozialen Arbeit als „Menschenrechtsprofession", diagnostiziert.

Menschenrechte sind moralische Ansprüche auf die Erfüllung bestimmter allgemein menschlicher Grundbedürfnisse. Wie aber lassen sich diese Ansprüche, mit denen konkrete Forderungen in besonderen Situationen gerechtfertigt werden, ihrerseits begründen? Hier wird auf die Menschenwürde als Terminalwert verwiesen. Was aber ist unter Menschenwürde positiv zu verstehen? Der Befund ist, zumindest juristisch, verwirrend: „Obwohl es heute kaum jemanden gibt, der die Idee der Menschenwürde ablehnt oder für unsinnig hält, hat die Berufung auf sie bisher zu keiner Lösung der genannten Probleme geführt, die allgemein akzeptiert wird. Unversöhnlich stehen sich vielmehr konträre Ansichten gegenüber, und nicht selten berufen sich beide Seiten auf die Idee der Menschenwürde. Offenbar versteht dabei jeder etwas anderes unter diesem Begriff. Will man nicht weiterhin aneinander vorbeireden, stellt sich deshalb zwingend die Frage, was Menschenwürde eigentlich ist. Wir müssen zu einem gemeinsamen Verständnis des Begriffs kommen, wenn er uns bei der Lösung der dringenden Fragen der Gegenwart von Nutzen sein soll" (Tiedemann 2006, 11 f.).

Was Tiedemann hier vor allem für die Rechtstheorie und -praxis formuliert, gilt auch für das Verständnis der Sozialen Arbeit. In diesem Sinn ist gegen Staub-Bernasconi wiederholt eingewandt worden, dass ihre Bestimmung der Sozialen Arbeit als „Menschenrechtsprofession" zu allgemein sei. Das Besondere der Sozialen Arbeit werde durch diese Fundamentalnorm gar nicht mehr erfasst. Dieser Einwand gilt jedenfalls, solange die „Würde des Menschen" als beliebig auszufüllendes Passepartout fungiert. Zu prüfen ist, ob sich in dessen Mitte nicht doch ein Bild mit schärferen Konturen erkennen lässt.

13.2 Die Achtung der Menschenwürde im Selbstverständnis von Praktikerinnen

Lob-Hüdepohl bezieht sich bei seiner Rechtfertigung des Menschenwürdebegriffs als sozialarbeiterische Fundamentalwert noch einmal auf die Negativfolie des Nationalsozialismus und der von ihm ausgehenden Lebenszerstörungen. Demnach erwächst die Inhaltlichkeit und zugleich die Plausibilität dessen, was Menschenwürde ist, aus der Fundamentalnorm, eine Wiederkehr der Vernichtungsmaschinerie und der sie ermöglichenden Ideologie für immer unmöglich zu machen. Wäre „Auschwitz" ein Symbol für die vielen „Endlösungen" vorgeblicher sozialer Probleme, dann wäre „Menschenwürde" gleichsam deren seiten- oder inhaltsverkehrtes Spiegelbild. So „wird verständlich, dass die Prinzipien der Menschenrechte als Fundamente Sozialer Arbeit mehr sind als eine modische Zeiterscheinung zu Beginn des 21. Jahrhunderts. Im Gegenteil: Die Forderung nach Respekt und Durchsetzung von unverletzbaren Menschenrechten eines Jeden ist zwingende Reaktion auf die millionenhafte Erfahrung beschädigten Lebens und angetasteter Menschenwürde, die auch im Namen sozialer Berufe geschehen konnte" (Lob-Hüdepohl 2007, 121).

Dieses Bewusstsein ist wach zu halten, ist doch ein Rückfall in die Barbarei unter veränderten Bedingungen und in neuer Gestalt niemals grundsätzlich auszuschließen. Um aber darüber hinaus die Bedeutung des Menschenwürdebegriffs für die ethische Begründung der Sozialen Arbeit heute zu entziffern, müssen wir uns, diesseits der staatsterroristischen Instrumentalisierung der Sozialen Arbeit, doch wieder auf den normalen beruflichen Alltag der Sozialen Arbeit einlassen.

> Im folgenden Interviewausschnitt wird ein grundlegendes, durchaus handfestes Verständnis von „menschenwürdigen Verhältnissen" deutlich, wie es ähnlich auch im zitierten § 1 des SGB XII ersichtlich ist. Die Sozialarbeiterin Monika Holl ist zusammen mit ihrem Team im Bereich des ambulant betreuten Wohnens für Menschen mit psychischer Krankheit und Suchtkrankheit zuständig.
> M. H.: „Also da sind unterschiedliche Erkrankungsbilder, manche Patienten sind nur psychisch erkrankt, manche haben eben ne Doppeldiagnose, Psyche und Sucht, und unser Ziel ist es eigentlich, oder unsere Idee, unser Leitbild ist eigentlich, Wegbegleiter für diese Menschen zu sein, damit sie wieder selbständig in ihren eigenen vier Wänden wohnen können. Menschenwürdig wohnen können. Unsere Arbeit richtet sich danach, dass wir so von Auge zu Auge – dass wir uns auf Augenhöhe unterhalten können, ja? Und bei vielen Menschen ist es so, dass wir versuchen, erst mal das Überleben zu sichern, da müssen wir nicht erst mal mit nem riesen Programm ankommen, sondern dann geht es erst mal darum, das Überleben zu sichern, das heißt, dass sie ein Dach überm Kopf haben, dass sie ärztlich untersucht sind, dass sie da begleitet werden, das ist unser Hintergrund."

Die Sozialarbeiterin erwähnt hier unterschiedliche Facetten der Menschenwürdeidee, wobei sie die Zielvorstellung der Autonomie ins Zentrum rückt. Menschenwürdiges Wohnen ist demnach selbstbestimmtes Wohnen, und menschenwürdiger Umgang mit Patienten ist Kommunikation auf Augenhöhe. In diesem Zusammenhang kommt sie unmittelbar auch auf die materiellen Voraussetzungen zu sprechen, ohne die alle anderen Ansprüche uneinlösbar wären, die Sicherung des Überlebens und der Gesundheit.

Der Aspekt der Selbstbestimmung wird auch von der Pfarrerin Waldhausen thematisiert, wenn sie den menschenwürdigen Umgang mit Klienten als einen solchen erklärt, der über den allgemeinen ethischen Kriterien nicht die individuellen Lebensschicksale und -perspektiven außer Acht lässt. Sie bezieht sich dabei auf Probleme des Schwangerschaftsabbruchs sowie der Sterbebegleitung:

> C. W.: „In der Arbeit mit Frauen im Rahmen der pränatalen Diagnostik habe ich erlebt, wie Frauen, die die Diagnose bekamen, dass ihr Kind ne schwere Schädigung hat und schwerstbehindert zur Welt kommen wird, die sich dann daraufhin für einen Schwangerschaftsabbruch entschieden haben. Diese Frauen habe ich begleitet. Und in dieser Auseinandersetzung mit diesen Frauen habe ich gelernt, dass *jede* Ethik, wenn sie *starr* ist, und wenn sie sagt zum Beispiel: der Schutz des Lebens steht über allem, dann ist das ein toller steiler Satz, ähm, die Frage ist, wie setzt sich das im Leben um, und es gibt Faktoren im Leben, wo Menschen zu Handlungen kommen aus einer Verantwortung heraus, zum Beispiel Mütter, die

sagen: ich hab schon zwei Kinder, ich kann mich so einem schwerst mehrfach behinderten Kind gar nicht zuwenden, oder einfach auch: ich schaffe es nicht, die vor sich selber kapitulieren. Und dann hab ich die Erfahrung gemacht, es trägt gar nichts aus, zu sagen: ja aber ich weiß, wie's richtig ist. Ich kann mich nicht auf so einen dogmatischen Standpunkt stellen. [...] In der Sterbebegleitung, da gibt es Grenzen, da muss man immer wieder neu gucken. Man kann nicht grundsätzlich sagen: das Anlegen einer PEG-Sonde, wenn ein Patient nur noch künstlich ernährt werden kann, ist *immer* induziert oder ist *immer* verwerflich. Man muss immer genau in die Situation gucken. Und das gibt's ja auch, den ethischen Ansatz, zu sagen, wir eruieren die Situation und gucken nach verschiedenen Grundprinzipien, und gucken, welche Prioritäten jetzt in den Vordergrund rücken, im Kontext dieser Situation."

Auch die Sonderpädagogin Verena Pollock erläutert in dem erwähnten Interview ihren Bezug auf die Idee der Menschenwürde, indem sie unmittelbar auf ethische Probleme in ihrer Berufspraxis eingeht:

V. P.: „Man gerät hier halt täglich in Konflikte mit seinen eigenen moralischen und ethischen Vorstellungen und Haltungen, in denen der zu Betreuende, – Sie müssen sich vorstellen, Sie betreuen Menschen, die in dem Sinne Defizite haben, dass sie oft auf Entscheidungen anderer angewiesen sind. Und dabei ist es dann ganz wichtig, möglichst neutrale Lösungen zu finden, um halt nicht in Gefahr zu laufen, Entscheidungen nur auf Grund seiner eigenen moralischen Vorstellung zu tun. [...] Also wenn man das vergleicht mit früher – also ich rede jetzt von den 60er, 70er Jahren –, dass diese Menschen nicht selbstbestimmt leben konnten, da sie vielerorts bei ihren Eltern gelebt haben und nicht wie andere Menschen ein eigenständiges Leben gestaltet haben. [...] Da bestand die Gefahr, dass man diese Menschen halt als nicht mündig wahrnimmt und viele Dinge für sie regelt, was von der Seite der Eltern bestimmt gut gemeint gewesen ist. Aber man hat dann halt festgestellt, dass diese Menschen auch viel mehr für sich selbst entscheiden und regeln können, wenn auch mit anderen Mitteln. Aber das war halt früher nicht so üblich, Einrichtungen für Menschen mit Behinderungen waren halt so im klassischen Sinne Verwahranstalten mit Schlafstätten und der nötigsten Versorgung. Großartige Betreuung und Freizeitangebote sowie Teilhabe am Arbeitsleben gab es nicht, sie wurden halt mit dem Nötigsten versorgt, damit die Gesellschaft ihren sozialen Auftrag geleistet hat. – Aber das hat sich in heutiger Zeit schon sehr verändert."

Beiden gemeinsam ist die Erfahrung, dass ethische Werte wie Schutz und Erhalt des Lebens, Schmerzfreiheit, Fürsorge nicht absolut gelten, sondern immer wieder neu auf die betreute Person und die konkrete Situation mit allen ihren vielfältigen Aspekten bezogen werden muss, um nicht zu inhumanen Konsequenzen zu führen. Die „Menschenwürde" der Betroffenen zu achten, hieße demnach für die beiden zitierten Praktikerinnen in erster Linie, sich nicht nach vorgegebenen ethischen Verhaltensnormen zu richten, die die zu Begleitenden zu erfüllen hätten, sondern sich bei ihren Hilfeangeboten an denureigensten Bedürfnissen und

Fähigkeiten der Betroffenen zu orientieren. Das erfordert zumindest bei der Begleitung von Menschen mit geistiger Behinderung, aber auch von an Demenz Erkrankten, eine über die normale sprachliche Kommunikation hinausgehende Bereitschaft und Fähigkeit zur Wahrnehmung und auch zur nicht verbalen Kommunikation. Es gilt, sich für Mimik und Gestik zu sensibilisieren.

Dagegen ließe sich jedoch einwenden, dass „Menschenwürde" damit eigentlich nur strebensethisch verstanden wird und in ihrer Bedeutung auf subjektives Glücksempfinden oder auf den Wert des minimalen Übels reduziert wird. Dies scheint jedenfalls in der Äußerung der Pfarrerin Waldhausen vorzulegen. Darüber hinaus hebt aber die Sozialpädagogin Pollock ein weiteres, für sie entscheidendes Kriterium hervor, nämlich das der Selbstbestimmung. Dies ist in der Tat ein Angelpunkt für das Verständnis von Menschenwürde, der in der Geschichte dieses Begriffs und bis heute in unterschiedlichen Zusammenhängen immer wieder eine entscheidende Rolle gespielt hat.

13.3 Zur Geschichte des Begriffs der Menschenwürde

„Würde" – sprachlich verwandt mit dem Ausdruck „Wert" – bezeichnet Rang, Ehre oder Ansehen eines Menschen oder auch einer Institution. Wem Würde zugesprochen wird, dem wird von Anderen Achtung erwiesen. Aber nicht nur ein solches moralisches Recht, auch Pflichten zu einem bestimmten Verhalten können aus der Würde folgen. Wem eine besondere Würde zugesprochen wird, der unterscheidet sich von Anderen. Je nach dem, vom wem sich der Träger der Würde abheben soll, kann von Würde in zweierlei Form die Rede sein:

- Einem *bestimmten* Menschen kann Würde verliehen oder zugesprochen werden, weil er einen bestimmten sozialen Rang einnimmt, der ihn von *anderen Menschen* abhebt, oder weil er sich bestimmte Verdienste erworben hat (Würde als „Gestaltungsauftrag").
- *Dem* Menschen an sich kann Würde zugesprochen werden, weil er sich durch bestimmte Eigenschaften vom Tier unterscheidet. Diese Würde hat ein Einzelner allein durch seine Zugehörigkeit zur Gattung Mensch (Würde als „Wesensmerkmal").

Dies Letztere ist primär mit „Würde des Menschen" oder „Menschenwürde" gemeint. Es geht dabei um die Behauptung eines „Wesensmerkmals", das „dem Menschen als solchem kraft seines Menschseins zukommt, unabhängig von seinem Tun und den gesellschaftlichen Verhältnissen, in denen er lebt. So gesehen haben alle Wesen, die Menschenantlitz tragen, von Geburt an Würde" (Wetz 1998, 15). Darüber hinaus folgt aus der Bestimmung des „Wesensmerkmals" Menschenwürde ein besonderer „Gestaltungsauftrag", der aber nichts mehr mit einer sozialen Rangfolge zu tun hat. In der Geschichte des Menschenwürdebegriffs war es „in der Regel [...] so, dass man die Würde als Gestaltungsauftrag aus der Würde als Wesensmerkmal ableitete. Man sagte, der Mensch solle sich seiner angeborenen Würde durch sein Denken und Tun als würdig erweisen." (ebd.) Heute wird unter Menschenwürde ein allgemein anerkannter Wert verstanden, durch den dem Einzelnen ein gewisses Mindestmaß an Achtung und Abstand, insbesondere seitens der staatlichen Gewalt, zugestanden wird.

Der Begriff der Menschenwürde wird üblicherweise auf den altrömischen Philosophen und Staatsmann Cicero zurückgeführt, der Würde als das angemessene Verhalten eines Menschen gemäß seiner Rolle verstand. Cicero leitete für *den* Menschen aus dessen Rolle als Vernunftwesen die Pflicht ab, sich den eigenen Trieben und Bedürfnissen gegenüber vernünftig, nämlich selbstbeherrscht und maßvoll, zu verhalten. Würde resultiert demnach zwar aus der menschlichen Wesensbestimmung der Vernunftfähigkeit, ist aber auch eine Errungenschaft, die man sich selbst erst durch ein entsprechendes Verhalten erwerben muss. Noch nicht die Rede ist hier von einer Schutzfunktion der Menschenwürde, auf die man sich später zum Abwehr vor Übergriffen beruft.

Im Christentum der Spätantike und des Mittelalters wurde die allen Menschen eigene Würde mit seiner Gottesebenbildlichkeit in Verbindung gebracht. Diese Würde ist weder ererbt noch erworben, sondern von Gott verliehen. Sie äußert sich als Teilhabe der menschlichen an der göttlichen Vernunft. Der Mensch ist die Krone der Schöpfung, diese ist um seinetwillen da. Freilich gehört er selbst auch dieser Natur an und erweist sich als sündig und erlösungsbedürftig und damit wiederum als unwürdig und umso mehr der Gnade bedürftig. Insgesamt betonte die Würdeauffassung des christlichen Mittelalters, wie schon die der Antike, mehr die ethischen Pflichten als die Verletzlichkeit und Schutzbedürftigkeit des Menschen.

Gegen das pessimistische Bild des erbsündigen und gnadenbedürftigen Menschen begehrten dann die humanistischen Denker der frühen Neuzeit auf. Obwohl noch im christlichen Rahmen, entwarfen sie ein überaus stolzes Bild der menschlichen Würde und Freiheit. Eindrücklich beschrieb der Philosoph und Mathematiker Blaise Pascal Elend und Größe des Menschen: „Nur ein Schilfrohr, das zerbrechlichste in der Welt, ist der Mensch, aber ein Schilfrohr, das denkt. [...] ein Windhauch, ein Wassertropfen reichen hin, um ihn zu töten. Aber wenn das All ihn vernichten würde, so wäre der Mensch doch edler als das, was ihn zerstört, denn er weiß, dass er stirbt, und er kennt die Übermacht des Weltalls über ihn; das Weltall aber weiß nichts davon. Unsere ganze Würde besteht also im Denken" (Pascal 1670, 167, Fragment 347). Wie die Erde nicht mehr als Mittelpunkt des Weltalls galt, so verlor auch der Mensch als natürliches Geschöpf seine zentrale Stelle. Dass er dies aber erkannte wurde nun zum Grund eines neuen epochalen Selbstbewusstseins.

Die Fähigkeit zur Vernunft als menschliches Wesensmerkmal wurde in der Neuzeit zunehmend als Begründung der menschlichen Würde angesehen. Aber nicht nur in den kognitiven, sondern auch und vor allem in den moralischen Fähigkeiten sah man den Grund der menschlichen Würde. Kant, der den modernen Menschenwürdediskurs nachhaltig beeinflusst hat, leitete diese aus der moralischen Selbstbestimmung, als sittlich gebundener Freiheit, ab. Er verstand Würde als einen absoluten, unverrechenbaren *inneren* Wert. Dies verdeutlichte er durch den Vergleich der Würde mit einem verrechenbaren, *äußeren* Wert: Überall dort, wo man handelt, das heißt wo man Ziele verfolgt, indem man Mittel einsetzt, „hat alles entweder einen Preis oder eine Würde. Was einen Preis hat, an dessen Stelle kann auch etwas anderes als Äquivalent gesetzt werden; was dagegen über allen Preis erhaben ist, mithin kein Äquivalent verstattet [= erlaubt], das hat eine Würde" (Kant 1785, 68). Alle Mittel, die Menschen zu ihrem Nutzen einsetzen, sind letztlich austauschbar und verrechenbar, nicht aber die Zwecksetzung selbst, die Ausdruck ihrer Freiheit ist. Als freie haben sie eine unverrechenbare Würde, und es ist gegen diese Würde, so auf bloße Mittel zur Erlangung fremder Zwecke zu reduzieren.

Kant beschrieb den Menschen gleichsam als Bürger zweier Welten: einerseits als Naturwesen, das sich entsprechend seinen Anlagen, Trieben, Neigungen usw. verhält, andererseits als Vernunft- und Moralwesen, das zu Autonomie (= Selbstgesetzlichkeit) und Freiheit befähigt ist. In ersterer Hinsicht kann man durch Käuflichkeit, Unterwürfigkeit, Maßlosigkeit oder Verbrechen seine eigene Menschenwürde verleugnen oder die anderer Menschen zerstören, in letzterer Hinsicht dagegen ist die Menschenwürde eines Täters wie eines Opfers trotz allem unzerstörbar. Unabhängig von allen natürlichen (auch psychischen und sozialen) Bestimmungen können Handelnde wie Erleidende die Möglichkeit, sich selbst und andere als freie Subjekte zu achten, gar nicht aufgeben. Diese Doppeltheit findet sich auch in der Formulierung des Grundgesetzes wieder. Nach dieser ist die Würde des Menschen einerseits „unantastbar", andererseits ist sie vom Staat zu „schützen", was ja nur dann erforderlich ist, wenn sie sehr wohl antastbar ist. Der Widerspruch lässt sich dann auflösen, wenn man zwischen moralischem Anspruch und empirischer Faktizität unterscheidet.

Indem Kant die menschliche Würde aus der vernünftigen Autonomie ableitete, belastete er sein Konzept damit, dass er damit all diejenigen Wesen ausschloss, die zur Ausübung einer solchen Autonomie entweder grundsätzlich (Tiere, Verstorbene) oder faktisch (Embryonen, Kinder, Menschen mit schwerer psychischer Erkrankung oder geistiger Behinderung, Sterbende, zu seiner Zeit auch Bedienstete und Frauen) noch nicht bzw. nicht mehr fähig sind. Das heißt nicht, dass Kant die Betroffenen nicht geschützt sehen wollte. So verurteilte er ausdrücklich Tierquälerei und Naturzerstörung, aber nicht, weil die Natur eine eigene Würde hätte, sondern weil ein Mensch mit solchen Handlungen gegen seine eigene Würde verstieße. Diese vernunftphilosophische Begründung erschwert es gerade für die Ethik in der Sozialen Arbeit, Kants Konzept bruchlos zu übernehmen. Denn wer sich heute auf Menschenwürde beruft, will dadurch einen Anspruch auf Schonung und Schutz begründen, auf den gerade die Schwächsten und Wehrlosen angewiesen sind, auch und gerade die, die sich nicht hinreichend vernehmlich artikulieren können.

Friedrich Schiller, der philosophisch stark von Kant beeinflusst war, war (worauf Wetz (1998, 50) hinweist) der erste, der in seinem Drama *Don Karlos, Infant von Spanien* (1787) in poetischer Form Menschenwürde über den damit verbundenen individualethischen Auftrag hinaus auch zur Staatsaufgabe erklärte. Darüber hinaus sah er auch schon die Gefahr, dass die Rede von Menschenwürde sich in idealistischen Träumereien verlieren könnte, die vielleicht sogar zur falschen Beruhigung über unerträgliche Zustände dienen könnten. Desillusionierend und kämpferisch zugleich formulierte er einen Zweizeiler mit dem Titel *Würde des*

Menschen: „Nichts mehr davon, ich bitt euch. Zu essen gebt ihm, zu wohnen./ Habt ihr die Blöße bedeckt, gibt sich die Würde von selbst" (Schiller 1796, 438). Zur Würde gehört demnach unabdingbar auch die Abschaffung der materiellen Not.

Trotz einer langen philosophischen Tradition des Menschenwürdegedankens fällt auf, dass er mit der Idee der Menschen*rechte* die längste Zeit über kaum enger verbunden war. Menschenrechte galten in dieser Tradition als eine entweder von Gott oder von Natur gegebene, angeborene Wesensausstattung des Menschen, darüber hinaus war keine weitere Begründung erforderlich. Während sie im 18. und 19. Jahrhundert politisch proklamiert wurden und zunehmend Eingang in staatliche Verfassungen fanden, tauchte der Begriff der Menschen*würde* als Grundrecht zum ersten Mal in der Weimarer Reichsverfassung von 1919 auf, danach in einigen anderen europäischen Verfassungen, erlangte aber seine bis heute andauernde Prominenz erst durch die *Allgemeine Erklärung der Menschenrechte*, die 1945 von den damals gegründeten Vereinten Nationen (UNO) mehrheitlich beschlossen wurde. Dabei blieb aber unklar, ob die Menschenwürde irgendeinen über die Menschenrechte hinausgehenden Inhalt hat oder ob diese Rechte damit nur in einem obersten Begriff zusammengefasst wurden.

Immer wieder war bei der Begründung der Menschenrechte von der menschlichen Natur die Rede. Man konnte hier an die Tradition des so genannten „Naturrechts" anknüpfen, das von einem Recht ausging, das dem gesetzlich verordneten Recht vor- und übergeordnet sein sollte. Unter „Natur" war hier eine metaphysische Wesensbestimmung des Menschen zu verstehen, die im 20. Jahrhundert mit dem Menschenbild der Naturwissenschaften immer weniger auf einen Nenner zu bringen war. So ließ sich auch im ethischen Diskurs der zweiten Hälfte des 20. Jahrhunderts der Begründungsanspruch eines absoluten und zeitlosen Naturrechts immer weniger aufrechterhalten. Man warf dem Naturrechtsdenken den Zirkelschluss vor, das an Wertungen und Normen aus den wissenschaftlichen Beschreibungen natürlicher und gesellschaftlicher Zusammenhänge herauszuholen, was man ihnen vorher selbst stillschweigend untergeschoben habe. Der Mensch sei letztlich ein vergängliches Stück Natur, an dem Wissenschaften wie Biologie, Neurologie, Psychologie oder Soziologie mehr Mangel an Wesenswürde als diese selbst fänden. Was er an fundamentalen Ansprüchen habe, seien allenfalls geschichtlich-kulturelle Errungenschaften.

Insgesamt zeigt die Geschichte des Menschenwürde-Begriffs seine starke Verankerung in der jeweiligen Epoche und Kultur. Dennoch haben sich viele Aspekte auch darüber hinaus als gültig erwiesen. In der gegenwärtigen Ethik konzeptualisiert man Menschenwürde zumeist weniger ausgehend von den menschlichen Fähigkeiten zur Selbstbestimmung als von der menschlichen Bedürftigkeit und Verletzlichkeit. Sie ist kein menschliches Wesensmerkmal, sondern kommt als Anspruch erst zustande, wo Menschen sich gegenseitig als gleichberechtigt anerkennen. Erfahrbar ist der Anspruch auf Menschenwürde im Kontrast zwischen dem, was an persönlicher Achtung und Bedürfnisbefriedigung möglich ist, und was tatsächlich missachtet wird. Erfahrungen der Demütigung, die von ganz alltäglichen Kränkungen, Beleidigungen, abfälligen Äußerungen oder Ignoranz bis hin zu gravierenden Formen der Folter, der Vergewaltigung oder der Verweigerung von Achtung und Gleichbehandlung durch gesellschaftliche Institutionen reichen, machen die Idee der Menschenwürde als sozialethische Grundnorm heute nach wie vor unverzichtbar.

13.4 Dimensionen der Menschenwürde heute

Den Herausforderungen einer veränderten Auffassung von Menschenwürde, Menschenrechten und ihrer Begründbarkeit muss sich auch die ethische Reflexion der Sozialen Arbeit stellen. Noch im Ethik-Kodex des Berufsverbandes der Sozialen Arbeit (DBSH 1997) berief man sich ausdrücklich auf eine „naturrechtliche" Begründbarkeit ihrer fundamentalen Werte wie Menschenwürde, Solidarität und strukturelle Gerechtigkeit. Gemeint war damit, dass diese transkulturell und übergeschichtlich sowie unabhängig von widerrufbaren Gesetzesübereinkünften und -beschlüssen, eben als „angeborene Rechte" gelten sollten. Demgegenüber ist Menschenwürde heute als ein durchaus prekäres personales Selbstverhältnis zu fassen, dessen Entwicklung und Erhalt von einer Reihe von Bedingungen abhängt. Menschenwürde bezeichnet den in der Kultur der Moderne als legitim und notwendig angesehenen Anspruch des Individuums, dass diese Bedingungen herzustellen und zu bewahren sind.

Wie hinter allen anderen ethischen Werten und Prinzipien können sich auch hinter dem der Menschenwürde ungerechtfertige Ansprüche verbergen. Dies ist vor allem dann der Fall, wenn ein Wert in einer bestimmten Hinsicht verabsolutiert wird und nicht mehr in einer produktiven Balance zu anderen, gegensätzlichen Werten gehalten wird. Wenn beispielsweise die Wahrung der Menschenwürde bedeuten sollte, die „Familienehre" (eine traditionelle kulturelle Form der familialen Reglementierung insbesondere des weiblichen Verhaltens) nicht durch das selbstbestimmte Verhalten der erwachsenen Tochter in Frage stellen zu lassen, notfalls auch um den Preis eines „Ehrenmordes", dann würden Ansprüche auf Leben und individuelle Autonomie einer einseitigen und maßlos übersteigerten Würdevorstellung geopfert werden. Das zeigt, dass die ethische Reflexion nicht bei individuellen Erfahrungen oder auch kulturellen Einstellungen von Würde oder Demütigung stehen bleiben kann, sondern diese in der konkreten Situation ihrer Anwendung auf ihre Berechtigung hin zu befragen hat.

Ein anderes Beispiel für ein Aus-der-Balance-Geraten von Teilaspekten wird in dem Interview mit Monika Holl erwähnt. Dort heißt es:

> M. H.: „Ja zu Problemen wollte ich noch sagen, was passieren kann, ist einfach, wenn wir zum Beispiel mit psychisch Erkrankten arbeiten, die sind zwar begleitet, wir sind Wegbegleiter, aber es kann trotzdem immer wieder sein, dass, ja dass sie ihren Weg dann selbst finden wollen, wir haben schon zwei gehabt, die sich dann – umgebracht haben, den Freitod suchten, ganz bewusst, obwohl vorher Kontakt stattgefunden hat, obwohl ärztliche Begleitung da war, aber dann sind das so manisch Depressive, die wir hatten, und eine, die borderline-gestört war. Ja das ist dann für uns schon – ähm, ja das ist wie gesagt ein Problem, das heißt, auch

einfach damit fertig zu werden mit diesen absoluten Entscheidungen auch – endgültigen Entscheidungen."

Schwer zu beurteilen ist, ob die selbstbestimmte Entscheidung, sich das Leben zu nehmen, wirklich frei und als solche zu respektieren ist, oder ob der Autonomie hier gegenüber der Fürsorge für die als „manisch Depressiv" Bezeichneten zuviel zugetraut wurde. Jedenfalls zeigt auch dieses Beispiel, dass die verschiedenen Aspekte der Menschenwürde nicht gegeneinander ausgespielt werden dürfen, sondern sich ergänzen. Auch in weniger dramatischen Fällen, so bei der Pflege alter Menschen, kommt es immer wieder zum Konflikt zwischen Respekt gegenüber der Autonomie und dem Erfordernis von Fürsorge. Er ist nur annäherungsweise lösbar, unter der Bedingung eines sehr genauen, geduldigen Wahrnehmens.

Mit der Idee der Menschenwürde sind vor allem vier Ansichten über die Qualität der mit ihr signalisierten Ansprüche verbunden, die heute als grundlegend gelten können, nämlich (a) *Schutzwürdigkeit*, (b) *Gleichwertigkeit* und (c) *Einzigartigkeit* des Individuums sowie (d) *Unveräußerlichkeit* der Menschenwürde.

a) *Schutzwürdigkeit:* Im Unterschied zu früheren Menschenwürdevorstellungen liegt der Schwerpunkt ihrer Bedeutung heute nicht auf Verpflichtungen eines Menschen als des Würdeträgers, sondern auf der Schutzwürdigkeit des Menschen. Sich auf Menschenwürde zu berufen, hat in erster Linie den Sinn, einen verletzenden Eingriff in die Persönlichkeitssphäre normativ abzuwehren. Menschenwürde zu haben, hängt weder davon ab, dass man selbst sie einfordert, noch dass sie von anderen faktisch anerkannt wird oder irgendwie konventionell institutionalisiert wird. Sie ist in diesem Sinn ein absoluter (bedingungslos geltender) Anspruch, der im Fall von Wertkonflikten nicht zugunsten anderer Werte suspendiert werden darf.

Da das Individuum dann besonders hilflos ist, wenn ihm die staatliche Gewalt feindlich gegenübertritt (dieselbe Gewalt, die er ansonsten braucht, um vor den Übergriffen seiner Mitbürger geschützt zu werden), fungiert die Menschenwürde vor allem als Berufung auf eine absolute Grenze gegenüber staatlicher Verletzung von Grundrechten sowie gegenüber staatlicher Unterlassung von Fürsorgepflichten. Die Beachtung der Menschenwürde zeigt sich am ehesten am Umgang mit den Ohnmächtigen und Hilflosen. Dass sie, nach der Formulierung des Grundgesetzes, „unantastbar" ist, signalisiert auch ein modernes Tabu: Handlungen, die die Menschenwürde verletzen, sind unter allen Umständen zu unterlassen.

b) *Gleichwertigkeit:* In den früheren naturrechtlichen Vorstellungen von Menschenwürde bedeutete deren Geltung als „von Natur aus" oder als „angeboren", dass dem Menschen Würde unabhängig von seiner sozialen Stellung zukommt. Dieses Prinzip kann auch ohne jene metaphysischen Absicherungen formuliert werden, nämlich als Abwesenheit jedes ethisch vernünftigen Grundes, die Lebensinteressen des Einen von vorn herein anders zu gewichten als die eines Anderen. Diese negative Prämisse stützt das ethische Prinzip der Verallgemeinerbarkeit (zum Beispiel im Kategorischen Imperativ) oder auch das rechtsstaatliche Prinzip der Geltung von Gesetzen „ohne Ansehen der Person". Gleichwertigkeit besagt, dass Menschenwürde allen Menschen unabhängig von biologischer Ausstattung, Lebensalter, psychischer Entwicklung, ethnischer, kultureller, religiöser oder sozialer Zugehörigkeit und ähnlichen Unterscheidungen zukommt, dass also keine dieser Merkmale diskriminierend wirken dürfen.

c) *Einzigartigkeit:* Zu Beginn des 19. Jahrhunderts sprach Schopenhauer (1819, 268) provokativ und polemisch vom Menschen als „Fabrikware der Natur". Heute könnte man ihn umso mehr eine „Fabrikware der Gesellschaft" nennen, als er mehr denn je zuvor massenmedialen Einflüssen ausgesetzt ist, die ihn bis in ihre innersten Züge hinein formt und mit Anderen konform macht. Davon unberührt bleibt jedoch der *Anspruch* des Einzelnen, in dem Sinne als einzigartig anerkannt zu werden, dass er nicht auf der Grundlage irgendwelcher äußerer Einteilungen, unter die er subsumiert wird, seiner Rechte beraubt wird. Aus diesem Anspruch folgt wiederum ein gesellschaftlicher und staatlicher Gestaltungsauftrag.

In der praktischen Sozialen Arbeit, von der in den zitierten Interviewausschnitten berichtet wird, macht sich das als berufsethische Norm geltend, die Klienten nicht zu Objekten eigener Handlungsabläufe zu degradieren, sondern ihnen, soweit irgend möglich, „auf Augenhöhe" zu begegnen. Es geht darum, den einzelnen Fall nicht (nur) als „Fall von", sondern auch in seiner lebensgeschichtlichen Besonderheit wahrzunehmen. Bei Kant ist von der Unverrechenbarkeit und Preislosigkeit des Menschen die Rede. Ist das soziale Leben heute auch mehr denn je zuvor davon gekennzeichnet, dass Menschen quantifiziert, funktionalisiert und instrumentalisiert werden – auch Sozialarbeiter und Klient sind jeweils füreinander *auch* Instrumente, sei es des Geld-Verdienens, sei es, um Hilfe zu erlangen –, so bezeichnet Menschenwürde eine unüberschreitbare Grenze dieses sozialen Zugriffs. Beide Beteilige gehen in ihren sozialen Rollen nicht auf, wenigstens solange sie sich freiwillig auf diese Rollen einlassen.

d) *Unveräußerlichkeit* bedeutet grundsätzlich zweierlei: dass die Menschenwürde als eigene nicht aufgegeben werden und als die eines Anderen diesem nicht aberkannt oder weggenommen werden darf. Unveräußerlichkeit im ersteren Sinn ist aber nur dann haltbar, wenn man Menschenwürde traditionell als metaphysisches Wesensmerkmal der Selbstverpflichtung konzipiert. Gibt man dies auf, dann muss man auch einräumen, dass Menschen ihre eigene Würde preisgeben können, zum Beispiel indem sie sich mit abhängig machenden Drogen vollpumpen. In diesen Fällen bleibt am Ende von der inneren und äußeren Freiheit nur mehr eine abstrakte Möglichkeit übrig. Demgegenüber darf die Menschenwürde nach wie vor als unveräußerlich in der zweitgenannten Bedeutung gelten, nämlich als moralische Norm, niemandem die Menschenwürde durch die Zerstörung ihrer Bedingungen wegzunehmen.

Nicht jede Verletzung fundamentaler Lebensinteressen und damit der Menschenrechte muss auch eine Verletzung der Menschenwürde bedeuten. Menschenrechte können durch Gesetze eingeschränkt werden, zum Beispiel durch das Strafrecht, wobei aber das Menschenwürdegebot verlangt, den Straftäter nicht in seiner personalen Identität zu zerstören. Um die Menschenwürde zu schützen, bedarf es bestimmter Ressourcen, und diese sind grundsätzlich knapp bemessen. Menschenwürde – so wäre Kant zu ergänzen – ist zwar unverrechenbar, hat aber unter Umständen ihren Preis. Deshalb kommt die sozialstaatlich erforderliche Bedarfsdeckung und Leistungsgewährung nicht allein mit dem Prinzip der Menschenwürde aus, sondern muss sich einer ganzen Reihe weiterer ethischer und nicht ethischer Prinzipien orientieren, mit denen die Ver- und Zuteilung von Gütern zu regeln ist. Zu diesen gehören Solidarität, Gerechtigkeit, Bedürftigkeit, Dringlichkeit, aber auch Risikoabschätzung, Wartezeiten, Erfolgsaussichten usw. Hier gibt es auch viele umstrittene Grenzfälle dessen, was inhaltlich der Menschenwürde unabdingbar zuzurechnen ist und was nicht.

Weiterhin kann es auch Fälle geben, bei denen die oben genannten qualitativen Ansprüche unvermeidlich außer Kraft gesetzt werden, nämlich dann, wenn die Menschenwürde des Einen gegen die Menschenwürde des Anderen steht. Beide sind im Prinzip unverrechenbar. Und doch kann es Situationen geben, in denen man die Menschenwürde des Einen vielleicht nur auf Kosten der Menschenwürde des Anderen schützen kann, zum Beispiel: Darf ein ermittelnder Polizeibeamter einem gefangen genommenen Entführer Gewalt androhen, um ihn zur Preisgabe des Verstecks seines Entführungsopfers zu zwingen und so dessen Leben zu retten? (Nach dem Urteil des Frankfurter Landgerichts im so genannten Daschner-Prozess von 2004: nein.) Darf eine Regierung ein gekapertes Verkehrsflugzeug, das als Waffe eingesetzt werden soll, im Notfall abschießen lassen? (Nach einem Urteil des Bundesverfassungsgerichts von 2005: nein. Diese Urteile erfolgten unter ausdrücklicher Berufung auf die Menschenwürde.)

Nachdem bisher vier zentrale Qualitäten des Menschenwürde-Grundsatzes erläutert wurden, soll nun noch gezeigt werden, in welchen Dimensionen oder Lebensbereichen der Anspruch auf menschenwürdige Verhältnisse zur Geltung gebracht wird. Wetz macht dazu einen plausiblen Vorschlag zur Gliederung: „Bildhaft formuliert', weisen [diese Aspekte] in drei Richtungen: einmal nach oben als gelungene Selbstdarstellung, wozu auch Selbstachtung gehört, welche all jenen zu fehlen scheint, die den Anspruch auf körperliche Unversehrtheit und geistige Selbstbestimmung aufgegeben haben; dann zur Seite hin als Achtung der Bürger voreinander, die nicht nur Rücksicht, Toleranz und Gerechtigkeit in Tausch und Konfliktsituationen einschließt, sondern auch Bereitschaft zu gegenseitiger Hilfe, wo sie Not tut; schließlich nach unten, sofern ein menschenwürdiges Dasein ohne materielle Sicherheit kaum vorstellbar ist." Zusammengefasst: „Nur wer ein Dach über dem Kopf und satt zu essen hat, die Anerkennung seiner Mitmenschen genießt und sich frei entfalten darf, ist zu einem würdevollen Leben fähig" (Wetz 1998, 167 f., 180). Diese dreigliedrige Auffächerung, die weiter zu erläutern ist, lässt sich, zusammen mit den zuvor erläuterten Qualitäten, in ein griffiges Schema bringen (vgl. Abb. 4).

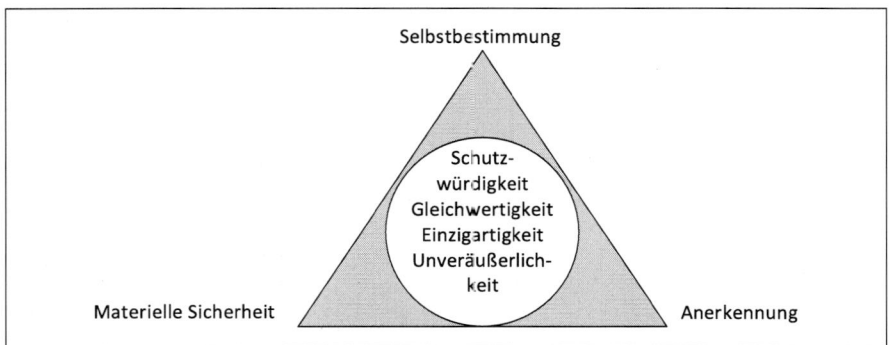

Abb. 4: Qualitäten und Dimensionen der Menschenwürde

e) *Materielle Sicherheit:* Wie schon Schiller zu Recht bemerkte, bleibt die Proklamation von Menschenwürde ein bloßer Schein, solange nicht für Essen und Wohnung gesorgt ist. Dass sich dann allerdings die Frage der Würde von selbst ergebe, hat mehr einen polemisch-kämpferischen Sinn, als dass es buchstäblich zu nehmen wäre. Auch Brechts (hier in Kapitel 10 zitierter) Satz „Erst kommt das Fressen, dann die Moral" bedeutet zwar, dass ohne Grundversorgung moralische Ansprüche ins Leere gehen müssen, aber ebenso gilt auch, dass es mit dem Fressen allein nicht getan ist und dann die Moral auch *kommen* muss – diejenigen, die materiell gut ausgestattet sind, verhalten sich bei Brecht, wie auch im richtigen Leben, ja nicht moralisch besser als die Habenichtse. Zur materiellen Sicherheit, die ein menschenwürdiges Leben ermöglicht, gehören ferner nicht nur Essen und Unterkunft, sondern alles das, was erforderlich ist, um gesund und körperlich unversehrt zu leben und in Notfällen der Krankheit und Arbeitslosigkeit und in strukturellen Phasen der Hilfebedürftigkeit wie Kindheit und Alter versorgt zu sein.

Welche inhaltliche und qualitative Ausstattung der materiellen Sicherung als menschenwürdig zu bezeichnen ist und welche nicht, bemisst sich nicht nur an physischen und psychischen Grundbedürfnissen des menschlichen Organismus, sondern auch an den gesamtgesellschaftlichen Verteilungsstrukturen und zur Verfügung stehenden Ressourcen, die in der Regel knapp sind. Was hier als materieller Mindeststandard noch menschenwürdiger Verhältnisse gilt, bemisst sich auch am gesellschaftlichen Durchschnitt an Lebensqualität und seiner als noch zumutbar empfundenen Unterschreitung.

f) *Selbstbestimmung:* Die Fähigkeit zu vernünftiger Selbstregulierung und moralischer Autonomie war beispielsweise von Kant ins Begründungszentrum seines Menschenwürdekonzepts gerückt worden. „Selbstbestimmung" ist demgegenüber weniger vernunftzentriert und lässt sich auch als jeweils persönlich gefärbter Glücksanspruch verstehen, wie er selbstverständlich auch Menschen zuzusprechen ist, die sich noch nicht oder nicht mehr selbst hinreichend vernünftig bestimmen können. Beeinträchtigungen in dieser Dimension der Menschenwürde bestehen in tiefgehender Entwürdigung, Beleidigung oder Demütigung. Dies sind Formen der Missachtung, die nicht nur die individuelle Selbstentfaltung verhindern – dies kann an vielen misslichen Lebensumständen liegen, ohne dass schon Verletzungen der Menschenwürde vorliegen müssten –, sondern den Kern der Selbstbestimmung beeinträchtigen, die personale Identität. Diese ist nur in der Wechselwirkung mit sozialer Anerkennung zu erwerben und zu erhalten.

g) *Anerkennung:* Die Menschenwürde fungiert, last not least, als Leitplanke der Regelung zwischenmenschlicher Beziehungen. Insbesondere in dieser Dimension wird der Anspruch auf Achtung der Menschenwürde sollensethisch relevant. Menschenwürde in diesem Sinn ist der mit der personalen Identität unmittelbar gekoppelte Anspruch des Individuums, von der menschlichen Gemeinschaft grundsätzlich angenommen zu werden. Wie nach Erikson (1950, 241 ff.) das Kind nur dann einigermaßen störungsfrei zum Erwachsenen werden kann, wenn ihm im ersten Lebensjahr von seinen Bezugspersonen ermöglicht wird, ein „Urvertrauen" zu anderen Menschen und damit auch zu sich selbst zu entwickeln, bedarf der Mensch auch im späteren Leben der psychischen Gewissheit sozialer Anerkennung. Im Gegensatz dazu steht die Verweigerung von struktureller Anerkennung, sei es durch Schaffung äußerer Hindernisse, sei es durch die öffentliche Diskriminierung einer ganzen Gruppe von Menschen, deren Anerkennung für den ihr angehörenden Einzelnen identitätsstiftend ist.

Avishai Margalit (1996, 166 ff.) beschreibt diese Gruppen als kulturelle Gemeinschaften, deren Zugehörigkeit durch informelle Prozesse wechselseitiger Anerkennung reguliert wird. Soziale Anerkennung jenseits von Partner- und Familienbeziehungen und diesseits von abstrakt-allgemeinen Rechtsbeziehungen erfolgt wesentlich durch Zugehörigkeit zu solchen Gruppen, deren Anerkennung für das individuelle Selbstverständnis notwendig und konstitutiv sind. Diskriminiert eine Gesellschaft eine solcher Gruppen (sofern sie, nicht wie Verbrecherbanden, moralische Legitimität beanspruchen können), dann nimmt sie damit jedem einzelnen ihrer Mitglieder die Möglichkeit, sich offen in ihrer Kultur auszudrücken. Diese Demütigung ist eine Verletzung der sozialen Dimension der Menschenwürde.

13.5 Das Menschenwürdegebot im Alltag der Sozialen Arbeit

Um das Augenmerk auf die Bedeutung des Menschenwürdegebots zu lenken, muss man nicht notwendig ethisch oder politisch prekäre Fälle von Vernachlässigung, Diskriminierung, Exklusion, Suizid oder Sterben heranziehen, es genügt schon, sich genauer anzusehen, wie in Einrichtungen der Sozialen Arbeit manchmal mit Menschen umgegangen wird, die in irgendeiner Weise in ihrer vollen Eigenständigkeit partiell eingeschränkt sind. Es geht um die kleinen Gesten: zu wenig Zeit haben, unnötig lange warten lassen, nicht zuhören, verächtliche Bemerkungen machen u. ä.

In einer Studienabschlussarbeit über Lebensqualität im Alltag der Seniorenbetreuung hat die Autorin, die selbst entsprechend ehrenamtlich tätig ist, solche Beobachtungen beispielhaft zusammengetragen:

„Ein individueller Tagesablauf ist in dem Seniorenheim nicht mehr möglich, der Alltag dort wird durch zeitliche und räumliche Vorgaben und den Arbeitsrhythmus des Dienstpersonals bestimmt. Die festgelegten Weck-, Essens-, Pflege- und Schlafzeiten erschweren ein Zugehen auf den individuellen Rhythmus der alten Menschen. [...] Was die alten Menschen im Seniorenheim haben im Alltag, ist viel Zeit im Gegensatz zu dem Pflegepersonal, welches wegen zu viel Arbeit und teilweise Unterbesetzung zu wenig Zeit hat. Das Warten auf alles und nichts ist eine Hauptbeschäftigung der meisten Heimbewohner. [...] Oft werden den alten Menschen Wartezeiten bis zu einer Stunde für den geforderten Toilettengang zugemutet oder einfach aus Zeit- und Kostengründen versagt. [...] Der unverständlichste Grund, eine 89-jährige alte Dame nicht zur Toilette zu bringen, war der, die Blase würde trainiert."

Die Autorin nennt dann auch einfache Verbesserungsmöglichkeiten, die aber hinsichtlich des Selbstgefühls und der Achtung der Bewohner schon viel bewirken könnten:

„Die Gestaltung der Wohnküche sollte so sein, dass alle Bewohner zu ihren Plätzen gelangen könnten, ohne dass mehrere Bewohner verrückt werden oder gar jedes Mal aufstehen müssen. Der Radius von Rollstühlen und Gehhilfen darf nicht zu einer Diskriminierung führen, weil kein Platz für das Rangieren da ist. [...] Die Tische sollten eine Breite haben, dass sich die Füße der Menschen, die im Rollstuhl sitzen, nicht stören, und dass man deshalb nah genug an den Tisch heranfahren kann, um bequem essen zu können. Keiner sitzt zu Hause einen halben Meter vom Tisch weg und kann so ohne zu schlabbern die Suppe löffeln" (Uebach-Pott 2012, 47 ff.).

Damit soll nicht behauptet werden, dass das eine oder andere missliche Arrangement wie ein zu schmaler oder schlecht platzierter Tisch an sich schon eine Verletzung der Menschenwürde darstellt, aber viele solcher Einzelheiten fügen sich doch zu einem großen Ganzen zusammen. Umgekehrt zeigen die an sich einfach zu behebenden Einzelheiten, dass Menschenwürde kein gleichsam hoch über der Wirklichkeit schwebendes Ideal ist, sondern im Detail zu verwirklichen ist.

Die Beobachtungen der Missstände sind an der anschaulichen Formulierung zu messen, wie sie eine der zitierten Praktikerinnen dem Menschenwürdegebot gegeben hat, nämlich: dem Klienten soweit irgend möglich „auf gleicher Augenhöhe" zu begegnen. Dies hieße, seine Selbstbestimmung so weit wie möglich zuzulassen, die materiellen und strukturellen Bedingungen dafür so weit wie möglich bereitzustellen, den Klienten in seinen realen und erinnerten sozialen Bezügen ernst zu nehmen, an seinen Stärken anzuknüpfen und seine Schwächen behutsam auszugleichen. Derartige ethisch-normative Ansprüche sollten keine abstrakten Grundsätze bleiben, sondern sich vielmehr unmittelbar in der alltäglichen Kommunikation und in strukturellen Arrangements der sozialarbeiterischen Praxis ausdrücken. Der Mangel an Achtung der Menschenwürde kann sich im Alltag einer Einrichtung in vielen Kleinigkeiten ausdrücken, die, jede für sich, auch ohne allzu großen Aufwand behebbar wären.

Gut zu wissen – gut zu merken

Die Grundwerte, an denen sich die Soziale Arbeit heute orientiert, gründen ihrerseits in dem Terminalwert der Menschenwürde. Dabei ist zuallererst Würde (im Sinne sozialen Ansehens) von Menschenwürde (im Sinne eines Anspruchs auf Wahrung personaler Identität) zu unterscheiden. Die Bedeutung und Begründung dieser Idee hat sich geschichtlich stark verändert: vor allem von einem menschlichen Wesensmerkmal zu einem gesellschaftlichen Gestaltungsauftrag und von einer Begründung moralischer Selbstverpflichtungen hin zu zur Begründung eines gesellschaftlichen Schutzanspruchs. Neben diesem beziehen sich weitere Qualitäten dieses Anspruchs darauf, dass er unveräußerlich ist, auf Einzigartigkeit des Individuums und auf seine Gleichwertigkeit mit anderen Individuen betont. Bedingungen der Menschenwürde sind materielle Sicherheit, soziale Anerkennung und individuelle Selbstbestimmung.

Literaturempfehlung

Maaser, Wolfgang (2010): Lehrbuch Ethik. Grundlagen, Problemfelder und Perspektiven. Weinheim und München: Juventa (daraus Kapitel 2 und 3).
Schaber, Peter (2012): Grundwissen Philosophie: Menschenwürde. Ditzingen: Reclam.
Wetz, Franz-Josef (1998): Die Würde des Menschen ist antastbar. Eine Provokation. Stuttgart: Klett-Cotta.

14 FÜR EINEN BESSER GELINGENDEN ALLTAG

Was Sie in diesem Kapitel lernen können

Als allgemeine strebensethische Zielperspektive der Sozialen Arbeit gilt ein „gelingendes Leben" oder, bescheidener: ein „besser gelingender Alltag". Sie erfahren etwas darüber, was die Vorstellung des „Gelingens" bedeutet, und wie sie sich auf einen konkreten Fall einer personenzentrierten Hilfeplanung anwenden lässt. Im Anschluss daran wird umrisshaft eine Minimaltheorie des gelingenden Lebens entwickelt.

14.1 Vier mögliche Bedeutungen des „gelingenden Lebens"

Im Mittelpunkt der Hilfeleistungen der Sozialen Arbeit steht – oder sollte stehen – der jeweilige Klient mit seinem individuellen Hilfebedarf. Nicht dass die von ihm geäußerten Wünsche das Maß aller Praxis wären – die Verantwortung der Sozialarbeiterin bezieht sich auch auf bestimmte gesamtgesellschaftliche Werte sowie auf die eigene Fachlichkeit –, aber grundsätzlich sollen die Hilfeleistungen den individuellen Erfordernissen der Klienten angepasst werden und nicht diese den Hilfesystemen. Der individuelle Bedarf ist nicht zu eruieren, ohne den Willen des Klienten genauer zu ermitteln und in seiner individuellen Bedeutung verstehend zu erfassen. Dies ist nur dialogisch möglich, und so wird der Klient zum Mit-Subjekt der Hilfeplanung, die heute nicht mehr allein kraft fachlicher Autorität festgesetzt wird. Der Sozialen Arbeit, die in dieser Weise den Klienten in seiner eigenen Suche nach Problemlösungen unterstützt, geht es wesentlich „um die Gewährleistung einer *Lebensführungskompetenz* der Individuen, um ihre Gewinnung, Ausbildung, Erhaltung, Steigerung, Wiederherstellung (unter Umständen auch deren Kompensation oder gar Stellvertretung in Situationen extremer Gefährdung oder Behinderung der Lebensführungsfähigkeit)" (Volz 2000, 216).

Sein Leben gut führen zu können, heißt, ein gelingendes Leben zu führen. Bei dieser Zielperspektive trifft sich die Soziale Arbeit mit der Strebensethik, in der man seit Aristoteles eben diese Frage nach dem „gelingenden", „guten" oder auch „glücklichen" Leben immer wieder neu zu beantworten versucht hat. In der Sozialarbeitswissenschaft ist dieser Begriff insbesondere durch die von Hans Thiersch seit Ende der 1970er Jahre verkündete „Alltagswende" zunehmend zu einer Art Leitorientierung geworden. Ein explizites Plädoyer dafür, den Begriff des gelingenden Lebens als Leitperspektive Sozialer Arbeit aufzufassen, findet sich zum Beispiel bei Wahl (2002). Gesellschaftsdiagnostisch ließe sich dies damit begründen, dass individuelle Lebensläufe in einer sich immer stärker ausdifferenzierenden Gesellschaft zunehmend unsicherer und brüchiger werden.

Das Scheitern von Lebensplanungen wird fast schon zur Alltagserfahrung. Die Beratung in Fragen des Alltags wird zur drängenden Aufgabe auch der Sozialen Arbeit.

Die in der Sozialen Arbeit Tätigen können nicht ihre eigenen Vorstellungen eines gelingenden Lebens an ihre Klienten herantragen, vielmehr haben sie allererst deren Alltag in seinen Widersprüchen, Enttäuschungen und Hoffnungen, Widrigkeiten und Möglichkeiten zu verstehen. Der Alltag ist geprägt von vielfältigen Aufgaben, die nebeneinander her erledigt werden müssen, was nur durch die Einpassung in soziale Regeln und durch die Entwicklung individueller Routinen gelingt. Damit geht das Einschleifen von Wahrnehmungs- und Handlungsmustern einher. Eine „alltagsorientierte Sozialpädagogik" (Thiersch 1986) arbeitet mit den Klienten, die im Prinzip die Subjekte ihres Alltagslebens sind, daran, Lebensmöglichkeiten zu stabilisieren oder auch weiterzuentwickeln, um ein freieres, mehr selbstbestimmtes Leben zu ermöglichen.

Die Vorstellung davon, was ein gelingendes Leben ist, hat grundsätzlich zwei Quellen und nimmt entsprechend zwei Formen an, eine gesellschaftliche und eine individuelle – wobei selbstverständlich die individuellen Vorstellungen des Gelingens nicht unabhängig von gesellschaftlichen Möglichkeiten und kulturellen Vorbildern und Modellen sind. Die Verhaltensmuster des Alltags sind nicht allein aus sich heraus verständlich, sondern nur, indem man sie zu den gesellschaftlichen Lebensbedingungen in Beziehung setzt. Verhalten spielt sich immer in Verhältnissen ab. Dennoch sind die individuellen Ziele keine bloßen Abdrücke der gesellschaftlichen Anforderungen. Sie haben Besonderheiten, die es erlauben, beide Formen auch getrennt von einander zu betrachten.

1. Auf der *gesellschaftlichen* Ebene vermitteln verschiedene Institutionen Anweisungen, wie sich die Einzelnen zu verhalten haben und was darüber hinaus als besonders wünschenswert gilt. So lernen Kinder in den für sie geschaffenen Einrichtungen, sich gegenüber anderen Kindern verträglich zu verhalten, und werden für ihre motorischen, intellektuellen, künstlerischen oder sozialen Leistungen und Fortschritte gelobt. Die Schule hat, neben der Vermittlung kulturell notwendiger Kompetenzen, auch die Aufgabe der Selektion nach Leistung, die sie durch Vergabe von Noten und Zeugnissen erfüllt. Ähnlich doppelgleisig verfahren auch die Institutionen der nachschulischen Ausbildung wie Berufs- und Fachschulen, Betriebe und Hochschulen. Über Leistungsanforderungen und entsprechende Erfolge wird definiert, was ein messbar „gelingendes Leben" im Sinne einer Schul-, Ausbildungs- oder Berufskarriere ist (und was nicht). Darüber hinaus vermittelt die Kultur vor allem in Gestalt der Massenmedien Bilder des Erfolgs und der sozialen Anerkennung in vielfältigen Lebensbereichen. Auf diese Weise entstehen kulturelle Muster des normgerechten Verhaltens, der Normalbiographie, der Normalität. Allgemein gilt auf der gesellschaftlichen Ebene:
   - Ein gelingendes Leben ist – unter der Voraussetzung von gesellschaftlichen Bedingungen, die der Mündigkeit der Individuen entgegen kommen – einerseits ein *unauffälliges* Leben in dem Sinn, dass der Betreffende nicht gegen gesellschaftlich anerkannte und normativ sanktionierte Lebensmodelle

verstößt, dass er moralisch anerkannt und nicht straffällig wird und darüber hinaus die jeweils üblichen Erwartungen im privaten und öffentlichen Leben erfüllt, vor allem eine gesellschaftlich nützliche Arbeit leistet.
- Ein gelingendes Leben ist andererseits ein *nicht unauffälliges* Leben in dem Sinn, dass vor dem Hintergrund der allgemeinen Erfahrung der Lebensnot, der menschlichen Verletzbarkeit, der „Normalität" des Misslingens und der alltäglich erfahrbaren Feindseligkeiten das Gelingen eher die Ausnahme als die Regel darstellt. Ein gelingendes Leben ist durch besonders günstige Umstände oder besondere Leistungen gekennzeichnet, die entsprechend aufgeschlossene Andere bemerkens- oder bewundernswert finden.

Sofern in diesen beiden Formen des Gelingens ethische Maßstäbe eine Rolle spielen, entspricht diese zweifache Perspektive auf das Gelingen der Unterscheidung von Sollens- und Strebensethik. Während es sollensethisch um das geht, was die Einzelnen ihrer sozialen Umwelt schulden, wird strebensethisch das wertgeschätzt, was die sozialen Ansprüche über das Maß dessen, was unbedingt verlangt werden kann, hinaus erfüllt. Dabei ist allerdings der Unterschied von deskriptiver und normativer Ethik nicht aus den Augen zu verlieren. Die gesellschaftliche Normalität kann mit ihren faktisch wirksamen moralischen Normen und Werten entweder deskriptiv-ethisch erfasst oder auch normativ-ethisch zum Gegenstand der Kritik werden. In diesem letzteren Fall treibt die Ethik den Begriff der Normalität gleichsam über sich hinaus. Sie misst die gesellschaftliche Wirklichkeit am Maßstab des jeweils Möglichen, das in dieser Wirklichkeit bereits angelegt ist.

2. Auf der *individuellen* Ebene der Vorstellungen von gelingendem Leben ist der Maßstab für die Feststellung des Gelingens zunächst die jeweils subjektive Erwartung, wie man leben möchte. Diese Erwartung äußert sich motivational in Wünschen und Hoffnungen. Die Ziele, die subjektiv als erstrebenswert gelten, sollen verwirklicht werden. Wünsche sind subjektive Gefühle des zu Vermeidenden und zu Erreichenden. Der Mensch ist in anthropologischer Hinsicht zu allererst ein wünschendes Wesen und erst nachträglich allenfalls auch ein vernünftiges Wesen (lat. „animal rationale"), wobei Vernunft vor allem anderen dazu gebraucht wird, in einer widerständigen Wirklichkeit nach Wegen zu suchen, die Wünsche soweit möglich zu erfüllen. Ein gelingendes Leben wäre dann eines, in dem zumindest nicht wenige der lebensbestimmenden Wünsche auch realisiert werden.

Jedoch stellt die Vielfalt der Wünsche kein in sich widerspruchsfreies Ganzes dar. Die Erfüllung verschiedener Wünsche wie zum Beispiel nach Behütung und nach Befreiung, nach Anerkennung in Nahbeziehungen und im Beruf, nach Nähe und Distanz, kann sich wechselseitig ausschließen. Auch lernt das Individuum in einer komplexen Umwelt notgedrungen, die Erfüllung von Wünschen aufzuschieben, und es macht weiterhin die Erfahrung, dass sich mit dem Aufschub die Intensität der Wünsche und das Glück ihrer Erfüllung auch steigern lassen. So kann man im Sport oder in künstlerischen Bereichen auf Dauer Erfolgserlebnisse nur haben, wenn man mühevoll übt. Manche Wünsche werden von der Gesellschaft auch negativ sanktioniert, weil ihre Erfüllung die legitimen Interessen anderer verletzen würde. Auf diese Weise lernen die Kinder und Heranwachsenden nicht nur, Wünsche gegen Widerstände zu realisieren, sondern auch, sie realitätsgerecht umzuwandeln oder aufzugeben. Sie lernen, wie man alternative Handlungsmöglichkeiten gegeneinander abwägt und sich mit guten Gründen entscheidet. Ein solches Verhalten ist dann nicht mehr ein bloßes „Wünschen", sondern ein bewusstes „Wollen".

Noch aus einem weiteren Grund ist die Erfüllung der Wünsche nicht unmittelbar mit einem individuell gelingenden Leben gleichzusetzen. Wünsche (und auch darauf aufbauende Willensentscheidungen) sind nämlich manchmal höchst dehnbar und an die jeweiligen Verhältnisse allzu anpassungsfähig. Wünsche sind ein Konglomerat von subjektiven Meinungen über sich selbst und das dem Wünschenden vorschwebende Ziel, aber sie können auch in die Irre führen. Für ein gelingendes Leben kommt es aber nicht nur darauf an, wie jemand sich fühlt, sondern auch, ob seine Wünsche seine objektiven Möglichkeiten maßlos unter- oder überbieten. Sich gesund fühlen ist nicht dasselbe wie gesund sein, sich frei fühlen nicht dasselbe wie frei sein. Ein individuell gelingendes Leben hat also nicht nur eine subjektive, sondern auch eine objektive Seite. Die Frage ist nicht nur, ob Menschen mit ihrer Lebenssituation zufrieden sind, sondern wie sie in verschiedenen Lebensbereichen tatsächlich entscheiden und handeln.

Sofern hier ethische Kriterien ins Spiel kommen, unterscheiden wir einerseits legitime und illegitime, gute und böse, gerechte und ungerechte Wünsche, andererseits erfüllbare und unerfüllbare, realistische und illusionäre, kluge und unkluge, produktive und unproduktive Wünsche sowie ein entsprechendes Wollen und Handeln. Also lassen sich grundsätzlich auch hier wieder sollensethische von strebensethischen Aspekten eines gelingenden Lebens unterscheiden. Ein subjektiv gelingendes Leben ist in sollensethischer Hinsicht gekennzeichnet durch die willentliche Umsetzung legitimer Wünsche und in strebensethischer Hinsicht durch die Entwicklung und willentliche Erfüllung dieser Wünsche durch lebenskluges Verhalten.

Das Vorangegangene zusammenfassend lassen sich die ethischen Bedeutungsfelder des „gelingenden Lebens" schematisch folgendermaßen abbilden (vgl. Tab. 6).

Tab. 6: Ethische Bedeutungsfelder des „gelingenden Lebens"

	sollensethisch	**strebensethisch**
gesellschaftlich (vorwiegend deskriptiv-ethische Perspektive)	normativ unauffällig: gesellschaftlich konformes Verhalten	evaluativ nicht unauffällig: gesellschaftlich produktives Verhalten
individuell (vorwiegend normativ-ethische Perspektive)	Erfüllung legitimer Wünsche: moralisches Wollen	Entwicklung und Erfüllung nicht illusionärer Wünsche: lebenskluges Wollen

Wenn nun vom „gelingenden Leben" als einer Leitperspektive der Sozialen Arbeit die Rede ist, dann im Sinne des vierten Feldes *individuell-strebensethischer* Fragestellungen. Ein zentraler strebensethischer Terminalwert der Sozialen Arbeit – wenn nicht der zentrale – besteht in der Förderung der Klienten bei der individuellen Entwicklung und Erfüllung ihrer lebensklugen, realisierbaren Wünsche. Auf Grund der Abhängigkeit des individuell Erfüllbaren vom gesellschaftlich Möglichen ist damit aber eine Berücksichtigung auch der anderen Bereiche notwendig verbunden. Ein individuell gelingendes Leben ist letztlich nur möglich in gelingenden sozialen Verhältnissen. Denn um lebenskluge Wünsche und ein realistisches Wollen entwickeln und sich erfüllen zu können, ist es erforderlich, die Wünsche und Willensentscheidungen von dem, was gesellschaftlich an Konformität und Nützlichkeit erwartetet wird, zu unterscheiden und sie im Rahmen des ethisch Legitimen zu verorten.

14.2 Eine strebensethische Beratung

Im Unterschied zur klassischen ethischen Frage nach dem gelingenden Leben geht es der Sozialen Arbeit nicht um allgemeine Fragen des Lebenssinns und des glücklichen Lebens, und im Unterschied zur Psychotherapie nicht um die Behandlung psychischer und psychosomatischer Krankheiten, sondern vor allem um die eher handfesten Bedingungen einer Bewältigung der Anforderungen des Alltags. Nach wie vor muss sie sich um die harten Folgekosten der Moderne einschließlich der von Volz erwähnten „Situationen extremer Gefährdung oder Behinderung der Lebensführungsfähigkeit" kümmern. Thiersch (1992) schraubt denn auch den Gegenstand „Leben" auf den eher begrenzten „Alltag" und die Zielperspektive bescheidener auf den „besser gelingenden Alltag" herunter. Gemessen an den normalen Lebensvollzügen hat es die Soziale Arbeit mit Gefährdungen und Extremsituationen zu tun. Von einer solchen ist im folgenden Fallbericht die Rede, der im Rahmen einer Teambesprechung in einer sozialpsychiatrischen Übergangseinrichtung erörtert wird:

> „Frau Meier, aktuell 29 Jahre alt, an einer paranoiden Schizophrenie mit schwerer depressiver Symptomatik erkrankt, wurde bislang mehrmals stationär behandelt. Kurz vor Ausbruch der Erkrankung vor acht Jahren bezog Frau Meier gemeinsam mit ihrem damaligen Freund eine eigene Wohnung und begann eine Fachhochschulausbildung zur Grafikerin. Sie sang in einem Chor und trat regelmäßig in einem Laientheater auf. Seit dem ersten psychotischen Schub mit 21 Jahren, der zu einem 14-monatigen Psychiatrieaufenthalt führte, hat Frau Meier bis heute alle Bestandteile dieser für sie bejahenswerten Lebensform verloren und bereits mehrere Rehabilitationsversuche ohne subjektive Verbesserung absolviert. Trotz intensiver Psychopharmakotherapie verschlechtere sich ihr Zustand zuletzt so weit, dass sie mehrere Monate weinend im Bett im Hause ihrer Eltern verbrachte. Aufgrund des erlebten Misserfolges in ihrem Leben meidet Frau Meier meist den Außenkontakt, da sie das ‚Glück der anderen' nur sehr schwer ertragen kann. Ohne allzu große Hoffnungen beginnt Frau Meier im Anschluss an ihren letzten Klinikaufenthalt eine weitere stationäre sozialpsychiatrische Rehabilitation im Übergangswohnheim für Menschen mit einer psychischen Erkrankung. Dort lebt sie seit ein paar Wochen mit vier weiteren Rehabilitandinnen auf einer Wohn-

gruppe – insgesamt besteht die Einrichtung aus vier Wohngruppen mit insgesamt fünf Plätzen" (Leupold 2008, 188).

Die interdisziplinäre Teambesprechung hat im Prozess der konkreten Hilfeplanung nach der Darstellung von Michael Leupold die dreifach gestaffelte Aufgabe, (1) eine Anamnese der zentralen Willensäußerungen der Bewohnerin vorzunehmen, (2) die Hauptprobleme der Lebenssituation möglichst genau zu bestimmen und (3) nach tragfähigen Lösungen und ihrer Umsetzung zu suchen. Leupold illustriert an diesem Fall sein Konzept einer „philosophisch-strebensethischen Beratung bei einer personenzentrierten Hilfeplanung und Begleitung" (ebd., 187), deren Aufgabe er insbesondere den ersten beiden Schritten der Hilfeplanung zuordnet.

1. Zunächst geht es also darum, die Willensäußerungen der Bewohnerin zusammenzustellen und inhaltlich den wichtigsten Lebensbereichen zuzuordnen. Signifikante Willensäußerungen von Frau Meier sind zum Beispiel:
   – „Ich muss lernen, meine Krankheit zu akzeptieren, sonst kann ich nie mehr weiterleben."
   – „Ich habe keine Freunde und fühle mich einsam."
   – „Ich will fünf Kilogramm abnehmen."
   – „Ich will, dass das Malen, das Klavierspielen und das Tanzen wieder so viel Spaß machen wie vor der Erkrankung."
   – „Eigentlich will ich eine Ausbildung machen, aufgrund meiner Erkrankung ist das jedoch eine Illusion" (Leupold 2008, 188 f.).

Diese Äußerungen beziehen sich auf verschiedene Lebensbereiche, die sich auch in vielen anderen Betreuungsfällen als bedeutsam erwiesen haben und insofern eine erste inhaltliche Differenzierung und Konkretisierung des Begriffs „gelingendes Leben" erlauben. So lassen sich die folgenden Bereiche unterscheiden:

– *Umgang mit Beeinträchtigungen* wie der Erkrankung und deren Auswirkungen. Die Beeinträchtigung selbst ist zunächst einmal gegeben und mindestens nicht kurzfristig zu beseitigen. Leiden entspringt aber nicht nur der Beeinträchtigung selbst, sondern auch untauglichen Versuchen ihrer Bewältigung oder Kompensation.
– *Soziale Kontakte finden und gestalten.* Gute soziale Nähebeziehungen sind eine Bedingung des Wohlbefindens. Ihre Einschränkung ist oft ein Teil der unzureichenden Bewältigungsversuche, die zusätzliches Unwohlsein bewirken.
– *Selbstversorgung.* Dazu gehören die Bedingungen des Wohnens, der Ernährung, der Finanzen. Selbständigkeit bei der Versorgung mit Grundgütern ist eine Voraussetzung für das Gelingen jeder weiteren Lebensplanung.
– *Freizeitgestaltung.* Dieser Bereich ist für das Wohlbefinden insofern förderlich, als er Tätigkeiten erlaubt, mit denen der Druck der alltäglichen Notwendigkeiten kompensiert werden kann. Es geht um selbst gewählte Betätigungen und Ziele zum Beispiel künstlerischer, sportlicher, Art, in denen der Mensch sich verwirklichen kann, oder einfach um Unterhaltung und Entspannung.

- *Arbeit.* Sie ist als lebensnotwendige materielle Reproduktion im Beruf einerseits zumeist ein Ort der Unfreiheit, andererseits aber auch der sozialen Anerkennung. Und insofern sie Kenntnisse und Fertigkeiten, Selbstdisziplin, Selbstorganisation, Bedürfnisaufschub, Konzentration u. a. erfordert, ist mit ihr, abgesehen von der Bezahlung, auch ein hohes Maß an Zufriedenheit verbunden. Diese wird zumeist erst negativ, als Mangel, spürbar, nämlich bei Arbeitsunfähigkeit oder Arbeitslosigkeit.

Über diese inhaltliche Kategorisierung hinaus geht es in der Hilfeplanung nun darum, die Willensäußerungen auch nach ihrer jeweiligen Qualität zu differenzieren: Handelt es sich um klare oder unklare Willensäußerungen, ist die Unklarheit durch unklare Zielvorstellungen oder durch mangelnde Entschlusskraft bedingt? Und weiterhin: Welche Art von Gelingen schwebt der Klientin vor? Welche Aspekte von Glück wie Gelassenheit im Umgang mit schicksalhaftem Unglück, Genussfähigkeit und Selbstverwirklichung sind möglich? Die Beratung muss sich mit jeder dieser Einzelfragen befassen und das Erreichbare herausarbeiten. Im Fall von Frau Meier ging es darum, „möglichst konkrete Vorstellungen von akzeptierenden Haltungen [gegenüber ihrer Erkrankung] zu vermitteln. Welche Einstellungen zu einem erfahrenen Unglück können empfohlen werden? Wovor ist zu warnen? – So könnten die zentralen Problemanfragen von Frau Meier an eine strebensethische Beratung lauten" (ebd., 191).
2. Der zweite Schritt der strebensethisch orientierten Beratung besteht darin, die Hauptprobleme der Lebenssituation der Betroffenen herauszuarbeiten. Jetzt werden einige wenige Strebensziele, die nicht bloß irgendwie gewünscht, sondern deutlich gewollt werden, mit der Bewohnerin gemeinsam ausgewählt und näher analysiert. Welches Leiden kann konkret vermindert, welche Freude gesteigert werden? Welche Anstrengungen sind kurzfristig in Kauf zu nehmen, um längerfristig Leiden zu vermindern? Sodann geht es um das Einüben einer inneren Haltung dem unabänderlichen Unglück wie auch dem erreichbaren Glück gegenüber.
3. Im dritten Schritt werden möglichst konkrete Teilziele bestimmt. Deren Erreichen wird dann innerhalb eines festgelegten Zeitraums bilanziert und gegebenenfalls verändert. Dabei steht das erreichbare Wohlbefinden der Bewohnerin im Zentrum der Aufmerksamkeit.

Der Umstand, dass der strebensethische Berater nach Leupold „eine Haltung vermittelt", „eine Einstellung empfiehlt", vor unklugen Strebungen „warnt", zeigt, dass das subjektive Wünschen und Wollen bei der Suche nach einem besser gelingenden Alltag zwar nicht vernachlässigt, aber auch keine letztgültige Orientierung darstellt. Deshalb ist nun zu überlegen, worin auf einer objektiv-allgemeinen Bedeutungsebene ein besser gelingender Alltag eigentlich besteht.

14.3 Eine Minimaltheorie des gelingenden Lebens

Um das „Gelingen" eines Lebens festzustellen, ist die Frage zu beantworten, was das menschliche Leben zu einem solchen macht. Wüssten wir, welche Möglichkeiten und Fertigkeiten grundsätzlich zum Menschsein gehören, welche Bedürfnisse erfüllt sein müssen, damit Wohlbefinden entsteht, welche individuellen Leistungen am besten mit den Wohlergehen der menschlichen Gemeinschaft harmonieren, dann könnten wir auch sagen, ob und inwieweit in einem konkreten Fall diese menschlichen Möglichkeiten gegeben sind, ein Leben also als gelungenes gelten könnte.

Damit begäben wir uns, scheinbar weit entfernt von Theorie und Praxis der Sozialen Arbeit, auf die allgemeine Ebene der philosophischen Anthropologie. Aber tatsächlich wäre das besser gelingende Leben einer Klientin der Sozialen Arbeit nicht grundsätzlich anders strukturiert als ein besser gelingendes Leben in jedem anderen Fall. Und wenn sich aus anthropologischen Grundstrukturen ein Maßstab für dieses Gelingen ableiten ließe, dann wäre dieser Maßstab ebenso auf den normalen Alltag wie auf die Praxen der Sozialen Arbeit oder auch der Psychotherapie oder der Medizin anwendbar. Der Unterschied läge dabei nicht im Ziel des besser gelingenden Lebens selbst, sondern in den unterschiedlichen Maßnahmen und den verschiedenen Wegen dorthin.

Die Antworten, die die philosophische Anthropologie auf jene Fragen zu geben wusste und weiß, sind nun höchst unterschiedlich und umstritten. Sofern überhaupt ein objektiv feststellbares Wesen des Menschen angenommen wird, divergiert dieses inhaltlich je nach den geschichtlichen und metaphysischen Voraussetzungen. Auch werden biologische und gesellschaftliche Rahmenbedingungen des menschlichen Verhaltens in Anschlag gebracht. Anderen anthropologischen Ansätzen zufolge ist es überhaupt unmöglich, ein allen geschichtlichen und kulturellen Unterschieden enthobenes Wesen des Menschen zu bestimmen. Der Mensch sei auf Grund seiner Instinktentbundenheit und Entwicklungsoffenheit „das noch nicht festgestellte Tier" (Nietzsche 1886, 623), er sei weltoffen und grundsätzlich frei, sich in die Welt hinein zu entwerfen und zu gestalten. Der Mensch sei das, was er aus sich mache.

Der Streit der philosophisch-theoretischen Anthropologie und um diese kann hier nicht aufgegriffen und gar entschieden werden. Es muss genügen, auf einige Befunde zurückzugreifen, die wenigstens ein gewisses Maß an Plausibilität und Erfahrungssättigung haben und nicht dem Verdacht ausgesetzt sind, allzu eng auf eine bestimmte Kultur oder Epoche beschränkt zu sein. Ein solches induktives Verfahren wählt beispielsweise Martha C. Nussbaum für ihre (an Aristoteles anschließende) Theorie des guten (das heißt gelingenden) Lebens: „Es handelt sich um eine Theorie, die nicht unabhängig vom Selbstverständnis und von den Werturteilen der Menschen in der Gesellschaft formuliert wurde" (Nussbaum 1993a, 46 f.). Sie fußt „auf gemeinsamen Mythen und Geschichten unterschiedlicher Zeiten und Orte, Geschichten, die sowohl den Freunden als auch den Fremden erklären, was es bedeutet, ein Mensch und nicht etwas anderes zu sein" (ebd.).

> *"Sie enthält die Erkenntnis, dass bestimmte Aspekte des menschlichen Lebens eine besondere Bedeutung haben. Ohne diese würden wir uns selbst und andere nicht als das erkennen, was sie sind; sie sind die Grundlage dafür, dass wir Wesen, die sich durch Ort, Zeit und konkrete Lebensweise von uns unterscheiden, als Mitglieder unserer eigenen Art erkennen"* (ebd., 47).

Im Anschluss an Nussbaum, deren Ausführungen aber zu ergänzen sind, sollen nun vier Sphären von Bedingungen des menschlichen Lebens unterschieden werden, die zusammen ein formales Konzept des „gelingenden Lebens" ergeben.

(1) *Anthropologische Grundbedingungen.* Ausgehend von kulturübergreifenden Übereinstimmungen beschreibt Nussbaum auf einer ersten, grundlegenden Ebene *konstitutive Bedingungen* des Menschseins. Zu diesen zählen u. a. Sterblichkeit, Körperlichkeit, die Fähigkeit zum Erleben von Freude und Schmerz, kognitive Fähigkeiten, die frühkindliche Hilflosigkeit und Abhängigkeit, Verbundenheit mit der Natur, Humor und Spiel, Getrenntsein. Mit dieser Liste zentraler anthropologischer Grundlagen der Ethik wird keine Vollständigkeit beansprucht. Außerdem ist sie nicht einheitlich, denn einerseits werden, wie Nussbaum selbst hervorhebt, grundlegende *Fähigkeiten* benannt (zum Beispiel Gefühle zu haben und auszudrücken), andererseits *Grenzen*, gegen die die Menschen fortwährend angehen (zum Beispiel Schmerzen zu empfinden, sterblich zu sein). Dennoch ist festzuhalten, dass hier grundlegende Bedingungen menschlichen Lebens aufgeführt werden, die wir unter den Stichworten *materielle Sicherheit* sowie *körperliche* und *psychische Unversehrtheit* zusammenfassen können. Diese stellen Grundbedingungen des menschlichen Lebens und insofern auch eines *gelingenden* menschlichen Lebens dar.

(2) *Praktische, soziale und personale Kompetenzen.* Auf einer daraus abgeleiteten, zweiten Ebene hebt Nussbaum einige allgemein menschliche Fähigkeiten hervor, die dem Streben nach Selbsterhaltung und Befriedigung ihre spezifisch menschliche Form geben, durch die sie sich von den Lebensäußerungen von Tieren unterscheiden. nämlich *praktische Vernunft*, mit Hilfe derer die Menschen sich selbst und ihre Tätigkeiten planen und organisieren, und *Verbundenheit mit anderen Menschen* im familiären, sozialen und politischen Rahmen. Sie bezeichnet diese beiden menschlichen Eigenschaften als „die architektonischen Funktionen", weil sie das Gebäude der menschlichen Grundfähigkeiten strukturieren:

> *„Die praktische Vernunft [...] durchdringt alle Tätigkeiten und Pläne im Hinblick auf deren Realisierung in einem guten und erfüllten menschlichen Leben. Das gleiche gilt für die Verbundenheit mit anderen Menschen. Alles, was wir tun, tun wir als soziale Wesen; und unsere eigene Lebensplanung ist eine Planung mit anderen und für andere"* (ebd., 60).

Ergänzend dazu kann man auf dieser Ebene der „architektonischen Funktionen" eine dritte Fähigkeit nennen, nämlich das (von Nussbaum nicht explizit aufgeführte) *personale Selbstbewusstsein* bzw. *Selbstwertgefühl*. Dass der Mensch ein reflexives Verhältnis zu sich selbst hat, sich selbst in seine Zukunft hinein entwirft, durchdringt alle seine Bedürfnisse und Tätigkeiten ebenso wie die praktische Vernunft und das soziale Miteinander. Auch drückt es sich in besonderer

Weise in der Fähigkeit des Menschen aus, „sein eigenes Leben und nicht das von jemand anderem zu leben" (ebd., 58). Dass wir das Selbstverhältnis bei allen Möglichkeiten, die zu einem gelingenden Leben gehören, immer schon voraussetzen, wird gerade an den Fähigkeiten der praktischen Vernunft und des sozialen Miteinanders deutlich, die ja auch vielen Tieren zuzusprechen sind. Die spezifisch menschliche Bedeutung dieser Fähigkeiten wird erst durch den Bezug auf ein personales Selbstbewusstsein und Selbstwertgefühl möglich, insofern die praktische Vernunft zur Fähigkeit der bewussten Planung und das soziale Miteinander zur symbolischen Interaktion werden.

Die Bedeutung des Selbstbewusstseins und Selbstwertgefühls wird auch noch dadurch deutlich, dass Fähigkeiten nur dann als konstitutive Merkmale eines gelingenden Lebens verstanden werden können, wenn sie auf einer weitgehend freien Wahl beruhen und zur Verwirklichung eines selbst bestimmten Lebensentwurfs beitragen. So kann zum Beispiel die „Fähigkeit, für andere und bezogen auf andere zu leben" (ebd.), auch einfach nur darin bestehen, eine Gegebenheit auszuhalten, die man nicht ändern kann. Aber nur wenn das Miteinander auf Dauer nicht zum Zwang wird, sondern der Erschließung der je eigenen Lebenswirklichkeit eingepasst ist, kann von einem gelingenden Leben die Rede sein. Ähnliches gilt für die anderen von Nussbaum aufgeführten Werte wie Mobilität oder sogar Freude und Humor, der zum Beispiel als „Galgenhumor" auch das Zeichen eines nicht gelingenden Lebens sein kann.

Als Zwischenresümee ergibt sich nun: Auf einer *ersten*, anthropologisch allgemeinen Ebenen lassen sich *konstitutive Bedingungen* des Menschseins feststellen (Sterblichkeit, Körperlichkeit usw.), aus denen sich auf einer *zweiten* Ebene „architektonische Funktionen", nämlich *praktische, soziale und personale Kompetenzen* (praktische Vernunft, soziales Miteinander, Selbstbewusstsein) herausheben. Diese bilden die Grundlage dessen was sich dann weiterhin an Dimensionen und Merkmalen eines gelingenden Lebens zusammenstellen lässt.

Wir können die drei zuletzt aufgeführten Bereiche von praktischen, personalen und sozialen Kompetenzen ohne weiteres in den verschiedenen Zielorientierungen wiederentdecken, die im obigen Fallbeispiel (Frau Meier) genannt wurden:

- *Praktische Kompetenzen:* Die Fähigkeit zu planen, „Entscheidungen zu treffen, Bewertungen vorzunehmen und entsprechend zu handeln" (ebd., 53) ist die Grundlage der konkreten Willensäußerungen, mit denen Frau Maier ihre Lage zu verbessern versucht. Planung spielt insbesondere in den Bereichen der Selbstversorgung, der Freizeitgestaltung und der Arbeit eine tragende Rolle.
- *Soziale Kompetenzen:* Das menschliche Leben erhält seinen subjektiven Wert vor allem durch gelungene Bindungen zu anderen Menschen. Diese Erfüllung äußert sich als soziale Anerkennung, die von Frau Meier vor allem im Bereich der sozialen Nahbeziehungen gesucht wird. Aber auch die von ihr erstrebte Arbeit ist für soziale Anerkennung sehr bedeutsam.
- *Personale Kompetenzen:* Zu diesen gehört die positive Wahrnehmung der eigenen Person in den verschiedenen Lebensbereichen. Für Frau Meier geht es

hier vor allem um die Bereiche des Umgangs mit der eigenen Krankheit, der Selbstversorgung und der Freizeitgestaltung, die besonders erstrebenswerte ästhetische und körperbezogene Formen der Selbstverwirklichung (Musik, Sport) enthält.

(3) *Handlungsformen.* Praktische, soziale und personale Kompetenzen manifestieren sich im Alltag in zwei grundsätzlich unterscheidbaren Handlungsformen, die man mit Habermas (wie hier in Kapitel 2 erwähnt) als „Arbeit" und „Interaktion" bezeichnen kann. Unter der Fragestellung einer Theorie des „Glücks" (als einer Steigerungsform des „gelingenden Lebens") – hat Martin Seel die beiden Kategorien Arbeit und Interaktion näher kategorisiert. *Arbeit* (in diesem sehr allgemein-abstrakten Sinn) ist der „Umgang mit äußeren Gegebenheiten", die „Behandlung eines Objekts durch ein Subjekt", „ein absichtsvolles und (mehr oder weniger) aufwendiges Bewirken, dem es primär um das Resultat dieses Bewirkens geht" (Seel 1999, 140, 142). Dagegen ist *Interaktion* der „Umgang mit einem menschlichen Gegenüber", die „Begegnung unter Subjekten", „ein responsives Verhalten zu Lebewesen, die antwortend auf unsere Ansprache reagieren können" (ebd., 140, 150).

Darüber hinaus ermöglichen uns die kulturellen Symbolsysteme, mit Objekten nicht nur zweckgerichtet und mit Subjekten nicht nur leibhaftig umzugehen. So gibt es auch eine zweckgerichtete Tätigkeit („Arbeit") *ohne* äußeren Zweck, nämlich das *Spiel;* und Interaktion/Kommunikation *ohne* personales Gegenüber, nämlich die *Betrachtung.* Das *Spiel* ist „ein vollzugsorientiertes Handeln [...]; es lebt von der Ungewissheit seiner Verläufe. Es ist ein involvierendes Handeln; es besteht in einer Verausgabung an die Situation des Handelns [...]; es steht in einem Kontrast zu einer (wie immer gefassten) Normalität des übrigen Lebens" (ebd., 159). Schließlich ist *Betrachtung* „ein selbstzweckhaft denkendes oder anschauendes Verweilen bei den Gegenständen dieser Betrachtung. [...] Reine Betrachtung [...] kann theoretisch oder ästhetisch, sinnlich oder unsinnlich, erkennend oder nicht erkennend sein" (ebd., 165 f.). Damit ist eine dritte Ebene der Bestimmungen eines gelingenden Lebens, nämlich die von *kategorialen Formen des Handelns* bezeichnet. Gelingendes Leben äußert sich mit gleicher Wertigkeit als Gelingen mindestens in den vier Bereichen Arbeit, Interaktion, Spiel und Betrachtung (wobei auch Seel, ähnlich wie Nussbaum, mit dieser Zusammenstellung keine Vollständigkeit beansprucht).

(4) *Fähigkeiten eines gelingenden Lebens.* Auf einer vierten Ebene sind nun inhaltlich bestimmten Grundfähigkeiten zu nennen, deren Verwirklichung ein gelingendes Leben ausmacht. Nussbaum formuliert eine solche Liste von *konstitutiven Grundfähigkeiten* des Menschseins, die untereinander eng zusammenhängen und unabdingbare Voraussetzungen eines gelingenden Lebens darstellen. Zu betonen ist dabei, dass es sich nicht um tatsächlich ausgeübte Tätigkeiten handeln muss, sondern nur um Fähigkeiten oder Möglichkeiten:

„1. Die Fähigkeit, ein volles Menschenleben bis zum Ende zu führen; nicht vorzeitig zu sterben, oder zu sterben, bevor das Leben so reduziert ist, dass es nicht mehr lebenswert ist.

2. Die Fähigkeit, sich guter Gesundheit zu erfreuen; sich angemessen zu ernähren; eine angemessene Unterkunft zu haben; Möglichkeiten zu sexueller Befriedigung zu haben; sich von einem Ort zu einem anderen zu bewegen.
3. Die Fähigkeit, unnötigen Schmerz zu vermeiden und freudvolle Erlebnisse zu haben.
4. Die Fähigkeit, die fünf Sinne zu benutzen, sich etwas vorzustellen, zu denken und zu urteilen.
5. Die Fähigkeit, Bindungen zu Dingen und Personen außerhalb unserer selbst zu haben; diejenigen zu lieben, die uns lieben und für uns sorgen, und über ihre Abwesenheit traurig zu sein: allgemein gesagt: zu lieben, zu trauern, Sehnsucht und Dankbarkeit zu empfinden.
6. Die Fähigkeit, sich eine Vorstellung vom Guten zu machen und kritisch über die eigene Lebensplanung nachzudenken.
7. Die Fähigkeit, für andere und bezogen auf andere zu leben, Verbundenheit mit anderen Menschen zu erkennen und zu zeigen, verschiedene Formen von familiären und sozialen Beziehungen einzugehen.
8. Die Fähigkeit, in Verbundenheit mit Tieren, Pflanzen und der ganzen Natur zu leben und pfleglich mit ihnen umzugehen.
9. Die Fähigkeit, zu lachen, zu spielen und Freude an erholsamen Tätigkeiten zu haben.
10. Die Fähigkeit, sein eigenes Leben und nicht das von jemand anderem zu leben.
10a. Die Fähigkeit, sein eigenes Leben in seiner eigenen Umgebung und seinem eigenen Kontext zu leben" (ebd., 57 f.; erweiterte Fassung: 200 ff.).

Auch diese Liste ist weder homogen noch systematisch. Immerhin könnte man sie derart zusammenfassen, dass es sich bei den Fähigkeiten 1 bis 4 um die Ausschöpfung *materieller, körperlicher und psychischer Bedingungen des Wohlbefindens* handelt, bei den Fähigkeiten 5 bis 8 um die Gestaltung *sozialer und natürlicher Verbundenheit* und um die Entwicklung entsprechender *sozialer Gefühle* und bei den Fähigkeiten 6, 9, 10 und 10a um *Selbstkompetenzen* einschließlich der Fähigkeit der Distanzierung von den unmittelbaren Lebensvollzügen durch *Reflexion, Kritik, Humor, Spiel und Erholung*. Alle diese für ein erfülltes Leben grundlegenden Fähigkeiten hängen, so Nussbaum, wechselseitig voneinander ab, bilden dadurch aber kein harmonisches Ganzes, sondern können sich in ihren Intentionen und Ausführungen auch wechselseitig stören. Immer wieder müssen Menschen sich entscheiden, ob sie allein oder miteinander tätig sind, welche Erfüllungen sie anderen, die alternativ möglich wären, vorziehen usw.

Schematisch lassen sich die vier genannten Ebenen als Ineinander konzentrischer Ringe darstellen (vgl. Abb. 5).

Diese Zusammenstellung muss hier als Architektonik einer Minimaltheorie des gelingenden Lebens genügen – „minimal" auch im Sinne von Walzer (vgl. hier Kap. 8.6), denn die minimale Frage ist: „Was tut der Mensch als solcher – und nicht als Mitglied einer bestimmten Gruppe oder einer bestimmten lokalen Gemeinschaft?" (Nussbaum 1993a, 187). Dabei ist festzuhalten: Nicht „der Mensch als solcher" arbeitet, interagiert, spielt, liebt, entwickelt eine Vorstel-

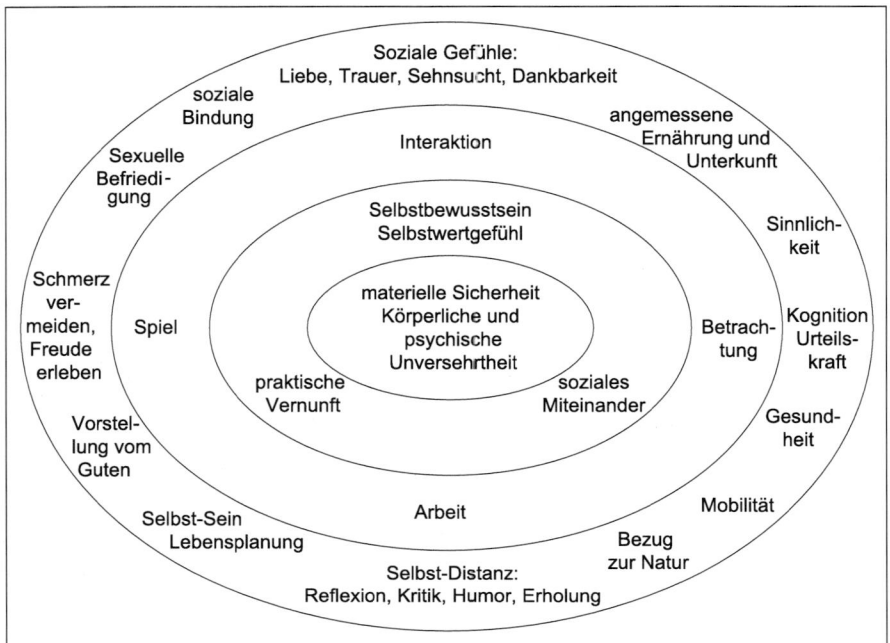

Abb. 5: Architektonik einer Minimaltheorie des gelingenden Lebens

lung vom Guten usw., sondern *der konkrete Mensch in seinen lebensgeschichtlichen, kulturellen und gesellschaftlichen Bezügen*. Diese Präzisierung ist wegen der politischen und professionellen Konsequenzen dieses Modells nötig. Bei Nussbaum geht es letztlich darum, menschliches Wohlergehen in verschiedenen politischen und wirtschaftlichen Systemen messen zu können und eine „sozialdemokratische" (ebd., 24) Aufgabenbestimmung des Staates zu begründen. Besteht diese mit Nussbaum in der Förderung eines gelingenden Lebens für alle Bürger eines Staates, dann zielt eine ethisch richtige Sozialpolitik darauf, den Bürgern zu ermöglichen, ihre Grundfähigkeiten in möglichst selbstbestimmten Lebensentwürfen umzusetzen. Die Bürger sollen „die institutionelle, materielle und pädagogische Unterstützung erhalten, die erforderlich ist, um sie zu befähigen, in dem betreffenden Lebensbereich entsprechend ihrer praktischen Vernunft zu handeln – nicht nur zu handeln, sondern gut zu handeln, soweit es die natürlichen Umstände zulassen" (ebd., 62).

Um dies hinsichtlich der Sozialen Arbeit weiter zu präzisieren, können wir uns abschließend eine weitere Unterscheidung Seels zunutze machen: Wenn Arbeit, Interaktion, Spiel und Betrachtung existenzielle Möglichkeiten eines gelingenden Lebens sind, kann man dabei grundsätzlich ein Mehr oder Weniger unterscheiden, nämlich ein mehr oder weniger gelingendes, gutes und glückliches Leben: Ein *gelingendes* Leben besteht nach Seel darin, diese Möglichkeiten zur Verfügung zu haben.

> „Das gelingende Leben ist darüber hinaus ein gutes Leben, wenn sich in seinem Verlauf einige wesentliche Wünsche erfüllen, und darüber hinaus ein glückliches Leben, wenn es reich an kontinuierlicher und ekstatischer Erfüllung ist" (Seel 1999, 136).

Das bedeutet, dass ein gelingendes Leben vorstellbar ist, das nicht auch ein gutes oder gar ein glückliches Leben ist. Umgekehrt aber ist kein glückliches Leben möglich, das nicht auch ein gutes, und kein gutes, das nicht ein gelingendes Leben wäre.

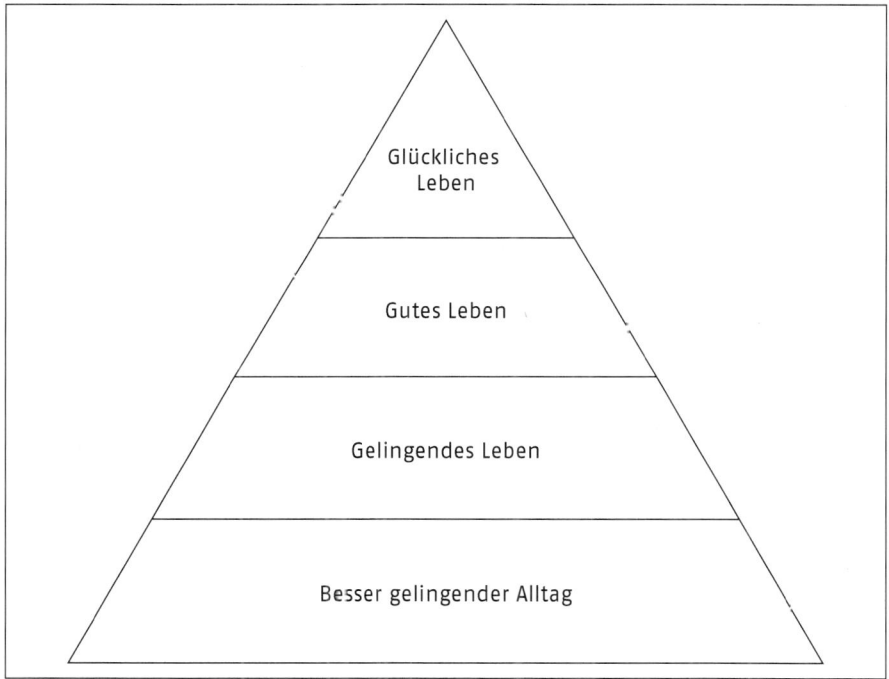

Abb. 6: Bedingungsverhältnisse eines (besser) gelingenden, guten und glücklichen Lebens

Es ist nicht die Aufgabe der Sozialpolitik wie auch der Sozialen Arbeit, für ein glückliches oder gutes Leben der Bürger zu sorgen, sondern ein gelingendes Leben zu *ermöglichen*, indem entsprechende materielle und institutionelle Hindernisse beseitigt und Voraussetzungen geschaffen werden. Sofern die Soziale Arbeit auf psychosoziale Problemlagen reagiert, ist dieses Ermöglichen gleichbedeutend mit der Arbeit an einem „besser gelingenden Alltag". Dass zum Beispiel Frau Meier sich in ihrem Alltag vereinsamt fühlt, ist zunächst leichter festzustellen als die ihr angemessene Weise eines sozialen Miteinanders und den Weg dorthin konkret zu bestimmen. Das heißt, ein Übel ist leichter zu bestimmen als ein Gut. Und je mehr der Weg der sozialarbeiterischen Betreuung von der Kompensation und Reflexion des Übels voranschreitet in Richtung einer Ermöglichung eines Guts, desto stärker kommt die Wahlfreiheit und Selbstbestimmung der Klientin zum Tragen.

Ethisch hat die Beseitigung eines Übels Vorrang vor der Förderung eines Guts. Auch wenn beides im Alltag oft eng zusammenspielt und nicht immer auseinander zu halten ist, ist doch in Dilemmasituationen (Fürsorge auf Kosten der Selbständigkeit oder umgekehrt?) oder unter Bedingungen der Zeit- und Ressourcenknappheit (wofür sollen welche begrenzten Mittel in welcher begrenzten Zeit eingesetzt werden?) in der Betreuung auf diese Regel zurückzugreifen. Über die Arbeit am besser gelingenden Alltag hinaus mag die Orientierung am guten und am glücklichen Leben den unmittelbaren, kleinschrittigen Anstrengungen einen tieferen Sinn geben. Aber die Bemühung vor allem auf einen besser gelingenden Alltag hinzulenken, hat doch den Vorteil, die Betreuer wie auch die Klientin vor Selbstüberforderung und die Klientin vor einer allzu „fürsorglichen Belagerung" (Böll 1979) durch die Soziale Arbeit zu schützen.

Gut zu wissen – gut zu merken

Was unter einem gelingenden Leben zu verstehen sei, wird uns einerseits gesellschaftlich und kulturell vorgegeben, andererseits hat jedes Individuum dazu besondere Träume und Hoffnungen. Wenn in der Sozialen Arbeit ein „gelingendes Leben" als letzte Zielperspektive genannt wird, ist damit weder einfach die Anpassung an gesellschaftliche Vorgaben, noch bloß die Erfüllung subjektiver Wünsche gemeint. Vielmehr geht es um die Erweiterung von Lebensführungskompetenz. Um zu bemessen, in welchen Bereichen diese im Einzelfall besonders zu fördern ist, bedarf es einer Minimaltheorie des gelingenden Lebens. Damit von einem gelingenden Leben die Rede sein kann, müssen in den verschiedenen Sphären (1) der konstitutiven Bedingungen des Menschseins, (2) der praktischen, sozialen und personalen Kompetenzen, (3) der Handlungsformen Arbeit, Spiel, Interaktion und Betrachtung und schließlich (4) deren Ausformung in wesentlichen Grundfähigkeiten des materiellen, körperliche und psychischen Wohlbefindens gegeben sein. Die konkrete Förderung orientiert sich an dem, was nicht nur gewünscht, sondern gewollt wird, und was mit den vorhandenen Ressourcen erreichbar ist. So wird die abstrakte Zielperspektive „gelingendes Leben" in ihrer Anwendung zur konkreten Zielperspektive „besser gelingender Alltag".

Literaturempfehlung

Marcuse, Ludwig (1949): Die Philosophie des Glücks. Zürich: Europa-Verlag.
Ropohl, Günther (2003): Sinnbausteine für ein gelingendes Leben. Leipzig: Reclam.
Schmid, Wilhelm (2004): Mit sich selbst befreundet sein. Von der Lebenskunst im Umgang mit sich selbst. Frankfurt a. M.: Suhrkamp.
Thiersch, Hans (1992): Lebensweltorientierte Soziale Arbeit. Aufgaben der Praxis im sozialen Wandel. Weinheim, München: Juventa.
Wahl, Wolfgang (2002): Gelingendes Leben als Leitperspektive Sozialer Arbeit? Ein Beitrag zur sozialarbeitswissenschaftlichen Theoriebildung. Internet: http://www.sozialarbeitswissenschaften.de [Zugriff 2/2012].

Literatur

Weitergehende Literaturempfehlungen finden sich jeweils am Ende der einzelnen Kapitel.

Arendt, Hannah (1964): Eichmann in Jerusalem. München: Piper.
Aristoteles (um 330 v. Chr.): Nikomachische Ethik. Stuttgart: Reclam 1994.
Baum, Hermann (1996): Ethik sozialer Berufe. Paderborn u. a.: Schöningh.
Beck, Ulrich (1986): Risikogesellschaft. Auf dem Weg in eine andere Moderne. Frankfurt a. M.: Suhrkamp.
Bensch, Rudolf/Trutwin, Werner (1977): Ethik. Philosophische Kolleg 3. Düsseldorf: Patmos.
Billerbeck, Liane von (2001): Selbstlos. Helden des Alltags 2001: Kirstin Falk, Zahnärztin aus Berlin. In: Die Zeit vom 19.12.2001.
Bischof-Köhler, Doris (2011): Soziale Entwicklung in Kindheit und Jugend. Stuttgart: Kohlhammer.
Bobbio, Noberto (1990): Das Zeitalter der Menschenrechte. Ist Toleranz durchsetzbar? Berlin: Wagenbach (1998).
Böhnisch, Lothar (2001): Lebensbewältigung. In: Otto, Hans-Uwe/Thiersch, Hans: Handbuch der Sozialarbeit/Sozialpädagogik. Neuwied: Luchterhand.
Böhnisch, Lothar/Lösch, Hans (1973): Das Handlungsverständnis des Sozialarbeiters und seine institutionelle Determinanten. In: Hans Uwe Otto/Siegfried Schneider (Hrsg.): Gesellschaftliche Perspektiven der Sozialarbeit, 2. Halbband. Neuwied, Berlin: Luchterhand, 21– 40.
Böll, Heinrich (1979): Fürsorgliche Belagerung. München: Deutscher Taschenbuchverlag 1995.
Bönisch, Georg/Sontheimer, Michael (2007): „Der Kampf hört nie auf". Der deutsche Herbst, Teil VIII: Das rätselhafte Ende der RAF. In: Der Spiegel Nr. 44 vom 29.10.2007.
Brecht, Bertold (1928): Die Dreigroschenoper. In: Ders.: Gesammelte Werke, Bd. 2, Stücke 2. Frankfurt a. M.: Suhrkamp (1967).
Brecht, Berthold (1942): Die Maske des Bösen. In: Ders.: Gesammelte Werke Bd. 10: Gedichte 3. Werkausgabe. Frankfurt a. M.: Suhrkamp (1967).
Büchner, Georg (1837): Woyzeck. Szene „Maries Kammer". In: Hans Mayer, Georg Büchner: Woyzeck. Dichtung und Wirklichkeit. Frankfurt a. M., Berlin: Ullstein (1963).
DBSH (Deutscher Berufsverband für Soziale Arbeit) (1997): Berufsethische Prinzipien des DBSH. Internet: www.dbsh.de/Berufsethischeprinzipien.pdf [Zugriff 2/2012].
DBSH (Deutscher Berufsverband für Soziale Arbeit) (1998): An Zustimmung wird nicht gespart! Internet: http://www.dbsh.de/DemoscopeStudie.pdf [Zugriff 10/2010].
Dornes, Martin (1993): Der kompetente Säugling. Die präverbale Entwicklung des Menschen. Frankfurt: Fischer Taschenbuchverlag.
Durkheim, Emile (1924): Soziologie und Philosophie. Frankfurt a. M.: Suhrkamp (1967).
Erikson, Erik H. (1950): Kindheit und Gesellschaft. Stuttgart: Klett-Cotta (1999).
Follath, Erich (2011): Der Menschenversenker. In: Der Spiegel Nr. 36 vom 5.9.2011.
Freud, Sigmund (1915): Bemerkungen über die Übertragungsliebe. In: Ders.: Studienausgabe, Ergänzungsband. Frankfurt a. M.: S. Fischer (1982).
Freud, Sigmund (1930): Das Unbehagen in der Kultur. In: Ders.: Studienausgabe Bd. IX. Frankfurt a. M.: S. Fischer (1982).
Friderichs, Gudrun/Rolf Eichholz (1995): Der Schrei nach Wärme. Jugend und Gewalt. Frankfurt a. M. u. a.: Lang.

Fromm, Erich (1947), Psychoanalyse und Ethik. Bausteine zu einer humanistischen Charakterologie. In: Ders.: Gesamtausgabe Bd. II. München: Deutscher Taschenbuch Verlag (1989).

Funk, Rainer (2005): Ich und Wir. Psychoanalyse des postmodernen Menschen. München: Deutscher Taschenbuch Verlag.

Gaschke, Susanne (2001): Im deutschen Sozialarbeitermodus. In: Frankfurter Allgemeine Zeitung vom 20.9.2001.

Gigerenzer, Gerd (2008): Bauchentscheidungen. Die Intelligenz des Unbewussten und die Macht der Intuition. München: Goldmann.

Gross, Raphael (2010): Anständig geblieben. Nationalsozialistische Moral. Frankfurt a. M.: S. Fischer.

Gruber, Hans-Günter (2005): Ethisch denken und handeln. Grundzüge einer Ethik der Sozialen Arbeit. Stuttgart: Lucius & Lucius.

Gutsch, Jochen-Martin (2006): Die Sandalen des Guten. Ortstermin: In München tüfteln die Sozialarbeiter der Welt an der Veredelung des Menschen. In: Der Spiegel Nr. 32 vom 7.8.2006.

Habermas, Jürgen (1981): Theorie des kommunikativen Handelns, Bd. 1. Frankfurt a. M.: Suhrkamp.

Habermas, Jürgen (1983): Moralbewusstsein und kommunikatives Handeln. Frankfurt a. M.: Suhrkamp.

Hillmann, Karl-Heinz (2001): Zur Wertewandelforschung: Einführung, Übersicht, Ausblick. In: Oesterdiekhoff, Georg W./Jegelka, Norbert (Hg.): Werte und Wertewandel in westlichen Gesellschaften. Opladen: Leske und Budrich.

Höffe, Otfried (2007): Lebenskunst und Moral, oder: Macht Tugend glücklich? München: Beck.

Horkheimer, Max (1957): Zum Begriff des Menschen. In: Ders.: Gesammelte Schriften Bd. 7. Frankfurt a. M. (1985).

Horster, Detlef (1999): Postchristliche Moral. Eine sozialphilosophische Begründung Hamburg: Junius.

Hutcheson, Francis (1725): Eine Untersuchung über den Ursprung unserer Ideen von Schönheit und Tugend. Über moralisch Gutes und Schlechtes. Übers. und hrsg. von Wolfgang Leidhold. Hamburg: Meiner (1986).

International Federation of Social Workers (2005): Definition von Sozialarbeit (German version). Internet: http://www.ifsw.org/p38000409.html [Zugriff 3/2011].

Jonas, Hans (1979): Das Prinzip Verantwortung. Versuch einer Ethik für die technologische Zivilisation. Frankfurt a. M.: Suhrkamp.

Kästner, Erich (1978): Das Erich Kästner Lesebuch, Zürich: Diogenes.

Kant, Immanuel (1785): Grundlegung zur Metaphysik der Sitten. In: Ders.: Werkausgabe Bd. VII. Hrsg. von Wilhelm Weischedel. Frankfurt a. M.: Suhrkamp (13. Auflage 1996).

Keller, Monika (1996): Moralische Sensibilität. Entwicklung in Freundschaft und Familie. Weinheim: Beltz.

Kiesewetter, Kurt (2007): Moral als Kanonenfutter. In: Frankfurter Rundschau.

Kohlberg, Lawrence (1984): Die Psychologie der Moralentwicklung, Frankfurt a. M.: Suhrkamp 1996.

Krämer, Hans (1995): Integrative Ethik. Frankfurt a. M.: Suhrkamp.

Krainer, Larissa/Heintel, Peter (2010): Prozessethik. Zur Organisation ethischer Entscheidungsprozesse. Wiesbaden: VS Verlag für Sozialwissenschaften.

Kuhrau-Neumärker, Dorothea (2005): „War das o. k.?" Moralische Konflikte im Alltag Sozialer Arbeit. Einführung in die Berufsethik. Schriften des Fachbereichs Sozialwesen der Fachhochschule Münster Bd. 1. Münster u. a.: Waxmann.

Lenk, Hans (1999): Praxisnahes Philosophieren. Eine Einführung. Stuttgart: Kohlhammer.

Leupold, Michael (2008): Strebensethik in der klinischen Sozialarbeit – eine programmatische Anwendung der Philosophischen Lebenskunst. Dissertation an der Universität Würzburg. Internet: http://opus.bibliothek.uni-wuerzburg.de/volltexte/2009/3332/pdf/Dissertation_Michael_Leupold_fuer_OPUS.pdf [Zugriff 2/2012].
Lob-Hüdepohl, Andreas (2007): Berufliche Soziale Arbeit und die ethische Reflexion ihrer Beziehungs- und Organisationsformen. In: Lob-Hüdepohl, Andreas/Lesch, Walter (Hrsg.): Ethik Sozialer Arbeit. Ein Handbuch. Paderborn u. a.: Schöningh.
Luhmann, Niklas (1973): Formen des Helfens im Wandel gesellschaftlicher Bedingungen. In: Otto, Hans-Uwe/Schneider, Siegfried (Hrsg.): Gesellschaftliche Perspektiven der Sozialarbeit. Erster Halbband. Neuwied/Berlin: Luchterhand.
Luther-Bibel 1984, Internet: http://www.die-bibel.de/online-bibeln/luther-bibel-1984/lesen-im-bibeltext/ [Zugriff 9/2011].
Margalit, Avishai (1996): Politik der Würde. Über Achtung und Verachtung. Berlin: Fest (1997).
Marx, Karl (1844): Zur Kritik der Hegelschen Rechtsphilosophie. Einleitung. In: Marx, Engels: Werke Bd. 1, Berlin: Dietz (1988).
Meinhof, Ulrike (1980): Die Würde des Menschen ist antastbar. Aufsätze und Polemiken. Berlin: Wagenbach (2004).
Milgram, Stanley (1974): Das Milgram-Experiment. Zur Gehorsamsbereitschaft gegenüber Autorität. Reinbek: Rowohlt (2007).
Montada, Leo (2002): Moralische Entwicklung und moralische Sozialisation. In: Oerter, Rolf/Montada, Leo (Hrsg.): Entwicklungspsychologie. 5., vollst. überarb. Aufl. Weinheim: Beltz.
Müller, Burkhard (1993): Sozialpädagogisches Können. Ein Lehrbuch zur multiperspektivischen Fallarbeit. Freiburg i. B.: Lambertus (3. Auflage 1997).
Müller, C. Wolfgang (1994): Wie Helfen zum Beruf wurde, Bd. 1: Eine Methodengeschichte der Sozialarbeit 1883–1945. 2., überarb. und erw. Aufl., Weinheim und Basel: Beltz.
Müller, C. Wolfgang (2007): Von der tätigen Nächstenliebe zum Helfen als Beruf. In: Lob-Hüdepohl, Andreas/Lesch, Walter (Hrsg.): Ethik Sozialer Arbeit. Ein Handbuch. Paderborn u. a.: Schöningh.
Nestroy, Johann (1843): Nur Ruhe; zit. aus: „Die Welt steht auf keinen Fall mehr lang." Nestroy zum Vergnügen, hrsg. v. Jürgen Hein. Stuttgart: Reclam (1995).
Nietzsche, Friedrich (1886): Jenseits von Gut und Böse. In: Ders.: Werke Bd. III. Hrsg. Von Georg Schlechta. München: Hanser (6. Auflage 1969).
Nunner-Winkler, Gertrud (1994): Zur frühkindlichen Moralentwicklung. In: Oser, Fritz/Althof, Wolfgang (Hrsg.): Moralische Selbstbestimmung. Modelle der Entwicklung und Erziehung im Wertebereich. Stuttgart: Klett-Cotta.
Nunner-Winkler, G. (2005): Anerkennung moralischer Normen. In: Heitmeyer, Wilhelm/Imbusch, Peter (Hrsg.): Integrationspotenziale einer modernen Gesellschaft. Wiesbaden: Verlag für Sozialwissenschaften.
Nussbaum, Martha C. (1993a): Gerechtigkeit oder Das gute Leben. Gender Studies. Frankfurt a. M.: Suhrkamp (1999).
Nussbaum, Martha C. (1993b): Menschliches Tun und soziale Gerechtigkeit. Zur Verteidigung des aristotelischen Essentialismus. In: Brumlik, Micha/Brunkhorst, Hauke (Hrsg.): Gemeinschaft und Gerechtigkeit. Frankfurt a. M.: Fischer-Taschenbuch.
Pantucek, Peter/Vyslouzil, Monika (Hrsg.) (1999): Die moralische Profession. Menschenrechte und Ethik in der Sozialarbeit. St. Pölten: Sozaktiv e. V.
Pascal, Blaise (1670): Über die Religion und einige andere Gegenstände (= Pensées). Darmstadt: Wissenschaftliche Buchgesellschaft (9. Auflage 1994).
Patzig, Günther (1978): Der kategorische Imperativ in der Ethik-Diskussion der Gegenwart. In: Ders.: Tatsachen, Normen, Sätze. Stuttgart: Reclam (1980).

Piaget, Jean (1932): Das moralische Urteil beim Kinde. München: Deutscher Taschenbuchverlag (2. Auflage 1990).
Rattner, Josef (1991): Tugend und Laster. Tiefenpsychologie als angewandte Ethik. Fischer Taschenbuch.
Rokeach, Milton (1973): The Nature of Human Values. New York: Free Press 2000.
Roth, Gerhard (2001): Fühlen, Denken, Handeln. Wie das Gehirn unser Verhalten steuert. Frankfurt a. M.: Suhrkamp.
Roth, Gerhard (2007): Persönlichkeit, Entscheidung und Verhalten. Warum es so schwer ist, sich und andere zu ändern. Stuttgart: Klett-Cotta.
Sachße, Christoph (1994): Mütterlichkeit als Beruf. Sozialarbeit, Sozialreform und Frauenbewegung 1871–1929. 2., überarb. Aufl. Opladen: Westdeutscher Verlag.
Salomon, Alice (1910): Ideal und Wirklichkeit. In: Salomon: Frauenemanzipation und soziale Verantwortung. Ausgewählte Schriften. Bd. 2. Hrsg. von Adriane Feustel. Neuwied u. a.: Luchterhand (2000).
Schanzenbächer, Stefan (1998), Konfrontatives Antiaggressivitätstraining mit gewaltbereiten Jugendlichen. In: Jugend und Gewalt. Dokumentation einer Tagungsveranstaltung des Evangelischen Stadtjugendpfarramtes Frankfurt a. M.
Schiffauer, Werner (1997): Kulturalismus vs. Universalismus. Ethnologische Anmerkungen zu einer Debatte. In: Ders.: Fremde in der Stadt. Frankfurt a. M.: Suhrkamp.
Schiller, Friedrich (1787): Don Karlos, Infant von Spanien. In: Ders., Gesammelte Werke Bd. 1, Gütersloh: Bertelsmann (1974).
Schiller, Friedrich (1796): Würde des Menschen. In: Ders., Gesammelte Werke, Bd. 3, Gütersloh: Bertelsmann (1974).
Schmidbauer, Wolfgang (1977): Die hilflosen Helfer. Über die seelische Problematik der helfenden Berufe. Überarb. und erw. Neuausgabe Reinbek: Rowohlt (1995).
Schopenhauer, Arthur (1819): Die Welt als Wille und Vorstellung Bd. I. In: Ders.: Sämtliche Werke. Hrsg. von Wolfgang Frhr. von Löhneysen, Bd. 1. Frankfurt a. M.: Suhrkamp (1986).
Schopenhauer, Arthur (1841): Über die Grundlage der Moral. In: Ders.: Kleinere Schriften. Sämtliche Werke Bd. III. Hrsg. von Wolfgang Frhr. v. Löhneysen. Frankfurt a. M.: Suhrkamp (1986).
Schultze-Dierbach, Elke (1993), Tiefenpsychologische Aspekte der Psychodynamik von Destruktivität. In: Georg Hey/Siegfried Müller/Heinz Sünker (Hg.), Gewalt – Gesellschaft – Soziale Arbeit. Gilde Soziale Arbeit – Jahrestagung 1992. Frankfurt a. M.: ISS-Eigenverlag.
Schwarz, Gerhard (1990): Konfliktmanagement. Konflikte erkennen, analysieren, lösen. Wiesbaden: Gabler (10. Auflage 2010).
Seel, Martin (1999): Versuch über die Form des Glücks. Studien zur Ethik. Frankfurt a. M.: Suhrkamp.
Spaemann, Robert (1982): Moralische Grundbegriffe. München: Beck (5. Auflage 1994).
Spitzer, Manfred (2002): Lernen. Gehirnforschung und die Schule des Lebens. Heidelberg/Berlin: Spectrum.
Staub-Bernasconi, Silvia (1995): Das fachliche Selbstverständnis Sozialer Arbeit – Wege aus der Bescheidenheit. Soziale Arbeit als Human Rights Profession. In: Wendt, Wolf Rainer (Hrsg.): Soziale Arbeit im Wandel ihres Selbstverständnisses – Beruf und Identität. Freiburg: Lambertus.
Staub-Bernasconi, Silvia (2007): Soziale Arbeit: Dienstleistung oder Menschenrechtsprofession? Zum Selbstverständnis Sozialer Arbeit in Deutschland mit einem Seitenblick auf die internationale Diskussionslandschaft. In: Andreas Lob-Hüdepohl/Walter Lesch (Hrsg.): Ethik Sozialer Arbeit. Ein Handbuch. Paderborn u. a.: Schöningh.
Stierlin, Helm (1975): Adolf Hitler. Familienperspektiven. Frankfurt a. M.: Suhrkamp.
Sutterlüty, Ferdinand (2001): Kreisläufe der Gewalt und der Missachtung. In: Institut für Sozialforschung, Mitteilungen Heft 12. Frankfurt a. M.: Institut für Sozialforschung.

Sutterlüty, Ferdinand (2002): Gewaltkarrieren. Jugendliche im Kreislauf von Gewalt und Missachtung. Frankfurt a. M.: Campus.
Tajfel, Henri (1981): Gruppenkonflikt und Vorurteil. Entstehung und Funktion sozialer Stereotypen. Bern u. a.: Huber 1982.
Thiersch, Hans (1984): Sozialpädagogik/Sozialarbeit: Theorie und Entwicklung. In: H. Eyfert/Hans-Uwe Otto/Hans Thiersch (Hrsg.): Handbuch zur Sozialarbeit/Sozialpädagogik. Neuwied: Luchterhand.
Thiersch, Hans (1986): Die Erfahrung der Wirklichkeit. Perspektiven einer alltagsorientierten Sozialpädagogik. Weinheim/München: Juventa.
Thiersch, Hans (1992): Lebensweltorientierte Soziale Arbeit. Aufgaben der Praxis im sozialen Wandel. Weinheim/München: Juventa.
Thiersch, Hans (1995) Gewalt – Jugendgewalt, in: Ders.: Lebenswelt und Moral. Beiträge zur moralischen Orientierung Sozialer Arbeit. Weinheim/München: Juventa.
Tiedemann, Paul (2006): Was ist Menschenwürde? Eine Einführung. Darmstadt: Wissenschaftliche Buchgesellschaft.
Tugendhat, Ernst (1998): Vorlesungen über Ethik. Frankfurt a. M.: Suhrkamp.
Uebach-Pott, Claudia (2012): Lebensqualität im Alltag der Seniorenbetreuung. Diplomarbeit am FB Sozialwesen der Hochschule Niederrhein, Mönchengladbach. Typoskript.
Valentin, Karl (o. J.): Internet, http://www.karl-valentin.de/zitate/zitatedatenbank.htm, [Zugriff 12/2008].
Volz, Fritz-Rüdiger (2000): Professionelle Ethik in der Sozialen Arbeit zwischen Ökonomisierung und Moralisierung. In: Wilken, Udo (Hrsg.): Soziale Arbeit zwischen Ethik und Ökonomie. Freiburg i. B.: Lambertus.
Wahl, Wolfgang (2002): Gelingendes Leben als Leitperspektive Sozialer Arbeit? Ein Beitrag zur sozialarbeitswissenschaftlichen Theoriebildung. Internet: http://www.sozialarbeitswissenschaften.de/ [Zugriff 2/2012].
Walzer, Michael (1996): Lokale Kritik – globale Standards. Zwei Formen moralischer Auseinandersetzung. Hamburg: Rotbuch.
Watzlawick, Paul/Beavin, Janet H./Jackson, Don D. (1969): Menschliche Kommunikation. Formen, Störungen, Paradoxien. Bern: Huber (12. Auflage 2011).
Weber, Max (1919): Politik als Beruf. In: Ders.: Soziologie – Weltgeschichtliche Analysen – Politik. Stuttgart: Kröner (1956).
Welzer, Harald (2005), Täter. Wie aus ganz normalen Menschen Massenmörder werden. Frankfurt a. M.: S. Fischer.
Wetz, Franz-Josef (1998): Die Würde des Menschen ist antastbar. Eine Provokation. Stuttgart: Klett-Cotta.
Wilde, Oscar (1891): Das Bildnis des Dorian Gray. Frankfurt a. M. und Leipzig: Insel (2002).
Willems, Helmut (1993), Fremdenfeindliche Gewalt. Einstellungen, Täter, Konflikteskalation. Opladen: Leske und Budrich.
Winge, Meinrad (1999): Zwangs-Beglückung. Zum alltäglichen Umgang mit dem Widerspruch einer Profession. In: Pantucek, Peter/Vyslouzil, Monika (Hrsg.): Die moralische Profession. Menschenrechte und Ethik in der Sozialarbeit. St. Pölten: Sozaktiv e. V.

Personenregister

A

Anzenbacher, Arno   43
Arendt, Hanna   156
Aristoteles   30–32, 34–36, 65, 76, 125 f.,
   169, 173, 192, 199

B

Baum, Hermann   97, 102, 167 f.
Beck, Ulrich   55
Bensch, Rudolf   107
Bentham, Jeremy   76, 83
Billerbeck, Liane von   15
Bischof-Köhler, Doris   130
Bobbio, Noberto   112
Böhme, Gernot   119
Böhnisch, Lothar   93
Böll, Heinrich   206
Bönisch, Georg   14
Brecht, Bertold   48, 140, 188
Büchner, Georg   40, 140

C

Carlyle, Thomas   90 f.
Cicero   35, 181

D

Daschner, Wolfgang   187
Dornes, Martin   126
Durkheim, Emile   154

E

Edelstein, Wolfgang   57
Eichholz, Rolf   152
Eichmann, Adolf   156
Engels, Friedrich   91, 113
Erikson, Erik H.   189

F

Follath, Erich   108
Freud, Sigmund   138–140, 145
Friderichs, Gudrun   152
Fromm, Erich   133, 157
Funk, Rainer   157

G

Gartz, Detlef   134
Gaschke, Susanne   14
Gigerenzer, Gerd   38, 51
Green, Graham   81
Gross, Raphael   108, 138
Gruber, Hans-Günter   33, 84
Gutsch, Jochen-Martin   13

H

Habermas, Jürgen   31 f., 67, 81, 202
Hees, Katja   153
Heintel, Peter   170
Helfersyndrom   73
Hering, Sabine   102
Hillmann, Karl-Heinz   172
Hippokrates   87
Hitler, Adolf   155
Hobbes, Thomas   73 f., 83
Höffe, Ottfried   40, 43, 69
Horkheimer, Max   157
Horster, Detlef   43, 56, 109, 114, 119
Hutcheson, Francis   75, 82

J

Jesus   108 f.
Jonas, Hans   163 f.
Justinian   117

K

Kant, Immanuel   66 f., 78–84, 86, 130 f.,
   156, 167, 181 f., 186–188
Kästner, Erich   140
Keller, Monika   125
Kenngott, Eva-Maria   134
Kiesewetter, Kurt   14
Kohlberg, Lawrence   133
Krainer, Larissa   170
Krämer, Hans   65, 69
Kuhrau-Neumärker, Dorothea   21, 55,
   88 f.

L

Latzko, Brigitte   134

Lenk, Hans 160
Lesch, Walter 33
Leupold, Michael 197 f.
Lob-Hüdepohl, Andreas 33, 110, 169, 176 f.
Lösch, Hans 93
Luhmann, Niklas 105 f., 110–112, 114
Luther, Martin 109

M

Maaser, Wolfgang 171, 191
Malti, Tina 134
Marcuse, Ludwig 206
Margalit, Avishai 189
Martin, Ernst 145, 171
Marx, Karl 91, 113, 138 f., 145
Meinhof, Ulrike 176
Milgram, Stanley 132, 141, 145
Mill, John Stuart 76
Mladić, Ratko 107
Montada, Leo 128, 131
Müller, Burkhard 99, 120 f., 123
Müller, C. Wolfgang 91, 111, 114
Münchmeier, Richard 102

N

Nestroy, Johann 140
Nietzsche, Friedrich 138 f., 145, 199
Nunner-Winkler, Gertrud 57, 114 f., 131
Nussbaum, Martha C. 62, 199–204

P

Pantucek, Peter 15, 33
Pascal, Blaise 181
Patzig, Günther 80
Paulus 109
Pawlow, Iwan Petrowitsch 126
Piaget, Jean 132 f.
Picht, Werner 90
Piper, Annemarie 69
Platon 65

R

Rattner, Josef 140
Reed, Carol 81
Rokeach, Milton 173
Roth, Gerhard 105
Ruskin, John 90 f.

S

Sachße, Christoph 90 f.
Salomon, Alice 91–93, 96
Sänger, Monika 86
Schaber, Peter 191
Schanzenbächer, Stefan 152
Schiffauer, Werner 116
Schiller, Friedrich 39, 182 f., 188
Schlüter, Wolfgang 102
Schmid, Wilhelm 206
Schmid Noerr, Gunzelin 86, 145
Schmidbauer, Wolfgang 73
Schneider, Johann 33
Schopenhauer, Arthur 82 f., 86, 132, 186
Schultze-Dierbach, Elke 152
Schwarz, Gerhard 170
Schweitzer, Albert 30
Schweppenhäuser, Gerhard 43
Schwerin, Jeanette 91
Seel, Martin 202, 204 f.
Sokrates 65 f.
Sontheimer, Michael 14
Spaemann, Robert 40, 57
Spitzer, Manfred 129
Staub-Bernasconi, Silvia 95, 116, 176 f.
Stickelmann, Bernd 158
Stierlin, Helm 155
Sutterlüty, Ferdinand 147–150, 152

T

Tajfel, Henri 107
Thiersch, Hans 118, 151, 192 f., 196, 206
Tiedemann, Paul 177
Toynbee, Arnold d. Ä. 90
Trutwin, Werner 107
Tugendhat, Ernst 40, 42, 86

U

Uebach-Pott, Claudia 190

V

Valentin, Karl 140
Volz, Fritz-Rüdiger 192, 196
Vyslouzil, Monika 15, 33

W

Wahl, Wolfgang 192, 206

Walzer, Michael 116 f., 203
Watzlawick, Paul 45, 150, 154
Weber, Max 84
Welles, Orson 81
Welzer, Harald 155

Wetz, Franz-Josef 180, 182, 187, 191
Wichern, Johann-Hinrich 91, 113
Wilde, Oscar 90 f.
Willems, Helmut 153 f., 156
Winge, Meinard 136 f.

Sachregister

A

Akzeptanz moralischer Normen 123 f., 143, 162
Alltag, besser gelingender 192–206, *siehe auch* Leben, gelingendes
Anerkennung 24, 28, 39, 41, 56, 67 f., 104, 120, 122, 124, 144, 187, 189, 193, 201
Antike 36, 43, 65, 73, 76, 181
Arbeit 106, 108, 110–113, 172, 178, 186, 194, 198, 201 f.
Arbeiterbewegung 113 f., 119
Aufklärung (Epoche, Denkweise) 66, 112, 114, 119, 175
Autonomie
– Autonomie der Klienten 56, 64, 88, 132, 136 f., 142, 151, 178, 182, 184 f., 188
– sozialarbeiterische Autonomie 89, 93 f., 96, 101, 168
Autorität 36, 38, 48, 56, 109, 133, 140 f., 143 Siehe auch autoritäre Moral

B

Barmherziger Samariter 108–111
Belohnung (als positive moralische Sanktion) 43, 66, 126, 128 f., 131 f.
Beruf der Sozialen Arbeit 15, 17, 29 f., 73, 84, 89–101, 161, 163, 176 f.
Berufsfeldstruktur der Sozialen Arbeit 63, 87, 96 f., 100, 102
Betrachtung (als Handlungsform) 202, 204, 206
Bindung, psychosoziale 50, 68, 73, 82, 107, 125, 135, 138, 142, 145, 154, 201, 203, *siehe auch* Gruppe (als moralischer Ort)
Bürgerrechte 104, 116

D

Deutscher Berufsverband für Soziale Arbeit (DBSH) 16, 95, 184
Doppelmandat der Sozialen Arbeit 87, 93–95, 98, 100, 111 f., 176

E

Einzigartigkeit des Individuums 57, 185 f., 191
Empathie 105, 141, 157 f., 162
Empowerment 36
Entscheidung 7, 19 f., 30, 34, 36, 38, 41 f., 47, 49, 51, 53–57, 60, 63, 66, 79, 84, 91, 94, 105, 107, 110 f., 128 f., 133, 137, 148, 159–163, 165, 168–171, 174 f., 179, 185, 195 f., 201
Erziehungsstil 54, 127 f., 133
Ethik 34, 37–41, 43
– antike Ethik 30, 61, 65 f., 76, 181
– Aufklärung (als Aufgabe der Ethik) 28, 38
– Berufs-Ethik 18 f., 21, 23, 25, 64, 84, 87–89, 92, 96, 100, 145, 171
– christliche Ethik 39, 65 f., 83, 91, 109, 114, 117, 119, 139, 175, 181
– deontologische Ethik 77–81
– deskriptiv-explanatorische Ethik 58, 60–62, 69, 100–102, 108, 142, 194 f.
– Diskurs-Ethik 32, 66 f., 81, *siehe auch* Ethik – deskriptiv-explanatorische Ethik
– Folgen-Ethik *siehe* Ethik – utilitaristische Ethik, Verantwortungs-Ethik
– Gesinnungs-Ethik 70, 77 f., 82, 84, 86
– Individual-Ethik 58, 63 f., 67–70, 89, 100–102, 116, 163, 165, 171, 182
– Institutions-Ethik 63, 101, 159–161, 164, 166 f., 169
– integrative Ethik 69
– konsequenzialistische Ethik *siehe* Ethik – utilitaristische Ethik
utilitaristische Ethik 75
– Mitleids-Ethik 82, 92
– normative Ethik *siehe* Ethik – Sollens-Ethik
Sollens-Ethik 58
– partikulare Ethik 39
– Pflicht-Ethik *siehe* Ethik – deontologische Ethik
– Professions-Ethik 7, 19 f., 33, 38 f., 53, 58, 60, 87–89, 92 f., 95–97, 100–102, 119, 152, 159, 169, 174
– Prozess-Ethik 170
– Sollens-Ethik 58, 64–71, 83, 89, 100–102, 137, 172 f., 189, 194 f.

Sachregister 217

- Sozial-Ethik 17, 19, 58, 63 f., 67–69, 92, 101 f., 110–114, 116, 155–158, 164, 166, 184
- Strebens-Ethik 58, 64–69, 100–102, 137, 145, 173, 180, 192, 194–198
- utilitaristische Ethik 75–77, 84, 163
- Verantwortungs-Ethik 70, 83–86, 93, 101 f., 159–171, 175

ethisch
- ethisch gut 19, 29, 31, 35, 40–43, 71, 76, 87, 160
- ethische Haltung 20, 35, 46, 50, 55, 61, 68, 77, 83 f., 112, 120, 122, 124–126, 128, 133, 137, 161, 163, 175
- ethische Kompetenz 20, 28, siehe auch Kompetenz
- ethische Motivation 7, 20, 102, 116
- ethische Norm 19, 28, 40, 62–67, 76–78, 81, 88, 95, 129, 176 f., 179, 183 f., 186, 190, 194
- ethische Reflexion 7, 13, 19–22, 26, 28 f., 38, 43, 62, 96, 102, 145, 169, 184, siehe auch Ziel – Ziel der ethischen Reflexion
- ethische Regel 25 f., 39, siehe auch Goldene Regel
- ethischer Egoismus 70, 72–74, 77, 82, 86
- ethisches Dilemma 83, 206

Ethos 34–37, 58, 63 f., 89–93, 102, 105, 155

F

Fall für, Fall mit, Fall von 49, 62, 99–102, 121, 186
Fürsorge 7, 15, 25, 28, 40, 46 f., 54, 56, 68, 71, 77, 81, 83, 88, 90–92, 107, 113, 125, 133, 135, 142, 145, 174, 179, 185, 206

G

Gerechtigkeit 7, 23 f., 28, 36, 38, 40, 42, 49, 62 f., 68, 77, 94, 101, 112, 115–118, 125, 133, 144, 149 f., 154–156, 174, 184, 187
Gesellschaft
- archaische Gesellschaft 104, 106–109, 119
- hochkulturelle Gesellschaft 106, 108, 111, 119
- moderne Gesellschaft siehe Moderne

Gesinnung 34, 77 f., 82, 85 f., 90, 92, 175
Gewalt 13 f., 18, 22 f., 52, 54, 73 f., 80, 115, 139, 143 f., 148–158, 168, 175, 181, 187
Gewaltkarriere 146, 148, 151 f.
Gewissen 28, 43, 50, 52, 74, 81, 92, 127, 132, 138, 143, 155, 157, 161, 163
Gewöhnung 31, 125 f.
Gleichwertigkeit der Individuen 185 f., 191
Goldene Regel 39, 62, 73, 78, 80, 86, siehe auch ethisch – ethische Regel; moralisch – moralische Regel
Gruppe (als moralischer Ort) 26, 39 f., 42, 47, 50, 106–109, 113, 125, 143, 146 f., 151, 153–155, 158, 189, siehe auch Bindung, psychosoziale

H

Helfersyndrom 73
Hilfe
- Hilfe zur Selbsthilfe 20 f.
- Hilfeplanung 192, 197 f.
- soziale Hilfe 13 f., 16, 18, 24, 26, 29, 32, 50, 58, 67, 80, 91, 93 f., 98, 103 f., 106, 108, 110–113, 116, 119, 136 f., 142, 152, 167, 171, 179, 186 f., 192
Hippokratischer Eid 87 f., 102

I

Identifikation siehe Bindung, psychosoziale
Imperativ
- hypothetischer Imperativ 79
- Kategorischer Imperativ 66, 78–81, 86, 139, 156, 167 f., 185
Individualisierung, gesellschaftliche 55, 90, 114, 127
Innere Mission 91, 113
Interaktion 31 f., 45, 52, 63, 69, 94, 99 f., 107, 121, 123, 128, 149, 158, 162, 201–204, 206
International Federation of Social Workers 13, 94 f.

K

Kampf, sozialer 14, 16, 49, 74, 92, 106, 121 f., 128, 139, 142–144

Kategorischer Imperativ *siehe* Imperativ
- Kategorischer Imperativ

Klugheit 38, 53 f., 73, 101, 137

Kodex, berufsethischer 95 f., 146, 184, 186

Kognition 20, 47, 107, 123, 125, 129, 131, 133, 142, 161 f., 181, 200

Kompetenz *siehe auch* ethisch – ethische Kompetenz
- fachliche Kompetenz 25, 30, 101, 110, 160 f., 167
- personale Kompetenz 34, 200–202, 206
- praktische Kompetenz 200–202, 206
- soziale Kompetenz 25, 157, 167, 200–202, 206

Konflikt, sozialer *siehe* Kampf, sozialer

Kontraktualismus *siehe* ethisch – ethischer Egoismus

Kontrolle, soziale 24–26, 89, 93 f., 136 f., 152

Kultur 23, 26–28, 32–34, 39, 55 f., 61 f., 102–106, 110–114, 116 f., 119, 153 f., 183 f., 189, 193, 199

L

Leben, gelingendes 32, 34, 36, 39–41, 50, 54, 63, 65–68, 84 f., 88, 102, 137, 192–197, 199–206, *siehe auch* Alltag, besser gelingender

M

Macht 18 f., 25, 29, 63, 66, 70–77, 82, 84, 89, 93, 100, 112, 128, 133, 135 f., 139, 144 f., 149, 155, 166

Menschenrechte 33, 77, 92, 94 f., 103 f., 112 f., 118, 176 f., 183, 186

Menschenrechtsprofession 177

Menschenwürde 28 f., 31, 38, 84, 88, 116–118, 156, 172, 175–177, 179–191

Mittelalter 65 f., 160, 181

Moderne 21, 30 f., 36, 56, 61 f., 66, 70, 74, 76, 87, 91, 103–106, 108–112, 114 f., 119, 127, 139, 150, 155, 175, 181, 184, 196

Moral 35–37, 44–57
- autonome Moral 99, 132 f., 135, 145, *siehe auch* Autonomie
- autoritäre Moral 74, 110, 132 f., 140, *siehe auch* Autorität
- christliche Moral 113 f., 119, 139, *siehe auch* Ethik – christliche Ethik
- Gehorsams-Moral *siehe* Moral – autoritäre Moral
- heteronome Moral 132
- humanistische Moral 133
- Maximal-Moral 114, 117 f.
- Minimal-Moral 116–119
- Moral als Waffe 142 f.
- Moral-Entwicklung (individuell, kulturell) 28, 55, 60 f., 65, 103–133
- Moral-Falle 135 f.
- neuronale Grundlagen der Moral 61, 105, 120, 128 f., 133
- neurotische Moral 72, 140
- partikularistische Moral 103 f., 106–108, 114 f., 118 f., 155 f., 158
- Rechts-Moral 82
- repressive Moral 118, 139
- Sippen-Moral 107 f., 150, 154, 197 f.
- soziale Moral 39, 56 f., 65
- Täter-Moral 146, 152–156
- Tugend-Moral 82
- universalistische Moral 81, 83, 103 f., 106, 108–110, 114–119

moralisch
- moralisch gut 7, 34, 42, 70, 73–78, 81, 83, 129, 131, 133, 140, 143
- moralische Grammatik des Verhaltens 44, 47 f.
- moralische Motivation 18, 50, 112, 124 f., 131, 133, 136, 139, 162
- moralische Norm 7, 18, 24, 28, 33, 37–39, 42 f., 46 f., 51, 55 f., 66 f., 78, 81, 83, 87, 102–104, 115–117, 120, 125, 132 f., 135 f., 143, 162, 165, 186, 194
- moralische Regel 39, 44 f., 47–49, 51–53, 55, 57, 80, 122, 130 f., *siehe auch* Goldene Regel
- moralische Sanktion *siehe* Strafe (als negative moralische Sanktion)
- moralische Täuschung und Selbsttäuschung 62, 67, 135, 138, 142, 145
- moralischer Konflikt 38, 47, 56, 59, 63, 105, 114, 125, 128, 162, 166, 171, 185, *siehe auch* moralisch – moralisches Dilemma; Widerspruch (von Mitteln oder Zielen)
- moralisches Dilemma 49 f., 83, 173 f., 206, *siehe auch* moralisch – moralischer

Konflikt; Widerspruch (von Mitteln oder Zielen)
- moralisches Lernen 27, 43, 120 f., 123–128, 130 f., 133
Moralisieren 61 f., 96, 135–138, 145, 151

N

Neuzeit 36, 66, 104, 181
Norm
- rechtliche Norm 51, 130, 175
- soziale Norm 30, 51 f., 64, 109, 136, 159, 161, 172, 193
Norm *siehe* moralisch – moralische Norm
Nutzen 16 f., 22, 29 f., 33, 41 f., 75–77, 80, 83, 87, 123, 143, 177, 182

O

Opfer von Gewalt 13, 23–26, 45 f., 141, 143, 147 f., 150–152, 155, 157 f., 181, 186

P

Profession 15–21, 24, 26, 28 f., 37 f., 40, 42, 50, 60, 63, 87–99, 101 f., 111 f., 118, 164
Profession *siehe* Ethik – Professions-Ethik

R

Recht *siehe* Bürgerrechte; Norm – rechtliche Norm
Reflexion *siehe* ethisch – ethische Reflexion

S

Schutzwürdigkeit des Individuums 185
Selbstbestimmung 20, 37, 40, 54, 56, 63, 68, 80 f., 132, 138, 144, 178–181, 183–185, 187–191, 193, 204, 206
Selbstwertgefühl 17, 72, 143, 154, 200 f.
Selbstzweckhaftigkeit des Menschen 69, 79, 84, 172, 202
Sicherheit, materielle 88, 112, 187 f., 191, 200
Solidarität 28, 50, 68, 81, 101, 106 f., 109–112, 114–119, 133, 135, 144, 153 f., 156 f., 166, 184, 187

Spiel 122 f., 151 f., 200, 202, 204, 206
Strafe (als negative moralische Sanktion) 24, 26, 43, 47, 50, 65, 77, 126 f., 131, 133
Subsidiarität 168

T

Talionsprinzip 150
Tripelmandat der Sozialen Arbeit 87, 93–95, 99, 102, 176

Unparteilichkeit 53 f., 57, 61, 75, 133, 136, 144
Unveräußerlichkeit der Menschenwürde 185 f., 191
Unversehrtheit 23, 88, 151, 161, 187, 200

V

Verantwortung 26, 40, 53, 56, 63, 65, 71, 77, 83–86, 89 f., 92 f., 99–101, 124, 132, 136, 159–171, 178, 192
- fürsorgende Verantwortung 163 f.
- kausale Verantwortung 163 f.
- kooperative Verantwortung 165–169, 171
- korporative Verantwortung 165–169, 171
- Verantwortungs-Diffusion 165 f.
Verantwortung *siehe* Ethik – Verantwortungs-Ethik
Verbundenheit *siehe* Bindung, psychosoziale
Verletzlichkeit 57, 163 f., 131, 183
Vorausschau 124, 162

W

Wert 7, 21, 25, 28, 33, 35, 37, 39 f., 43, 47, 51, 62, 64, 67 f., 76 f., 103, 109, 114, 116, 118–120, 125, 129, 139, 153, 161, 169 f., 172, 174 f., 179, 184
- Grund-Wert *siehe* Wert – Terminal-Wert
- instrumenteller Wert 155 f., 173–175
- Terminal-Wert 27, 156, 172–177, 191, 195
- Wert-Konflikt *siehe* moralisch – moralischer Konflikt

Widerspruch (von Mitteln oder Zielen) 24, 44, 50, 59, 62, 67, 92, 128, 130, 135, 139, 141, 169 f., 173 f., 182, 193
Widerspruch (von Mitteln oder Zielen), *siehe* moralisch – moralisches Dilemma; moralischer Konflikt

Z

Ziel
- kulturelles Ziel 56, 66, 82 f., 116
- Lebens-Ziel 30, 58 f., 61, 64, 67, 69, 76, 199, 201
- Ziel der ethischen Reflexion 30, 32 f., 37, 81, 103
- Ziel des Handelns 17 f., 23 f., 27, 30, 40–43, 46, 54, 58–62, 72, 76, 79, 83–86, 116, 124, 130 f., 138, 159, 165, 167 f., 170, 172–175, 181, 193–195, 197, 202
- Ziel des sozialarbeiterischen Handelns 15, 18, 23–25, 30, 64, 67–69, 88, 90, 92–94, 96–99, 110, 121 f., 124, 137, 157 f., 165, 168, 174–176, 178, 192

Ziel *siehe* Wert – Terminal-Wert
Zweck *siehe* Ziel